[redacted]

Martin Apolin

Big Bang 7

öbv
www.oebv.at

INHALT

VORWORT

Liebe Schülerin!
Lieber Schüler!

Nimm an, du bekommst einen **Rundstab** und ein **Brett** zum Feuermachen. Nach einer halben Stunde werden zwar deine Hände brennen, aber das Feuer ziemlich sicher nicht. Wenn du dann eine Schachtel **Streichhölzer** bekommst wirst du dir denken: „Wow! Was für eine tolle Erfindung!“ Hättest du sie schon zu Beginn gehabt, würdest du dir beim Anzünden nichts denken. Was lernen wir daraus? **Man kann die Lösung eines Problems nur dann würdigen, wenn man das Problem durch und durch kennt!**

Das ist einer der Gründe, warum in diesem Buch **Fragen zu Beginn eines Kapitels** gestellt werden. Dabei geht es gar nicht so sehr darum, dass du sie beantworten kannst, sondern dass du über die Probleme nachdenkst oder mit deinen KlassenkollegInnen diskutierst. Je intensiver du vorher nachgedacht hast, desto mehr wirst du die Antworten zu schätzen wissen.

Angeblich wurde Albert Einstein einmal gefragt, woher er seine Begabung habe. Er soll geantwortet haben: „Ich habe keine besondere Begabung, ich bin nur leidenschaftlich neugierig.“ Hier hat er ziemlich tiefgestapelt, weil tatsächlich war er ein wirklich genialer Physiker. Aber der Punkt ist der: **Neugierde ist der Motor, um Dinge zu hinterfragen, zu verstehen und Neues zu entdecken.** Das gilt auch für die Physik!

In diesem Sinne: Viel Spaß beim Nachdenken!

Martin Apolin

i

| Bedienungsanleitung für dieses Buch |

Du kannst mit diesem Buch auf verschiedene Weise arbeiten. Wenn du nur den **Fließtext** liest, kannst du dich auf schnelle Weise über die wesentlichen Gedanken in diesem Abschnitt informieren.

In den **Infoboxen** **i** befinden sich vertiefende Informationen. Aus optischen Gründen sind diese oft aus dem Fließtext herausgezogen, es befinden sich aber entsprechende Verweise im Text:

▸▸▸ i **| Infobox |**

Zu Beginn jedes Abschnitts gibt es eine **Fragenbox** **?**. Diese befindet sich in der Nähe der Kapitelüberschrift nach der **Einleitung** (wie im Kap. 26.2, Seite 5). Die Philosophie des Buches ist, dass es besonders sinnvoll ist, über diese Fragen vor dem Lesen des Textes nachzudenken. Natürlich kannst du sie aber auch nach dem Lesen quasi als Wiederholung beantworten.

Generell gilt: Die meisten Fragen sind direkt im Fließtext beantwortet, Fragen mit dem Symbol ▸L (etwa F25, Seite 16) im Lösungsteil.

Am Ende der meisten Großkapitel befinden sich **Arbeitsboxen** **a**, in denen vertiefende Fragen und Aufgaben zu finden sind (etwa auf Seite 16).

i

Eine **Online-Ergänzung** zum Lehrgang (Bilder, Videos, Simulationen, Vertiefung und Kompetenzüberprüfung, Hinweise für die Matura, …) findest du unter

bigbang.oebv.at

26 | WELLE UND TEILCHEN

| Prolog |

Stell dir einmal vor, du könntest durch die Wand gehen (Kap. 29.2) oder mit dem Snowboard gleichzeitig links und rechts an einem Baum vorbeifahren (Abb. 26.1). Klingt sehr nach Sciencefiction?! In unserer alltäglichen Welt der großen Objekte ist das natürlich unmöglich. In der Welt des Allerkleinsten passieren solche Absurditäten aber pausenlos. Kleinste Objekte wie Atome oder deren Bestandteile nennt man Quanten, und die Physik, die sich mit ihnen beschäftigt, **Quantenmechanik**.
Die Effekte in der Welt der kleinsten Teilchen sind meist sehr absurd, und nicht einmal die allerschlauesten Physiker können sich diese **bildlich** vorstellen. Lassen wir dazu drei Physik-Nobelpreisträger zu Worte kommen. Albert Einstein lehnte die Quantentheorie Zeit seines Lebens ab, weil er die Vorstellung nicht mochte, dass man im atomaren Bereich keine exakten, sondern nur mehr wahrscheinliche Aussagen treffen kann (siehe Kapitel 26.5). Er soll deshalb einmal gemeint haben **„Gott würfelt nicht"** – und irrte sich damit gewaltig!

Abb. 26.1:
Zur näheren Erklärung siehe Kap. 26.5.

Auch Max Born hatte zunächst Probleme mit dem Akzeptieren der Quantenmechanik und schrieb einmal ironisch in einem Brief an Albert Einstein: **„Die Quanten sind doch eine hoffnungslose Schweinerei."**
Und Richard Feynman soll gar einmal gesagt haben: **„Ich gehe davon aus, dass niemand die Quantenmechanik versteht."** Mit „nicht verstehen" meinte er, dass wir uns die Effekte der Quantenmechanik nicht bildlich vorstellen können und sie sich somit unserer Intuition entziehen, obwohl wir sie exakt berechnen können.
Was ist der Grund dafür? Mechanische oder thermische Effekte kannst du spüren, optische sehen, akustische hören. Wir haben aber keine „Quanten-Sinne" entwickelt. Die Dinger sind einfach viel zu klein, als dass sie für unser Leben **direkt** von Bedeutung wären. Und weil wir sie nicht sinnlich erfassen können, fehlt uns auch die konkrete Vorstellung davon.
In diesem einleitenden Kapitel geht es um die Tatsache, dass Quanten sowohl Wellen- als auch Teilcheneigenschaften aufweisen. Das klingt zunächst nicht besonders spektakulär. Aber diese Tatsache führt uns letztlich zu allen Überraschungen, die die Quantenmechanik so zu bieten hat. Wir fangen nach einem kurzen Aufpolieren einiger Wellenphänomene mit unseren Überlegungen beim **Licht** an und übertragen dann diese Erkenntnisse auf alle anderen Quanten.

26.1 Ein Spalt in der Wand

Interferenz und Beugung

Wir gehen es gemütlich an und frischen noch einmal die Begriffe Interferenz und Beugung auf. Sie sind sehr wichtig für unsere weiteren Überlegungen.

››› ? **| Fragenbox |**

?

F1 Was versteht man unter Interferenz? Lies nach in Kapitel 14.6 und 15.4, „Big Bang 5"!

F2 Was versteht man unter Beugung? Was besagt das Prinzip von Huygens? Lies nach in Kapitel 16.2.3 und 16.1!

F3 Eine Wasserwelle läuft gegen eine Wand mit einem Spalt (Abb. 26.2). Wie läuft sie dahinter weiter? Und kannst du deine Antwort begründen?

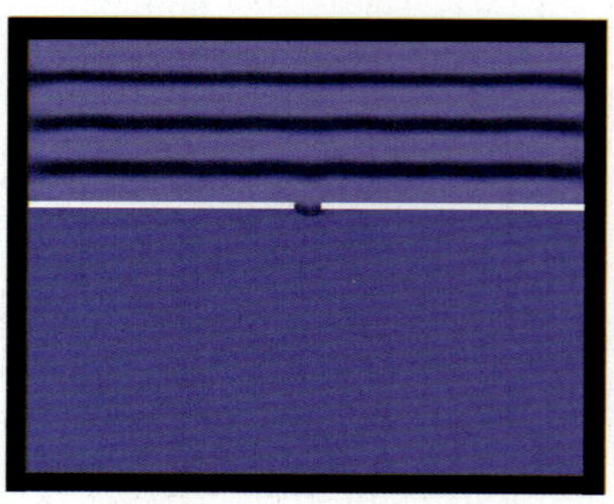

Abb. 26.2: Wie läuft die Welle hinter der Wand weiter?

F4 Warum kannst du eine Person sprechen hören, auch wenn sie nicht in deine Richtung spricht? Warum kannst du dich selber sprechen hören? Warum kannst du eine Schallquelle auch mit dem abgewandten Ohr hören?

Die Überlagerung von Schwingungen bzw. Wellen bezeichnet man als Interferenz (F1; Details siehe Kap. 14.6 und 15.1, „Big Bang 5"). Wir betrachten im Folgenden nur die Überlagerung von Wellen. Nimm an, zwei ähnliche Wellen treffen aufeinander. Wenn Berg auf Berg trifft, dann verstärkt sich die Amplitude der Gesamtwelle. Das nennt man **konstruktive Interferenz**. Wenn Berg auf Tal trifft, dann löschen einander die Wellen komplett aus. Das nennt man **destruktive Interferenz** (Abb. 26.3). Zwischen diesen beiden Extremfällen sind alle Amplituden möglich.

Unter Beugung versteht man, dass ein Teil einer Welle an einem Hindernis die Richtung ändert (F2). Diesen Effekt kann man mit dem **Huygens-Prinzip** erklären, das nach dem Holländer Christian Huygens benannt ist

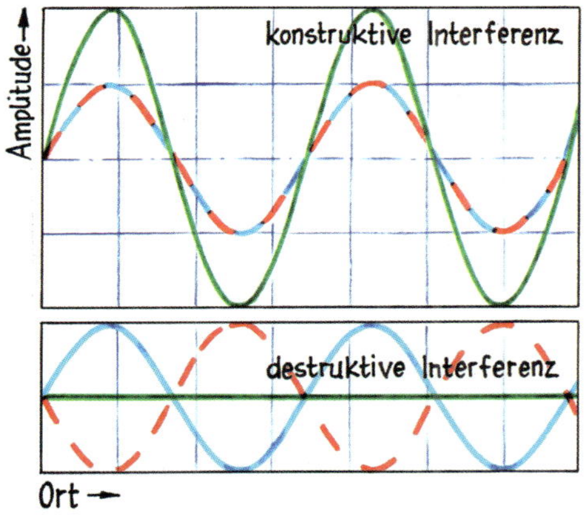

Abb. 26.3

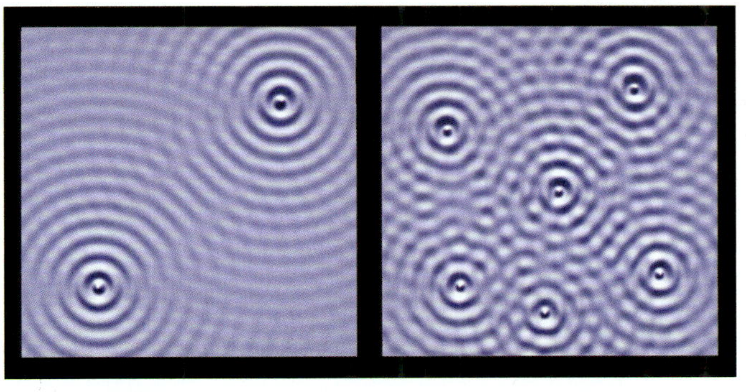

Abb. 26.4: Überlagerung von 2 bzw. 6 Kreiswellen. Man kann sehr gut die Stellen konstruktiver und destruktiver Interferenz erkennen.

(siehe Kap. 16.1, „Big Bang 5"). Es besagt, dass jeder Punkt der Wellenfront eine neue Elementarwelle aussendet. Was wir sehen, ist die Überlagerung all dieser Wellen. Ein sehr anschaulicher Beleg für dieses Prinzip ist eine Welle, die durch einen engen Spalt läuft (siehe Abb. 26.5 a). Man kann dann quasi eine Elementarwelle isolieren.

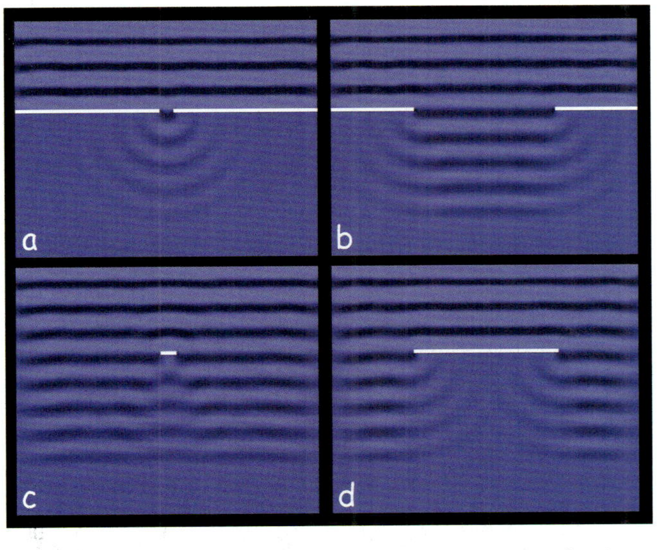

Abb. 26.5: Eine Welle läuft auf einen Spalt bzw. ein Hindernis. Links: Modell für Schallwellen bzw. Wasserwellen (F3). Die Hindernisse sind in der Größenordnung der Wellenlänge und der Großteil der Wellen wird gebeugt. Rechts: Modell für Lichtwellen. Die Hindernisse sind viel größer als die Wellenlänge und nur ein geringer Teil wird gebeugt.

Wie stark die Beugung ist, hängt vom Größenverhältnis von Wellenlänge und Hindernis ab. Sind Hindernis und Wellenlänge etwa gleich groß, dann ist die Beugung am stärksten. Die an der Wellenfront entstehenden Elementarwellen können auch **hinter** ein Hindernis laufen (Abb. 26.5 c und d).

Beugung ist auch die Antwort auf F4. Die Schallwellen werden beim Austritt aus dem Mund in alle Richtungen gebeugt, auch um deinen Kopf herum. Deshalb kannst du dich selbst und auch alle anderen Personen von der Seite sprechen hören. Beugung ist also extrem wichtig für unsere Kommunikation.

Zusammenfassung

Interferenz ist die Überlagerung von Wellen. Dabei kann es zur Verstärkung oder sogar zur völligen Auslöschung kommen. Beugung bedeutet, dass eine Welle an einem Hindernis abgelenkt wird.

26.2 Viele helle Streifen

Licht als Welle

In diesem Abschnitt geht es um ein legendäres Experiment, mit dem Thomas Young vor mehr als 200 Jahren zeigen konnte, dass Licht Welleneigenschaften besitzt. Um die Aussage des Experiments zu verstehen, musst du Beugung und Interferenz verbinden.

?

F5 In der Antike dachte man, dass unsere Sehfähigkeit darauf beruht, dass Strahlen von unseren Augen ausgehen! Wie kann man diese Ansicht entkräften?

F6 Eine Wasserwelle läuft gegen eine Wand mit einem Doppelspalt (Abb. 26.6). Wie sieht das Wellenmuster hinter der Wand aus?

Abb. 26.6: Wie läuft die Welle hinter der Wand weiter?

F7 Stell dir vor, du schießt mit einem Maschinengewehr durch einen Doppelspalt. Welche Form hätten dann die Bereiche der Einschlagstellen auf einer Wand dahinter?

F8 Warum schillert eine CD im weißen Licht farbig (Abb. 26.7)?

Abb. 26.7: Das Schillern einer CD.

F9 Warum kann man um die Ecke hören, aber nicht um die Ecke sehen?

Die Lehre vom Licht, die **Optik**, gehört zu den ältesten Gebieten der Physik. Schon die alten Griechen diskutierten darüber, ob **Licht** von den Dingen ausgeht oder ob unsere Augen die Dinge quasi „abtasten". Erst der arabische Naturforscher Ibn Al Haitham scheint um das Jahr 1000 klargestellt zu haben, dass sichtbare Dinge Licht aussenden, also selbst leuchten oder fremdes Licht zurückwerfen. Das klingt sehr logisch! Nach der „Abtasttheorie" könntest du ja auch im Dunkeln sehen (F5)!

Aber was ist Licht? Was wird dabei ausgesendet? Im 17. Jahrhundert gab es zwei Ansichten. Christian Huygens (siehe Kap. 26.1) war der Ansicht, dass Licht eine Welle ist. Er vertrat also die **Wellentheorie**. Isaac Newton war hingegen der Meinung, dass Licht ein Strom von Teilchen ist und vertrat somit die **Teilchentheorie**. Newtons Autorität war dermaßen groß, dass sich seine Ansicht durchsetzte.

Aber dann kam das Jahr **1801**, und Thomas Young stellte ein Experiment vor, mit dem er eindeutig zeigen konnte, dass Licht Welleneigenschaften besitzt. Das von ihm erfundene **Doppelspalt-Experiment** ist ein absoluter Klassiker und wird bis heute durchgeführt (siehe Kap. 26.5). Warum war dieses ein starker Hinweis für die Wellentheorie des Lichts?

Um die Aussagekraft des Experiments zu verstehen, muss man sich zuerst überlegen, was das Licht hinter einem Doppelspalt macht, je nachdem, ob es sich wie ein Teilchen oder eine Welle verhält. Nehmen wir zunächst an, Licht verhält sich wie ein Schauer von **Teilchen**. Auf einem Schirm hinter dem Doppelspalt müssten dann **zwei helle Streifen** entstehen, von jedem Spalt einer. Richard Feynman hat dazu gerne den Vergleich mit einem Maschinengewehr gebraucht, mit dem man durch zwei Spalte schießt (F7; Abb. 26.8).

Abb. 26.8: Wenn du mit einem Maschinengewehr durch einen „Doppelspalt" schießt, bekommst du dahinter zwei Streifen mit den Einschlagstellen der Geschosse.

Was würde passieren, wenn sich Licht wie eine **Welle** verhält? Für alle folgenden Überlegungen nehmen wir an, dass das Licht nur aus einer Frequenz besteht, also monochromatisch ist. Hinter jedem der beiden Spalte gäbe es dann eine Kreiswelle (Abb. 26.9). Ihre Überlagerung würde zu Interferenzen führen, sodass sich an manchen Stellen das Licht verstärkt und an manchen komplett auslöscht. Wäre Licht also eine Welle, müsste man hinter dem Doppelspalt nicht nur zwei, sondern **viele helle Streifen** sehen (F6; Abb. 29.10). Und genau das konnte Young mit seinem **Doppelspalt-Experiment** zeigen: viele helle Streifen!

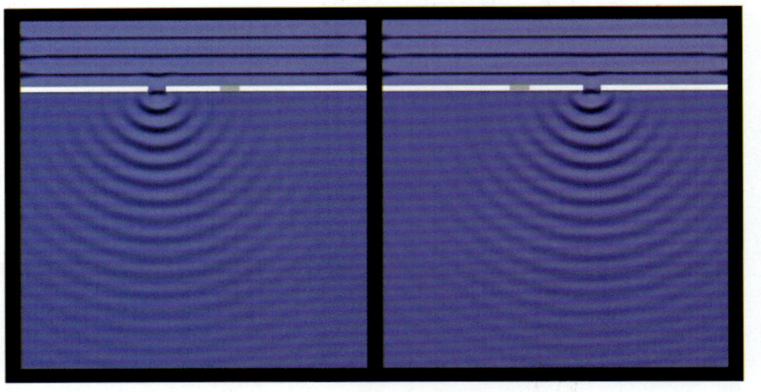

Abb. 26.9: Wenn man jeweils einen der Spalte abdeckt, dann bekommt man das bekannte Muster einer Kreiswelle (siehe auch Abb. 26.5 a).

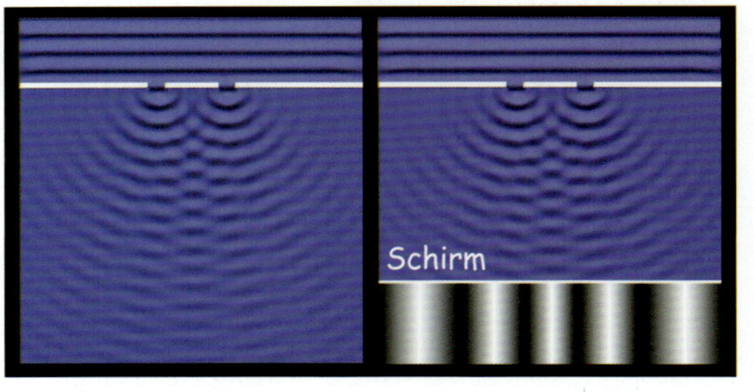

Abb. 26.10: Durch die Überlagerung der beiden Kreiswellen kommt es zur Interferenz. Bei einer Lichtwelle würdest du dann am Schirm in diesem Fall mehrere helle Streifen bekommen (Anm.: Das Experiment ist von oben betrachtet, aber der Schirm zur besseren Übersicht gedreht dargestellt).

Mit der Teilchentheorie konnte man den Ausgang des Doppelspalt-Experiments nicht erklären. Denn es müssten sich ja an den dunklen Stellen zwei Teilchen zu keinem addieren, quasi 1 + 1 = 0! Im Rahmen der **Wellentheorie** ist die Erklärung mit Hilfe der destruktiven **Interferenz** aber kein Problem. Das Experiment von Young führte nach und nach zu einem Umdenken. Die Wellentheorie setzte sich schließlich durch und die Teilchentheorie wurde wieder verworfen.

Warum hat man erst so spät erkannt, dass Licht eine Welle ist? Vom Schall wusste man das schon wesentlich früher. Das liegt daran, dass die **Wellenlänge des Schalls rund eine Million Mal größer ist als die des Lichts**. Die typischen Lichtwelleneigenschaften spielen daher im Alltag keine so offensichtliche Rolle wie beim Schall.

››› i | **Schillernde CDs** |
››› i | **Um die Ecke sehen** |

| Schillernde CDs |

Es gibt nur wenige Situationen im Alltag, in denen du die Wellennatur des Lichts bemerken kannst. Ein Beispiel ist das färbige Schillern einer CD im weißen Licht (**F8**, Abb. 26.7). Wie kommt es zustande?

Die Information auf einer CD ist in Form von Pits gespeichert, die in die Oberfläche eingepresst oder eingebrannt werden (Abb. 26.12). Hindernisse, die sich wie die CD-Oberfläche aus vielen Spalten zusammensetzen, nennt man **optische Gitter.** Die Beugungseffekte sind ganz ähnlich wie bei einem Doppelspalt: Es entstehen viele helle Streifen.

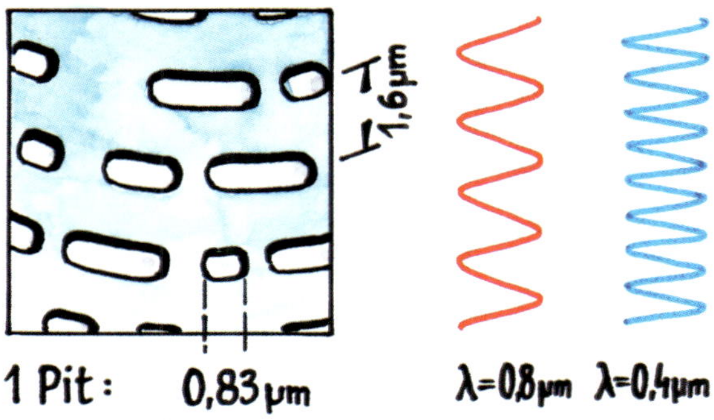

Abb. 26.12: Pits und Spurabstand bei einer CD (bei einer DVD ist der Spurabstand sogar nur 0,75 µm) im Vergleich mit der Wellenlänge des Lichts.

Der Spurabstand der Pits liegt in der **Größenordnung der Lichtwellenlänge.** Daher wird das einfallende Licht stark gebeugt. Beugung und Interferenz hängen aber von der Wellenlänge des Lichts ab (siehe Abb. 26.13). Bestimmte Farben löschen sich daher durch destruktive Interferenz auch nur an bestimmten Stellen aus (siehe Kap. 26.1). Das weiße Licht wird somit in seine einzelnen Komponenten zerlegt.

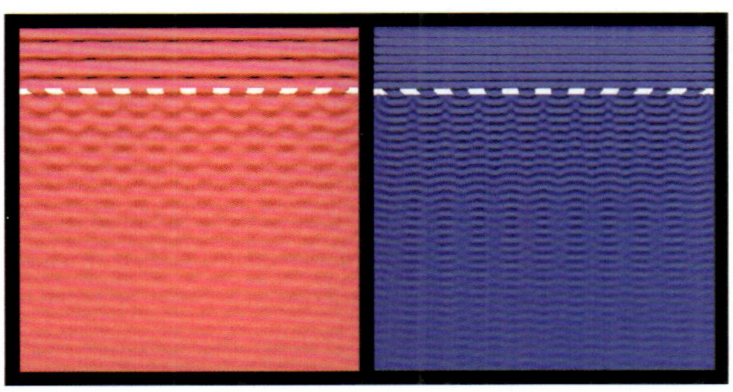

Abb. 26.13: Beugungsmuster und Interferenzeffekte hängen bei gleichem Gitterabstand von der Wellenlänge ab. Die Wellenlänge von rotem Licht ist etwa doppelt so groß wie die von blauem. Die Interferenzmuster sind bei blauem Licht wesentlich enger.

| Um die Ecke sehen |

Warum ist die Lichtbeugung im Alltag nicht zu bemerken? Anders gefragt: Warum kannst du um die Ecke hören, aber nicht um die Ecke sehen (**F9**)? Das liegt an der extrem kurzen Wellenlänge des Lichts. An einer Ecke wird nur jener Wellenteil gebeugt, der in der Größenordnung der Wellenlänge liegt (Abb. 26.11 rechts). Der Rest läuft geradlinig weiter.

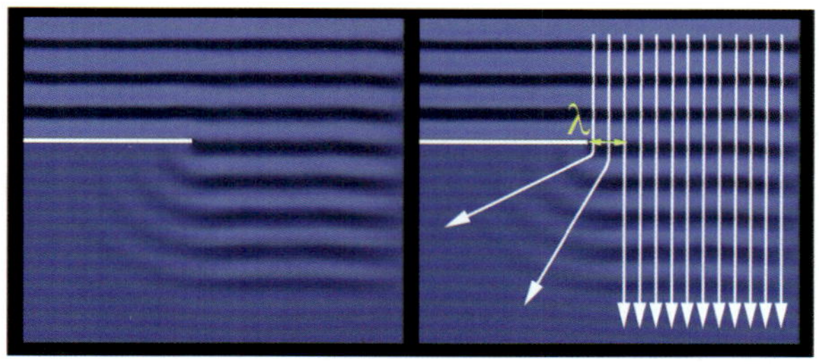

Abb. 26.11: Eine Welle läuft gegen eine Kante. Es wird nur der Teil der Welle gebeugt, dessen Abstand zum Hindernis innerhalb der Wellenlänge liegt. Bei Schall beträgt der abgelenkte Bereich einige Dezimeter, bei Licht aber nur einige Millionstel Meter.

Die **Wellenlänge von Luftschall** liegt im Bereich von **einigen Dezimetern,** die von **Licht** aber im Bereich von **Millionstel Metern.** Wenn eine Schallwelle an einer Ecke vorbeiläuft, wird sie bis einige Dezimeter vom Hindernis entfernt abgelenkt. Es läuft somit genug Schall ums Eck, um jemand dahinter hören zu können. Bei einer Lichtwelle beträgt der abgelenkte Wellenteil aber größenordnungsmäßig nur etwa 1/1000 mm. Das ist viel zu wenig, um es im Alltag zu bemerken. Auch bei Löchern ist es ähnlich. Diese sind ja quasi „Doppelkanten". Im Vergleich mit der Wellenlänge sind Löcher meist so groß, dass das Licht praktisch geradlinig weitergeht (siehe auch Abb. 26.5).

Zusammenfassung

Die Wellenlänge von Licht ist extrem klein. Daher spielen Beugungserscheinungen im Alltag keine Rolle. Es dauerte somit sehr lange, bis man die Wellennatur des Lichts erkannte. Das Ergebnis des Doppelspalt-Experiments kann man sehr gut mit dem Wellenmodell erklären, das sich daher im 19. Jh. auch nach und nach durchsetzte.

26.3 Und dann kam Einstein…

Licht als Teilchen

Einstein ist auch bei Nicht-Physikern bekannt wie ein bunter Hund. Er wird aber meist nur mit seiner Relativitätstheorie in Verbindung gebracht. Tatsächlich war er aber auch maßgeblich an der Begründung der Quantenmechanik beteiligt.

?

F10 ▸L Im Jahr 1921 bekam Albert Einstein den Nobelpreis für Physik. Für welche Arbeit?

F11 Wenn du dich nahe an eine helle Glühbirne setzt, dann gibt diese pro Fläche mehr Energie an deine Haut ab als die prallste Sonne (Abb. 26.14). Trotzdem wirst du von ihr keinen Sonnenbrand bekommen! Warum?

Abb. 26.14: Warum bekommt man von einer Glühbirne keinen Sonnenbrand?

F12 Was versteht man unter einem Potenzialtopf? Was versteht man unter potenzieller und kinetischer Energie? Sieh nach in Kap. 5.3, Kap. 9.2 und 9.3, „Big Bang 5"! Was versteht man unter der Einheit Elektronvolt (eV)? Schau nach in Kap. 23.2, „Big Bang 6"!

F13 ▸L Fotografie mit Filmen ist heute eine fast ausgestorbene Technologie. In der Dunkelkammer verwendete man beim Entwickeln rotes Licht. Warum?

F14 Wie funktioniert die Belichtung bei einer Digitalkamera? Was wird dabei belichtet?

e

| Fotoeffekt |

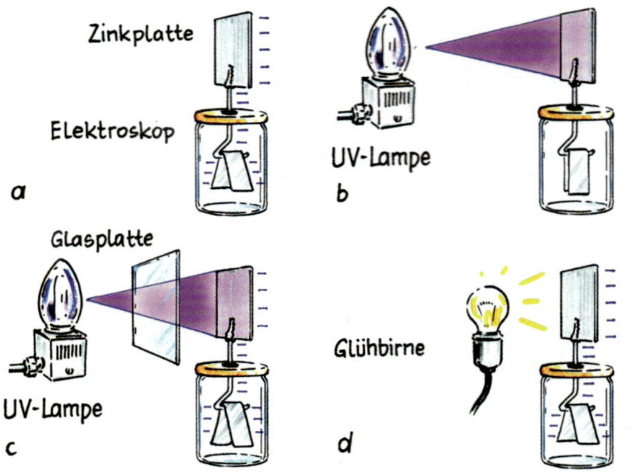

Abb. 26.15: Wenn man eine negativ geladene Zinkplatte mit UV-Licht bestrahlt (z. B. von einer Hg-Dampflampe), dann verliert die Platte wieder ihre überschüssigen Ladungen. Das kann man mit einem Elektroskop messen.

Der Fotoeffekt wurde bereits von Becquerel **1839** entdeckt und **1887** von Heinrich Hertz, Wilhelm Hallwachs und Philipp Lenard genauer untersucht. Worum geht es dabei? Wenn man eine **Zinkplatte** negativ aufladt (Abb. 26.15 a) und sie dann mit UV-Licht bestrahlt, verliert sie wieder ihre Ladung (b). Wenn man aber vor die UV-Lampe eine Glasplatte gibt, dann bleibt die Zinkplatte negativ geladen (c). Was besonders verblüffend ist: Wenn man die Platte mit einer normalen, sehr starken Lampe bestrahlt (d), kann man sie ebenfalls nicht zum Entladen bringen. Hast du eine Erklärung dafür?

Die Frage nach dem Wesen des Lichts könnte man auch so stellen: **Ist Licht kontinuierlich** (hat es Welleneigenschaften) **oder „körnig"** (hat es Teilcheneigenschaften)? Beginnend mit Youngs Doppelspaltexperiment setzte sich im 19. Jahrhundert nach und nach wieder die erste Ansicht durch. Als dann auch noch um **1860** James Clerk Maxwell zeigen konnte, dass Licht zur Familie der elektromagnetischen Wellen gehört (siehe Kap. 33 ff.), schien die Sache endgültig geritzt zu sein: Licht ist eine Welle!

Dann kam aber das Jahr **1905**. In diesem veröffentlichte Albert Einstein neben seiner speziellen Relativitätstheorie auch eine Arbeit, in der er ein gewichtiges Argument für die **Teilchentheorie des Lichts** lieferte. Er war damit in der Lage, den seltsamen **Fotoeffekt** erklären zu können.

▸▸▸ **e** **| Fotoeffekt |**

Das Irritierende an diesem ist, dass man die Elektronen mit UV-Licht aus der Zinkplatte herauslösen kann, nicht aber mit einer normalen Lampe gleicher oder sogar höherer Intensität. Das kann man mit dem Wellenmodell nicht erklären. Nach diesem würde es nämlich nur auf die Intensität der Lampe ankommen, also auf die Watt die sie abstrahlt. Die Art des Lichts, also UV oder sichtbar, dürfte keine Rolle spielen. Der Fotoeffekt belegt aber, dass gerade die Lichtart eine Rolle spielt, nicht aber die Intensität der Welle.

Einsteins Erklärung dafür war revolutionär. Er behauptete, dass Licht aus kleinen Teilchen besteht, den **Lichtquanten** oder, wie man sie später nannte, **Photonen**. Deren Energie sei proportional zu ihrer Frequenz. UV-Licht hat eine größere Frequenz als sichtbares Licht und daher auch dessen Photonen (siehe Tab. 26.1). Sie schlagen somit „härter" auf der Zinkplatte auf und sind in der Lage, die Elektronen abzulösen. Einstein verwendete für die Photonen-Energie eine Gleichung, die Max Planck ein paar Jahre früher aufgestellt hatte. Die Konstante h, die in der Gleichung vorkommt, ist das **Planck'sche Wirkungsquantum** (auch Planck-Konstante genannt; siehe Kapitel 35.1). Es spielt in der Quantenmechanik eine sehr große Rolle und wird uns noch oft über den Weg laufen. Es kann nur experimentell bestimmt werden (siehe Abb. 26.17).

▸▸▸ **i** **| Fußball und die Einstein-Gleichung |**
▸▸▸ **i** **| CCD und Digital-Kamera |**

Formel: Photonen-Energie

$E = h \cdot f$

E … Photonenenergie [J]
h … Planck'sches Wirkungsquantum [Js] $h = 6{,}63 \cdot 10^{-34}$ Js
f … Frequenz des Lichts [s^{-1}]

Ein dir aus dem Alltag bekannter Effekt ist ein guter Beleg für den Zusammenhang zwischen Licht-Frequenz und Photonen-Energie: der **Sonnenbrand**. Dabei werden die Zellen der obersten Hautschicht durch die Photonen beschädigt (**F11**). Diese benötigen dafür aber eine Mindestenergie, die die Photonen von sichtbarem Licht Gott sei Dank nicht besitzen. Sonst würdest du im Scheinwerferlicht einen Mordssonnenbrand bekommen. Die Photonen des UV-B-Lichts haben aber mehr Energie (siehe Tab. 26.1) und können somit einen Sonnenbrand verursachen.

	relative Photonenenergie	Wellenlänge in 10^{-7} m	Frequenz 10^{14} Hz
rot	1–1,2	6,5–7,5	4,0–4,6
grün	1,3–1,5	4,9–5,8	5,2–6,1
blau	1,5–1,8	4,2–4,9	6,1–7,1
UV-A	1,9–2,3	3,2–4,0	7,5–9,38
UV-B	2,3–2,7	2,8–3,2	9,38–10,7

Tab. 26.1: Relative **Photonenenergie** von sichtbarem und ultraviolettem Licht (die niedrigste Energie von roten Photonen wurde mit 1 angenommen). Um Elektronen aus einer Zinkplatte zu lösen bzw. um einen Sonnenbrand auszulösen, ist eine Frequenz von mindestens rund 10^{15} Hz notwendig. Das ist nur beim UV-B-Licht der Fall.

| Fußball und die Einstein-Gleichung |

Das Herausschlagen der Elektronen aus der Zinkplatte kann man mit einem **Fußballstoß** aus einer Grube vergleichen. Um den Ball herauszubekommen, ist eine bestimmte **Austrittsarbeit** notwendig, die von Tiefe (h) und Ballmasse (m) abhängt: $W = m \cdot g \cdot h$. Mit dem Fußtritt überträgst du Energie (E) auf den Ball, die sich durch das Hinaufrollen um die Austrittsarbeit verringert: $E_{kin} = E - W$. Wenn E kleiner ist als W, kann der Ball gar nicht aus der Grube rollen (E_{kin} wäre dann negativ, was natürlich nicht möglich ist).

Abb. 26.16

Mit den **Photonen** in der Zinkplatte ist es genauso. Um sie abzulösen, ist eine bestimmte Austrittsarbeit (W) notwendig. Von den aufprallenden Photonen bekommen die Elektronen die Energie $E = h \cdot f$. Für die kinetische Energie der abgelösten Elektronen ergibt sich dann in Analogie zum Fußballstoß $E_{kin} = E - W = hf - W$. Das nennt man auch die **Einstein-Gleichung,** und sie passt perfekt zu den im Experiment gefundenen Ergebnissen. Ist die Energie der Photonen kleiner als die Ablösearbeit, dann kann das Elektron nicht herausgeschlagen werden (etwa bei einer Zinkplatte im normalen Licht).

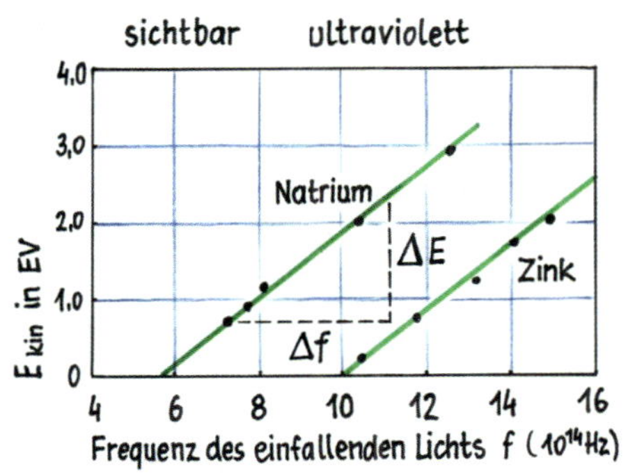

Abb. 26.17:
Zusammenhang zwischen der Frequenz der einfallenden Photonen und der kinetischen Energie der herausgeschlagenen Elektronen bei Zink und Natrium. Der Anstieg der Geraden ist $\Delta E/\Delta f = h$ (die Energie muss dazu von eV in J umgerechnet werden).

| CCD und Digital-Kamera |

Analoge Kameras mit Film gehören praktisch der Vergangenheit an. Gegenwart und Zukunft gehören den **digitalen Kameras.** Aber was wird bei diesen belichtet, wenn sie keinen Film haben (**F14**)? Ein sogenanntes **CCD**, ein **charge-coupled device** (Abb. 26.18)! Am Besten kann man das mit „ladungsgekoppelter Bauteil" übersetzen. Ein CCD besteht aus einer Matrix von lichtempfindlichen Punkten. Wenn eine Kamera zum Beispiel 6 Millionen Bildpunkte (Pixel) hat, dann befinden sich auf dem CCD 2000 mal 3000 solcher Punkte.

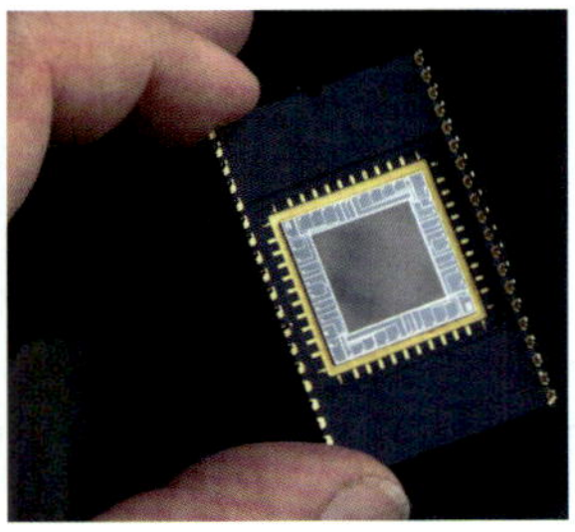

Abb. 26.18:
Hochempfindlicher CCD-Sensor für die Astronomie.

Die genaue Funktionsweise kann man nur im Rahmen der Halbleitertechnik (Kap. 28.4) erklären. Ganz grob gesagt wird dabei aber der Fotoeffekt ausgenutzt. Im CCD werden durch den Aufprall der Photonen Elektronen freigesetzt, die dann gemessen werden können. Auf diese Weise kann man feststellen, welche Pixel „belichtet" wurden. Weil die Elektronen den Kristall nicht verlassen, spricht man in diesem Fall vom **inneren Fotoeffekt.** Die Austrittsarbeit in einem CCD ist so gering, dass der Effekt auch von sichtbarem Licht ausgelöst werden kann.

Zusammenfassung

1905 liefert Albert Einstein eine Erklärung für den Fotoeffekt. Er konnte rechnerisch belegen, dass man diesen dann schlüssig erklären kann, wenn Licht Teilcheneigenschaften besitzt. Diese Entdeckung leitete eine Revolution in der Physik ein.

26.4 Fußballquanten
Materiewellen

Es gab nun also Belege für die Wellen- als auch für die Teilchennatur des Lichts. Das war ein unglaublicher Schock, weil es das nach der damaligen Ansicht nicht geben konnte. Aber diese Doppelnatur zeigt sich nicht nur bei Photonen, sondern auch bei anderen kleinen Teilchen.

?

F15 Mit einem Elektronenmikroskop gelingen Aufnahmen in verblüffender Vergrößerung und Qualität (Abb. 26.19). Aber wie kann man eigentlich mit Hilfe von Elektronen Bilder machen?

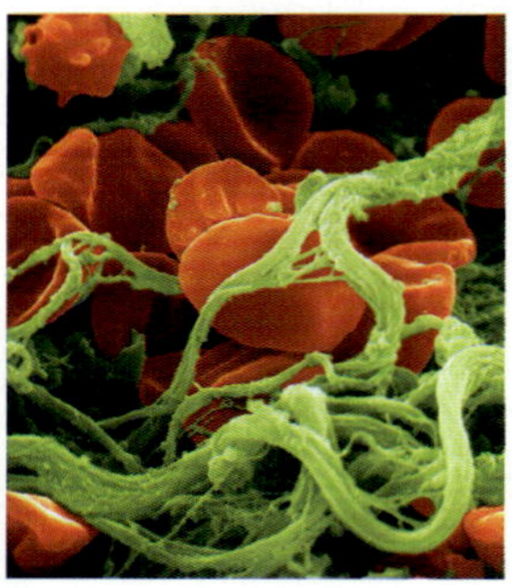

Abb. 26.19: Oben: Kariesbakterien auf Zahnschmelz; unten: rote Blutkörperchen und Fibrinfäden.

F16 Wie verändert sich der Abstand der hellen Streifen bei einem Beugungsexperiment mit der verwendeten Wellenlänge? Sieh nach in Abb. 26.13, Kap. 26.2!

F17 ▸L Warum baut man zur Untersuchung von Quanten immer größere Teilchenbeschleuniger?

Es war nun also nachgewiesen, dass Licht sowohl Wellen- als auch Teilcheneigenschaften besitzt. Im Jahr **1924** stellte der französische Physiker Louis De Broglie (sprich „de Broi") eine gewagte Hypothese auf. Warum sollte diese Doppelnatur nur für Photonen und nicht auch für andere Quanten gelten? Wieso sollten zum Beispiel Elektronen neben ihren Teilcheneigenschaften nicht auch Welleneigenschaften aufweisen, quasi auch eine **Materiewelle** sein? De Broglie stellte einen Zusammenhang zwischen Teilchen-Impuls und Wellenlänge her (siehe auch Tab. 26.2; zur Herleitung der Gleichung siehe **F31** am Ende des Kapitels).

Formel: Materiewellenlänge (de Broglie-Wellenlänge)

$$\lambda = \frac{h}{p} = \frac{h}{m \cdot v}$$

λ ... Wellenlänge der Materiewellen [m]
p ... Impuls [$kgms^{-1}$]
m ... Masse [kg]
v ... Geschwindigkeit des Teilchens
h ... Planck'sches Wirkungsquantum [Js]

	Wellenlänge in m
rotes Photon	10^{-6}
UV-B-Photon	10^{-7}
Röntgenlicht-Photon (harte Strahlung)	10^{-11}
Elektron, 10^8 m/s (30 keV)	10^{-11}
„Fußballmoleküle" (C60), 220 m/s	10^{-12}
Tennisball, 30 m/s	10^{-34}

Tab. 26.2: Größenordnungsmäßige Beispielswerte für Wellenlängen bei Licht und Materie. Auch makroskopischen Objekten, etwa einem Tennisball, kann man demnach eine Wellenlänge zuordnen. Diese ist aber so absurd winzig, dass ihre Welleneigenschaften im Alltag nicht zu bemerken sind.

Das klang ziemlich verrückt. Tatsächlich konnte man aber bereits **1927** die **Welleneigenschaften der Elektronen** belegen und auch die Richtigkeit der Gleichung für die Materiewellen belegen. Bis heute hat man die Doppelnatur der Quanten auch für Neutronen, Atome und sogar für Riesenmoleküle nachgewiesen. De Broglies scheinbar absurde Annahme erwies sich als völlig richtig und war ein wichtiger Schritt in Richtung heutiger Quantenmechanik.

▸▸▸ i | **Fußballquanten** |
▸▸▸ i | **Elektronenmikroskop** |

Die de Broglie-Gleichung erlaubt es im Prinzip, **jedem** Objekt eine Wellenlänge zuzuordnen (Tab. 26.2). Da mit zunehmender Masse die Wellenlänge sinkt, schieben sich die Interferenzstreifen zusammen (**F16**; siehe Abb. 26.13, Kap. 26.2). Deshalb wird es immer schwieriger diese nachzuweisen, je größer die Objekte werden. Wo liegt also die Grenze für die Beobachtungen von **Quanteninterferenzen**? Anton Zeilinger, österreichischer Quantenphysiker von Weltformat, meint dazu: „Die Beantwortung dieser Frage wird wohl eher dem Erfindungsreichtum des Experimentators überlassen sein als prinzipiellen theoretischen Überlegungen". Für makroskopische Objekte wird es allerdings wohl niemals möglich sein, weil deren Wellenlänge so absurd winzig ist.

| Elektronenmikroskop |

In der Mikroskopie spielt das sogenannte **Auflösungsvermögen** eine große Rolle. Darunter versteht man, wie groß die Unterscheidbarkeit feiner Strukturen ist. Damit man zwei Objekte noch getrennt wahrnehmen kann, muss die verwendete Wellenlänge kleiner sein als der Objektabstand (Abb. 26.22).

Da Elektronen Welleneigenschaften aufweisen, kann man sie in einem **Elektronenmikroskop** ähnlich wie Licht verwenden, um kleine Objekte darzustellen (Abb. 26.23). Wegen ihrer geringen Wellenlänge (Tab. 26.2) haben Elektronen ein viel besseres Auflösungsvermögen als Photonen und liefern daher extrem detaillierte Bilder (**F15**).

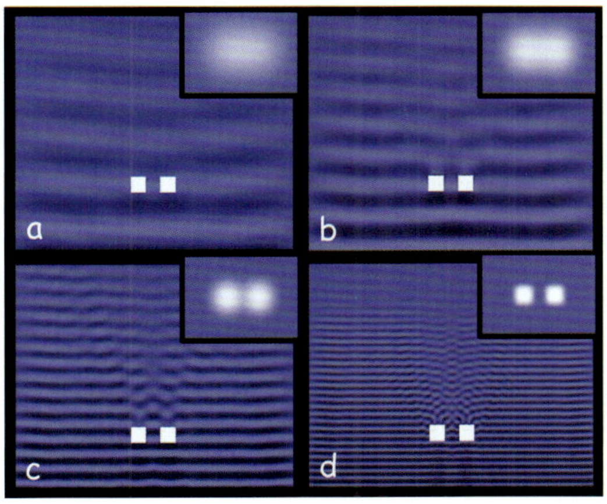

Abb. 26.22: Schematische Darstellung des Zusammenhangs zwischen Objektabstand und Wellenlänge. Das kleine Bild rechts oben entspricht dem jeweiligen Blick durch das Mikroskop. Nur bei c und d sind die zwei Objekte aufgelöst.

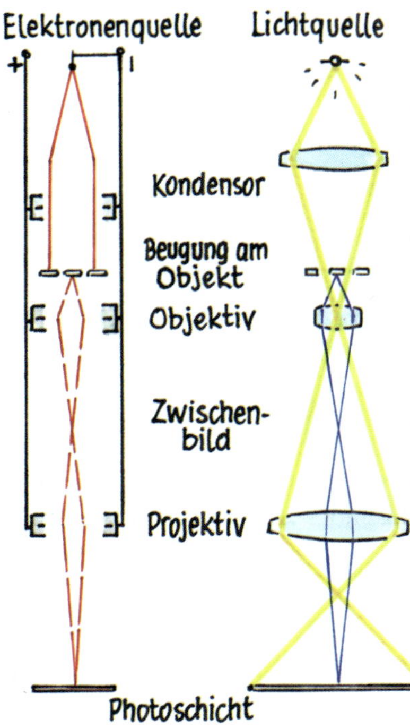

Abb. 26.23: Vergleich zwischen Licht- und **Transmissions-Elektronenmikroskop.** An Stelle der optischen Linsen werden hier elektromagnetische verwendet. Das Bild kann auf Grund der hohen Elektronenenergie nicht mit dem freien Auge betrachtet werden.

| Fußballquanten |

1927 konnten die Physiker Davisson und Germer die **Wellennatur von Elektronen** nachweisen, indem sie diese durch Beugung an einem Kristall zur Interferenz brachten. Abb. 26.20 zeigt das Ergebnis eines modernen und etwas veränderten Experiments. Unter bestimmten Bedingungen ist die Wellenlänge von **Röntgenlicht** und **schnellen Elektronen** gleich groß (Tab. 26.20). Deshalb müssen die Beugungsmuster auch gleich aussehen. Genau das konnte inzwischen in vielen Experimenten gezeigt und somit auch die Richtigkeit der de-Broglie-Gleichung belegt werden.

1999 gelang es einer **Forschergruppe in Wien,** sogar Riesenmoleküle aus 60 Kohlenstoffatomen zur Interferenz an einem Gitter zu bringen. Man nennt diese auch „Fußballmoleküle", weil sie exakt wie kleine Fußbälle aussehen (Abb. 26.21; Tab. 26.2). Die Masse dieser Riesenmoleküle ist rund 1 Million mal größer als die von Elektronen. Richtige Quantenbrocken also!

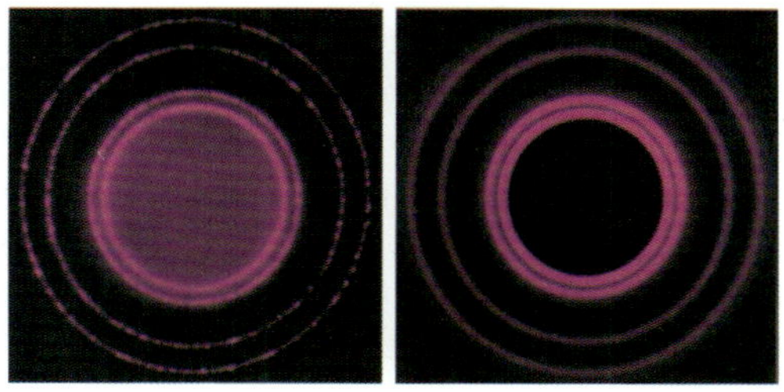

Abb. 26.20: Beugungsmuster des **Röntgenlichts** (links) und eines **Elektronenstrahls** nach dem Durchqueren von Aluminiumpulver. Weil die Wellenlängen vergleichbar sind (siehe Tab. 26.2), sind auch die Beugungsmuster praktisch gleich.

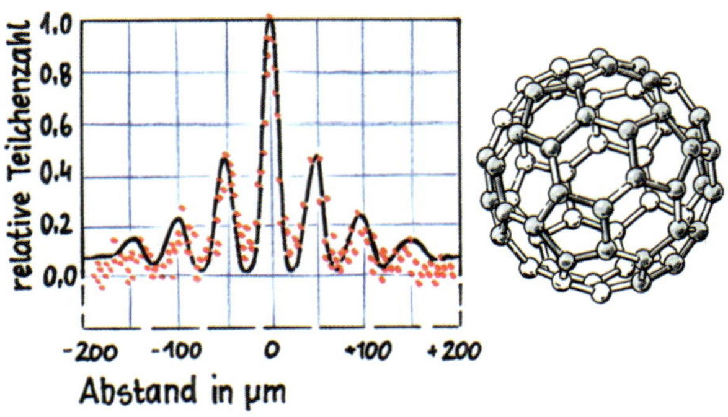

Abb. 26.21: Beugungsbild von „Fußballmolekülen" an einem Gitter. Auf der y-Achse ist die **relative Häufigkeit** aufgetragen, mit der die Moleküle an bestimmten Stellen auftrafen. Die roten Punkte sind die Messwerte, die schwarze Kurve gibt die theoretischen Werte an. Rechts oben die Struktur eines C-60-Moleküls.

Zusammenfassung

De Broglie erkannte, dass nicht nur Licht, sondern alle kleinen Objekte sowohl Wellen- als auch Teilcheneigenschaften aufweisen. Man kann daher auch Elektronen, Atome und sogar Riesenmoleküle zur Interferenz bringen.

26.5 Es wird gewürfelt
Quanten, Zufall und Wahrscheinlichkeit

Richard Feynman hat das Doppelspalt-Experiment einmal als das „Herz der Quantenmechanik" bezeichnet. Anhand dieses Experiments wird tatsächlich jene Paradoxie sehr klar, die Albert Einstein immer ein Gräuel war.

?

F18 Wie groß ist die Wahrscheinlichkeit, mit einem Würfel einen 6er zu werfen? Und hilft dir das Wissen um diese Wahrscheinlichkeit, um den nächsten Wurf vorherzusagen?

F19 Was passiert mit dem Muster hinter einem Doppelspalt, wenn man die Photonen oder Elektronen einzeln durchschießt? Gibt es dann auch viele helle Streifen?

Was passiert, wenn man Quanten **nacheinander** durch einen Doppelspalt schießt? Abb. 26.24 zeigt das Ergebnis eines Versuches mit **Elektronen**. Die ersten treffen scheinbar völlig zufällig auf den Schirm. Nachdem jedoch viele Tausende Elektronen durch den Doppelspalt geflogen sind, erscheint wieder das typische Streifenmuster! Das funktioniert im Übrigen mit allen Quanten, also auch mit Photonen oder Fußballmolekülen.

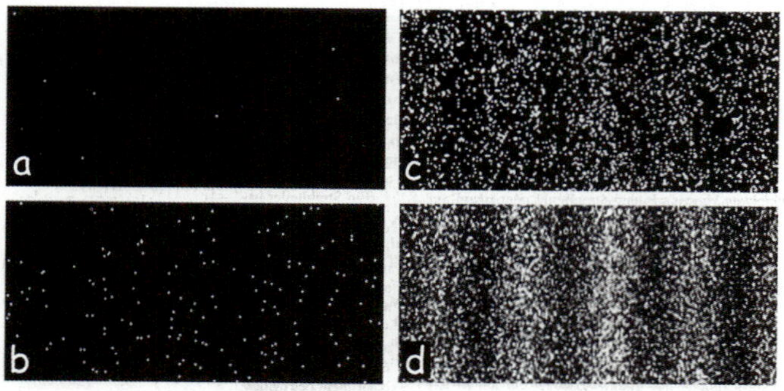

Abb. 26.24: Die Abbildungen zeigen den Aufbau eines Interferenzmusters bei einem Doppelspalt-Experiment mit **einzelnen Elektronen.** Die Anzahl der Elektronen beträgt von a bis d: 7, 100, 3000, 70.000.

Dieses Ergebnis ist verblüffend und sehr absurd! Es sieht nämlich so aus, als würde jedes Teilchen durch **beide Spalte** fliegen und quasi mit sich selbst in Interferenz kommen. Sonst dürfte man ja nur zwei Streifen sehen (wie in Abb. 26.8, Kap. 26.2). Hier stoßen wir an die im Prolog angesprochene Grenze des menschlichen Verstandes. Man kann dieses Phänomen zwar berechnen, aber niemand kann es sich bildlich vorstellen.

Die heute gängige Interpretation dieses Phänomens ist die, dass der Aufprallpunkt eines Teilchens durch eine **Wahrscheinlichkeitswelle** bestimmt wird, die tatsächlich durch **beide Spalte** geht. Die mathematische Beschreibung dazu entwickelte der österreichische Nobelpreisträger Erwin Schrödinger. Die Interferenzen dieser Wahrscheinlichkeitswelle sind dann gewissermaßen „Wahrscheinlichkeitsstreifen" (Abb. 26.25). An Orten mit konstruktiver Interferenz (a) ist das Auftreffen des Teilchens wahrscheinlicher als an Orten mit destruktiver Interferenz (b). Es ist aber **unmöglich vorherzusagen,** wo ein bestimmtes Teilchen tatsächlich aufprallen wird.

▸▸▸ i | **Welcher-Weg-Detektor** |
▸▸▸ i | **Kleine Quantenmathematik** |

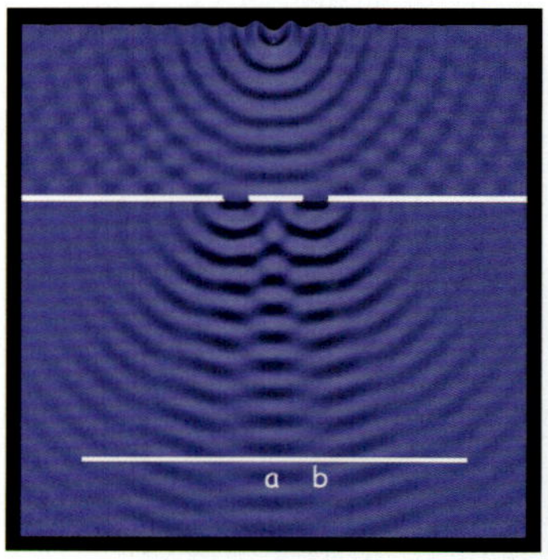

Abb. 26.25: Der Aufprallpunkt des Teilchens wird durch eine Wahrscheinlichkeitswelle bestimmt, deren Wellenlänge der de Broglie- bzw. der Lichtwellenlänge entspricht. An Stellen von konstruktiver Interferenz (a) ist die Wahrscheinlichkeit für das Auftreffen des Einzelteilchens sehr groß, an Stellen destruktiver Interferenz (b) praktisch null.

Es ist ähnlich wie beim Würfeln. Die Wahrscheinlichkeit einen 6er zu würfeln beträgt 1/6. Diese Wahrscheinlichkeit bezieht sich aber auf den Schnitt sehr vieler Würfe. Es kann durchaus sein, dass du 100-mal würfelst und

i

| Welcher-Weg-Detektor |

Die Tatsache, dass ein einzelnes Teilchen scheinbar durch beide Spalte gehen muss, damit ein Interferenzmuster auftreten kann, ist auch vielen Physikern unheimlich. Deshalb wurden immer wieder Gedankenexperimente entworfen (auch von Einstein), in denen man den Spalt feststellen kann, durch den das Teilchen läuft, quasi mit einem **„Welcher-Weg-Detektor"**. Das geht tatsächlich, aber dann verschwindet auch das Interferenzmuster (**F19**; Abb. 26.26). Das konnte man in Experimenten bestätigen.

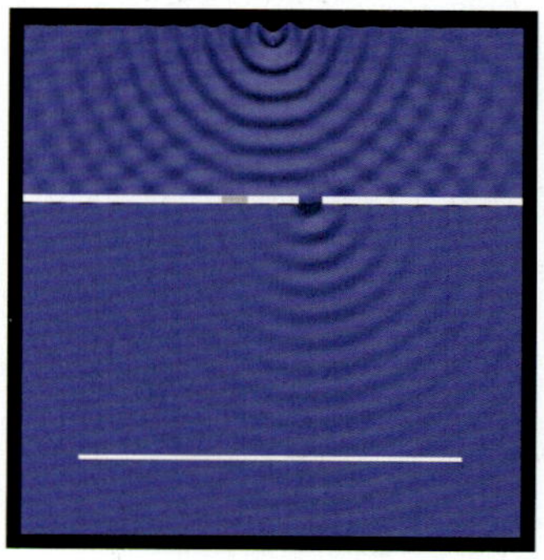

Abb. 26.26: Lässt sich das Teilchen an einem der Spalte lokalisieren (in diesem Fall rechts), dann verschwindet die Interferenz (vergleiche mit Abb. 26.25). Es ist dann genauso, als ob nur ein Spalt offen wäre.

Der springende Punkt ist der: Quanteninterferenz tritt immer dann auf, wenn man den Weg des Teilchens nicht weiß. Die Quanteninterferenz verschwindet, wenn in irgendeiner Form Information vorhanden ist, durch welchen Spalt das Teilchen gegangen ist. Das ist doch wirklich verblüffend, oder!?

es ist kein einziger 6er dabei (**F18**). **Es ist prinzipiell unmöglich, aus einer Wahrscheinlichkeitsangabe auf ein Einzelereignis zu schließen,** egal ob es sich nun um den Aufprallpunkt eines Quants handelt oder um die Augenzahl beim nächsten Wurf.

Die unbehagliche Tatsache, dass die Natur im Bereich der Quanten nicht vorhersagbar und Einzelereignisse dem Zufall unterworfen sind, war der Grund für EINSTEINS Ausspruch „Gott würfelt nicht" (Im Original: *„I cannot believe, that God plays dice with the cosmos";* Abb. 26.27). Einstein hatte noch die Hoffnung, dass dieser Zufall nur ein scheinbarer ist und durch unsere Unwissenheit verursacht wird. Nach dem, was wir heute wissen, muss man aber sagen: **Im Quantenreich wird ausschließlich gewürfelt!**

| Kleine Quantenmathematik |

In der klassischen Physik gibt es zwei erfolgreiche Konzepte: **Teilchen- und Wellenmodell.** Bei Teilchen gibt man Energie (*E*) und Impuls an (*p*), bei Wellen Wellenlänge (*λ*) und Frequenz (*f*). In der Quantenwelt, der Welt der Doppelnatur, werden diese beiden Konzepte verknüpft. Zwei Gleichungen kennst du schon: die für die **Photonen-Energie** $E = h \cdot f$ (Kap. 26.3) und die **de Broglie-Wellenlänge** $\lambda = h / p$ (Kap. 26.4).

Ein weiteres wichtiges mathematisches Werkzeug in der Quantenmechanik ist die **Wellenfunktion**, mit der man die Wahrscheinlichkeitswelle beschreibt. Sie wird mit ψ bezeichnet, das ist ein griechisches Psi. Wenn man zum Beispiel die Wellenfunktion eines Quants kennt, dann kann man berechnen, wie es sich hinter einem Doppelspalt verhält.

ψ kann ein sehr komplizierter Ausdruck sein, und wir werden ihn daher bei den späteren Überlegungen nur grafisch darstellen (siehe Kap. 27.3 f.). Das Quadrat des Betrages dieser Funktion, also $|\psi|^2$, nennt man die **Wahrscheinlichkeitsdichte**. Auch hier zeigt sich wiederum eine Verbindung zwischen Welle und Teilchen. Vereinfacht kann man sagen: Die Wahrscheinlichkeit (**P**), das Teilchen in einem kleinen Volumen (**ΔV**) der Wahrscheinlichkeitswelle nachzuweisen, ist proportional zu $|\psi|^2$ an dieser Stelle. In Abb. 26.25 ist also die Wahrscheinlichkeitsdichte bei a größer als bei b. Deshalb entsteht nach dem Durchschuss vieler Photonen bei a ein heller Streifen und bei b ein dunkler.

Energie – Frequenz	$E = h \cdot f$
Impuls – Wellenlänge	$p = h/\lambda$
Aufenthaltswahrscheinlichkeit – Wellenfunktion	$P = \|\psi\|^2 \Delta V$

Tab. 26.3: Jene drei Formeln, die den Zusammenhang zwischen dem Teilchen- und Wellenmodell herstellen. Auf der linken Seite der Gleichung steht immer die Teilcheneigenschaft. Verwechsle nicht den Impuls klein ***p*** mit der Wahrscheinlichkeit groß *P*!

Abb. 26.27: EINSTEIN und BOHR, die gut befreundet waren, bei einem ihrer Streitgespräche. Zur Aussage „Gott würfelt nicht" soll Bohr bemerkt haben: „Einstein, schreiben Sie Gott nicht vor, was er zu tun hat!".

Zusammenfassung

Quanten folgen Wahrscheinlichkeitsgesetzen. Das bedeutet, dass das Verhalten einer sehr großen Zahl von Quanten vorhersagbar ist. Zum Beispiel entsteht bei einem Doppelspalt nach dem Durchschuss vieler Teilchen immer das bekannte Streifenmuster. Das Verhalten eines einzelnen Teilchens ist aber nicht vorhersagbar und vollkommen dem Zufall überlassen. Das hat viele Physiker schockiert!

26.6 Energie aus dem Nichts

Die Heisenberg'sche Unschärferelation

Die Tatsache, dass im Quantenreich der Zufall regiert, war für die Physiker in der damaligen Zeit ein ziemlicher Hammer. Aber es kam noch schlimmer. Der Deutsche WERNER HEISENBERG machte eine weitere schockierende Entdeckung.

F20 Der Philosoph und Mathematiker BARON PIERRE DE LAPLACE stellte zu Beginn des 19. Jahrhunderts folgende Behauptung auf: Wenn man alle Naturgesetze kennt und den genauen Zustand des Universums zu einem bestimmten Zeitpunkt, dann ist die weitere Entwicklung völlig vorausbestimmt. Das nennt man Determinismus. Was ist aus Sicht der Quantenmechanik dazu zu sagen?

F21 In Abb. 26.28 siehst du eine Welle, die durch einen Einzelspalt läuft. Was kannst du über den Zusammenhang zwischen Wellenlänge, Spaltbreite und Stärke der Beugung sagen?

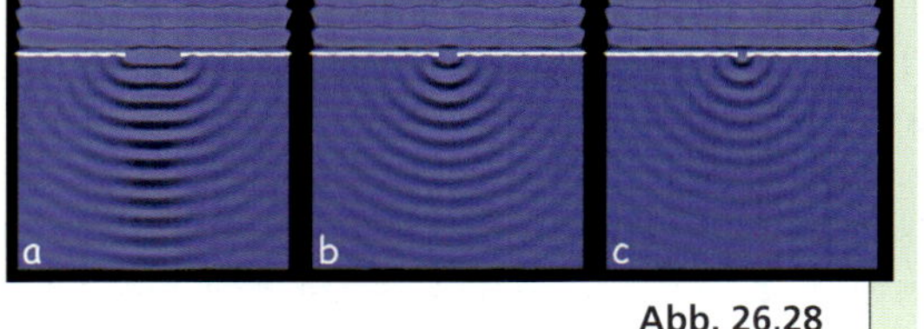

Abb. 26.28

F22 Beamen ist ein besonderes Markenzeichen der Serie Star Trek. Was muss man mit einem Menschen machen, bevor man ihn beamen kann? Und welche Probleme könnten dabei auftreten?

F23 Was versteht man unter einer Fourier-Synthese? Lies nach in Kap. 14.7, „Big Bang 6"!

Es gibt in der modernen Physik einige gewichtige Argumente gegen die Vorherbestimmtheit, also gegen den **Determinismus** (F20). Ein Argument hast du in Kap. 26.5 bereits kennen gelernt: Im Reich der Quanten wird gewürfelt! Es ist also prinzipiell unmöglich, für ein einzelnes Quant eine exakte Vorhersage zu treffen. Du kannst nur eine Wahrscheinlichkeit angeben, ähnlich wie beim Würfeln.

Es gibt aber noch ein weiteres Argument gegen den Determinismus, das noch eine Ebene tiefer liegt. Es ist nämlich bereits unmöglich, den exakten Zustand eines Quants zu einem bestimmten Zeitpunkt festzustellen. Konkret gesagt: **Es ist unmöglich, sowohl den exakten Ort als auch den exakten Impuls eines Teilchens gleichzeitig zu bestimmen.** Es bleibt beim Messen immer eine gewisse Unbestimmbarkeit, oder, wie man auch sagt, **Unschärfe** über. Das hat der deutsche Physiker Werner Heisenberg **1927** entdeckt, und man nennt diesen Effekt daher **Heisenberg'sche Unschärferelation:**

| Einzelspalt 1 |

Eine Möglichkeit, die Unschärferelation qualitativ herzuleiten, ist die klassische Version mit Hilfe eines Einzelspalts, durch den du ein Quant schickst. In dem Moment, wenn das Quant den Spalt passiert, kannst du den Ort bestimmen. Δ kann man als Schwankung um einen Mittelwert auffassen. Die Spaltbreite entspricht daher $\pm\Delta x$ bzw. $2\Delta x$ (Abb. 26.29), also der doppelten Ortsunschärfe. Je geringer diese ausfallen soll, desto kleiner musst du logischer Weise den Spalt machen.

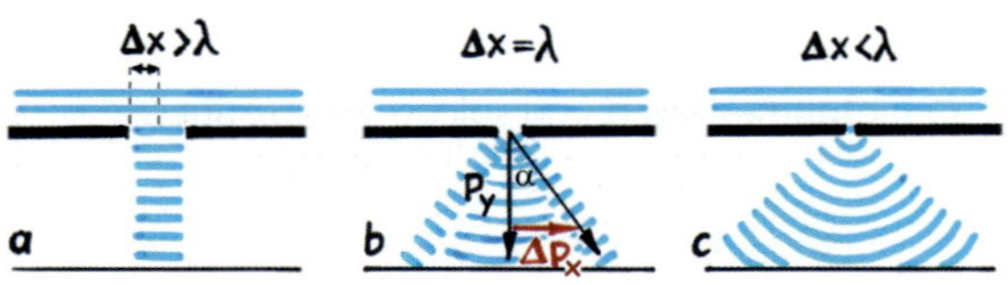

Abb. 26.29: Je enger der Spalt wird, desto kleiner wird die Ortsunschärfe Δx (von a nach c). Gleichzeitig wird aber die Impulsunschärfe Δp größer. Das kannst du am Auseinanderlaufen der Helligkeitsverteilung am Schirm erkennen.

Weil das Verhalten des Quants durch die zugehörige Wahrscheinlichkeitswelle bestimmt wird (Tab. 26.3), erfolgt beim Durchgang Beugung. Diese Beugung fällt umso stärker aus, je enger der Spalt ist (F21). Mit dem Verkleinern des Spaltes wächst also die **Impulsunschärfe Δp**. Das bedeutet: **Je kleiner die Ortsunschärfe Δx wird, desto größer wird die Impulsunschärfe Δp und umgekehrt.** Es können aber nicht beide Unschärfen gleichzeitig verkleinert werden.

Formel: Heisenberg'sche Unschärferelation für Impuls und Ort

$$\Delta p \cdot \Delta x \geq \frac{h}{4\pi} \approx \frac{h}{13}$$

Δp ... Impulsunschärfe [kgms^{-1}]
Δx ... Ortsunschärfe [m]
h ... Planck'sches Wirkungsquantum [Js] $h = 6{,}63 \cdot 10^{-34}$ Js

Es gibt verschiedene Möglichkeiten, die Unschärferelation qualitativ herzuleiten. Das Ergebnis ist immer dasselbe: Es bleibt eine Mindestunschärfe über, die bei rund h/13 liegt (Abb. 26.32). Du kannst zwar die Ortsunschärfe reduzieren **oder** die Impulsunschärfe, aber **niemals beide gleichzeitig.** Die Mindestunschärfe verhält sich wie die Fläche eines Rechtecks und Δx und Δp wie dessen Seiten. Durch diesen Umstand verliert auch der „Bahnbegriff" in der Quantenmechanik seine Gültigkeit. Das spielt vor allem beim quantenmechanischen Atommodell eine große Rolle (siehe Kap. 27.2 ff).

▸▸▸ i | Einzelspalt 1 + 2 |
▸▸▸ i | Frequenzunschärfe |
▸▸▸ i | Voyager und Elektron |

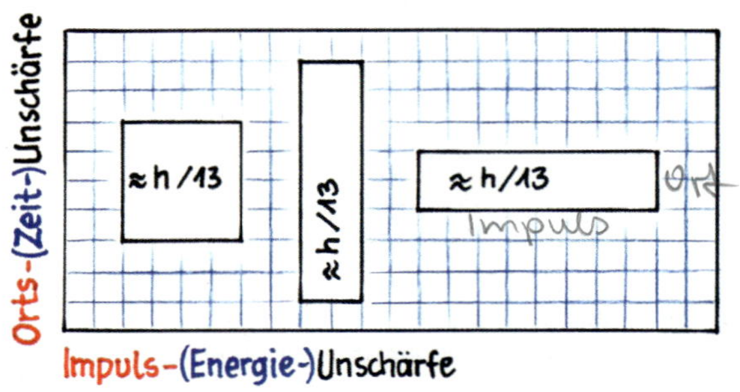

Abb. 26.32: Es gibt eine Mindestunschärfe, die man nicht verkleinern kann, und diese verhält sich wie die Fläche eines Rechtecks. Eine Verkleinerung einer Seite führt automatisch zu einer Vergrößerung der anderen, aber die Fläche bleibt gleich groß.

| Einzelspalt 2 |

Exakt lässt sich Unschärferelation nur mit Hilfe der Wellengleichung herleiten. Es gibt aber eine einfache Herleitung, die zumindest auf **eine Größenordnung genau** ist. Wir nehmen an, dass der Großteil der Teilchen zwischen den beiden ersten Beugungsminima auftrifft. Der Spalt soll die Breite $d = 2\Delta x$ haben.
In der Literatur findest du, dass der Winkel, unter dem das erste Beugungsminimum auftritt, durch $\sin\alpha = \lambda/d = \lambda/2\Delta x$ gegeben ist.

Nach dem Durchgang durch den Spalt ist der Impuls in x-Richtung $p_x = 0 \pm \Delta p_x$ (siehe Abb. 26.29).
Weites gilt $\tan\alpha = \Delta p_x/p_y$. Weil für kleine Winkel $\sin\alpha \approx \tan\alpha$ gilt, folgt daraus $\lambda/2\Delta x \approx \Delta p_x/p_y$. Nun ist aber der Impuls eines Quants $p = h/\lambda$ (siehe Kap. 26.4). Daher gilt $\lambda/2\Delta x \approx \Delta p_x\lambda/h$ und daraus folgt $\Delta x \cdot \Delta p_x \approx h/2$. Diese Gleichung stimmt immerhin bis auf einen Faktor 2π mit der exakten Formulierung der Unschärferelation überein.

Weil es bei vielen Überlegungen zur Herleitung der Unschärferelation ums Messen geht, könnte man jetzt meinen, dass die Unschärfe an unserer Unfähigkeit liegt, bessere Apparate zu bauen. Das stimmt aber nicht! Diese Unschärfe ist eine prinzipielle Eigenschaft der Natur, und sie gilt auch dann, wenn man gar keine Messung vornimmt. Es gibt eben kein Entrinnen vor den Gesetzen des Universums.

▸▸▸ i | Heisenberg-Kompensator | Seite 16

Die **Unschärfe** hat die Dimension **Joule mal Sekunden,** genauso wie die Planck-Konstante *h*. Man bezeichnet diese Einheit auch als **Wirkung**. Deshalb nennt man *h* auch das **Wirkungs**quantum. Wir wissen heute, dass die Unschärferelation immer dann gültig ist, wenn das Produkt zweier Größen die Einheit einer Wirkung hat, wie das zum Beispiel auch bei Energie und Zeit der Fall ist. Diese Tatsache führt zu sehr erstaunlichen Effekten.

▸▸▸ i | Fluktuierendes Nichts | Seite 16

| Frequenzunschärfe |

Um die nachfolgenden Überlegungen zu verstehen, musst du dir in Erinnerung rufen, dass der Impuls eines Quants $p = h/\lambda$ ist. Für ein Photon gilt außerdem $c = f \cdot \lambda$. Man kann daher für den Impuls auch $p = (h \cdot f)/c$ schreiben. Der Impuls eines Photons ist also proportional zu seiner Frequenz.

Versuchen wir jetzt, ein **einzelnes Photon** mit einer Wellenfunktion zu beschreiben. Man könnte dazu eine **Sinuswelle** nehmen, deren Länge genau der Wellenlänge des Photons entspricht. Dann hat man die **Frequenz exakt** beschrieben. Der Nachteil daran ist, dass nun der **Ort völlig unbestimmt** ist, denn eine Sinuswelle hat weder Anfang noch Ende (Abb. 26.30).

Abb. 26.30: Eine einzelne Sinuswelle hat mathematisch gesehen weder Anfang noch Ende.

Nun gibt es aber einen mathematischen Trick, den man Fourier-Synthese nennt (siehe Kap. 14.7, „Big Bang 6"). Dabei überlagert man **viele Wellen unterschiedlicher Frequenz und Amplitude** und bekommt eine Welle mit endlicher Ausdehnung (siehe Abb. 26.31). Je enger man den Ort eingrenzen möchte, desto mehr Wellen mit unterschiedlicher Frequenz muss man überlagern. Das erhöht natürlich die Frequenz- und somit auch die **Impulsunschärfe**.

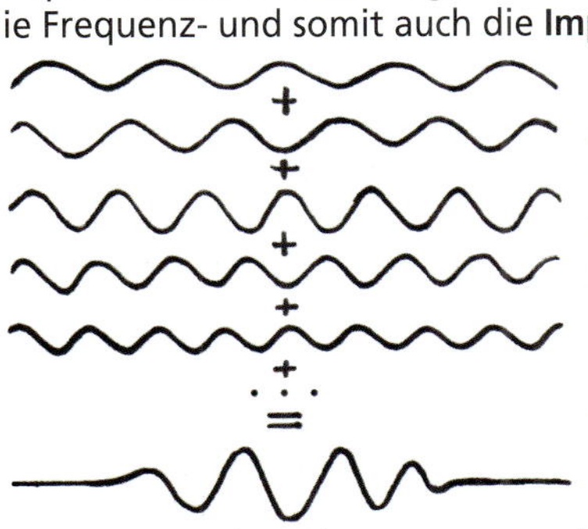

Abb. 26.31: Durch eine Fourier-Synthese kann man eine Welle erzeugen, die eine endliche Ausdehnung hat.

Du siehst also das Dilemma! **Wenn du die Ortsunschärfe Δx gering halten möchtest, dann vergrößerst du damit die Impulsunschärfe Δp und umgekehrt.** Du siehst, dass es sich hier um ein rein mathematisches Problem handelt, da ja keine Messung vorgenommen wird. Die Unschärfe ist eine direkte Folge der Welleneigenschaft!

| Voyager und Elektron |

Der Begriff „Bahn" bedeutet, dass man Ort und Impuls eines Objekts **gleichzeitig** exakt bestimmen und die weitere Bewegung vorausberechnen kann. Bei großen Dingen ist das im Prinzip immer möglich. Man kann zum Beispiel schon heute Sonnen- und Mondesfinsternisse für die nächsten Jahrhunderte sekundengenau vorausberechnen. So weiß man zum Beispiel schon jetzt, dass am 24. Jänner 3098 eine **ringförmige Sonnenfinsternis** stattfindet, die genau 12 Minuten und 5 Sekunden dauern wird. Ein sehr beeindruckendes Beispiel für **die Bahnberechnung eines künstlichen Objekts** findet man bei den Voyager-Missionen (Abb. 26.33). Voyager 2 wurde im August 1977 gestartet und flog rund 12 Jahre später, wie geplant knapp am Neptun vorbei.

Abb. 26.33: Die Bahnen der beiden Voyager-Sonden. Die Sonden verfügen zwar über Düsen, aber mit diesen sind nur kleine Kurskorrekturen möglich.

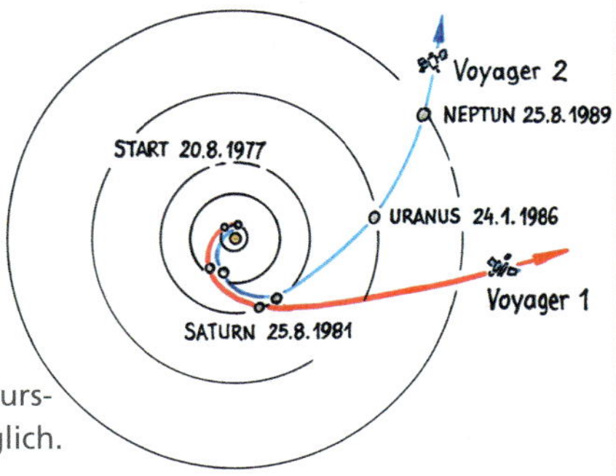

In der **Quantenmechanik** sind solche Voraussagen auf Grund der Unschärfe unmöglich. Vergleichen wir dazu die Voyager (Masse rund 10^3 kg) mit einem Elektron (Masse rund 10^{-30} kg). Beide sollen eine Geschwindigkeit von 10 km/s (also 10^4 m/s) haben. Formen wir die Unschärferelation etwas um:

$$\Delta p \cdot \Delta x = m\Delta v \cdot \Delta x \geq \frac{h}{4\pi} \Leftrightarrow \Delta v \geq \frac{h}{4\pi m \Delta x}$$

Nehmen wir jetzt an, dass wir den Ort des Elektrons bzw. den Schwerpunkt der Voyager auf 1 mm (10^{-3} m) genau bestimmen können. Für ein Quant ist das sogar eine sehr unexakte Ortsbestimmung. Für die **Geschwindigkeitsunschärfe** Δv ergeben sich für die Voyager dann $5 \cdot 10^{-35}$ m/s – das ist zu vernachlässigen. Das Elektron hat aber ein Δv von $5 \cdot 10^{-2}$ m/s, also von 5 cm/s (rechne nach!). Es wäre also bereits **theoretisch** unmöglich, ein Elektron mit dieser Geschwindigkeitsunschärfe zum Neptun zu schießen. Bereits nach 20 Sekunden könnte das Elektron 1 m von der Bahn abweichen, nach 12 Jahren wären es bis zu $2 \cdot 10^7$ m, also 20 Millionen Meter!

| Der Heisenberg-Kompensator |

Beim **Beamen** wird der Mensch zuerst exakt gescannt und dann aufgelöst (dematerialisiert; Abb. 26.34). Diese Informationen werden mit einem Transporterstrahl zum Zielort geschickt (engl. „beam" bedeutet Strahl), wo der Mensch wieder zusammengesetzt wird (rematerialisiert). Da die Abtastung völlig exakt sein muss, kommt man in die extrem kleinen Dimensionen der Quantenwelt. Und genau das schafft ein Problem (F22). Darauf machte der Physiker Stephen Hawking die Produzenten nach einem Gastauftritt in einer Star-Trek-Folge aufmerksam: Das quantengenaue Abtasten wird durch die **Heisenberg'sche Unschärferelation** verhindert.

Abb. 26.34: Beim Beamen gibt es ein Abtastproblem, das durch die Gesetze der Quantenmechanik verursacht wird.

Also „erfand" man den **„Heisenberg-Kompensator"**, der diese Messprobleme ausgleicht. Auf die Frage, wie denn dieser funktioniere, antwortete der Star-Trek-Erfinder Gene Roddenberry trocken: „Danke, gut!" (Anm.: Natürlich ist der „Heisenberg-Kompensator" eine reine Fiktion. Solltest du ihn eines Tages erfinden, ist dir der Nobelpreis sicher!)

Formel:
Heisenberg'sche Unschärferelation für Energie und Zeit

$$\Delta E \cdot \Delta t \geq \frac{h}{4\pi} = \frac{h}{13}$$

ΔE … Energieunschärfe [J]
Δt … Zeitunschärfe [s]
h … Planck'sches Wirkungsquantum [Js] $h = 6{,}63 \cdot 10^{-34}$ Js

Zusammenfassung

Impuls und Ort eines Quants sind gleichzeitig nicht beliebig exakt bestimmbar. Das ist aber kein messtechnisches Problem, sondern eine prinzipielle Eigenschaft der Natur. Eine Konsequenz daraus ist, dass man Quanten keine „Bahnen" zuordnen kann, auf denen sie sich bewegen. Das hat große Folgen für das Atommodell.

| Fluktuierendes Nichts |

Auch der Energiesatz ist aus quantenmechanischer Sicht unscharf und das Vakuum ist kein echtes Vakuum. Die Unschärferelation für Energie und Zeit lässt nämlich zu, dass wirklich aus dem Nichts ein **Teilchen-Antiteilchen-Paar** entsteht und kurze Zeit später wieder zu Energie zerstrahlt. Es wird zuerst quasi Energie „ausgeliehen" und dann wieder „zurückgezahlt". Weil die Teilchen nur sehr kurz existieren, nennt man sie auch **virtuelle Teilchen.**

Abb. 26.35: Das Vakuum ist niemals „leer". Pausenlos entstehen Teilchen-Antiteilchenpaare, die nach Sekundenbruchteilen wieder zerstrahlen.

Wie lange leben sie?
Nehmen wir ein **Elektron** und sein Antiteilchen, ein **Positron**. Sie haben gemeinsam eine Masse von rund $2 \cdot 10^{-30}$ kg. Nach der berühmten Gleichung $E = mc^2$ muss eine Energie von $2 \cdot 10^{-13}$ J ausgeliehen werden. Für Δt ergibt sich dann eine Zeit in der Größenordnung von 10^{-22} Sekunden. Das ist wirklich seeehr kurz. Selbst mit Lichtgeschwindigkeit würden die Teilchen nur rund 10^{-13} m weit kommen. Das ist weit weniger als ein Atomdurchmesser (10^{-10} m).

| Welle und Teilchen |

F24 Welches sind die Vor- und Nachteile eines Elektronenmikroskops?

F25 ▸L Wie ist es möglich, dass es auch bei einem Einzelspalt zur Interferenz kommt wie in Abb. 26.29, Kap. 26.6?

F26 ▸L Wieso kann aus dem Vakuum nur ein Teilchen-Antiteilchen-Paar entstehen (Abb. 26.35)? Wieso nicht zwei Elektronen?

F27 ▸L Du gehst mit 5 m/s durch eine Tür. Schätze die Geschwindigkeitsunschärfe ab, die nach dem Durchgang durch die Tür auftritt.

F28 ▸L Ein Elektron (Masse rund 10^{-30} kg) fliegt mit 5 m/s durch einen Spalt mit der Breite von 10^{-6} m. Schätze die Geschwindigkeitsunschärfe ab.

F29 ▸L Ein Elektron (Masse rund 10^{-30} kg) fliegt mit 5 m/s durch einen Spalt mit der Breite von 1 m. Schätze die Geschwindigkeitsunschärfe ab.

F30 ▸L Die Voyager-Sonde hat eine Masse von rund 10^3 kg. Auf wie viele Stellen genau kann man Ort und Geschwindigkeit theoretisch messen?

F31 ▸L Wie kann man die Gleichung für die Materiewellenlänge herleiten? Versuche mit Hilfe des Lösungsteils nachzuvollziehen.

F32 ▸L Wie kann man das Doppelspaltexperiment mathematisch beschreiben? Versuche an Hand des Lösungsteiles nachzuvollziehen.

27 | DAS MODERNE ATOMMODELL

| Prolog |

Der griechische Philosoph Demokrit meinte vor rund 2400 Jahren salopp gesagt, dass alle Stoffe aus winzigen, unteilbaren Kugeln bestehen. Aus dem griechischen Wort „atomos" (= unteilbar) leitet sich das heute gebräuchliche Wort **Atom** ab. Demokrits Modell hielt im Prinzip bis Ende des 19. Jahrhunderts, also rund 2300 Jahre lang! Dann ging es aber Schlag auf Schlag, denn innerhalb von knapp 30 Jahren wurde über mehrere Zwischenstufen jenes Atommodell entwickelt, das noch heute seine Gültigkeit besitzt. Es basiert auf den Erkenntnissen der **Quantenmechanik** (siehe Kap. 26).
Dieses quantenmechanische Atommodell wirft ein Problem auf: Es ist sehr unanschaulich. Auf die Frage, wie man sich ein Atom vorstellen soll, hat Werner Heisenberg angeblich einmal geantwortet: „Versuchen Sie es erst gar nicht!". Aus diesem Grund findet man heute noch in sehr vielen Büchern das veraltete Atommodell, bei dem die Elektronen den Kern umkreisen, ähnlich wie Planeten die Sonne (Abb. 27.1 und Abb. 27.2). Dieses Modell widerspricht vielen experimentellen Eigenschaften des Atoms. Es ist aber das **letzte anschauliche Atommodell** und hat wohl aus diesem Grund die letzten 80 Jahre überlebt.
Bevor wir das moderne Atommodell unter die Lupe nehmen (Kap. 27.2 ff.), werden wir trotzdem einen kurzen Blick auf alte Modelle werfen, obwohl sie den tatsächlichen Eigenschaften der Atome nicht gerecht werden. Das hat aber einen guten Grund: Die Entwicklung des Atommodells ist ein sehr schönes Beispiel dafür, wie in der Physik generell Modelle mit der Zeit immer wieder verbessert werden, indem man Experimente und theoretische Überlegungen mit einbezieht.

IAEA

Abb. 27.1: Die Flagge der Internationalen Atom-Energie-Behörde (International Atomic Energy Agency, IAEA) zeigt ein Atom mit umlaufenden Elektronen, quasi ein Mini-Planetensystem. **Wir wissen seit über 80 Jahren, dass diese Vorstellung falsch ist!**

27.1 Rasen betreten verboten

Atommodelle vor der Quantenmechanik

Wir werfen hier einen kurzen Blick auf die historischen Atommodelle zwischen 1897 und 1913. Natürlich sind diese aus heutiger Sicht nicht richtig, aber es geht darum zu zeigen, wie durch experimentelle Ergebnisse und theoretische Überlegungen diese Modelle verbessert und an die Wirklichkeit angepasst wurden.

?

F1 Was versteht man in der Physik unter Beschleunigung? Lies nach in Kap. 4.1, „Big Bang 5"!

F2 Was entsteht, wenn man Ladungen, wie zum Beispiel Elektronen, beschleunigt?

F3 Was versteht man unter α-, β- und γ-Strahlung? Woraus „besteht" diese Strahlung? Lies nach in Kap. 3.7, „Big Bang 5"!

F4 Warum schießt man in einem Teilchenbeschleuniger Teilchen aufeinander? Was will man dabei herausbekommen?

F5 Es gibt einen prinzipiellen, nichtquantenmechanischen Grund, der dagegen spricht, dass die Elektronen um den Kern kreisen? Welcher könnte das sein?

Das Atommodell der kleinen unteilbaren Kugeln von Demokrit hielt von der Antike bis **1897**. In diesem Jahr konnte der britische Physiker Joseph J. Thomson im Experiment die Existenz von **Elektronen** nachweisen. Damit war natürlich das Modell von Demokrit erledigt, denn man hatte nun einen Beleg dafür, dass Atome doch noch weiter teilbar sind. Thomson vermutete, dass Atome aus einer gleichmäßig verteilten positiven Ladung und den negativ geladenen Elektronen bestehen, die sich darin wie Rosinen in einem Kuchen befinden. Deshalb nannte man das Modell auch **Rosinenkuchenmodell** (Abb. 27.2).

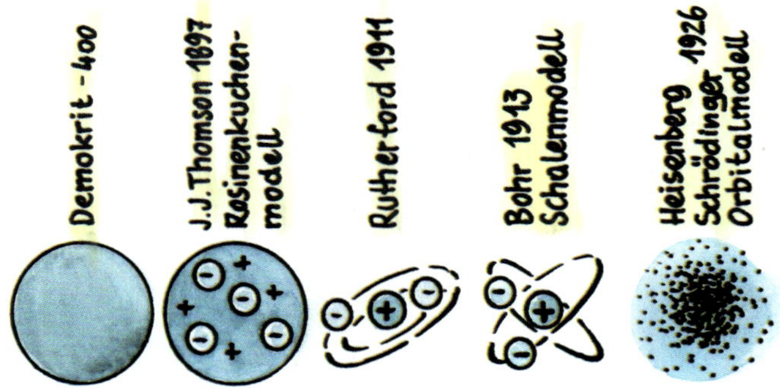

Abb. 27.2: Wichtige Stationen in der Entwicklung des Atommodells (siehe auch Tab. 27.1). Du siehst, der Weg von den harten Kugeln bis zum modernen Modell dauerte nur etwa 30 Jahre!

Etwa 10 Jahre später konnte Ernest Rutherford aber in einem Experiment zeigen, dass auch das Rosinenkuchenmodell nicht stimmen kann. Er stellte nämlich fest, dass die Masse im Atom keineswegs gleichmäßig verteilt, sondern auf einen überaus winzigen positiven **Kern** konzentriert ist, der nur etwa 10^{-14} m groß ist. Um diesen Kern kreisen laut Rutherford die Elektronen, so dass der Durchmesser des gesamten Atoms bei rund 10^{-10} m liegt.

››› i | **Das Rutherford-Experiment | Seite 18**

Die von Rutherford gefundene Einteilung des Atoms in **Kern und Hülle** gilt noch heute. Aber sein Atommodell hatte zwei große **Schwachstellen.** Die erste waren die um den Kern kreisenden Elektronen. Jede Kreisbahn bedeutet eine beschleunigte Bewegung (F1). Also wären auch die kreisenden Elektronen beschleunigt. Beschleunigte Elektronen senden aber generell **elektromagnetische Wellen** aus (F2; siehe Kap. 33.1). Daher müsste man bei einem Atom diese Strahlung nachweisen können. In der Realität tritt sie aber nicht auf. Außerdem müssten die Elektronen durch die Abstrahlung pausenlos Energie verlieren und auf einer **Spiralbahn** in den Kern hineinfallen (F5; Abb. 27.6). Auch das widerspricht der Realität.

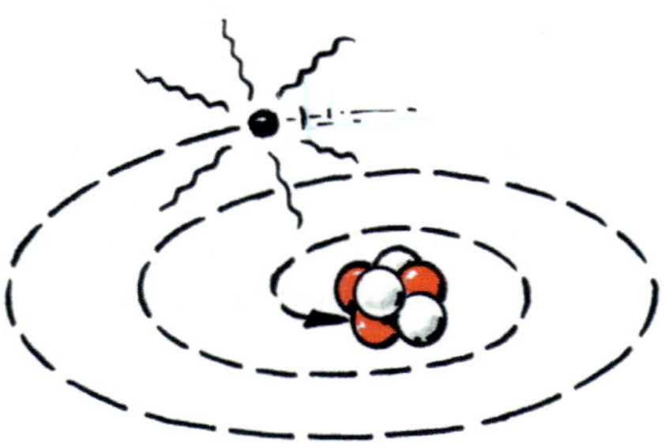

Abb. 27.6: Würden Elektronen tatsächlich wie Planeten um den Kern kreisen, würden sie elektromagnetische Strahlung aussenden, dabei Energie verlieren und schließlich in den Kern fallen. Der „Kollaps des Atoms" würde nur 10^{-8} s dauern.

Es gab aber noch eine weitere Schwachstelle. In Rutherfords Modell können die Elektronen in **beliebigem Abstand** um den Kern laufen. Sie könnten daher auch elektromagnetische Wellen beliebiger Frequenz aussenden. Deshalb müsste ein angeregtes Wasserstoffatom in allen Farben leuchten. Tatsächlich sendet es aber nur bei ganz bestimmten Frequenzen sichtbares Licht aus. Und das konnte man mit dem Rutherford'schen Modell nicht erklären.

▸▸▸ **i** | **Spektrallinien** |

Abb. 27.8: Im Atommodell von Bohr „dürfen" die Elektronen „per Verordnung" nur auf ganz bestimmten Bahnen um den Kern laufen, quasi „Rasen betreten verboten".

Niels Bohr (Abb. 26.27, Kap. 26.5) versuchte, das Modell von Rutherford zu retten. Das führte ihn **1913** zu einem neuen Modell, in dem die **Elektronen nur auf bestimmten Bahnen um den Kern laufen „dürfen" und dort nicht strahlen.** Bei einem Wechsel der Bahn sollten dann, gemäß der Gleichung $E = h \cdot f$ (siehe Kap. 26.3), nur ganz bestimmte Frequenzen abgestrahlt werden können.

i

| Das Rutherford-Experiment |

Rutherford's Experiment war deshalb so wichtig, weil es die Grundlage für alle späteren Teilchenbeschleuniger war. Will man Materie untersuchen, beschießt man sie mit kleinen Teilchen und untersucht, wie sich diese nach dem Zusammenstoß verhalten. Das nennt man ein **Streuexperiment** (F4). Rutherford nahm dazu **α-Teilchen** und schoss sie durch eine sehr dünne Goldfolie (etwa 10^{-7} m dick; Abb. 27.4). α-Teilchen sind Heliumkerne und gehören zur radioaktiven Strahlung. (Abb. 27.3; F3).

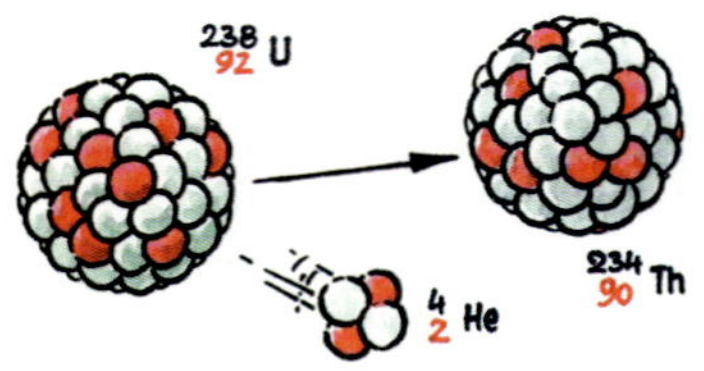

Abb. 27.3: Rutherford verwendete für seinen Versuch Pollonium-214. Dieses zerfällt zu Blei-210 und sendet dabei ein α-Teilchen aus.

Nun war nach dem Rosinenkuchenmodell zu erwarten, dass die energiereichen Alpha-Teilchen wenig abgelenkt werden, weil die positive Ladung gleichmäßig verteilt ist. Tatsächlich betrug die durchschnittliche Ablenkung der α-Teilchen bloß rund 1°. Einige wenige prallten aber richtiggehend von der Folie ab und manche flogen sogar wieder in die Gegenrichtung zurück.

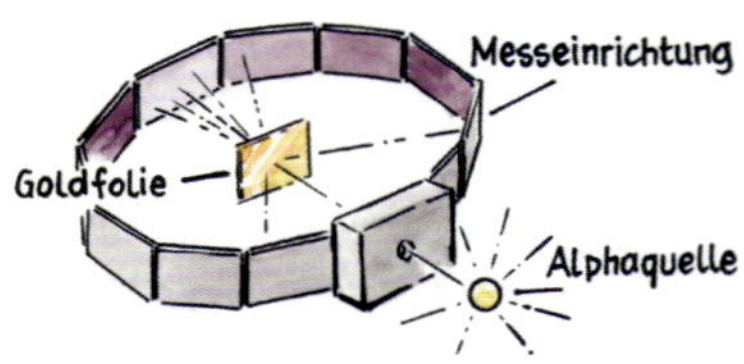

Abb. 27.4: Schematischer Aufbau des Rutherford-Experiments. Es war gewissermaßen das erste „Teilchenbeschleuniger-Experiment".

Rutherford soll dazu bemerkt haben: *„Es war so ziemlich das unglaublichste Ereignis, das mir je in meinem Leben widerfahren ist. Es war so unglaublich, wie wenn man eine 15-Zoll-Granate auf ein Stück Seidenpapier abgefeuert hätte, und diese wäre zurückgeprallt und hätte den Schützen getroffen".*

Rutherford zog aus den Ergebnissen den richtigen Schluss. Die **Atome** sind keine Kugeln gleichmäßiger Dichte, sondern bestehen zum größten Teil aus **leerem Raum.** Die Masse der Atome ist fast vollständig auf den **positiven Kern** konzentriert. Nur jene α-Teilchen, die in die Nähe dieses Kerns kommen, werden durch die elektrische Abstoßung stark abgelenkt.

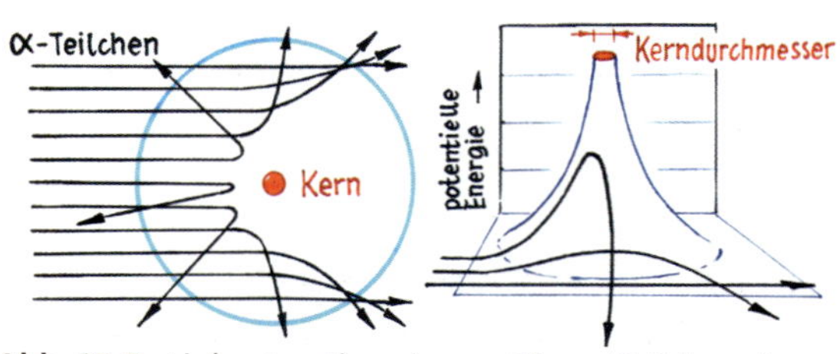

Abb. 27.5: Links: Je näher das positive α-Teilchen dem ebenfalls positiven Kern kommt, desto stärker wird es abgelenkt – im Extremfall sogar zurück. Rechts: Veranschaulichung der Teilchenstreuung mit Hilfe eines „Hügelmodells". Die Höhe steht dabei für die Stärke der Abstoßung (siehe auch Abb. 27.9).

| Spektrallinien |

Dass das Licht in irgendeiner Form von den Elektronen im Atom ausgesendet wird, wenn sich deren Energie verändert, vermutete man seit rund 1900. Da nach dem Rutherford'schen Atommodell die Elektronen auf beliebigen Bahnen kreisen können, können sie bei Änderung der Bahn auch jede beliebige Energie abstrahlen und somit auch jede beliebige Farbe. Atome müssten also ein kontinuierliches Spektrum aussenden (Abb. 27.7 a). Tatsächlich enthält das Spektrum eines Gases aber nur ganz bestimmte Linien (Abb. 27.7 b bis d). Diese Spektrallinien sind gewissermaßen der „Fingerabdruck des Atoms" (siehe auch Kap. 28.1).

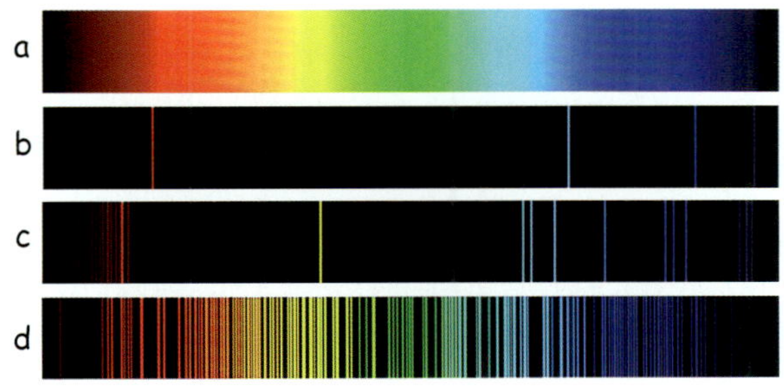

Abb. 27.7: a) Spektrum des weißen Lichts, das alle Farben beinhaltet; weiters Spektren von b) Wasserstoff, c) Helium und d) Neon.

Atommodell	Jahr	stichwortartige Beschreibung
Demokrit	–400	Atome sind unteilbare Kugeln
Thomson weist die Existenz von Elektronen nach		
Thomson	1897	Elektronen befinden sich wie Rosinen im positiven Atomkuchenteig
Rutherford weist den positiv geladenen Atomkern nach		
Rutherford	1911	um einen positiven Kern kreisen negative Elektronen auf beliebigen Bahnen
Gase haben Linienspektren		
Bohr	1913	wie Rutherford-Modell, aber Elektronen „dürfen" nur auf bestimmten Bahnen kreisen
Atome strahlen nicht und kollabieren nicht		
Heisenberg und Schrödinger	um 1926	Elektronen haben keine Bahnen, sondern Aufenthaltswahrscheinlichkeiten (Orbitale)

Tab. 27.1: Entwicklung des Atommodells sowie (grau unterlegt) experimentelle Erkenntnisse und Tatsachen, die zu dieser Entwicklung geführt haben (siehe auch Abb. 27.2).

Bohr konnte mit diesem Trick zwar das Wasserstoffspektrum erklären, hatte aber **keine theoretische Grundlage,** um den Elektronen bestimmte Bahnen zu „erlauben" und den Rest einfach zu „verbieten". Wir wissen heute, dass Bohr die richtige Lösung zu dieser Zeit noch nicht finden konnte. Denn das Atom kann man nur mit Hilfe von Wahrscheinlichkeitswellen sinnvoll beschreiben, und die Theorien dazu wurden erst in den 1920ern entwickelt (siehe Kap. 27.2 f.). Der große Verdienst Bohrs ist es auf jeden Fall, das Atommodell als Erster über die Gleichung $E = hf$ mit der Quantenmechanik verbunden zu haben.

Zusammenfassung

Zwischen 1897 und 1913 wurde das Atommodell immer wieder verbessert. Aber die Zeit war einfach noch nicht reif, ein schlüssiges Modell zu finden. Denn dazu bedurfte es jener Erkenntnisse der Quantenmechanik, die die Physiker eben erst rund 10 Jahre später hatten.

27.2 Was stoppt den Atom-Kollaps?

Das Wasserstoffatom

Wir schauen uns in diesem Abschnitt die Grundidee des quantenmechanischen Atommodells am Beispiel von Wasserstoff an. Man braucht dazu eigentlich nur die Unschärferelation. Aber Achtung: Es wird jetzt abstrakt.

F6 Warum verliert der Bahnbegriff in der Quantenmechanik seine Bedeutung? Lies nach in Kap. 26.6!

F7 Im leeren Raum trifft ein Elektron auf ein Proton. Weil sie gegengleich geladen sind, ziehen sie einander an. Das Proton hat eine Masse, die rund 2000-mal so groß ist wie die des Elektrons. Was passiert bei diesem Aufeinandertreffen?

F8 Was passiert mit der kinetischen Energie eines Quants, das man auf engem Raum einsperrt? Überlege mit Hilfe der Unschärferelation!

Was passiert, wenn ein **Elektron** auf ein **Proton** trifft? Das ist eine Schlüsselfrage für das Verständnis des Atomaufbaus. Überlegen wir nochmals aus **klassischer Sicht!** Beide Teilchen werden angezogen, und es gibt nichts, was sie bremst. Entweder treffen sie direkt aufeinander, oder das Proton fängt das Elektron ein wie ein Planet einen Mond. Dabei würde das Elektron aber Energie abstrahlen und letztlich doch auf das Proton stürzen (siehe Abb. 27.6). Du siehst also: Aus klassischer Sicht würden in jedem Fall die Teilchen aufeinander „kleben" und nach außen hin neutral sein.

Was passiert aber in der Realität, wenn ein Elektron auf ein Proton trifft (F7)? Es entsteht ein **Wasserstoffatom!** Du siehst also, warum es unmöglich war, Anfang des 20. Jahrhunderts ein schlüssiges Atommodell zu finden. Aus klassischer Sicht dürfte es Atome nämlich gar nicht geben! **Was verhindert aber den Kollaps des Atoms? Die Unschärferelation!**

Die Unschärferelation führt zu einem sehr spektakulären Schluss: Je kleiner der Raum ist, in dem man ein Quant einsperrt, desto größer wird seine Energie, die sogenannte Lokalisationsenergie (F8). Je näher also das Elektron an das Proton herangezogen wird, desto geringer wird seine Ortsunschärfe und desto größer seine **Lokalisationsenergie**. Diese summiert sich zur potenziellen Energie, die durch die Anziehung zwischen den Teilchen gegeben ist. Das System Elektron-Proton stellt sich nun so ein, dass die **Energiesumme ein Minimum** wird (Abb. 27.9).

▸▸▸ i | Lokalisationsenergie |

Es stellt sich also ein stabiler Zustand ein, bei dem die Energiesumme ein Minimum ist. Daraus ergibt sich aber wiederum eine ganz bestimmte Ortsunschärfe des Elektrons. **Diese Ortsunschärfe entspricht dem Radius des Atoms** (Abb. 27.10). In der Quantenmechanik verliert der Bahnbegriff ja seine Gültigkeit. Das Elektron ist also quasi über den gesamten Bereich der Ortsunschärfe zu finden. Es ist salopp gesagt, überall und gleichzeitig nirgends. **Man nennt den Aufenthaltsbereich des Elektrons auch Orbital.**

i

| Lokalisationsenergie |

Aus der Unschärferelation ergibt sich, dass mit Verkleinern der Ortsunschärfe die Impulsunschärfe wachsen muss. Wenn man also ein Teilchen „einsperrt", dann erhöht sich zwangsläufig sein Impuls p, denn dieser kann natürlich nicht kleiner sein als die Impulsunschärfe:

$$\lambda = \frac{h}{p} = \frac{h}{m \cdot v}$$

Klassisch gesehen ist der Impuls eines Teilchens $p = mv$ und die kinetische Energie $E = (mv^2)/2$. Setzt man in die Energiegleichung für $v = p/m$ und verknüpft das Ganze mit der Unschärferelation, dann bekommt man

$$E_{kin} = \frac{mv^2}{2} = \frac{p^2}{2m} \geq \frac{(\Delta p)^2}{2m} \geq \frac{\left(\frac{h}{4\pi \Delta x}\right)^2}{2m} \geq \frac{h^2}{32 m \pi^2 (\Delta x)^2}$$

Daraus kann man zwei Dinge ableiten:
1) Die kinetische Energie eines Elektrons in der Atomhülle **kann nicht null sein.**
2) Je enger man das Elektron einsperrt, desto größer wird die kinetische Energie und umgekehrt.

$$E_{kin} \sim \frac{1}{(\Delta x)^2}$$

Wichtig: Diese kinetische Energie kommt **nicht** durch irgendeine Bewegung zu Stande, sondern einzig und allein durch die Einschränkung des Aufenthaltsbereiches. Das ist, zugegeben, schwer zu verstehen! Weil diese Energie durch die Einschränkung des Ortes, also durch die Lokalisation entsteht, nennt man sie **Lokalisationsenergie**.

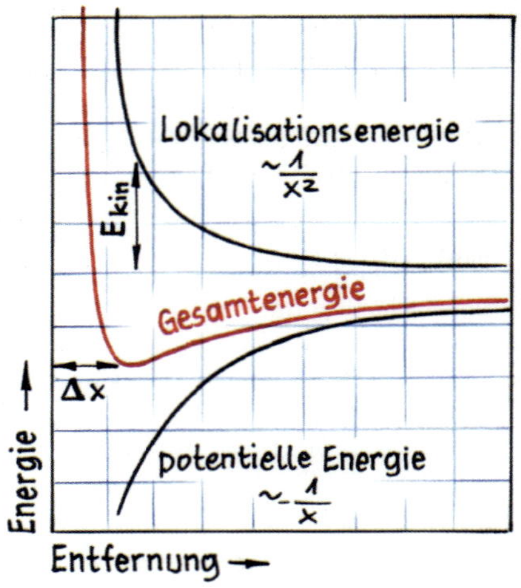

Abb. 27.9:
Energien eines Elektrons im Feld eines Protons. Es summieren sich die potenzielle Energie, die durch die elektrische Anziehung zu Stande kommt, und die Lokalisationsenergie, die eine Folge der Unschärferelation ist.

Es ist paradox und zugleich faszinierend: Das, was allen Dingen die Masse verleiht (der Atomkern), hat so gut wie kein Volumen. Das, was den Dingen das Volumen verleiht (die Elektronenhülle), hat so gut wie keine Masse. Und überdies ist dieses Volumen nur darauf zurückzuführen, dass man dem Elektron keinen bestimmten Ort zuordnen kann. **Das Volumen entsteht durch die Ortsunschärfe der Elektronen.** Die Tatsache, dass Atome nicht kollabieren, ist also eine glänzende Bestätigung für die Richtigkeit der Unschärferelation.

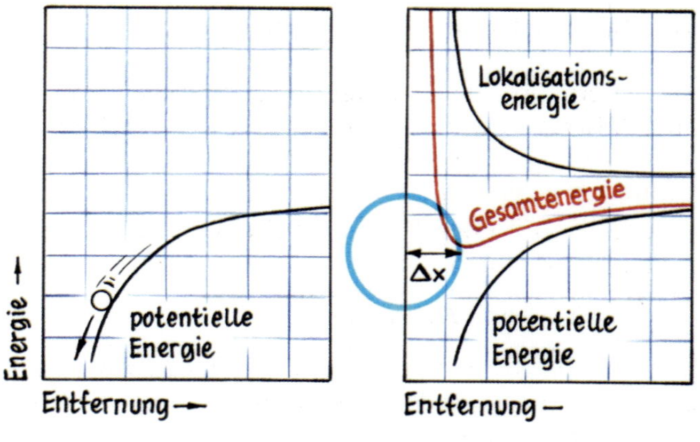

Abb. 27.10: a) Nach klassischer Sicht existiert nur die potenzielle Energie und das Elektron „stürzt" quasi in den Potenzialtopf, also auf das Proton zu. b) Aus quantenmechanischer Sicht gibt es aber zusätzlich die Lokalisationsenergie, die mit der Annäherung zunimmt. Das Elektron stabilisiert sich mit einer Ortsunschärfe Δx, die dem Atomradius entspricht.

Zusammenfassung

Das Wasserstoffatom kollabiert deshalb nicht, weil das durch die Unschärferelation verhindert wird. Die Größe des Wasserstoffatoms ist nichts anderes als die Ortsunschärfe des Elektrons. Anders gesagt: Das Elektron kann nicht auf das Proton stürzen, weil man ihm gar keine bestimmte Bahn zuschreiben kann.

27.3 Im Quantenkäfig

Orbitale des Wasserstoffatoms

Mit der Unschärferelation kann man das Wasserstoffatom im Grundzustand sehr gut erklären. Um angeregte Zustände zu verstehen, braucht man aber die Wellenfunktion. Jetzt wird es noch abstrakter.

F9 Was versteht man unter einer stehenden Welle? Was versteht man unter Grund- und Oberwellen?
Lies nach in Kap. 15.5, „Big Bang 6"!

F10 Was versteht man unter einem Potenzialtopf?
Sieh nach in Kap. 5.3, „Big Bang 5".

F11 Was versteht man unter der Wellenfunktion und der Aufenthaltswahrscheinlichkeit?
Lies nach in Kap. 26.5!

Wir haben im Abschnitt 27.2 qualitativ abgeleitet, wie die Heisenberg'sche Unschärferelation den Kollaps der Atome verhindert. Um aber das Linienspektrum des Wasserstoffs erklären zu können (Abb. 27.7), reicht diese Überlegung nicht aus. Dazu müssen wir **stehende Wellen, Potenzialtöpfe** und die **Wellenfunktion** miteinander verknüpfen. Weil das quantenmechanische Atommodell schwer zu verstehen ist, gehen wir langsam Schritt für Schritt vor und schauen uns diese drei Begriffe noch einmal etwas genauer an.

Eine „normale" Welle breitet sich durch den Raum aus, zum Beispiel wenn du einen Stein ins Wasser wirfst. **Bei einer stehenden Welle sind Bäuche und Knoten aber an derselben Stelle** (F9). Ein sehr anschauliches Beispiel dafür sind schwingende Saiten, Seifenlamellen oder die Felle von Trommeln.

››› i | Stehende Wellen |

Überall dort, wo Kräfte auftreten, gibt es auch potenzielle Energien, zum Beispiel bei der Gravitationskraft oder der elektrischen Kraft. **Mit dem Begriff Potenzialtopf bezeichnet man einen Bereich, in dem die potenzielle Energie geringer ist als in der Umgebung.** Lass dich nicht vom Begriff irritieren. Oft sehen diese „Töpfe" eher wie Mulden aus. Der Punkt ist aber der: Befindet sich etwas in einem Potenzialtopf, dann muss man Energie aufwenden, es herauszubekommen. Ein sehr anschauliches Bild ist eine Kugel in einer Mulde. Aber auch ein **Elektron im elektrischen Feld eines Protons** befindet sich in einer Energiemulde. Willst du es ablösen, brauchst du Energie.

››› i | Potenzialtopf | Seite 22

i | Stehende Wellen |

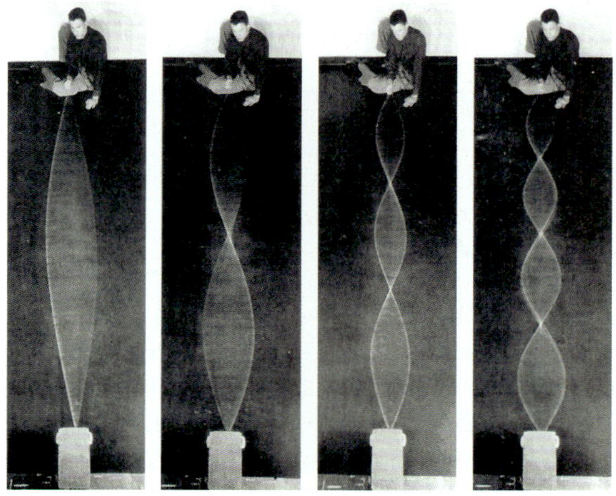

a: $\lambda/2$ b: λ c: $3\lambda/2$ d: 2λ

Abb. 27.11: Grundwelle und drei Oberwellen bei einer schwingenden Saite. Die Saitenlänge muss immer ein ganzzahliges Vielfaches von $\lambda/2$ sein.

Eine schwingende Saite ist ein gutes Beispiel für eine eindimensionale stehende Welle. Dabei bleiben Knoten und Bäuche immer an derselben Stelle (Abb. 27.11). Neben der Grundwelle, die nur einen Bauch hat, lassen sich auch Oberwellen erzeugen. In allen Fällen muss aber die Saitenlänge ein Vielfaches von $\lambda/2$ sein, weil sich am Rand natürlich immer Knoten befinden müssen. Zweidimensionale stehende Wellen können sich an jeder Membran ausbilden (Abb. 27.12 und 27.13).

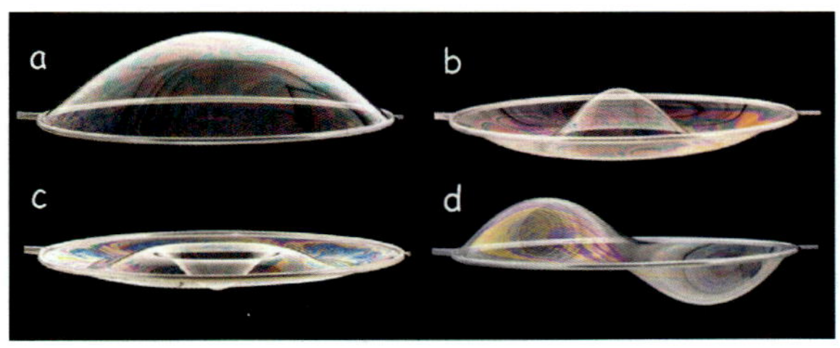

Abb. 27.12: Stehende Wellen auf einer kreisförmigen Seifenhaut. Die Schwingungen entsprechen folgenden Orbitalen: a) 1s, b) 2s, c) 3s, d) 2p.

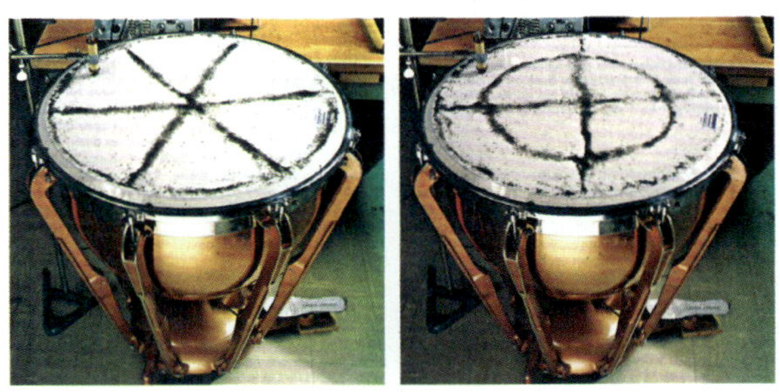

Abb. 27.13: Komplizierte stehende Wellen auf den Trommelfellen einer Pauke. Das aufgestreute Pulver zeigt die Wellenknoten an.

i

| Potenzialtopf |

Die griffigsten Beispiele für **Potenzialtöpfe** gibt es in der Mechanik, zum Beispiel eine Kugel in einer Mulde. Ihre potenzielle Energie ist dort ein Minimum, und um sie zu befreien, musst du Energie aufwenden.

Abb. 27.14: Zwei Beispiele für Potenzial„töpfe", auch wenn der linke wie eine Mulde aussieht. In beiden Fällen ist gleich viel Energie notwendig, die Kugel aus der Energiemulde herauszubekommen.

Bei der elektrischen Kraft gibt es natürlich keine wirklichen Mulden, die du sehen oder angreifen kannst. Trotzdem gibt es Potenzialtöpfe, denn diese bezeichnen ja nicht die Mulden in der Erde, sondern die **Mulde der potenziellen Energie** (Abb. 27.14).

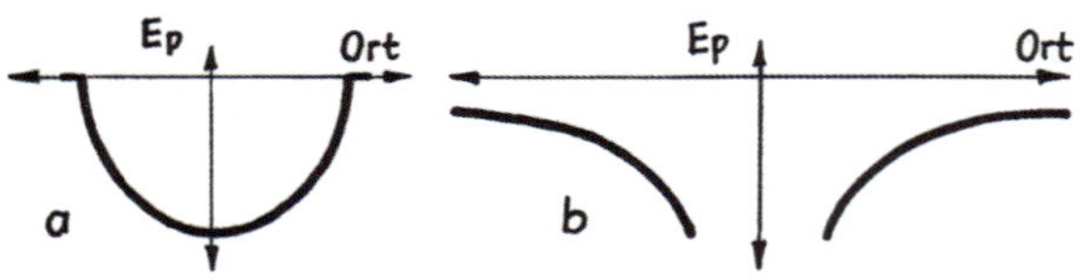

Abb. 27.15: Potenzialtöpfe, hier als Mulden in der Energie-Ort-Funktion dargestellt. a) Funktion, passend zur Mulde aus Abb. 27.14 a; b) Potenzialtopf eines Elektrons in der Hülle von Wasserstoff (siehe auch Abb. 27.9).

Kommen wir zum letzten Begriff. **Jedes Quant weist Welleneigenschaften auf, die man mit einer Wellenfunktion (ψ) beschreiben kann** (siehe Kapitel 26.5). Hat man diese, dann kann man auf die Aufenthaltswahrscheinlichkeit des Teilchens schließen. Der österreichische Physiknobelpreisträger Erwin Schrödinger (Abb. 27.16) stellte **1926** eine Gleichung auf, mit der man eben diese Wellenfunktion eines Quants berechnen kann. Weil die Mathematik dazu extrem schwierig ist, sehen wir uns eine grafische Lösung an. Wir beginnen bei einem **idealisierten Beispiel:** einem Elektron in einem eindimensionalen, unendlich hohen Potenzialtopf (Abb. 27.17).

Abb. 27.16: Der österreichische Nobelpreisträger Erwin Schrödinger war gemeinsam mit dem Symbol ψ für die von ihm entwickelte Wellenfunktion auf dem alten 1000-Schillingschein verewigt.

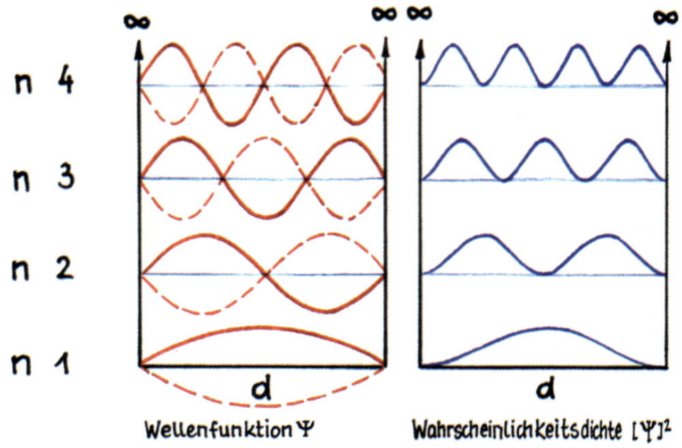

Abb. 27.17: Ein Elektron im „Quantenkäfig". Links die Wellenfunktion ψ, die man mit der **Schrödingergleichung** berechnen kann. Sie beschreibt die **Wahrscheinlichkeitswelle**. Rechts die dazugehörige Wahrscheinlichkeitsdichte $|\psi|^2$. Je höher diese an einer bestimmten Stelle ist, desto größer ist die Wahrscheinlichkeit, das Elektron bei der Messung dort anzutreffen. Verblüffend: Bei Oberwellen gibt es innerhalb der Box Orte mit der Wahrscheinlichkeitsdichte null. Genau an dieser Stelle wird man das Elektron niemals antreffen.

Was passiert, wenn ein Elektron in diesem „Käfig" gefangen ist? Ähnlich wie beim Seil bilden sich auch hier stehende Wellen aus (vergleiche Abb. 27.11 und 27.17). Wichtig: **Nicht das Elektron schwingt, sondern die Wahrscheinlichkeitswelle.** Das ist etwas völlig anderes. Das Elektron kann ja nicht schwingen, weil es dann Strahlung aussenden müsste (siehe Abb. 27.6). Und wir wissen, dass es das nicht tut.

Ähnlich wie bei der Saite sind auch bei der **Wahrscheinlichkeitswelle** nur ganz bestimmte Längen möglich, die genau zu den Abmessungen des Potenzialtopfs passen müssen. Je kürzer die Wellenlänge, desto höher die Energie des Elektrons. **Das Elektron kann nur ganz bestimmte Energiezustände einnehmen. Man sagt daher auch, die Energie ist quantisiert.** Damit kann man die Linien im Wasserstoffspektrum erklären (siehe Kap. 28.1)!

▸▸▸ i | Quantisierte Energie |

Wenn man die Wellenfunktion ψ des Elektrons kennt, dann kann man auch die Wahrscheinlichkeitsdichte $|\psi|^2$ berechnen (Abb. 27.17 rechts). Je höher diese an einer bestimmten Stelle ist, desto größer ist die Wahrscheinlichkeit, bei einer **Messung** das Elektron **tatsächlich** dort anzutreffen.

Dass bei der **Grundwelle** die größte Wahrscheinlichkeit in der Mitte liegt, scheint einleuchtend zu sein. Aber schon bei der ersten **Oberwelle** versagt unsere Intuition kläglich. Denn die Wahrscheinlichkeit, das Teilchen in der Mitte zu finden, ist bei dieser nämlich null (Abb. 27.17 rechts). Je kürzer die Wellenlänge ist, desto mehr solcher „verbotener" Stellen tauchen auf. Das ist sehr verblüffend! Denk zur Beruhigung wieder an den Ausspruch von Richard Feynman: „Ich gehe davon aus, dass niemand die Quantenmechanik versteht!“.

Bis jetzt haben wir einen vereinfachten, eindimensionalen Fall betrachtet. Wie man sich die **Grundwelle in drei Dimensionen** vorstellen kann, zeigt Abb. 27.18. Das Elektron ist dann quasi in einem Potenzialwürfel eingesperrt (a) und es ergibt sich ein kugelförmiges Orbital (b–d). Je weiter man sich vom Atomkern entfernt, desto geringer wird die Wahrscheinlichkeitsdichte.

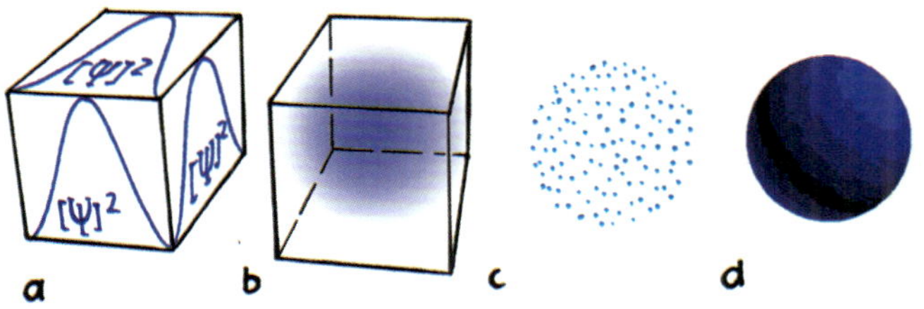

Abb. 27.18: Das einfachste Orbital, das 1s-Orbital, in verschiedenen Darstellungen: a) Wahrscheinlichkeitsdichte in den einzelnen Dimensionen im Potenzialwürfel, b) 3d-Wolke c) Zufallspunkte, d) Fläche.

Dass das Orbital mit der niedrigsten Energie, man nennt es das **1s-Orbital,** kugelförmig sein muss, haben wir schon aus der Unschärferelation abgeleitet (siehe Abb. 27.10). Mit Hilfe der Wellenfunktion kann man aber auch die Orbitale berechnen, wenn sich das Elektron im angeregten Zustand befindet. Die einzige Variation bei eindimensionalen stehenden Wellen ist die, dass die Wellenlänge der Oberwellen kürzer wird. Aber bereits in zwei Dimensionen gibt es sehr viele Variationsmöglichkeiten, wie man an den Beispielen in Abb. 27.12 und 27.13 sehr gut sehen kann.

Die **dreidimensionalen stehenden Wahrscheinlichkeitswellen** im Wasserstoffatom können noch wesentlich komplizierter sein. Einige Beispiele dazu siehst du in Abb. 27.19. Zu ihrer exakten Berechnung darf man aber nicht die idealisierte Form des Potenzialtopfs verwenden (Abb. 27.17 und 18), sondern die tatsächliche (siehe Abb. 27.14 b).

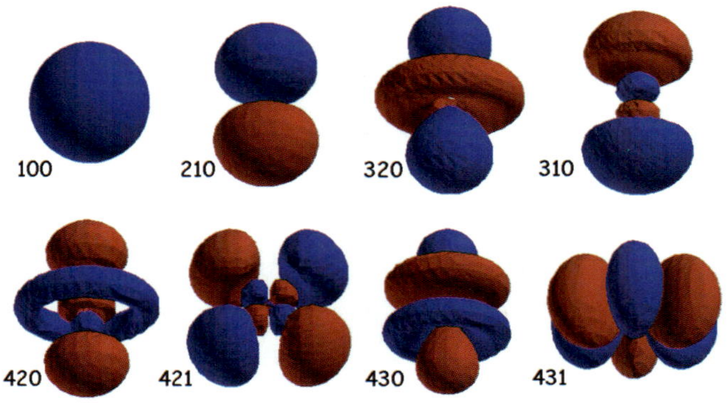

Abb. 27.19: Einige Beispiele für **Orbitalformen** im Wasserstoffatom. Mit zunehmender Energie werden die Formen immer bizarrer. Die drei Ziffern geben die Hauptquantenzahl *n*, die Drehimpulsquantenzahl *l* und die magnetische Quantenzahl *m* an (siehe Kap. 27.5).

| Quantisierte Energie |

Mit Hilfe der de Broglie-Gleichung kann man einer Materiewelle auf Grund ihrer Wellenlänge einen Impuls zuordnen: $p = h/\lambda$. Nun können sich aber im Potenzialtopf nur ganz bestimmte Wellenlängen ausbilden, nämlich immer nur **Vielfache von $\lambda/2$** (siehe Abb. 27.11 und 27.17). Wenn d die Breite des Potenzialtopfs ist, dann gilt $d = n\lambda/2$ und $\lambda = 2d/n$. Das setzen wir in die de Broglie-Gleichung ein und erhalten

$$p = \frac{h}{\lambda} = \frac{h}{\frac{2d}{n}} = n\frac{h}{2d}$$

Nun besteht aber auch ein Zusammenhang zwischen der **kinetischen Energie** und dem **Impuls** (siehe Kap. 27.2):

$$E = \frac{p^2}{2m} \Leftrightarrow E = \frac{\left(\frac{nh}{2d}\right)^2}{2m} = n^2\frac{h^2}{8d^2m}$$

Je kürzer die Wellenlänge wird, desto größer wird die Energie des eingesperrten Elektrons. Es gilt: $E \sim n^2$. Das Elektron kann also nicht beliebige Energien haben, sondern nur ganz bestimmte. Man sagt daher, **die Energie des Elektrons ist quantisiert.**

Zusammenfassung

Das Elektron in der Hülle eines Wasserstoffatoms kann mit einer stehenden Wahrscheinlichkeitswelle beschrieben werden. Sie erlaubt die Berechnung der Wahrscheinlichkeit, das Elektron an bestimmten Punkten messen zu können. Diese wird auch als Orbital bezeichnet.
Wie bei einer schwingenden Saite sind auch bei den Orbitalen Oberwellen möglich, die den Wahrscheinlichkeitswellen der angeregten Elektronen entsprechen. Da aber nur ganz bestimmte Konfigurationen erlaubt sind, kann das Elektron auch nur ganz bestimmte Energien annehmen. Die Energie des Elektrons ist quantisiert.

27.4 Ein Elektron sieht nicht aus!

Elektronenspin und Pauli-Verbot

Bevor wir uns das gesamte Periodensystem ansehen, werfen wir noch einen Blick auf die ersten paar Elemente und lernen dabei ein ganz wichtiges Prinzip kennen, das der österreichische Physiknobelpreisträger Wolfgang Pauli formuliert hat.

F12 Nur Wasserstoff und Helium haben eine Elektronenschale. Lithium, als drittes Element, hat bereits zwei Schalen. Was spricht dagegen, dass sich ein drittes Elektron auf der innersten Schale befindet?

F13 Versuche die Elemente Wasserstoff, Helium und Lithium nach ihrem Atomradius zu ordnen!

F14 Was versteht man unter dem Drehimpuls? Lies nach in Kap. 11.4, „Big Bang 5"! Was versteht man unter Vektor und Skalar? Lies nach in Kap. 4.1, „Big Bang 5"!

F15 Dass die Sonne ein Magnetfeld haben muss, wusste man schon vor 1900. Aber woher konnte man das wissen?

Wolfgang Pauli (Abb. 27.20), österreichischer Physiknobelpreisträger, soll einmal auf die Frage: „Wie sieht ein Elektron aus?" geantwortet haben: „Ein Elektron sieht nicht aus!". Quantenobjekte wie Elektronen entziehen sich einfach unserer bildlichen Vorstellungskraft.

Abb. 27.20: Wolfgang Pauli im Jahr 1926

Es gibt eine weitere Eigenschaft der Quanten, die Pauli **1925** bei Elektronen entdeckte und die man sich nicht bildlich vorstellen kann: den **Spin!** Leider lässt sich der Begriff schwer in einem Satz erklären. Etwas allgemein, aber nicht sehr befriedigend kann man so sagen: **Der Spin ist eine grundlegende Eigenschaft jedes Quants, ähnlich wie seine Masse oder seine Ladung.** Alle drei Eigenschaften können wir messen und belegen. Aber es kann niemand sagen, was Ladung, Masse oder Spin „wirklich" sind. Wie „sieht" zum Beispiel eine Ladung aus? Wolfgang Pauli würde wohl antworten: *„Eine Ladung sieht nicht aus!"*

››› i | Zeeman-Effekt |

Meistens wird der Teilchenspin mit einer **Analogie aus der Mechanik** erklärt. Jedes rotierende Objekt besitzt einen Eigendrehimpuls, also einen Spin (F14; Abb. 27.22). Das Wort Spin kommt aus dem Englischen und bedeutet Drall. Man könnte sich nun also vorstellen, dass auch der Spin eines Quants durch dessen Eigendrehung hervorgerufen wird, dass also Quanten kleine rotierende Bälle sind. Du musst dir aber im Klaren sein, dass das nur eine **bildliche Hilfskonstruktion** ist. Der Ort eines Quants ist generell „unscharf", und diese können daher auch keine kleinen rotierenden Bälle sein. Kurz: Man kann zwar Quanten einen Drehimpuls zuordnen, aber niemand weiß, wie man sich diesen bildlich vorstellen soll.

| Zeeman-Effekt |

Welche Licht-Frequenzen ein Atom aussendet, hängt von der Differenz der Energieniveaus bei den Quantensprüngen ab (siehe Kap. 28.1). Bereits **1896** beobachtete der Holländer Pieter Zeeman, dass sich die Linien eines Spektrums noch weiter aufspalten lassen, wenn sich die Atome in einem Magnetfeld befinden (siehe Abb. 27.21). Deshalb wusste man auch schon vor 1900, dass die Sonne ein Magnetfeld haben muss: weil Spektrallinien aufgespalten sind (F15)!

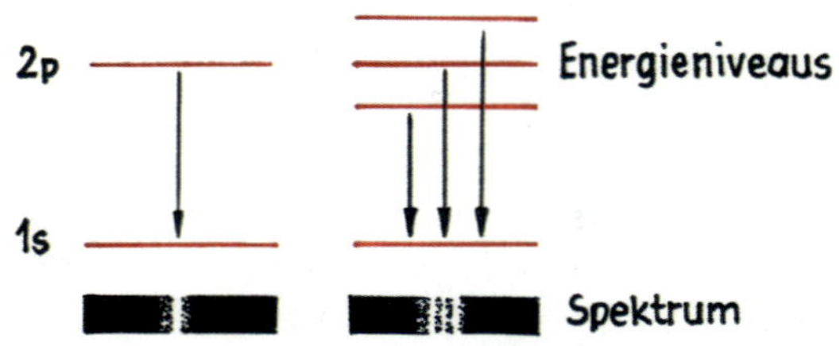

Abb. 27.21: Schematische Darstellung der **Aufspaltung einer einzelnen Linie** durch das Anlegen eines äußeren Magnetfeldes.

Manche dieser Aufspaltungen konnte man lange Zeit nicht erklären. Erst Wolfgang Pauli zeigt **1925** auf theoretischem Weg, dass man **alle Fälle von Aufspaltungen** erklären kann, wenn man annimmt, dass Elektronen eine Eigendrehung, also einen Spin besitzen. Dadurch werden sie salopp gesagt zu kleinen Stabmagneten, die vom äußeren Magnetfeld beeinflusst werden.

Abb. 27.22: Bei **makroskopischen Objekten** kann man die Richtung des Spinvektors mit der rechten Hand bestimmen. Wenn die Finger in Drehrichtung zeigen, dann zeigt der Daumen in Richtung des Drehimpulsvektors. Auch Quanten kann man einen Spin zuordnen. Aber Achtung: Quanten sind keine rotierenden Kugeln. Quanten „sehen nicht aus".

▸▸▸ i | Spin und Spinquantenzahl |

Wolfgang Pauli konnte also den Zeeman-Effekt (Abb. 27.21) erklären, indem er annahm, dass Elektronen einen Spin besitzen, der entweder +½ oder –½ ist. Und dann formulierte er sein berühmtes Prinzip, für das er **1945** den Nobelpreis erhielt. **Das Ausschließungsprinzip, auch Pauli-Verbot genannt, lautet: Zwei Elektronen im selben Orbital dürfen nicht den gleichen Spin besitzen.** Das hört sich harmlos an, aber das Universum würde ohne dieses Verbot völlig anders aussehen und auch das Leben hätte sich – zumindest in der gewohnten Form – nicht entwickeln können.

Sehen wir uns die ersten drei Elemente des Periodensystems an. **Wasserstoff** besitzt nur ein Elektron, das sich im 1s-Orbital befindet (Abb. 27.23 a). **Helium** hat zwei Elektronen im 1s-Orbital. Davon muss aber eines den Spin +½ haben und das andere –½. Damit ist das Orbital voll. Das dritte Elektron im **Lithium** passt aufgrund des Pauli-Verbots nicht mehr auf das 1s-Oribital. Es muss quasi ein neues Orbital eröffnet werden, das 2s-Orbital.

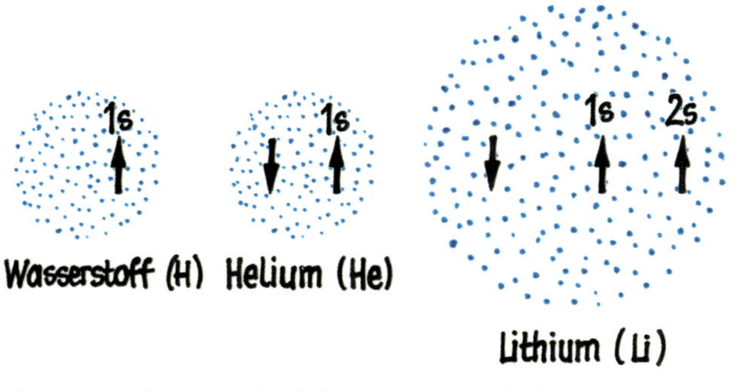

Abb. 27.23: Die ersten drei Elemente des Periodensystems. Die Pfeile geben den Spin der Elektronen an. Das ist aber nur ein Modell. Die Elektronen sind nicht lokalisierbar.

> **i**
>
> **| Spin und Spinquantenzahl |**
>
> Nehmen wir als Beispiel ein Elektron her. Man kann diesem einen Eigendrehimpuls von $\pm\frac{1}{2}\hbar$ zuordnen. $\hbar$ (man spricht es „h quer" aus) ist dabei $h/2\pi$. Sowohl h als auch $\hbar$ haben die Einheit Js. Die Einheit Js ist aber wiederum auch die Einheit des Drehimpulses (F14).
>
> Es gibt also eine Eigenschaft der Elektronen (und auch aller anderen Quanten), die man mit derselben Einheit beschreiben kann wie einen Drehimpuls. Und daher kommt eben auch der Begriff **Spin**. Was man sich aber darunter vorstellen soll, das weiß niemand.
>
> Die Zahl vor dem $\hbar$ nennt man auch die **Spinquantenzahl.** Oft lässt man das $\hbar$ weg und sagt nur, dass ein Elektron den Spin +½ oder –½ haben kann. Der Spin wird durch einen Vektor beschrieben. Wenn man bei einem Vektor das Vorzeichen ändert, dann zeigt er in die andere Richtung. Daher sagt man auch, ein Elektron hat entweder **Spin up** oder **Spin down** (siehe Abb. 27.22).

Was wäre, wenn es das Pauli-Verbot nicht gäbe? Dann würden sich **alle Elektronen** immer auf der **untersten Schale** befinden, also im niedrigsten Energiezustand. Uran zum Beispiel, das schwerste natürliche Element, hätte dann alle seine 92 Elektronen auf einer Schale. Die Elemente würden ihre typischen chemischen Eigenschaften verlieren (siehe Kap. 27.5). Alle Atome könnten sich dann mit allen Atomen verbinden, und die Anzahl der Atome in den Molekülen wäre nach oben hin nicht begrenzt.

▸▸▸ i | Fermionen und Bosonen |

Außerdem würden ohne Pauli-Verbot die Elemente mit zunehmender Ordnungszahl immer kleiner werden. Warum? Wenn es nur eine Schale gäbe, dann würde mit der Erhöhung der Protonen im Kern auch die **elektrische Anziehungskraft** wachsen und somit die Orbitale näher an den Kern herangezogen. Das ist tatsächlich

> **i**
>
> **| Fermionen und Bosonen |**
>
> Heute wissen wir, dass man alle Quanten nach ihrem Spin in zwei Gruppen einteilen kann: **Fermionen** besitzen einen halbzahligen, **Bosonen** einen ganzzahligen Spin (*s*). Das Pauli-Verbot gilt nur für Fermionen.
>
> Zu den Fermionen zählen unter anderem die **Elektronen** ($s = ½$). Die „berühmtesten" Bosonen sind Lichtteilchen, also **Photonen** ($s = 1$). Weil für Photonen das Pauli-Verbot nicht gilt, können sich beliebig viele Lichtteilchen an einem Ort befinden. Das ist gut so, denn sonst könnte man Lichtstrahlen gar nicht beliebig hell machen!
>
> Auch ganze Atome wirken nach außen hin entweder bosonisch oder fermionisch. Bei ersteren ergibt die Summe aller Spins einen ganzzahligen Gesamtspin, und für diese Atome gilt das Pauli-Verbot daher nicht. Wenn man solche Stoffe auf unter 10^{-6} Kelvin abkühlt, dann entsteht eine neue, exotische Materie: das **Bose-Einstein-Kondensat.** Dabei vereinigen sich alle beteiligten Teilchen zu einem einzigen Superteilchen und es wird völlig unmöglich, die einzelnen Atome voneinander zu unterscheiden (Abb. 27.25).
>
> 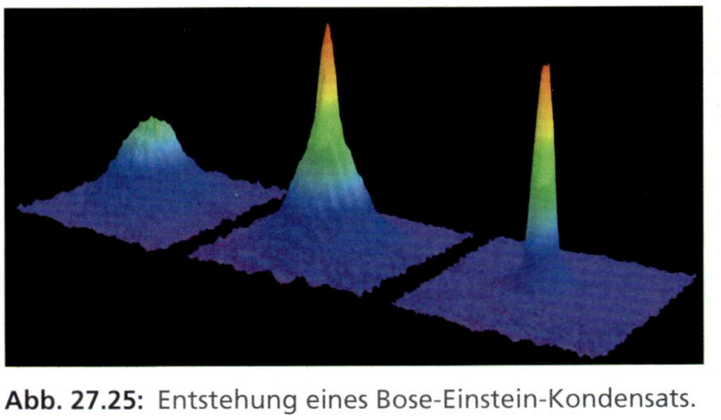
>
> **Abb. 27.25:** Entstehung eines Bose-Einstein-Kondensats. Auf der senkrechten Achse ist die Anzahl der Teilchen eingezeichnet. Deren Konzentration nimmt mit der Zeit zu (von links nach rechts).

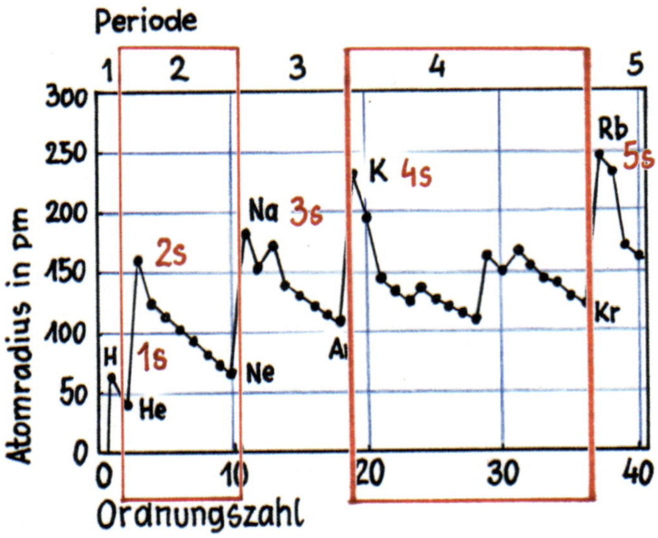

Abb. 27.24: Ordnungszahl und Atomgröße. Immer mit dem „Eröffnen" eines weiteren s-Orbitals steigt der Atomradius wieder sprunghaft an. Rubidium hat bereits rund den 4-fachen Durchmesser von Wasserstoff.

auch der Fall, aber nur so lange, bis ein neues s-Orbital eröffnet werden muss (Abb. 27.24; **F13**). Das Pauli-Verbot verleiht also, gemeinsam mit der Unschärferelation (siehe Kap. 27.2), der Materie ihr **Volumen!**

Zusammenfassung

Jedem Quant kann man eine Eigenschaft zuordnen, die man als Spin bezeichnet. Für Quanten mit halbzahligem Spin ($s = ½$), wie die Elektronen, gilt das Pauli-Verbot. Zwei Elektronen im selben Orbital können nicht den gleichen Spin haben. Diese Tatsache ist für das Verständnis des Periodensystems unbedingt notwendig.

27.5 Jenseits von Lithium

Das Periodensystem

Die chemischen Elemente sind im Periodensystem geordnet dargestellt. Diese Regelmäßigkeit kommt durch die möglichen Energiezustände der Elektronen zu Stande. Man kann das Periodensystem daher nur quantenmechanisch verstehen.

?

F16 Wodurch unterscheiden sich die Elemente dieses Universums ganz einfach gesagt?

F17 Was versteht man unter Valenzelektronen? Wie viele Valenzelektronen kann ein Element maximal haben?

Noch einmal kurz zur Wiederholung: Ein eingesperrtes Elektron kann man mit Hilfe einer **stehenden Wahrscheinlichkeitswelle** beschreiben. Aus dieser kann man auf den Aufenthaltsort des Elektrons schließen, das **Orbital**. Im eindimensionalen Fall sieht die Wellenfunktion wie eine schwingende Saite aus (Abb. 27.17, Kap. 27.3). Es kann nur die Wellenlänge variieren. Man kann den eindimensionalen Fall mit nur einer Quantenzahl vollständig beschreiben.

››› i | **Quantisierte Energie | Kap. 27.3**

Auch ein Elektron in der Atomhülle ist durch die elektrische Anziehung durch den Kern quasi „eingesperrt" und kann ebenfalls durch eine stehende Wahrscheinlichkeitswelle beschrieben werden. In diesem realen,

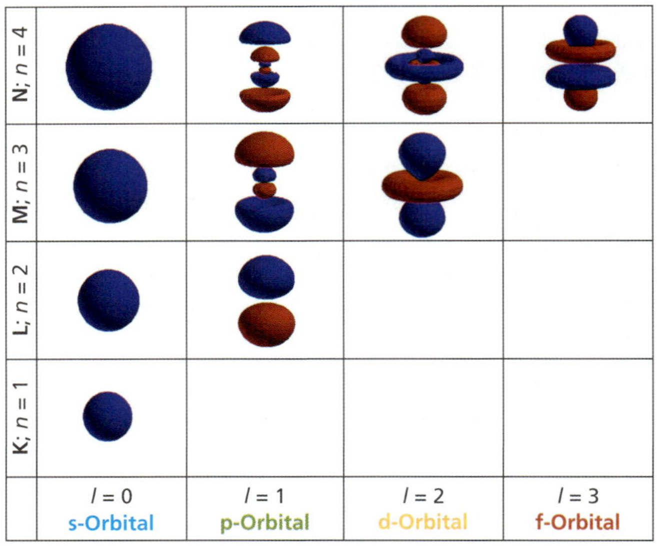

Tab. 27.1: Übersicht über die Orbitalformen der ersten 4 Schalen (K, L, M und N) bei Wasserstoff. Die Quantenzahlen n und l wurden variiert ($m = 0$).

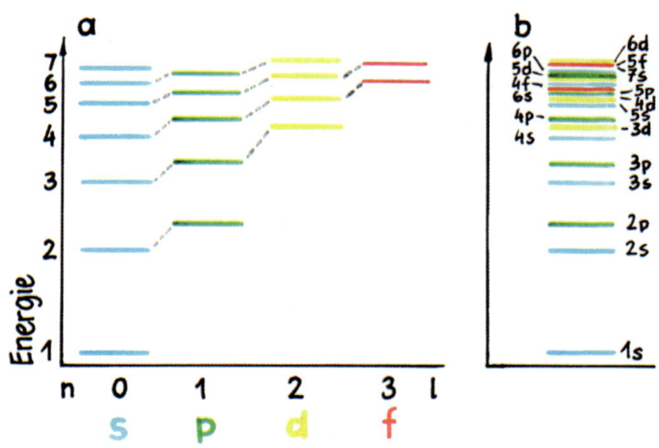

Abb. 27.27: a) Die Quantenzahlen n und l legen die Energie des Elektrons fest. b) „Ineinandergeschobene" Energieniveaus. Bei höheren Hauptquantenzahlen werden die Abstände kleiner, und es kommt zu „Unregelmäßigkeiten" in der Reihenfolge. So hat zum Beispiel ein Elektron im 4s-Orbital weniger Energie als im 3d-Orbital. Wasserstoff bildet mit nur einem Elektron eine Ausnahme. Bei ihm hängen die Energienniveaus nur von n, aber nicht von l ab.

dreidimensionalen Fall gibt es wesentlich mehr Variationsmöglichkeiten, und die Orbitale sehen teilweise ziemlich kurios aus. Zur Beschreibung sind in diesem Fall **vier Quantenzahlen** notwendig. Die Hauptquantenzahl *n* und die Drehimpulsquantenzahl *l* legen die Energie des Elektrons fest (Abb. 27.27 und 27.28).

▸▸▸ i | Die vier Quantenzahlen |

i

| Die vier Quantenzahlen |

Die Bezeichnungen der Quantenzahlen haben historische Gründe, die noch auf das Bohr'sche Atommodell zurückgehen (Kap. 27.1). Beim Verwenden dieser Begriffe muss man sich im Klaren sein, dass ein Orbital stationär ist und sich das Elektron nicht in irgendeiner Form um den Kern bewegt. Man unterscheidet **vier** verschiedene **Quantenzahlen**.

1) Die Hauptquantenzahl *n*

Diese legt fest, in welcher Schale sich das Elektron befindet. Die ersten vier Schalen werden auch mit den Buchstaben K, L, M und N bezeichnet. Den eindimensionalen Fall der Hauptquantenzahl siehst du in Abb. 27.17.

2) Die Drehimpulsquantenzahl *l*

Diese liefert den Betrag des Drehimpulsvektors des Elektrons. Diese Bezeichnung geht noch auf die falsche Annahme zurück, dass sich Elektronen um den Kern bewegen. Aus historischen Gründen bezeichnet man die Orbitale je nach ihrer Drehimpulsquantenzahl noch zusätzlich mit einem Buchstaben:

$l = 0$ … **s**-Orbital $l = 1$ … **p**-Orbital

$l = 2$ … **d**-Orbital $l = 3$ … **f**-Orbital

Es gilt $l < n$. Wenn also $n = 1$ ist, dann gibt es nur ein s-Orbital, bei $n = 2$ ein s- und ein p-Orbital ($l = 0$ bzw. $l = 1$) und so weiter (siehe auch Tab. 27.1).

3) Die magnetische Quantenzahl *m*

Diese beschreibt die Drehimpulskomponenten in eine bestimmte Richtung. Vereinfacht kann man sagen: *n* und *l* legen die Form des Orbitals fest, *m* dessen Lage im Raum (siehe Abb. 27.26). Es gilt: $|m| \leq l$.

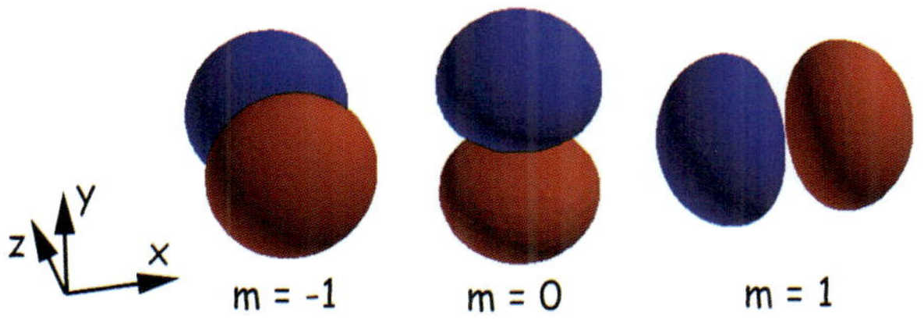

Abb. 27.26: Die drei möglichen Orbitale für $n = 2$ und $l = 1$. Es handelt sich also um die 2p-Orbitale.

4) Die Spinquantenzahl *s*

Sie gibt den Eigendrehimpuls des Elektrons an und ist immer ±½.

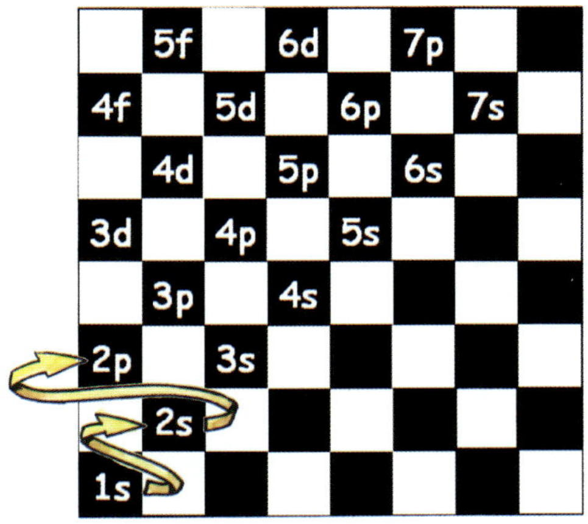

Abb. 27.28: Mit Hilfe der **Schachbrettregel** kannst du dir die Reihenfolge merken, mit der sich die Orbitale auffüllen. Du musst dazu von unten beginnend Zeile für Zeile von links nach rechts lesen. Diese Reihenfolge entspricht dann der in Abb. 27.27 b.

Die **Elemente** dieses Universums unterscheiden sich durch die Anzahl der Protonen (**F16**). Die Zahl der Elektronen und Protonen ist pro Element immer gleich groß – Atome sind ja nach außen elektrisch neutral. Für die chemischen Eigenschaften sind nur die Elektronen bedeutend. Will man also die Eigenschaften eines Elements wissen, muss man Anzahl und Energien seiner äußeren Elektronen kennen.

▸▸▸ i | Valenzelektronen |

Die Energien der Elektronen kann man mit Hilfe der **Schrödingergleichung** berechnen. Exakt lassen sich diese aber nur für den Wasserstoff ermitteln. Bereits ab Helium ist man auf Näherungen angewiesen. Das liegt aber nicht an der Unfähigkeit der Physiker, sondern an der Komplexität der dazu nötigen Gleichungen.

i

| Valenzelektronen |

Als Valenzelektronen bezeichnet man jene Elektronen, die für die chemischen Eigenschaften des Elements entscheidend sind. Valenzfähig sind alle s- und p-Elektronen der äußersten Schale und Elektronen von nicht vollbesetzten d- und f-Orbitalen. In Summe kann ein Element maximal 8 valenzfähige Elektronen besitzen (**F17**). Sehen wir uns dazu die **Elektronenkonfiguration** an. Wasserstoff hat ein Elektron am 1s-Orbital. Man schreibt daher H: $1s^1$. Die Hochzahl gibt die Anzahl der Elektronen an.

Um die Schreibweise zu vereinfachen, schreibt man bei höheren Elementen das letzte Element der vorherigen Zeile (Periode) in eckige Klammer, weil ja dessen Elektronen nicht mehr valenzfähig sind. Für Lithium schreibt man also nicht $1s^2 2s^1$, sondern $[He]2s^1$.

Wie viele **Valenzelektronen** hat **Blei?** Das letzte Element der vorherigen Periode ist Xenon. Daher schreibt man Pb: $[Xe]6s^2(4f^{14}5d^{10})6p^2$. Weil f- und d-Orbital abgeschlossen sind, sind die Elektronen nicht valenzfähig und daher eingeklammert. Blei hat somit 4 Valenzelektronen (siehe Abb. 27.29).

n	*l*	Orbital	*m*	*s*	*z*	
7	1	7p	–1 bis +1	±½	6	Ununtrium (Uut) bis Ununoctium (Uuo)
6	2	6d	–2 bis +2	±½	10	Lawrencium (Lr) bis Unumbium (Uub)
5	3	5f	–3 bis +3	±½	14	Actinium (Ac) Nobelium (No)
7	0	7s	0	±½	2	Francium (Fr) und Radium (Ra)
6	1	6p	–1 bis +1	±½	6	Thallium (Tl) bis Radon (Rn)
5	2	5d	–2 bis +2	±½	10	Lutetium (Lu) bis Quecksilber (Hg)
4	3	4f	–3 bis +3	±½	14	Lanthanium (La) bis Ytterbium (Yb)
6	0	6s	0	±½	2	Cäsium (Cs) und Barium (Ba)
5	1	5p	–1 bis +1	±½	6	Indium (In) bis Xenon (Xe)
4	2	4d	–2 bis +2	±½	10	Yttrium (Y) bis Cadmium (Cd)
5	0	5s	0	±½	2	Rubidium (Rb) und Strontium (Sr)
4	1	4p	–1 bis +1	±½	6	Gallium (Ga) bis Krypton (Kr)
3	2	3d	–2 bis +2	±½	10	Scandium (Sc) bis Zink (Zn)
4	0	4s	0	±½	2	Kalium (K) und Calcium (Ca)
3	1	3p	–1 bis +1	±½	6	Aluminium (Al) bis Argon (Ar)
3	0	3s	0	±½	2	Natrium (Na) und Magnesium (mg)
2	1	2p	–1 bis +1	±½	6	Bor (B) bis Neon (Ne)
2	0	2s	0	±½	2	Lithium (Li) und Beryllium (Be)
1	0	1s	0	±½	2	Wasserstoff (H) und Helium (He)

Tab. 27.2: Die Orbitale sind, wie in Abb. 27.27 b, ihrer Energie nach geordnet. Wenn ein Orbital aufgefüllt ist, wird das nächste „eröffnet". *z* entspricht der Anzahl der möglichen Elektronen in diesem Orbital. In den s-Orbitalen sind 2, den p-Orbitalen 6, den d-Orbitalen 10 und den f-Orbitalen 14 Elektronen möglich.

Jedes weitere Elektron in der Hülle nimmt den Platz mit der niedrigstmöglichen Energie ein. Ist ein Orbital voll, wird ein neues „eröffnet", das wiederum von allen möglichen die niedrigste Energie hat (siehe Abb. 27.27 b und 27.28). Das **Pauli-Verbot** besagt (etwas umformuliert): **Die Elektronen im Atom dürfen nicht in allen 4 Quantenzahlen übereinstimmen.** Mit dem Pauli-Verbot und der Schachbrettregel kannst du den Aufbau des Periodensystems nachvollziehen (Abb. 27.29 und Tab. 27.2).

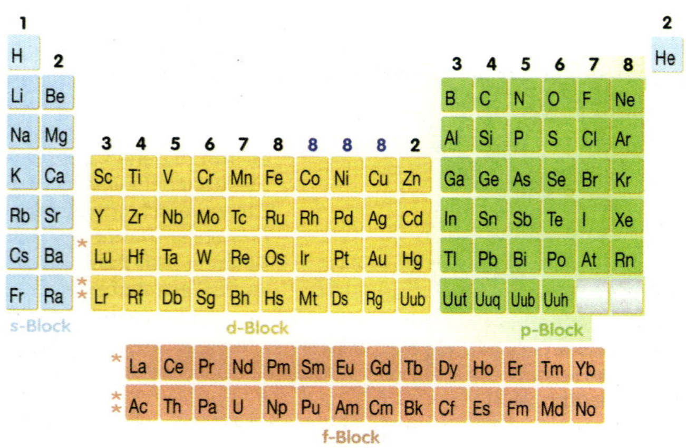

Abb. 27.29: Das Periodensystem aus Sicht der Orbitale. Als „Perioden" bezeichnet man dabei die Zeilen. Die Zahlen über den Gruppen geben die Valenzelektronen an (siehe Infobox Valenzelektronen). Alle Elemente ab Uran kann man nur künstlich erzeugen. Das höchste bisher erzeugte Element hat die Ordnungszahl 118 (Stand 2010). Namen sind bisher nur bis 111 vergeben worden. Darüber haben die Elemente eine lateinische Bezeichnung, die ihre Ordnungszahl andeutet, etwa Ununbium für 112 (unum = 1, bium = 2).

Zusammenfassung

Zur Beschreibung der Orbitale in einem Atom sind vier Quantenzahlen notwendig. Durch diese sind Form und Energieniveau eindeutig bestimmt. Elektronen nehmen immer die niedrigstmögliche Energie ein. Die Reihenfolge der Besetzung der Orbitale kann man mit dem Pauli-Verbot und der Schachbrettregel nachvollziehen. Nur die Valenzelektronen eines Elements spielen für dessen chemische Eigenschaften eine Rolle.

a

| Das moderne Atommodell |

F18 ▸L Schreibe folgende Elemente nach ihrer Elektronenkonfiguration auf und ermittle ihre Valenzelektronen: Natrium (Na), Chlor (Cl), Brom (Br), Argon (Ar), Krypton (Kr). Zur Beantwortung brauchst du Abb. 27.29 und Tab. 27.2).

F19 ▸L Wie nennt man die Elemente in der vorletzten und letzten Spalte des Periodensystems? Welche chemischen Eigenschaften haben diese und warum?

F20 ▸L Weist du vielleicht aus der Chemie eine Formel für die maximale Elektronenzahl pro Schale?

28 | LICHT ALS TRÄGER VON ENERGIE

| Prolog |
Jedem Menschen ist sein optischer Sinn so vertraut, dass er sich eigentlich kaum oder gar nicht den Kopf darüber zerbricht. Wann hast du schon einmal daran gedacht, dass du Gegenstände wie dieses Buch oder den Tisch nur deshalb sehen kannst, weil sie pausenlos Energie abgeben? Diese Energie wird in „Portionen" ausgesendet, und man nennt sie Lichtteilchen oder **Photonen**. In diesem Kapitel geht es darum, wie Photonen entstehen und warum die Spektren von verschiedenen Stoffen unterschiedlich aussehen. Außerdem werden wir uns etwas genauer mit dem faszinierenden Laser und einigen seiner Anwendungen befassen.

28.1 Die Natur macht Sprünge
Der Quantensprung

In der Physik bezeichnet man als Quantensprung die Änderung des Energieniveaus eines Quants, also etwas extrem Winziges. Dieser Begriff wurde im Alltag übernommen, wobei sich aber die Bedeutung auf absurde Weise ins Gegenteil verkehrt hat. Hier bezeichnet man nämlich als Quantensprung einen riesigen, sprunghaften Fortschritt in einem bestimmten Bereich. In diesem Abschnitt geht es aber natürlich um den physikalischen Quantensprung.

F1 ▸L Wie viele Photonen sendet eine 100-W-Glühbirne pro Sekunde aus? Rund a) 1 Million, b) 1 Milliarde, c) 1 Billion, d) noch viel mehr. Gib einen Tipp ab!

F2 In Abb. 28.1 siehst du das Spektrum des weißen Lichts sowie die Spektren von drei Gasen. Warum haben diese nur ganz bestimmte Linien?

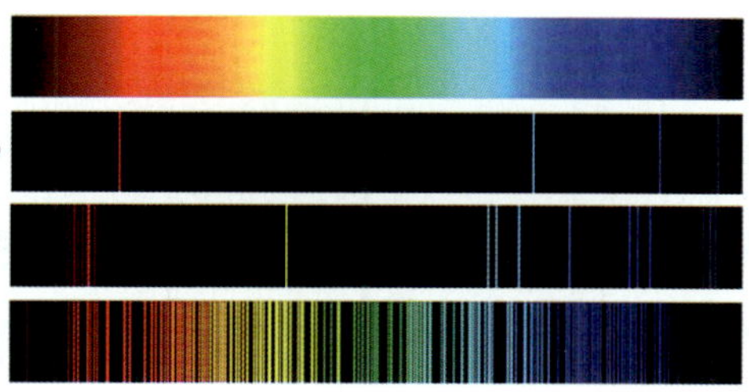

Abb. 28.1: a) Spektrum des weißen Lichts, das alle Farben beinhaltet; weiters Spektren von b) Wasserstoff, c) Helium und d) Neon.

F3 Das Orbital eines Elektrons kann mit einer stehenden Wahrscheinlichkeitswelle beschrieben werden! Was ist damit gemeint? Lies nach in Kap. 27.3!

F4 Welcher Zusammenhang besteht zwischen den Quantenzahlen und den Energienniveaus der Orbitale? Und welche Ausnahme bildet dabei der Wasserstoff? Lies nach in Kap. 27.5!

F5 1905 fand Albert Einstein eine theoretische Erklärung für den Fotoeffekt. Wie lautet diese? Und welche Energie kann man einem Photon auf Grund seiner Frequenz zuordnen? Lies nach in Kap. 26.3!

F6 Was versteht man unter einem Elektronvolt? Lies nach in Kap. 23.2, „Big Bang 6"!

Die Elektronen in einem Atom können nur ganz bestimmte Energiezustände einnehmen. Wenn sie die niedrigstmögliche Energie besitzen, spricht man vom **Grundzustand** (Abb. 28.2 a). Durch Stöße anderer Teilchen, Wärme- oder Lichtstrahlung können die Elektronen auf ein höheres Energieniveau gehoben werden. Man spricht dann von einem **angeregten Zustand.** Die zugeführte Energie wird vom Elektron aber nur extrem kurz gespeichert. Dann „springt" es wieder auf das Grundniveau zurück (c) und gibt die vorher gespeicherte Energie in Form von eines **Photons** ab. Licht ist entstanden!

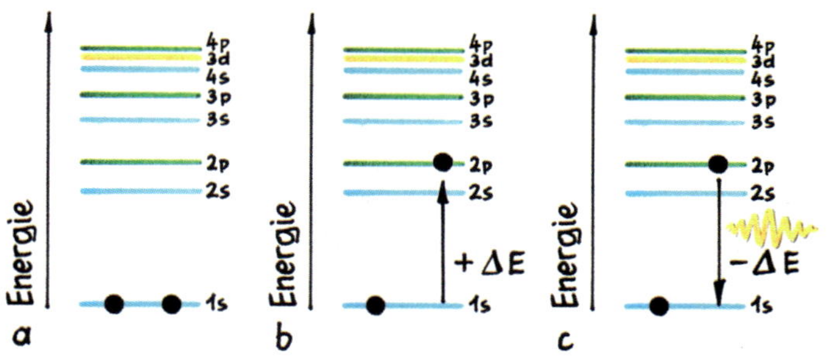

Abb. 28.2: Schematische Darstellung der untersten Energieniveaus der Elektronen in einem Heliumatom (vgl. mit Abb. 27.25, Kap. 27.5). a) Die Elektronen befinden sich im Grundzustand. b) Ein Elektron wird vom 1s-Orbital auf das 2p-Orbital gehoben. c) Das Elektron „springt" wieder zurück und gibt die vorher aufgenommene Energie in Form eines Photons ab.

Jede Änderung des Energiezustandes eines Quants – also egal ob hinauf oder hinunter – nennt man einen **Quantensprung**. Dieser Ausdruck ist noch auf die Zeit des Bohr'schen Atommodells zurückzuführen (Kap. 27.1). Wenn man ihn heute verwendet, dann sollte man sich über zwei Dinge im Klaren sein: Erstens springt das Elektron nicht von einer Stelle an eine andere, sondern von einem **Energieniveau** auf das andere. Das Elektron macht also einen Energie- und keinen Orts-Sprung. Zweitens hat diese Veränderung des Orbitals eher etwas von einer Schwingung als von einem Sprung.

▸▸▸ i | **Zeitlupenquantensprung | Seite 30**

Ein Elektron in einem isolierten Atom kann nicht beliebige Mengen Energie aufnehmen (absorbieren) und wieder abgeben (emittieren), sondern nur ganz bestimmte. **Die Energiemenge ΔE ist quantisiert und hängt von den Differenzen der möglichen Energieniveaus der Elektronen ab.**

Der Zusammenhang zwischen der abgegebenen Energie des Photons und seiner Frequenz ergibt sich durch jene Gleichung, die Einstein bereits **1905** für die Erklärung des Fotoeffekts benutzt hat (F3). Photonen transportieren jene Energie, die beim „Sprung" eines Elektrons auf ein tieferes Energieniveau frei wird. **Licht ist der Transport von Energie!** Je größer diese abgegebene Energie ist, desto größer ist die Frequenz des Photons.

| Zeitlupenquantensprung |

Wenn man einen Quantensprung in Zeitlupe ansieht, (Abb. 28.3) dann merkt man, dass er eigentlich eher mit einer **Schwingung** vergleichbar ist als mit einem Sprung. Das Orbital eines Elektrons kann mit einer stehenden Wahrscheinlichkeitswelle beschrieben werden (F3; Kap. 27.3). Wenn das Elektron auf ein anderes Orbital übergeht, dann **überlagern** sich diese beiden Wahrscheinlichkeitswellen. Das Ergebnis ist eine Schwingung mit der Differenz der Frequenzen.

In Abb. 28.3 siehst du den Übergang der Wahrscheinlichkeitswelle vom 2p- in den 1s-Zustand (wie in Abb. 28.1 c schematisch dargestellt). Quantensprünge erfolgen nicht in Nullzeit, sondern dauern etwa 10^{-8} s. **Die überlagerte Wahrscheinlichkeitswelle schwingt mit jener Frequenz, die dann auch das Photon besitzt.** Bei sichtbarem Licht liegt diese Frequenz in der Größenordnung von 10^{14} bis 10^{15} Hz. Der Übergang dauert daher einige Millionen Schwingungen lang!

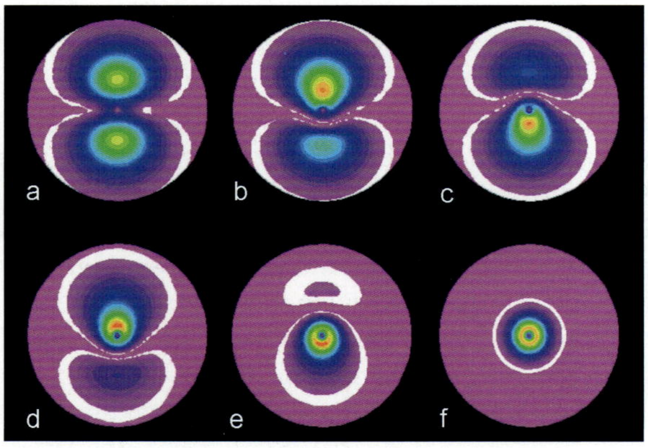

Abb. 28.3: Änderung der Aufenthaltswahrscheinlichkeit eines Elektrons, das vom angeregten Zustand 2p (a) wieder auf den Grundzustand 1s (f) „zurückschwingt". Hier sind zwei Schwingungen dargestellt (b bis e). Tatsächlich dauert der Übergang einige Millionen Schwingungen lang.

| Dreizehnkommasechs |

Unter bestimmten Bedingungen bekommt ein Elektron so viel Energie, dass man es komplett vom Atom ablösen kann. Das ist zum Beispiel beim Fotoeffekt der Fall (siehe Kap. 26.3). Man erzeugt dabei ein Ion. Daher nennt man die dazu notwendige Energie auch **Ionisierungsenergie**. Die Ionisierungsenergie des Wasserstoffs beträgt $2{,}2 \cdot 10^{-18}$ J. Diese Zahl ist ziemlich unhandlich.

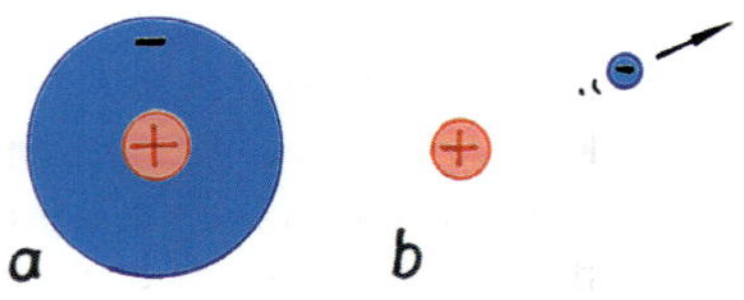

Abb. 28.5: a) Das Elektron des Wasserstoffs befindet sich im 1s-Orbital, also im Grundzustand. b) Das Elektron wird vom Atomkern abgelöst. Dazu braucht man $2{,}2 \cdot 10^{-18}$ J bzw. 13,6 eV.

Um sehr kleine Energien anzugeben, wie sie in der Quantenmechanik oft vorkommen, hat man daher die Einheit **Elektronvolt** (eV) geschaffen (siehe Kap. 23, „Big Bang 6"). Die Umrechnung lautet:
$1 \text{ eV} = 1{,}6 \cdot 10^{-19}$ J. **Die Ionisierungsenergie von Wasserstoff beträgt also 13,6 eV.** Du musst zugeben, dass die Zahl nun wesentlich handlicher ist.

| Unendliche Orbitalvielfalt |

Mit zunehmender Hauptquantenzahl schieben sich die Energieniveaus immer mehr zusammen. Die Ionisierungsenergie entspricht einer Hauptquantenzahl von $n = \infty$ (siehe Abb. 28.4). Es ist also theoretisch möglich, ein Elektron auf **unendlich viele Orbitale** zu heben, bevor es sich komplett vom Kern ablöst. Du hast schon einige „gängige" Orbitalformen kennen gelernt (Abb. 27.18 und Tab. 27.1). Abb. 28.6 zeigt ein sehr exotisches Orbital, dessen Energie nur mehr 0,7 eV unter der Ionisationsenergie liegt.

Abb. 28.6: Wasserstofforbital mit den Quantenzahlen $n = 11$, $l = 5$ und $m = 3$. Die Form ist exakt berechnet, die Farben sind künstlerische Freiheit. Bedenke: „Ein Elektron sieht nicht aus!"

Formel:
Energie-Differenz = Photonen-Energie

$\Delta E = E = h \cdot f$

ΔE … Differenz der Energieniveaus
E … Photonenenergie [J]
h … Planck'sches Wirkungsquantum [Js]
$h = 6{,}63 \cdot 10^{-34}$ Js
f … Frequenz des Lichts [s^{-1}]

Der Unterschied der Energieniveaus macht klar, warum Gase beim Leuchten nur ganz bestimmte Farben und nicht das ganze Spektrum aussenden: Jedes Atom ermöglicht seinen Elektronen nur ganz bestimme Quantensprünge (F2). In Abb. 28.4 ist das am Beispiel des Wasserstoffs dargestellt. **Ein Linienspektrum ist eine Art „Fingerabdruck" eines Elements.** Die Energie zwischen den Niveaus wird, wie fast immer in der Quantenmechanik, in Elektronvolt und nicht in Joule angegeben. Um zum Beispiel das Wasserstoff-Elektron vom Kern abzulösen, sind 13,6 eV notwendig.

▸▸▸ i | **Dreizehnkommasechs** |
▸▸▸ i | **Unendliche Orbitalvielfalt** |

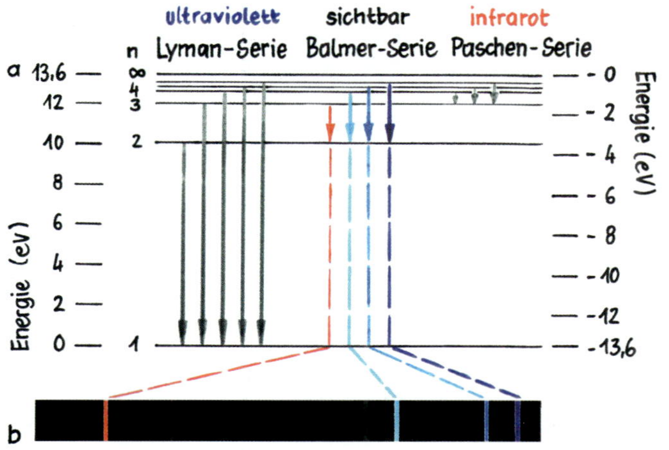

Abb. 28.4: a) Einige mögliche Übergänge zwischen den Energieniveaus bei Wasserstoff. Wo man den Nullpunkt der Energie annimmt, ist reine Geschmackssache. Die Besonderheit beim Wasserstoff ist die, dass nur die Hauptquantenzahl (n) eine Rolle für das Energieniveau spielt, nicht aber die Drehimpulsquantenzahl (F4). b) Nur die Balmer-Serie liegt im sichtbaren Bereich und erzeugt 4 Linien im Spektrum.

Zusammenfassung

Die Änderung des Energiezustandes eines Elektrons nennt man einen Quantensprung. „Springt" das Elektron bzw. schwingt das Orbital auf ein tieferes Niveau, dann wird die Energiedifferenz in Form eines Photons frei. Da ein freies Atom nur ganz bestimmte Energieniveaus besitzt, kann es auch nur ganz bestimmte Frequenzen aussenden. Oft sind diese nicht im sichtbaren Bereich.

28.2 Verlorene Persönlichkeit

Arten von Spektren

Die Spektren von Gasen und von Festkörpern sind sehr unterschiedlich. Wie und warum sie sich unterscheiden, hörst du in diesem Abschnitt.

?

F7 Leuchtende Gase erzeugen Linienspektren. Die Sonne ist ein leuchtender Gasball. Deshalb erzeugt sie ebenfalls ein Linienspektrum! Richtig oder falsch? Und wie ist das mit einer Glühlampe?

F8 Wie groß schätzt du den Druck im Inneren unserer Sonne im Vergleich mit dem normalen Luftdruck?

F9 Sterne haben verschiedene Farben (Abb. 28.7)! Aber wie kommt es zu diesen Farben? Besteht ein Unterschied zwischen einem rötlichen und einem bläulichen Stern?

Abb. 28.7. Farbenvielfalt am Sternhimmel. Mit freiem Auge scheinen die Sterne meistens nur weiß, weil bei kleinen Lichtstärken auf der Netzhaut nur die besonders empfindlichen Zellen gereizt werden, die aber nur schwarzweiß registrieren.

F10 Man weiß seit rund **1860**, dass sich in der Atmosphäre der Sonne Gase wie Sauerstoff, Helium oder Natrium befinden. Woher weiß man das?

Das Licht eines dünnen Gases, zum Beispiel in einer **Leuchtstoffröhre**, zeigt beim Aufspalten ein Linienspektrum. Dieses ist quasi sein „Fingerabdruck". Was passiert aber, wenn man das Licht eines leuchtenden Gasballs wie der Sonne oder eines beliebigen anderen Sterns aufspaltet (F7)? Dann erhält man ein kontinuierliches Spektrum! Wie kann das sein?

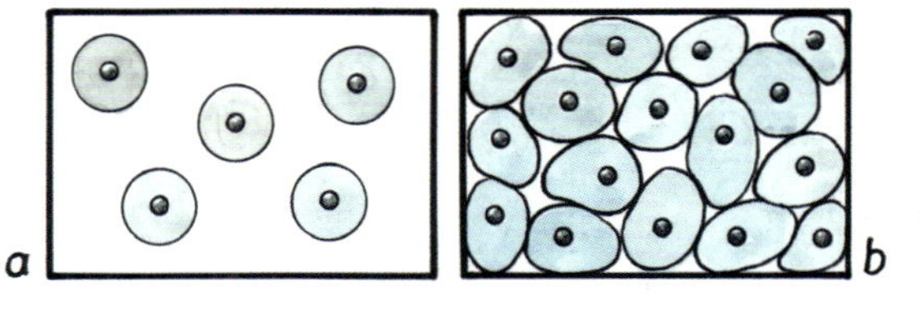

Abb. 28.8: Schematische Darstellung der Orbitale von Gasatomen. a) Geringer Druck: Die Orbitale sind unbeeinflusst. b) Hoher Druck: Es kommt zu einer gegenseitigen Beeinflussung der Orbitale. Dadurch entstehen viele neue Energieniveaus, die ein kontinuierliches Spektrum ermöglichen.

Der **Druck im Inneren eines Sterns** ist unvorstellbar groß – im Sonneninneren ist er etwa 100 Milliarden Mal größer als der Luftdruck auf der Erde (siehe Tab. 28.1). Dadurch ist auch die Gasdichte extrem hoch. Während in einem dünnen Gas die Orbitale unbeeinflusst sind, werden sie durch den hohen Druck quasi „gequetscht" (Abb. 28.8). Dadurch entstehen völlig **neue Energieniveaus** (Abb. 28.9), und das Gas leuchtet in allen Farben. Unter hohem Druck geht also der „Fingerabdruck" des Gases verloren – es verliert seine Persönlichkeit.

Bei uns auf der Erde kommen übrigens nicht alle Farben des Sonnenlichts an – es **fehlen Linien im Spektrum.** Diese fehlenden Linien geben einen Aufschluss über die chemische Zusammensetzung der Sonnenatmosphäre (**F10**). Generell ermöglicht dieser Effekt den

	relativer Druck	Dichte [kg/m³]
Erdatmosphäre	1	1
Sonneninneres	10^{11}	10^{5}
Eisen	–	10^{4}

Tab. 28.1: Größenordnungen von Druck und Dichte im Inneren der Sonne im Vergleich mit der Erdatmosphäre. Obwohl der Sonnenkern aus Gas besteht, ist er rund 10-mal so dicht wie Eisen!

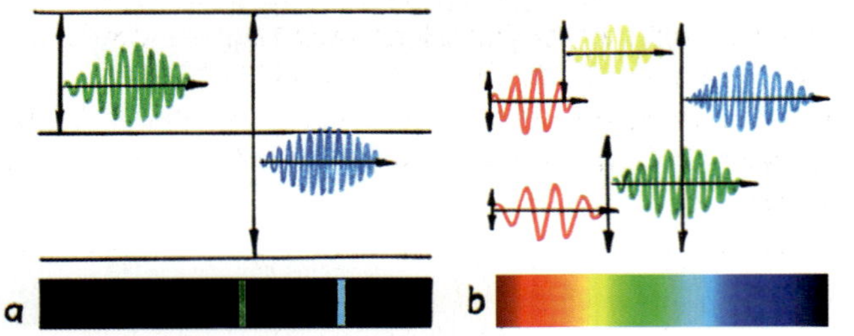

Abb. 28.9: a) Mögliche Energieniveaus eines Phantasiegases bei geringem Druck. Es gibt nur zwei verschiedene Quantensprünge, daher hat das Spektrum nur zwei Linien. b) Bei hohem Druck entstehen so viele neue Niveaus, dass jeder beliebige Quantensprung möglich ist (exemplarisch sind 5 Möglichkeiten eingezeichnet). Das Spektrum wird kontinuierlich.

Astronomen, auf bequeme Weise die Atmosphäre jedes beliebigen Sterns zu bestimmen, ohne diesen mit einem Raumschiff besuchen zu müssen.

››› i | Fraunhofer-Linien |

Das Gas im Inneren eines Sterns ist so dicht, dass es wie ein **Festkörper** wirkt (siehe Tab. 28.1 rechte Spalte). Das

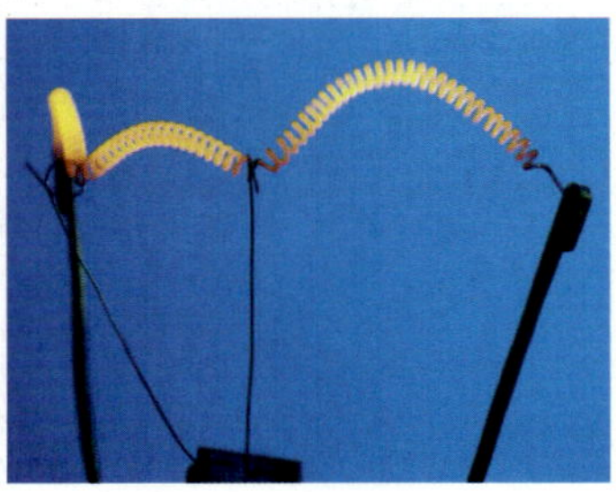

Abb. 28.13: Die Glühwendel einer Lampe sendet, wie auch jeder Stern, ein kontinuierliches Spektrum aus.

| Fraunhofer-Linien |

Josef von Fraunhofer entdeckte **1815** im Spektrum der Sonne dunkle Linien (wie in Abb. 28.10 c), deren Ursprung man damals aber noch nicht verstand. Erst um **1860** fand Gustav Kirchhoff die Erklärung dafür: Die fehlenden Linien werden von Gasen verursacht, die sich in der **Sonnen- und Erdatmosphäre** befinden (Abb. 28.11, siehe auch Kap. 35.1).

Abb. 28.10: a) Kontinuierliches Spektrum, wie es von einem Festkörper oder sehr dichtem Gas ausgesendet wird. b) Linienspektrum von Helium. c) Ein Absorptionsspektrum ist ein kontinuierliches Spektrum, dem einige Linien fehlen (in diesem Beispiel die von Helium).

Abb. 28.11: Die Atmosphäre der Sonne wird bei einer totalen Sonnenfinsternis als Corona sichtbar.

Nehmen wir ein **Heliumatom in der Sonnenatmosphäre** und einen Lichtstrahl, der in Richtung Erde fliegt. (Abb. 28.12). Dieser beinhaltet zunächst noch alle Frequenzen (a). Helium absorbiert nun ganz bestimmte Farben (Quantensprünge nach „oben") und strahlt sie nach Sekundenbruchteilen wieder aus (Quantensprünge nach „unten"). Die Abgabe des Lichts erfolgt in **alle Richtungen** (b) und deshalb wird die Lichtintensität in Richtung Erde stark geschwächt (c). Wir auf der Erde sehen daher schwarze Linien im Spektrum.

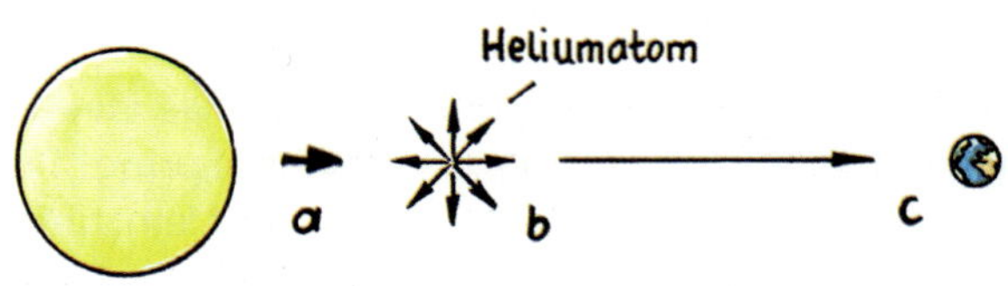

Abb. 28.12: Manche Farben werden durch Gasatome in alle Richtungen zerstreut und erscheinen dann im Spektrum auf der Erde als dunkler Strich.

Spektrum von selbst leuchtenden Festkörpern ist immer kontinuierlich. Auch im Glühdraht einer Lampe kommt es durch die dichte Packung der Atome zur gegenseitigen Beeinflussung der Orbitale. Deshalb erzeugt auch eine Glühbirne ein kontinuierliches Spektrum (F7). Obwohl Sterne und Glühbirnen alle Farben aussenden, haben sie für uns meistens trotzdem eine bestimmte Farbtönung. Das liegt daran, dass die ausgesendeten Frequenzen unterschiedliche Intensitäten haben.

››› i | Heiß und kalt |

| Heiß und kalt |

Wenn man weißes Licht aufspaltet, dann bekommt man alle Farben, also ein kontinuierliches Spektrum. Umgekehrt gilt das aber nicht. Nicht jedes kontinuierliche Spektrum, das man wieder vereinigt, ergibt weiß. Warum? Weißes Licht bekommst du nur, wenn alle Farben **in derselben Intensität** leuchten. Das ist aber meistens nicht der Fall.

Sterne senden zwar alle Farben aus, aber nicht in derselben Stärke. Die Intensitätsverteilung und somit auch die Farbe des Sterns hängt nur von seiner Oberflächentemperatur ab (Abb. 28.14; siehe auch Kap. 35.1). Die Farbe eines Sternes sagt uns also, wie heiß seine Oberfläche ist.

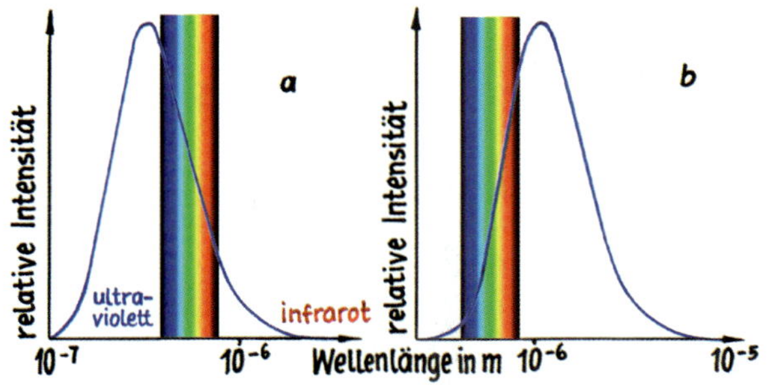

Abb. 28.14: Bei heißen Sternen (Oberflächentemperatur 10.000 K) sind die kurzen Wellenlängen intensiver als die langen (a). Heiße Sterne leuchten daher bläulich. Bei kühleren Sternen (3000 K) ist es umgekehrt (b). Sie scheinen daher rötlich. Die Sonne hat rund 6000 K. Durch die relativ gleichmäßige Mischung der Farben sehen wir sie gelbweiß. (Anm.: Die Intensität ist relativ aufgetragen. Heiße Sterne leuchten absolut gesehen wesentlich heller als kühle).

Zusammenfassung

Dünne Gase senden Linienspektren aus. Bei Gasen unter hohem Druck kommt es zu einer Beeinflussung der Orbitale und somit zu einem kontinuierlichen Spektrum. Wenn dieses Licht ein Gas durchquert, dann werden bestimmte Frequenzen abgeschwächt und es entsteht ein Absorptionsspektrum. Man weiß dann ganz genau, durch welches Gas das Licht geflogen ist.

28.3 Eineiige Zwillinge

Metastabilität und stimulierte Emission

Damit du verstehst, wie ein Laser funktioniert, musst du vorher zwei Begriffe verstehen: die angeregte Aussendung eines Photons und den metastabilen Zustand von Elektronen.

F11 Ein Elektron kann nur ganz bestimmte Energiepakete absorbieren, zum Beispiel ein Photon mit passender Frequenz. Dadurch wird ein „Quantensprung nach oben" ausgelöst (Abb. 28.15 a). Was passiert, wenn sich das Elektron gerade am oberen Energieniveau befindet, und ein zweites, gleiches Photon auftrifft (b)?

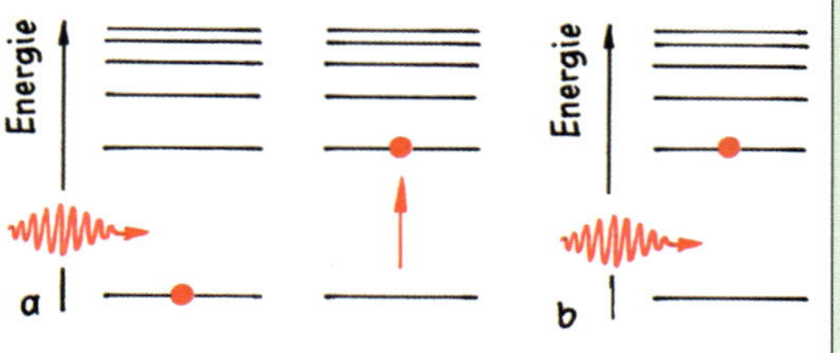

Abb. 28.15: a) Das Photon befördert das Elektron aufs höhere Energieniveau. b) Was passiert aber, wenn das Elektron schon oben ist?

F12 Welche Arten von Gleichgewicht kann man unterscheiden (siehe Kap. 5.3, „Big Bang 5")? Und in welchem Zustand befindet sich die Kugel in Abb. 28.16 a?

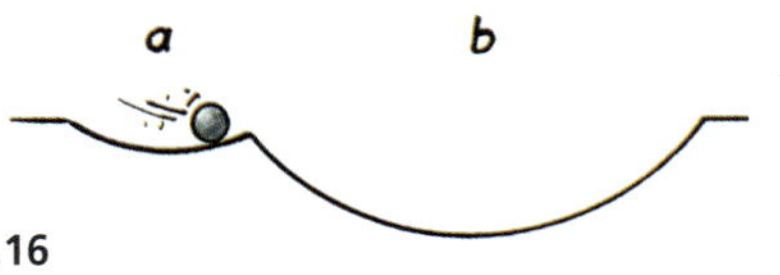

Abb. 28.16

F13 Was versteht man unter virtuellen Teilchen und wie entstehen sie? Lies nach in Kap. 26.6!

Wenn auf ein Elektron das passende Photon trifft, dann wird es auf ein höheres Energieniveau gehoben. Dann gibt es zwei Möglichkeiten. Bei einem „normalen" Quantensprung fällt das angeregte Elektron nach kurzer Zeit **ohne äußere Einflüsse** wieder auf das Grundniveau zurück und sendet dabei ein Photon aus (Abb. 28.17 a). Man spricht in diesem Fall von einer **spontanen Emission** (= Aussendung) des Photons. Weder der Zeitpunkt des Rücksprungs noch die Richtung, in der das Photon wegfliegt, können vorhergesagt werden – typisch Quantenwelt eben.

Wenn aber auf das bereits angeregte Elektron nochmals ein gleiches Photon trifft, dann wird das Elektron wieder auf das Grundniveau „zurückgerissen". Das verursachende und das dabei entstehende Photon sind vollkommen identisch (b). Weil der Rücksprung in diesem Fall nicht spontan erfolgt, sondern vom heranfliegenden Photon **angeregt** wird, spricht man von einer **stimulierten Emission.**

››› i | Geisterphotonen |

Bei einem **stabilen Zustand** ist die potenzielle Energie immer ein Minimum. Wie ist das mit der Kugel in Abb. 28.16a (**F12**)? Wenn sie nicht allzu stark ausgelenkt wird, ist sie stabil. Wenn man sie aber etwas stärker anstupst, dann wird sie in einen **noch stabileren Zustand** übergehen (b), quasi in den Grundzustand. Zustände ähnlich wie in Abb. 28.16a nennt man in der Physik generell **metastabil**. Die griechische Silbe „meta" bedeutet „zwischen". **Metastabilität bedeutet also „Zwischenstabilität" und ist eine „schwache" Form der Stabilität.**

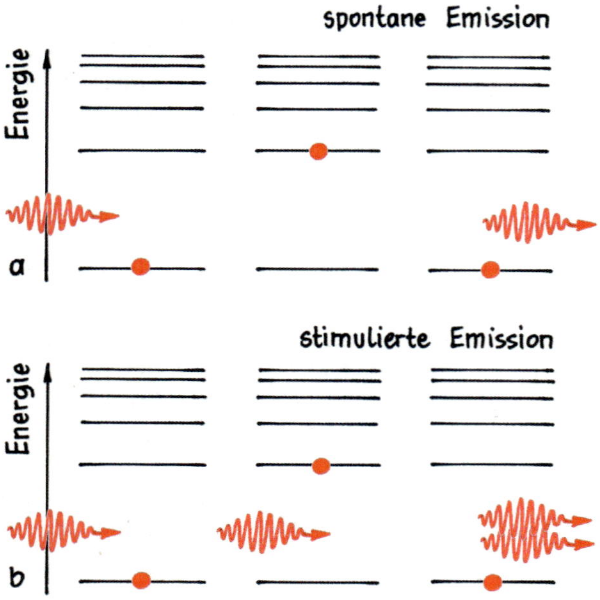

Abb. 28.17: Die zwei Möglichkeiten der Aussendung (Emission) eines Photons. Bei Laser spielt die stimulierte Emission eine große Rolle.

| Geisterphotonen |

Wenn man es genau nimmt, dann erfolgen die spontanen Emissionen gar nicht wirklich spontan, sondern auch diese werden durch Photonen ausgelöst. Allerdings nicht durch reelle, sondern durch virtuelle! Wie das?

Das Vakuum ist ja nicht wirklich leer! Die Heisenberg'sche Unschärferelation lässt zu, dass pausenlos virtuelle Teilchen erzeugt werden und sich nach Sekundenbruchteilen wieder eliminieren (**F13**). Das gilt auch für Photonen. Ein „spontaner" Quantensprung erfolgt gar nicht spontan, sondern die angeregten Elektronen werden durch „virtuelle Geisterphotonen" wieder auf das Grundniveau befördert.

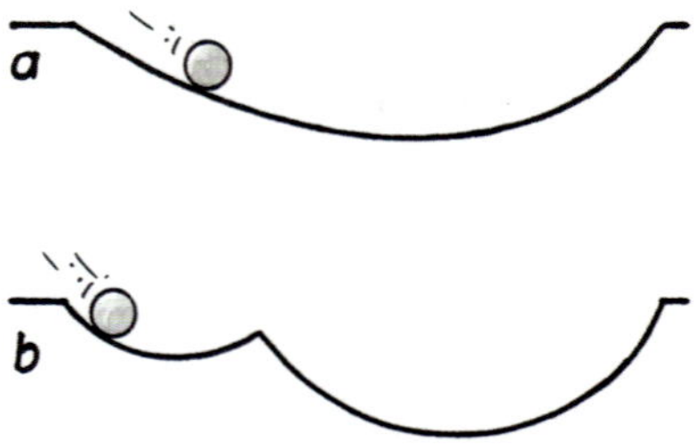

Abb. 28.18: Modellhafte Vorstellung von angeregten Energieniveaus a) Die Kugel ist nicht stabil und rollt sofort zurück. b) Kleine Störungen sind möglich, ohne dass die Kugel aufs Grundniveau zurückrollt. Das entspricht einem metastabilen Zustand. Die Verweildauer am höheren Niveau ist wesentlich länger als bei a.

Auch bei Elektronenorbitalen gibt es unter ganz bestimmten, aber seltenen Bedingungen Metastabilität. Während bei einem Elektron normalerweise **Verweildauer und Rücksprung** in Summe etwa 10^{-8} s dauern, dauert es bei einem metastabilen Niveau einige Tausendstel Sekunden (10^{-3} s), also 100.000-mal länger (Abb. 28.18 b). Für ein angeregtes Elektron ist das eine halbe Ewigkeit.

Zusammenfassung

Bei einer stimulierten Emission wird das zweite ankommende Photon quasi verdoppelt. Ein Objekt im metastabilen Zustand ist stabil gegenüber kleinen Einflüssen, es befindet sich aber in seiner Nähe ein energetisch noch günstigerer Zustand.

28.4 Zusammenhängendes Licht

Der Laser

Laser sind aus dem Alltag nicht mehr wegzudenken. Zum Beispiel befindet sich in jedem CD- oder DVD-Laufwerk einer und in der Scannerkasse im Supermarkt. Aber was ist eigentlich das Besondere am Laser?

F14 Was ist eigentlich das Besondere am Laser? Was hat er, was eine normale Glühbirne nicht hat? Und was bedeutet das Wort überhaupt?

F15 Was versteht man unter einem Halbleiter? Lies nach in Kap. 24.4, „Big Bang 6"! Was versteht man unter Valenzelektronen? Lies nach in Kap. 27.5!

Der Laser ist eine Entwicklung, die auf den Erkenntnissen der Quantenmechanik beruht. Er wurde um **1960** von Theodore Maiman entwickelt (Abb. 28.19). Auch beim Laser werden die Photonen durch Quantensprünge erzeugt. Im Gegensatz zu allen anderen Lichtquellen agieren dabei die Elektronen aber als Kollektiv und erzeugen Licht, das aus **völlig identischen Photonen** besteht. Man sagt dazu **kohärentes Licht,** das bedeutet so viel wie „zusammenhängend" (Abb. 28.20).

››› i | Akronym |

| Akronym |

Das Wort Laser ist ein sogenanntes **Akronym**. Darunter versteht man generell Wörter, die aus den Anfangsbuchstaben bzw. Abkürzungen anderer Wörter bestehen. Laser steht zum Beispiel für „**L**ight **A**mplification by **S**timulated **E**mission of **R**adiation". Übersetzt bedeutet das so viel wie „Lichtverstärkung durch stimulierte Emission von Strahlung". Es geht hier also um die stimulierte Emission von Photonen.

In Wissenschaft und Technik wimmelt es nur so von Akronymen: NASA (**N**ational **A**eronautics and **S**pace **A**dministration), ESA (**E**uropean **S**pace **A**gency), RADAR (**Ra**dio **D**etection **A**nd **R**anging; Kap. 35.2), PET (**P**ositron **E**missions **T**omografie; Kap. 3.7), PC (**P**ersonal **C**omputer), CD (**C**ompact **D**isc), DVD (**D**igital **V**ersatile **D**isc), CERN (**C**onseil **E**uropéen pour la **R**echerche **N**ucléaire; Kap. 31.2), DESY (**D**eutsches **E**lektronen **Sy**nchrotron) oder SOHO (**So**lar and **H**eliospheric **O**bservatory; Kap. 37.4), um nur einige wenige zu nennen.

Abb. 28.19: Theodore Maiman und sein von ihm erfundener **Rubinlaser**.

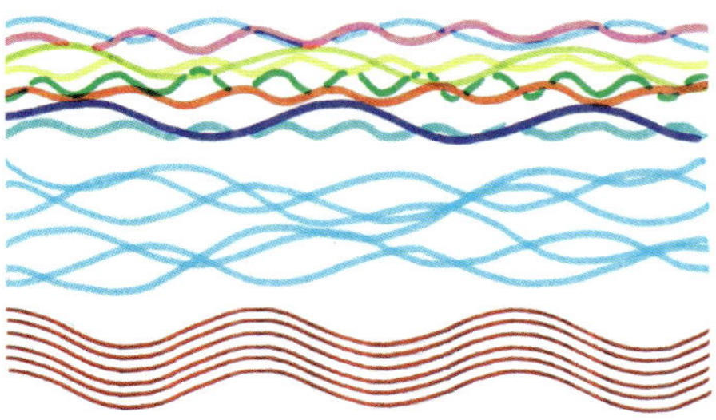

Abb. 28.20: a) **Normales Licht** ist eine Mischung aus allen möglichen Frequenzen bzw. Farben. b) **Einfärbiges** (monochromatisches) **Licht** beinhaltet nur eine Frequenz, die Wellenzüge haben aber unterschiedliche Richtungen und Phasen. c) **Laserlicht** besteht aus Photonen, die sich in allen Merkmalen gleichen. Es ist kohärent.

Um kohärentes Licht zu erzeugen, muss man Metastabilität mit stimulierter Emission verbinden. Sehen wir uns dazu den ersten je gebauten Laser an (Abb. 28.19), weil man an diesem das Prinzip am Einfachsten erkennt. Das Material, das metastabile Niveaus ermöglicht, ist dabei ein **Rubinkristall**. Um diesen herum befindet sich eine **spiralförmige Blitzlampe.**

Diese erzeugt einen Lichtblitz und hebt damit die Elektronen des Rubins auf ein höheres, „normales" Energieniveau (Abb. 28.21 a). Diesen Vorgang nennt man pumpen. Dann fallen die Elektronen auf das **metastabile Niveau** zurück (b). Die Energie wird dabei nicht in Form von Strahlung frei, sondern mechanisch an das Kristallgitter abgegeben. Weil sich jetzt mehr Elektronen im angeregten Zustand befinden als im Grundzustand, spricht man nun von einer **Inversion** (Umkehrung).

Und dann passiert es: Irgendein Elektron fällt spontan als erstes vom metastabilen Niveau und löst bei allen anderen Elektronen eine **stimulierte Emission** aus (c). Dabei entstehen völlig identische Photonen. Daher auch der Name zusammenhängendes (kohärentes) Licht. Die Wellenlänge beträgt 694 nm. Rotes Licht also!

Wenn sich alle Elektronen auf dem Grundniveau befinden, müssen sie wieder „hinaufgepumpt" werden. Deshalb kann der Rubinlaser das Licht nur in Impulsen abgeben. Aber bereits **1961** wurde ein **Gaslaser** erfunden, der kontinuierliches Licht abgeben kann. Die größte unmittelbare Rolle im Alltag spielen aber die **Halbleiterlaser**. Sie werden in CD- und DVD-Laufwerken, Laserdruckern (siehe Kap. 23.1.3, „Big Bang 6"), Laserpointern, zur Datenübertragung in Glasfaserkabeln oder der Scannerkasse im Supermarkt eingesetzt (siehe Kap. 28.5).

▸▸▸ **i** | **Helium-Neon-Laser | Seite 36**
▸▸▸ **i** | **Halbleiterlaser | Seite 36**

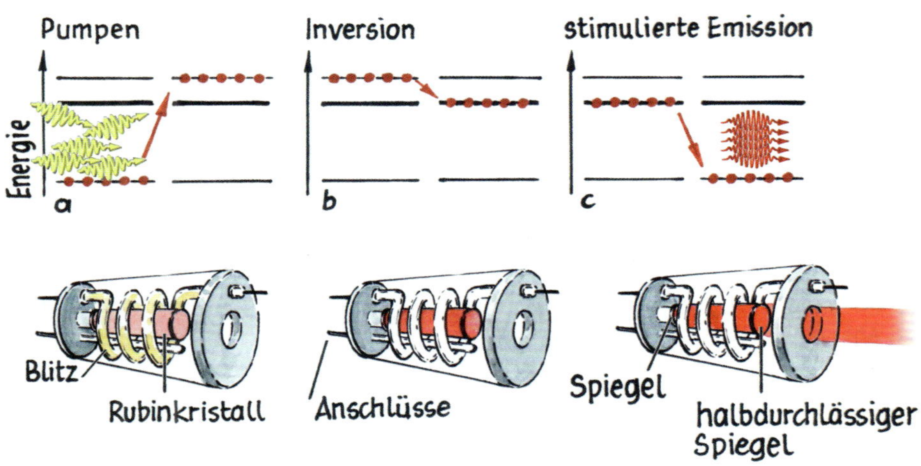

Abb. 28.21: Schematische Darstellung der Funktionsweise eines Rubinlasers. Zwischen dem Pumpen und dem Aussenden des Lichtblitzes liegen nur etwa 3/1000 Sekunden. Die entstehenden Photonen (c) werden hin und her reflektiert. Rund 2 % verlassen bei jeder Reflexion den Laser durch **den halbdurchlässigen Spiegel.** Der Abstand der Spiegel ist genau so groß, dass sich dazwischen eine **stehende Lichtwelle** ausbilden kann. Wichtig: Oben sind die Energieniveaus mehrerer Atome zusammengefasst dargestellt. Nach dem Pauli-Verbot darf ein Niveau ja mit nur maximal zwei Elektronen besetzt sein.

| Helium-Neon-Laser |

In Schulen wird zum Experimentieren meistens ein **Helium-Neon-Laser** verwendet (Abb. 28.22). Helium fungiert als **Pumpgas**, Neon als **Lasergas**. Das Gasgemisch hat nur rund 1/1000 des normalen Luftdrucks.

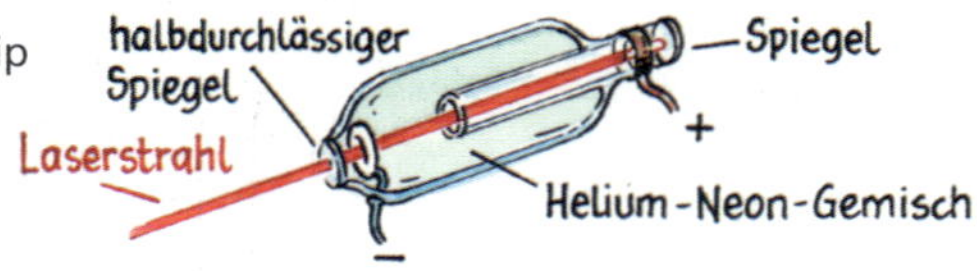

Abb. 28.22: Prinzip des Gaslasers, der in Schulen verwendet wird.

Das Erzeugen von Laserlicht funktioniert so: Durch die angelegte Spannung fließen Elektronen durch das Gas. Sie stoßen mit den **Heliumatomen** zusammen und heben deren Elektronen auf ein metastabiles Niveau (Abb. 28.23 a). Wenn ein angeregtes Heliumatom mit einem im Grundzustand befindlichen **Neonatom** zusammenstößt, dann kann die vorher aufgenommene Energieportion auf dieses übertragen werden (b).

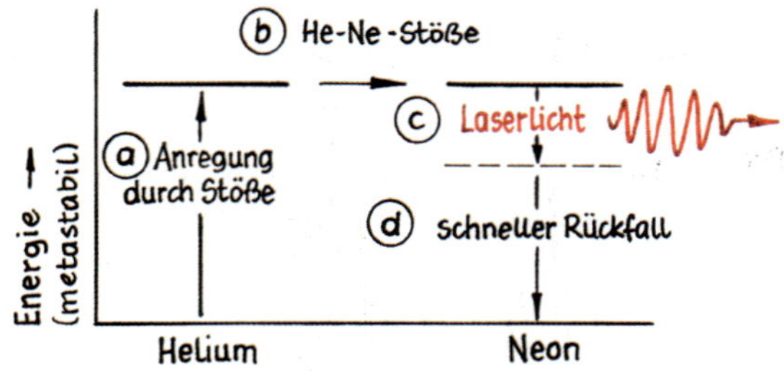

Abb. 28.23: Energieübergänge beim He-Ne-Laser. Das Pumpen erfolgt durch Zusammenstöße zwischen Elektronen und Heliumatomen. Beim Übergang c erzeugen die Neonelektronen rotes Laserlicht mit 632 nm.

Die Erzeugung von Laserlicht findet statt, wenn das Neon-Elektron durch stimulierte Emission ein Photon aussendet (c). Danach fällt es wieder auf den Grundzustand zurück (d). Weil die Prozesse a bis d in den verschiedenen Atomen gleichzeitig ablaufen, kann dieser Laser **Dauerlicht** aussenden.

| Halbleiterlaser |

Halbleiter sind Kristalle, deren Leitfähigkeit zwischen der von Leitern und Nichtleitern liegt. Sie haben meistens 4 **Valenzelektronen** und werden absichtlich mit anderen Stoffen „verunreinigt", die 3 oder 5 Valenzelektronen besitzen. Dadurch entsteht ein relativer Elektronen-Überschuss oder -Mangel (Abb. 28.24).

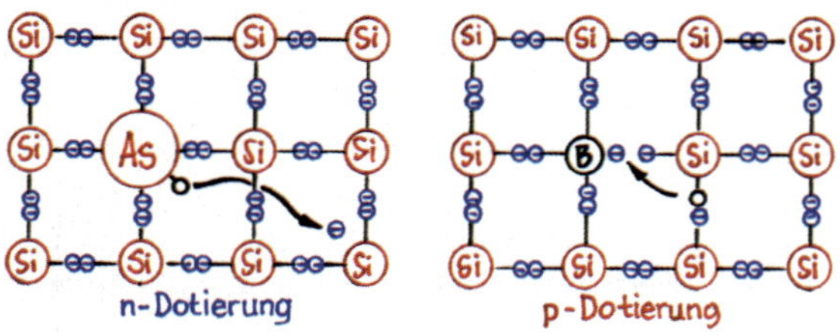

Abb. 28.24: Wird Silizium mit Arsen „verunreinigt" (5 Valenzelektronen), erhält man ein Elektron, das frei herumschwirren kann. Nimmt man aber Bor (3 Valenzelektronen), erzeugt man quasi ein „Elektronenloch", das man als positive Ladung interpretieren kann.

Bei einem **Halbleiterlaser** bringt man p- und n-Schicht knapp aneinander und legt Spannung an (Abb. 28.25). Dadurch werden praktisch die freien Elektronen aus der n-Schicht in die Elektronenlöcher „geschoben" – ein energetisch niedrigerer Zustand. Die Energie wird in Form von kohärentem Licht frei! Der Vorteil des Halbleiterlasers liegt in seiner Winzigkeit.

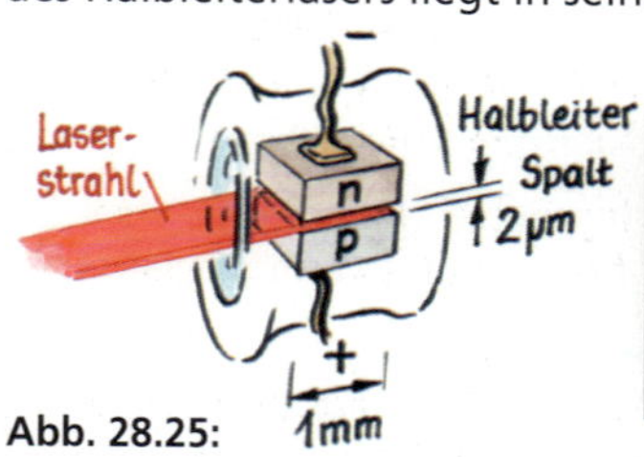

Abb. 28.25: Links: Schematischer Aufbau eines Halbleiterlasers; rechts: So winzig ist ein Halbleiterlaser im Vergleich mit einer Münze!

Zusammenfassung

Ein Laser sendet Photonen aus, die sich in allen Merkmalen gleichen. Man spricht von kohärentem Licht. Ermöglicht wird das durch die Kombination von Metastabilität und stimulierter Emission.

28.5 Enterprise

Weitere Anwendungen des Lasers

Neben der Kohärenz hat Laserlicht noch zwei ganz besondere Eigenschaften: hohe Energiedichte und Parallelität.

F16 Was denkst du, wie viele „Löcher" pro Sekunde beim Brennen in eine DVD gemacht werden?

F17 Die Wissenschaftler sind in der Lage, die Entfernung des Mondes auf rund 15 cm genau zu bestimmen. Wie machen sie das?

Die Anwendungsbreite des Lasers ist enorm (Tab. 28.1). Vor allem aus der **Computer- und Medienwelt** sind Laser nicht mehr wegzudenken, zum Beispiel bei der Datenübertragung (Abb. 28.26; siehe auch Kap. 34.2), im Laserdrucker oder beim Abspielen und Brennen von DVDs. Auch in der Medizin spielen Laser inzwischen eine sehr große Rolle.

››› i | Aus Pits werden bits |
››› i | Lichtklinge |

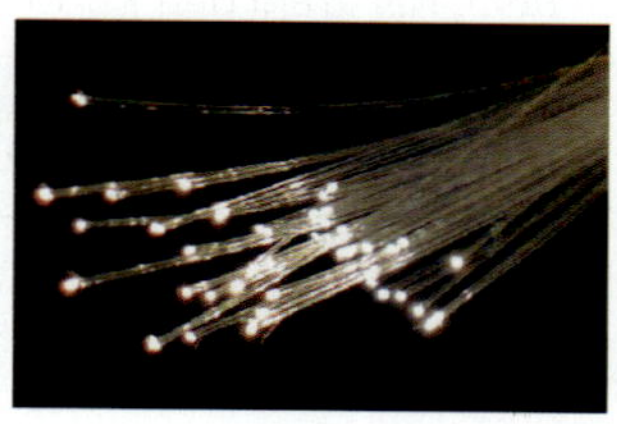

Abb. 28.26: In vielen Fällen erfolgt heute der Datentransport mit Hilfe von gepulstem Laserlicht durch **Glasfaserkabel**. Das Licht kann die Faser nicht verlassen, weil es im Inneren totalreflektiert wird.

| Lichtklinge |

Auch in der Medizin wird der Laser sehr vielfältig eingesetzt, etwa als **Laserskalpell,** bei dem man das Gewebe nicht mit einer Stahlklinge, sondern eben mit einer „Lichtklinge" schneidet. Der große Vorteil ist, dass die Gefäße dabei gleichzeitig richtiggehend zugeschweißt werden und Wunden somit kaum bluten. Besonders spektakulär sind die **Hornhautbehandlungen** des Auges zur Beseitigung der Fehlsichtigkeit (Abb. 28.29).

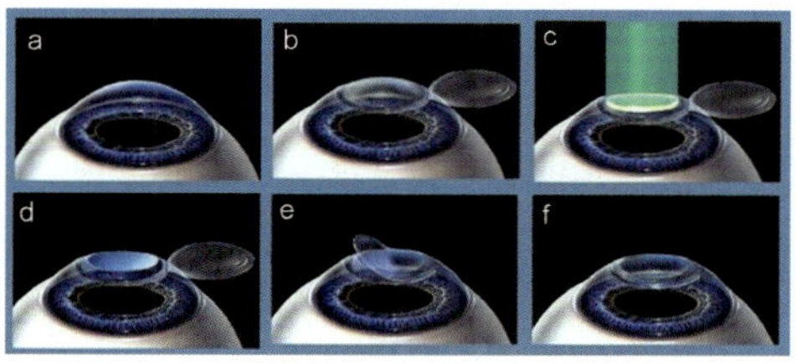

Abb. 28.29: Um Kurzsichtigkeit zu beheben, wird die Oberste Hornhautschicht weggeklappt (a–b) und dann die darunter liegende Schicht mit dem Laser verdampft (c). Die Hornhaut wird dadurch insgesamt flacher (f) und die Brechkraft des Auges geringer.

| Aus Pits werden bits |

CDs und **DVDs** sind ähnlich aufgebaut. Bei der DVD liegen die **Pits** (Vertiefungen; Abb. 28.27) wesentlich enger beieinander und manchmal auch in zwei Ebenen. Beim Lesen wird der unterschiedliche Lichtreflex der Oberfläche von einer Fotodiode registriert (Abb. 28.28) und in 1er und 0er (also in bits) umgewandelt. **Aus Pits werden somit bits!**

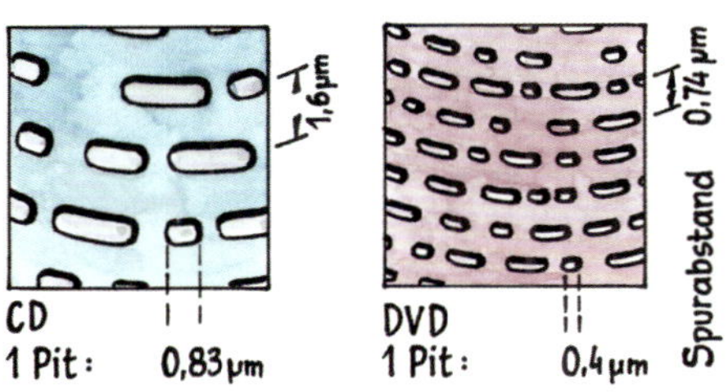

Abb. 28.27: Datendichte bei CD und DVD.

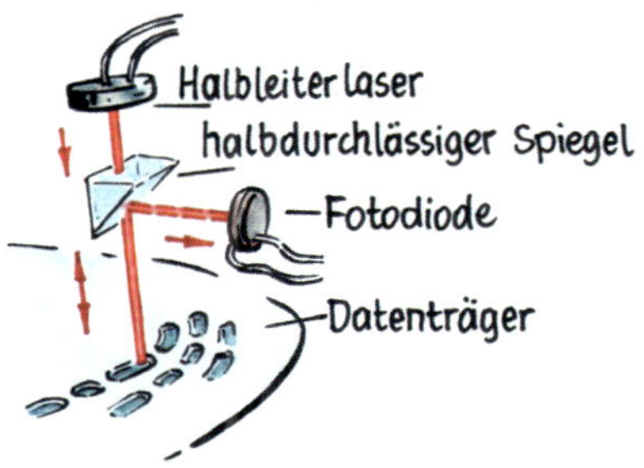

Abb. 28.28: Lesevorgang bei CD und DVD.

Bei gekauften Scheiben sind die Pits geprägt. Wenn du eine DVD selbst brennst, dann bringt der Laserstrahl den Kunststoff an dieser Stelle kurz zum Schmelzen und verändert somit dessen Reflexionseigenschaften dauerhaft. Die **Schreibgeschwindigkeit** lässt einen schwindlig werden. Momentan schaffen die schnellsten Brenner, einige **10 Millionen Pits pro Sekunde** in eine DVD zu brennen (entspricht rund 5.000 kByte/Sekunde; **F16**).

	Einsatzbereich
Computer und Medien	**CD** und **DVD** lesen und schreiben, Datenübertragung in **Glasfaserkabeln, Laserdrucker**
Materialbehandlung	**Bohren, Schneiden, Schweißen**
Wissenschaft	**Entfernungsmessung des Mondes,** Laserkühlung, Holografie, „Beamen"
Messtechnik	**Scannerkassa,** Laserzieleinrichtung (infrarot) bei Radarmessung, Brandmelder
Medizin	**Laserskalpell, Hornhaut** verändern
Militär	Lenksysteme für Raketen, Visiereinrichtung für Gewehre

Tab. 28.1: Einige Einsatzmöglichkeiten des Lasers (die fett markierten Begriffe sind im Text erwähnt).

Neben seiner Kohärenz hat Laserlicht noch zwei weitere, besondere Merkmale. Erstens kann seine **Energiedichte enorm** sein – einige Tausend Watt pro mm^2! Deshalb spielen leistungsstarke Laser beim Schneiden und Schweißen von Werkstoffen eine große Rolle – und bei den Bordkanonen von Raumschiff Enterprise. Zweitens ist Laserlicht **fast parallel.** Diese Tatsache nutzt man aus, um die Entfernung zum Mond zu messen (Abb. 28.30, **F17**). Am Mond ist der Laserstrahl trotzdem auf eine Fläche von 20 km^2 aufgeweitet! Von einem normalen Scheinwerfer würde praktisch gar nichts mehr ankommen!

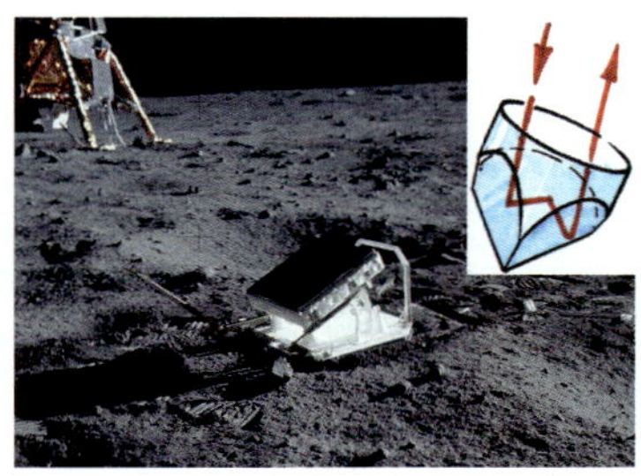

Abb. 28.30: Links: „Spiegel", der bei einer Mondmission zurückgelassen wurde. Er besteht aus vielen verspiegelten Ecken (rechts), die das Licht wieder genau in die Richtung zurückwerfen, aus der es gekommen ist.

| Licht als Träger von Energie |

F18 ▸L Was kann man aus dem Spektrum der Sterne lesen?

F19 ▸L Wie hängt das Abstrahlen von ultraviolettem Licht von der Farbe eines Sterns ab? Überlege an Hand von Abb. 28.14.

F20 ▸L Eine Glühlampe und eine Leuchtstoffröhre verbrauchen beide 40 W. Welche gibt mehr Licht ab?

F21 ▸L Warum braucht man beim He-Ne-Laser überhaupt das Heliumgas? Wieso kann man nicht direkt die Elektronen im Neongas pumpen?

F22 ▸L Warum hat man sich jahrelang bemüht, einen blauen Halbleiterlaser zu bauen? Was kann dieser, was ein roter nicht kann?

F23 ▸L Was haben die Messungen der Mondentfernung ergeben, die man seit 1969 durchführt?

F24 ▸L Sind Photonen Fermionen oder Bosonen? Überlege mit Hilfe von Laserlicht.

29 | FORTGESCHRITTENE QUANTENMECHANIK

| Prolog |

In diesem Abschnitt geht es um weiterführende Themen aus der Quantenmechanik. Deshalb solltest du die Kapitel 26 bis 28 bereits gelesen haben. Die Quantenmechanik hat noch viele Überraschungen und Absurditäten auf Lager. Sie widerspricht dem gesunden Menschenverstand, deckt sich aber völlig mit der quantenmechanischen Mathematik. Deshalb gab Richard Feynman einmal den Rat: *„Shut up and calculate!"*
In diesem Kapitel geht es unter anderem um scheinbar überlichtschnelle Phänomene, ums „Beamen"
– und zu Beginn hörst du vom berühmtesten Tierexperiment der Physik.

29.1 Kollabierende Wellenfunktion

Schrödingers Katze

Erwin Schrödinger hat 1935 ein Gedankenexperiment vorgeschlagen, mit dem er darauf hinweisen wollte, dass der Übergang von der Quantenmechanik zur klassischen Physik Probleme aufwirft.

?

F1 Was versteht man in der Quantenmechanik unter der Wellenfunktion? Lies nach in Kap. 26.5!

F2 In einer undurchsichtigen Box befinden sich ein radioaktives Atom, ein Hammer, eine Giftflasche und die berühmte **Schrödingerkatze** (Abb. 29.1 a). Zerfällt das Atom, zerschlägt der Hammer die Giftflasche und die Katze stirbt. Angenommen, das Atom zerfällt innerhalb einer Stunde mit einer Wahrscheinlichkeit von 50 %. Nach den Regeln der Quantenmechanik befindet es sich nach einer Stunde also in einer Überlagerung zwischen zerfallen und nicht zerfallen. Was ist dann aber mit der Katze? Lebt sie (a), ist sie tot (b), oder ist sie beides?

Abb. 29.1: Schrödingers arme Katze

Ein Elektron in der Hülle eines Atoms befindet sich an keinem bestimmten Ort, sondern in einem **Orbital,** das seiner **Aufenthaltswahrscheinlichkeit** entspricht (siehe Kap. 27.3). Das Elektron befindet sich in einem Überlagerungszustand aus allen möglichen Orten. Es befindet sich überall und nirgends. Wenn man aber eine Messung durchführt, dann wird man das Elektron immer an **einer bestimmten Stelle** finden (Abb. 29.2). Wie lässt sich dieses Dilemma interpretieren?

Ende der 1920er entstand unter Federführung von Nils Bohr eine Interpretation, die heute als **Kopenhagener Deutung** bekannt und verbreitet ist. Vereinfacht besagt sie: Solange man an einem Quant keine Messung vornimmt, befindet es sich **in allen möglichen Zuständen.** Diese werden durch seine Wellenfunktion beschrieben. In dem Moment, in dem man aber eine Messung durchführt, kollabiert die Wellenfunktion und man findet das Teilchen in einem bestimmten Zustand. Ein anderer Denkansatz ist die **Viele-Welten-Interpretation.**

▸▸▸ i | **Multiversum** |

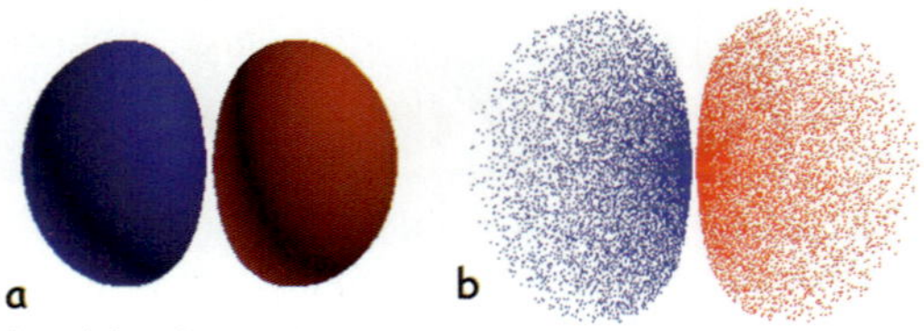

Abb. 29.2: a) Flächendarstellung eines 2p-Orbitals. Das Elektron befindet sich mit 90%iger Wahrscheinlichkeit innerhalb der Fläche. Wo, kann man nicht sagen. b) Beim Messen findet man das Elektron immer nur an einer bestimmten Stelle. Die Punkte zeigen die „Fundorte" von vielen tausend Messungen. Je größer die Aufenthaltswahrscheinlichkeit, desto enger liegen die Punkte.

i

| Multiversum |

Eine andere Auslegung aus den 1950ern, die vor allem in Science-Fiction-Filmen sehr beliebt ist, ist die **Viele-Welten-Interpretation.** Sie besagt vereinfacht, dass immer dann, wenn ein Ereignis völlig dem Zufall überlassen ist, **alle Möglichkeiten** auftreten und sich das Universum dabei quasi in **Paralleluniversen** aufspaltet. Diese ergeben zusammen ein Multiversum.

Abb. 29.3: Nach der Viele-Welten-Interpretation.

Nehmen wir das **Würfeln.** Alle 6 Augenzahlen sind gleich wahrscheinlich. Wenn du würfelst, dann zeigt nach der Viele-Welten-Interpretation der Würfel nachher tatsächlich alle 6 Seiten – aber in 6 verschiedenen Paralleluniversen. Ähnliches gilt auch, wenn du den Ort des Elektrons in Abb. 29.2 b bestimmst – nur entstünden bei dieser Messung noch wesentlich mehr Paralleluniversen, weil es auch viel mehr Möglichkeiten gibt.

Das klingt ziemlich verrückt, vor allem wenn du bedenkst, wie viele Myriaden Paralleluniversen es geben müsste – und in jedem sitzt ein **Doppelgänger** von dir. Auf der anderen Seite muss man aber zugeben, dass es nichts gibt, was **gegen** diese Interpretation spricht. Dennoch steht die Mehrheit der Physiker der Viele-Welten-Interpretation eher skeptisch gegenüber, weil damit das „Messproblem" nicht gelöst, sondern nur wegdiskutiert wird.

| Vier Nobelpreisträger |

Es ist interessant, dass sich vier große Physiker, die den Nobelpreis für ihre Entdeckungen im Bereich der Quantenmechanik bekommen haben, in späteren Jahren gegen deren Konsequenzen gestellt haben. Diese vier großen Physiker waren

1) Max Planck, der als erster annahm, dass Energie nur in Portionen aufgenommen und abgegeben werden kann und nach dem das **Planck'sche Wirkungsquantum** benannt ist (Kap. 26.3 und 35.1).

Abb. 29.4: Max Planck; **Abb. 29.5:** Albert Einstein

2) Albert Einstein, der mit Hilfe der Lichtquanten den **Fotoeffekt** erklären konnte (Kap. 26.3).

3) Louis De Broglie, der die Idee hatte, dass nicht nur Licht, sondern **alle Quanten** sowohl **Wellen-** als auch **Teilcheneigenschaften** aufweisen (Kap. 26.4).

4) Und schließlich Erwin Schrödinger, mit dessen Gleichung man die zeitliche Entwicklung der **Wellenfunktion** berechnen kann, ohne die wir bis heute das Atom und seine Elektronen nicht verstehen könnten (Kap. 26.5).

Abb. 29.6: Louis de Broglie **Abb. 29.7:** Erwin Schrödinger

Die Tatsache, dass sogar für solche Kapazunder die Quantenmechanik schwer oder gar nicht verdaulich war, sollte eine große Beruhigung für dich sein.

Und nun zur Katze (F2). Mit seinem Gedankenexperiment wollte Schrödinger zeigen, dass der Übergang von Quanten zu großen Objekten nicht problemlos ist und zu – scheinbar – paradoxen Situationen führen kann. Wir wissen aus Erfahrung, dass man niemals lebendtote Katzen sieht! Wir wissen auch, dass man Quanten durch Wellenfunktionen sehr gut beschreiben kann. Dieses mathematische Konzept ist experimentell extrem gut belegt. Mehr wissen wir nicht! Der Rest ist **Interpretation** und daher Geschmackssache!

››› i | Vier Nobelpreisträger |

Nach der **Kopenhagener Deutung** ist die Katze tatsächlich in einem Mischzustand, solange du nicht in der Box nachsiehst. Erst durch das Nachschauen „entscheidet" sich, ob die Katze lebendig ist oder nicht. Genauso wie man auch für ein Elektron im Orbital in Abb. 29.2 b erst zum Zeitpunkt der Messung feststellt, wo es sich befindet. Nach der **Viele-Welten-Interpretation** siehst du beim Öffnen in einem Universum eine tote und in einem anderen Universum eine lebende Katze. Daneben hat sich in den letzten Jahren noch eine andere Interpretation entwickelt, die man **Dekohärenz-Deutung** nennt.

››› i | Absurd kurz |

| Absurd kurz |

Das Problem an der **Kopenhagener Deutung** liegt in der Beobachtung. Was ist, wenn du nach einer Stunde nicht in der Box nachschaust? Weiß dann die Katze selbst, ob sie lebendig ist oder tot? Und noch weiter gedacht: Muss uns laufend jemand beobachten, damit wir nicht in einer Überlagerung aus verschiedenen Zuständen leben? Was ist, wenn du würfelst, und keiner beobachtet dich? Liegt der Würfel dann auf allen Seiten, bis dich jemand beobachtet? Und wer beobachtet den, der dich beobachtet? Und so weiter …

Abb. 29.8: Überlagerungszustände kann man nur im Quantenreich beobachten, weil sie bei alltäglichen Objekten absurd kurz existieren. Allerdings ist die Grenze fließend und nicht abrupt wie in diesem Bild.

Mit der **Dekohärenz-Deutung,** die in den **1980**ern entwickelt wurde, kann man dieses Dilemma überwinden. Vereinfacht besagt sie, dass sich im Prinzip jedes System in einem Überlagerungszustand befinden kann, also auch die Katze. **Jetzt kommt das wichtige Aber:** Die Zeit (t_d), wie lange dieser Überlagerungszustand bestehen kann, ist indirekt proportional zur Masse des Systems: $t_d \sim 1/m$. Je größer das System wird, desto mehr Wechselwirkungen mit der Umgebung gibt es, die die Wellenfunktion schneller zum Kollaps bringen. Diesen „Selbst-Kollaps", der nicht durch Beobachtung bzw. eine Messung, sondern durch die immer vorhandene Wechselwirkung mit der Umwelt erfolgt, nennt man **Dekohärenz** und die Zeitdauer t_d bis dahin **Dekohärenzzeit.**

Ein Atom hat eine typische Masse von 10^{-27} kg, eine – zugegeben etwas dicke – Katze 10 kg. Die Dekohärenzzeit der Katze ist also um einen Faktor 10^{-28} kürzer als die des Atoms. Es gibt somit zwar lebendtote Katzen, aber ihre Existenz ist so **absurd kurz,** dass dieser Zustand nicht beobachtet werden kann. Es ist ähnlich, wie bei der Materiewellenlänge eines großen Objekts (Kap. 26.4). Man kann ihm zwar eine zuordnen, aber sie ist so absurd klein, dass man sie nicht messen kann.

Auch nach der Dekohärenz-Deutung wissen wir zwar erst **beim Hineinschauen,** ob die Katze tot ist oder nicht. Aber sie war **schon vor dem Hineinschauen** tot oder lebendig. Das ist der große Unterschied zur Kopenhagener Deutung.

Zusammenfassung

Der Übergang von der Quantenwelt zur klassischen Physik der großen Objekte wirft nach wie vor Probleme auf. Es existieren verschiedene Interpretationen, wie man mit diesem Problem umgehen soll. Der Klassiker ist die Kopenhagener Deutung, die moderne Version die Dekohärenz-Deutung.

29.2 Quantenmurmel und Quantenachterbahn

Der Tunneleffekt

Einen der spektakulärsten Effekte der Quantenmechanik kannst du zwar nicht direkt bemerken, aber du verdankst ihm trotzdem in gewisser Weise dein Leben. Es handelt sich um den Tunneleffekt!

?

F3 Welcher Zusammenhang besteht zwischen Energie- und Zeitunschärfe? Lies nach in Kap. 26.6!

F4 Was ist der Unterschied zwischen Wellenfunktion und Wahrscheinlichkeitsdichte? Lies nach in Kap. 26.5!

F5 Bis zu welchen Punkten kannst du mit dem Wagen rollen, wenn du auf der Achterbahn bei A startest (Abb. 29.9)? Erkläre mit Hilfe des Energiesatzes! Wie könnte es auf einer „Quantenachterbahn" aussehen? Überlege mit Hilfe der Antwort zu F3.

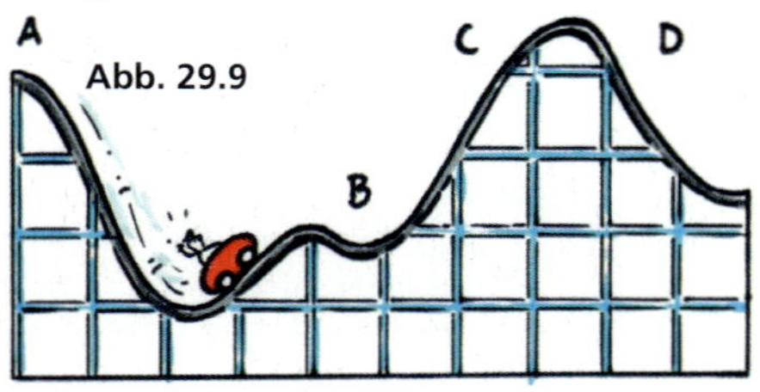

Abb. 29.9

F6 Die Hitze der Sonne entsteht durch Kernfusion in ihrem Inneren. Was versteht man darunter?

F7 Welche vier Grundkräfte gibt es im Universum? Wie groß sind sie relativ gesehen und wie weit reichen sie? Sieh nach in Tab. 13.1, Kap. 13.1, „Big Bang 6".

Stell dir vor, du schnippst eine Murmel gegen ein Buch (Abb. 29.10 a). Du wärst sicherlich sehr verblüfft, wenn diese nicht wie erwartet abprallt (b), sondern einfach so durch das Buch flutscht (c). Genau das kann aber mit Quanten tatsächlich passieren und man spricht dann vom **Tunneleffekt.** Aber wie kann das sein?

Vereinfachen wir zunächst die Sache von drei auf eine Dimension (Abb. 29.10 d). Damit die Kugel am Buch vorbeikommt, müsste sie den Umweg über den oberen Rand nehmen. Dazu braucht sie aber potenzielle Energie. Etwas abstrakt gesagt stellt das Buch eine

Abb. 29.10: Eine normale Murmel prallt brav vom Buch ab (b). Eine „Quantenmurmel", zum Beispiel ein Elektron, kann aber unter bestimmten Bedingungen solche Hindernisse „durchtunneln".

Potenzialschwelle dar, an der die Kugel nicht vorbeikommt. Sehen wir uns jetzt ein analoges Beispiel aus dem Quantenreich an.

Wenn ein Quant gegen eine Potenzialschwelle läuft, dann wird der Großteil der Wahrscheinlichkeitswelle reflektiert (Abb. 29.11). Das entspricht der abprallenden Murmel. Verblüffender Weise läuft aber ein kleiner Teil der Welle durch das Hindernis hindurch. Was bedeutet das? Dass das Quant **mit einer gewissen Wahrscheinlichkeit** durch das Hindernis kommt – Tunneleffekt eben. Aus demselben Grund könnte es auch hin und wieder passieren, dass man auf einer „Quantenachterbahn" bei A startet und trotzdem bis D kommt (F5). Kann man sagen, bei welchem Versuch das Quant ein Hindernis **durchtunnelt?** Nein! Man kann nur Aussagen treffen wie „bei 10 Versuchen wird das Quant im Schnitt einmal das Hindernis durchtunneln". Im Quantenreich wird ja bekanntlich gewürfelt!

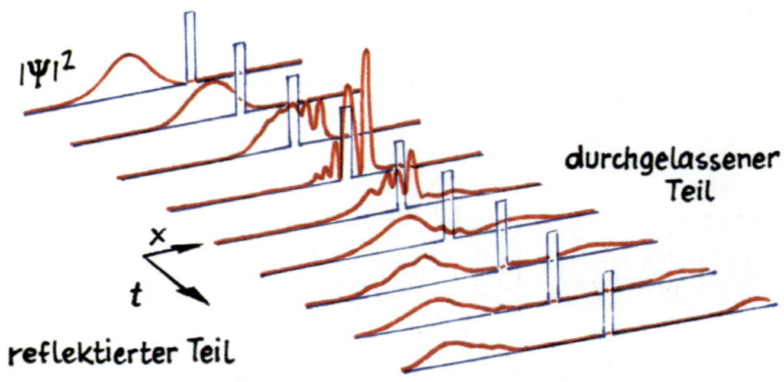

Abb. 29.11: Ein Quant läuft gegen eine Potenzialschwelle. Weil man diesem auf Grund der Unschärfe keine Bahn zuordnen kann, ist die Wahrscheinlichkeitsdichte $|\psi|^2$ eingezeichnet. Je höher diese an einer bestimmten Stelle ist, desto wahrscheinlicher wird man das Teilchen bei einer Messung dort finden.

Warum tritt der Tunneleffekt nur bei Quanten, aber nicht bei alltäglichen Objekten auf? Warum kann eine „Quantenmurmel" durch eine Potenzialschwelle, aber eine echte Murmel nicht durch ein Buch? Weil der Tunneleffekt eine direkte **Folge der Energieunschärfe** ist (Kap. 26.6). Das Quant kann sich für einen kurzen Zeitraum Δt die fehlende Energie ΔE ausleihen, um über den Energieberg zu kommen. Letztlich wirkt es aber so, als hätte das Quant den Berg durchtunnelt. Die Energieunschärfe ist nur ein winzigkleiner Effekt. Im Falle eines Quants kann dieser ausreichen, dass es durch einen eigentlich **verbotenen Bereich** kann. Im Vergleich mit der Energie von Alltagsobjekten ist die Energieunschärfe aber nicht einmal ein Tropfen auf den heißen Stein.

Der Tunneleffekt spielt inzwischen in der Technik eine nicht unbedeutende Rolle. Mit einem **Rastertunnelmikroskop** kann man zum Beispiel einzelne Atome erkennen. Die für uns größte Bedeutung liegt aber darin, dass der Tunneleffekt die große Strahlungsleistung der Sonne ermöglicht. **Ohne Tunneleffekt gäbe es auf der Erde kein Leben!**

▸▸▸ i | Die kleinsten Berge der Welt |
▸▸▸ i | Fusion |

| Die kleinsten Berge der Welt |

Wie der Name vermuten lässt, nützt man beim **Rastertunnelmikroskop** (RTM) den Tunneleffekt aus. Eine winzige Metallspitze, nur ein paar Atome dick, wird etwa einen Milliardstel Meter (1 nm) an das Untersuchungsobjekt herangefahren (Abb. 29.12 a). Dann wird Spannung angelegt. Zwischen Oberfläche und Spitze bildet sich eine Potenzialschwelle, ähnlich wie in Abb. 29.10 d.

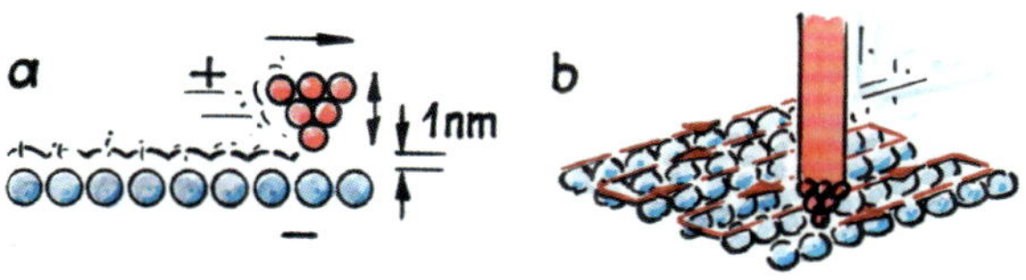

Abb. 29.12: a) Die Nadelspitze wird in gleichem Abstand über der Oberfläche gehalten und rasterförmig (b) über die Probe bewegt.

Hin und wieder können aber Elektronen den Zwischenraum durchtunneln und erzeugen den sogenannten **Tunnelstrom.** Je kleiner der Abstand, desto größer wird dieser Strom. Zur Abtastung der Oberfläche verschiebt man die Nadel horizontal in einem Rastermuster (b). Vertikal wird die Nadel immer so eingestellt, dass der Tunnelstrom gleich bleibt. Dann hat nämlich die Nadel immer denselben Abstand zur Oberfläche (a). Auf diese Weise kann man die Oberfläche exakt abtasten, ohne dass man sie berührt. Mit einem Computer werden diese Höhen- und Seitenbewegungen in Bilder umgewandelt. Man kann mit einem **RTM** nicht nur einzelne Atome sehen, sondern sie auch vorher platzieren, so wie in Abb. 29.13.

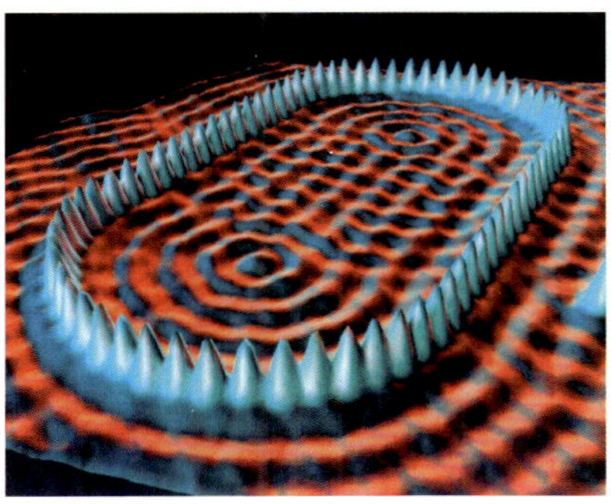

Abb. 29.13: Eisenatome auf einer Kupferunterlage (die Farben sind künstlerische Freiheit). Es handelt sich hier um die kleinsten Berge der Welt – nur ein Atom hoch. Die Elektronen im Inneren des „Quantenstadions" bilden stehende Wellen aus. Beeindruckend: Du kannst die Wahrscheinlichkeitsdichte mit eigenen Augen sehen!

| Fusion |

Die **Strahlungsleistung** der Sonne beträgt unvorstellbare 10^{26} Watt! Der Energiebedarf in Österreich liegt bei etwa 10^{17} J pro Jahr. Die Sonne strahlt pro Sekunde so viel Energie ab, dass man Österreich damit einige Jahrzehnte lang versorgen könnte (rechne nach)!

Diese gigantische Strahlungsleistung kommt durch **Kernfusion,** also durch Kernverschmelzung zu Stande: aus leichten Elementen werden schwere (F6). Diese Prozesse sind sehr kompliziert, und wir sehen uns exemplarisch an, was passiert, wenn man ein einzelnes Proton mit einem Kern fusioniert (Abb. 29.14 unten).

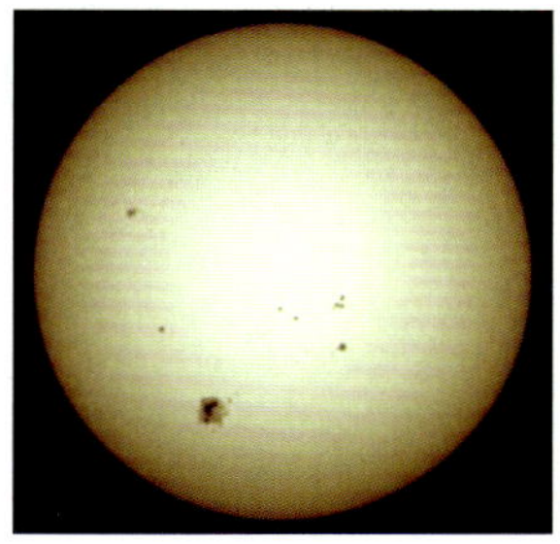

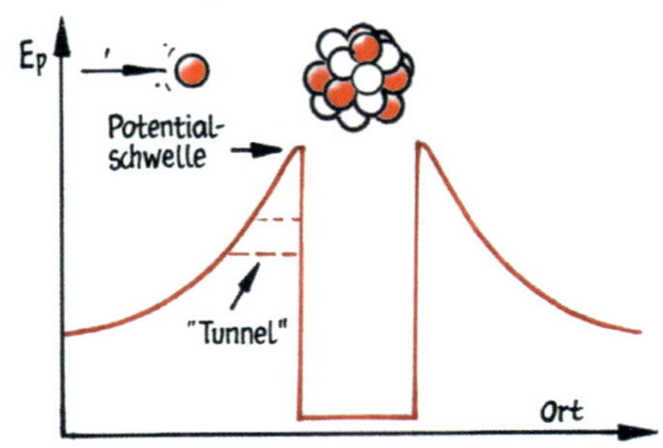

Abb. 29.14: Oben: Unsere Sonne; unten: Potenzialschwelle und Tunneleffekt bei der Fusion eines Protons mit einem Atomkern.

Weil Proton und Kern positiv geladen sind, wächst mit der Annäherung die elektrische Abstoßung. Dadurch entsteht eine **Potenzialschwelle** (Abb. 29.14 unten). Erst wenn sich das Proton auf etwa 10^{-15} m genähert hat, überwiegt die starke Wechselwirkungskraft (man nennt sie auch starke Grundkraft; siehe Tab. 13.1, „Big Bang 6"). Das Proton fällt in den Potenzialtopf und die Fusion ist perfekt.

Damit die Protonen durch die thermische Bewegung dermaßen nahe an die Kerne kommen, wären Temperaturen von etwa 1 Milliarde Grad notwendig. Im Sonneninneren hat es aber „nur" **15 Millionen Grad!** Klassisch gesehen dürfte es in der Sonne keine Fusion geben. Nur der Tunneleffekt ermöglicht es, dass in der Sonne Fusion ablaufen kann und somit die Erde mit Energie versorgt wird. **Ohne Tunneleffekt könntest du nicht leben!**

Zusammenfassung

Der Tunneleffekt besagt, dass ein Quant in oder durch einen Bereich kann, für den es eigentlich gar nicht genug Energie besitzt. Der Tunneleffekt ist eine direkte Folge der Unschärferelation.

29.3 Spukhafte Fernwirkung

Verschränkte Quanten und EPR-Paradoxie

Eine sehr absurde Eigenschaft der Quanten bezeichnet man als Verschränkung. Wenn man diese mit einer Überlagerung kombiniert, wird es noch einmal ein wenig absurder.

?

F8 Was bezeichnet man bei einem Elektron als Spin? Lies nach in Kap. 27.4. Was versteht man unter Drehimpulserhaltung? Lies nach in Kap. 11.4, „Big Bang 5".

F9 Welches ist die größte Geschwindigkeit, mit der man Daten von einem Ort zum anderen übertragen kann?

F10 Du hast zwei Münzen in der Faust und wirfst sie auf den Boden. Welche Möglichkeiten gibt es, wie die beiden Münzen auf Kopf und Zahl fallen können?

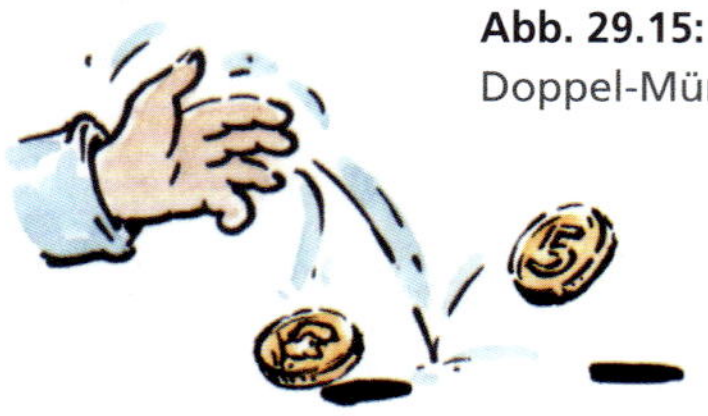

Abb. 29.15: Doppel-Münzenwurf

Eine Besonderheit von Quanten ist, dass sich diese in **Überlagerungszuständen** befinden können (Kap. 29.1). Vor der Messung ist zum Beispiel ein radioaktives Atom sowohl **zerfallen als auch nicht zerfallen** oder der Spin eines Elektrons **nicht festgelegt** und zeigt in alle möglichen Richtungen gleichzeitig. Erst durch die Messung kollabiert die Wellenfunktion, und man findet das Quant in nur einem Zustand (Abb. 29.16). Dass der Spin eines Elektrons vor der Messung tatsächlich **nicht festgelegt** ist, kann man ganz einfach belegen. Wenn man die Magneten senkrecht anordnet (a), dann zeigt der Spin hinauf oder hinunter. Wenn man sie aber waagrecht anordnet (b), dann zeigt der Spin hinein oder hinaus. Erst die Anordnung der Magneten legt die beiden möglichen Richtungen fest! Absurd!

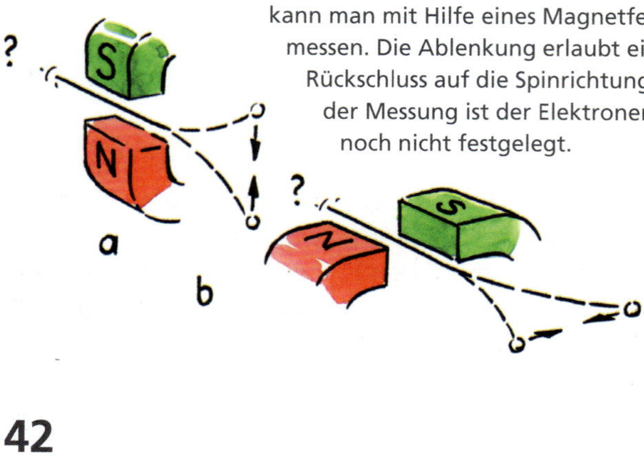

Abb. 29.16: Den Spin eines Elektrons kann man mit Hilfe eines Magnetfeldes messen. Die Ablenkung erlaubt einen Rückschluss auf die Spinrichtung. Vor der Messung ist der Elektronenspin noch nicht festgelegt.

Eine weitere Eigenschaft der Quanten ist, dass man sie **verschränken** kann. Damit meint man, dass bestimmte Eigenschaften von zwei oder mehreren Quanten nicht mehr unabhängig voneinander sind, zum Beispiel ihr Spin oder ihre Polarisation. Wenn man Überlagerungszustände und Verschränkung miteinander kombiniert, dann erhält man ein ziemlich paradoxes Ergebnis, das Einstein einmal als „spukhafte Fernwirkung" bezeichnet hat. Sehen wir uns diesen „Spuk" näher an.

▸▸▸ i | Aus eins mach zwei |

i

| Aus eins mach zwei |

Man kann im Prinzip alle **Quanten** bzw. deren Eigenschaften verschränken, also etwa Elektronen oder sogar Atome. Am häufigsten werden **Photonen** verschränkt, unter anderem deshalb, weil sie sich mit Lichtgeschwindigkeit ausbreiten und man sie mit Glasfaserkabeln (Abb. 28.26, Kap. 28.5) über weite Strecken transportieren kann.

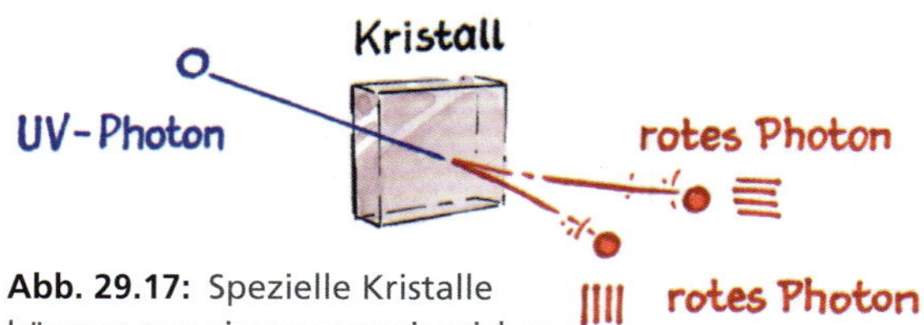

Abb. 29.17: Spezielle Kristalle können aus einem energiereichen Photon zwei verschränkte Photonen mit halber Frequenz und somit halber Energie machen.

Die gängigste Methode zur Erzeugung verschränkter Quanten besteht darin, UV-Licht durch einen speziellen Kristall zu schicken (Abb. 29.17). Hin und wieder zerfällt dabei eines der UV-Photonen in zwei rote Photonen mit halber Frequenz. Die **Polarisationen** dieser beiden neuen Photonen sind verschränkt: Ist das eine vertikal polarisiert, muss das andere horizontal polarisiert sein und umgekehrt (siehe Kap. 29.4 und Infobox Gartenzaun).

Eine **theoretische Möglichkeit**, die sich sehr gut für Gedankenexperimente eignet (siehe EPR-Paradoxie), ist folgende: Man lässt ein Teilchen mit Spin 0 in zwei Teilchen mit Spin ½ zerfallen, zum Beispiel in 2 Elektronen (Abb. 29.18). Auf Grund der **Drehimpulserhaltung** müssen deren Spins immer in die Gegenrichtung zeigen: $\frac{1}{2} + (-\frac{1}{2}) = 0$ (**F8**). **Die Spins der Teilchen sind** nicht unabhängig voneinander und **somit verschränkt.**

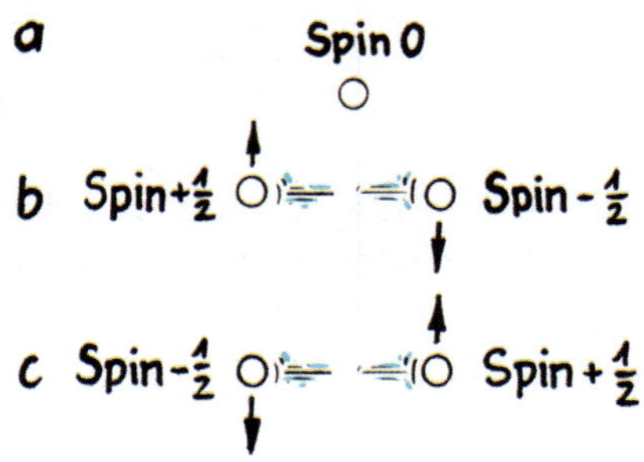

Abb. 29.18: Ein Teilchen mit Spin 0 (a) zerfällt in zwei Teilchen mit Spin ½. Bei einer Messung der Spins gibt es nur zwei Möglichkeiten (b und c), weil der Gesamtdrehimpuls immer 0 bleiben muss.

Einstein ersann gemeinsam mit zwei seiner Studenten **1935** ein Gedankenexperiment, das unter dem Namen **Einstein-Podolsky-Rosen-Paradoxon** (kurz EPR-Paradoxon) bekannt geworden ist. Es ist neben Schrödingers Katze das bekannteste Gedankenexperiment der Quantenmechanik. Wir sehen uns hier eine modifizierte Version an, die Grundidee ist aber dieselbe. Nimm an, ein Teilchen mit Spin 0 zerfällt in zwei Elektronen, die in die Gegenrichtung wegfliegen (Abb. 29.18 und Abb. 29.19 a). **Die Spins der Elektronen sind verschränkt.** Vor der Messung ist die Spinrichtung aber noch nicht festgelegt (b).

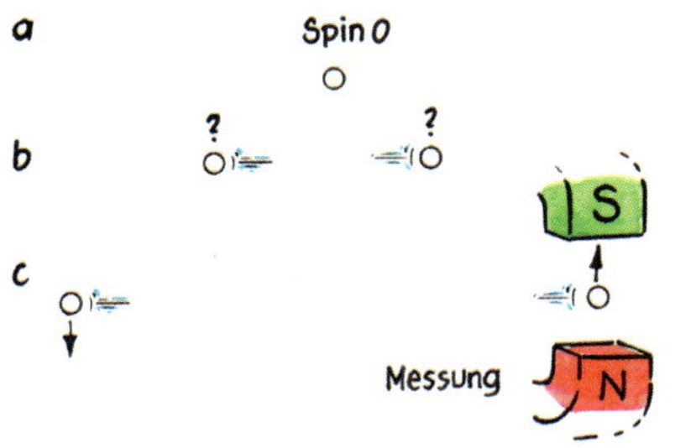

Abb. 29.19: a) Ein Teilchen mit Spin 0 zerfällt in zwei Teilchen mit Spin ½. Ohne Messung ist die Spinrichtung aber noch unbestimmt. b) Durch die Messung beim rechten Teilchen (Spin up) ist automatisch der Spin beim linken Teilchen festgelegt (down).

Angenommen, das rechte Elektron fliegt nun durch den Magneten (c). Durch den Messvorgang wird sein **Spin festgelegt.** Die Wahrscheinlichkeit, dass dieser nach oben zeigt, liegt bei 50 % und ist vollkommen dem **Zufall** unterworfen. Trotzdem ist dadurch sofort und **ohne Zeitverzögerung** automatisch auch der Spin des linken Teilchens festgelegt – auch dann, wenn sich dieses zum Zeitpunkt der Messung bereits auf der gegenüberliegenden Seite der Milchstraße befinden würde (Abb. 29.20). Klar, dass das Einstein gar nicht behagte, denn seine Relativitätstheorie setzt als **Höchstgeschwindigkeit** im Universum die **Lichtgeschwindigkeit** fest (F9; siehe „Big Bang 8“). Und Licht bräuchte quer durch die Milchstraße rund 100.000 Jahre!

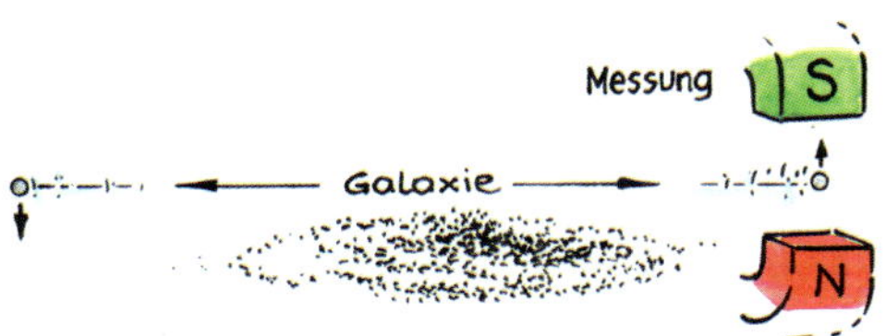

Abb. 29.20: Auch quer durch die Galaxis wären zwei verschränkte Elektronen immer noch in Nullzeit miteinander verbunden.

Einstein vermutete daher, dass der Spin der Teilchen schon vorher festliegen muss und die Quantentheorie daher **nicht vollständig** ist. Diese geht ja von einem zufälligen Messergebnis aus. Nach allem, was wir heute wissen, war seine Vermutung aber ein Irrtum. Spätere Experimente konnten eindeutig belegen, dass die Quanteneigenschaften tatsächlich erst mit der Messung festgelegt werden, und dass das verschränkte Quant trotzdem sofort den „richtigen“ Zustand einnimmt.

Könntest du zwei Münzen verschränken, dann würde eine immer Kopf zeigen und die andere Zahl, egal wie weit du sie auseinander wirfst. Für Münzen undenkbar, für Quanten kein Problem.

››› i | Alain Aspect |

Woher „weiß“ das entfernte Quant, welchen Zustand es einnehmen muss? Das ist nach wie vor ein großes Rätsel. Quantenmathematisch ist es kein Problem, weil verschränkte Teilchen immer mit **einer einzigen Wellenfunktion** beschrieben werden. Mit dem Festlegen des einen Zustands ist automatisch sofort der andere festgelegt. Deshalb riet Feynman in solchen unverständlichen Situationen auch immer: *„Shut up and calculate!“*

Die Relativitätstheorie wird durch die EPR-Paradoxie nicht verletzt, weil man die Verschränkung **nicht** nutzen kann, um **Information** zu übertragen. Durch eine Messung am entfernten Elektron kann man zwar den Spin herausfinden, man weiß aber nicht, ob dieser Spin Information trägt. Dazu müsste man konventionell, also mit Lichtgeschwindigkeit, in Kenntnis gesetzt werden.

i

| Alain Aspect |

Es dauerte bis 1982, also fast 50 Jahre, bis Alain Aspect die EPR-Paradoxie im Experiment überprüfen konnte. Dabei wurden verschränkte Photonen verwendet, deren Polarisationsrichtung immer normal aufeinander steht.

Der Witz an diesem Experiment ist der, dass man erst **nach dem Abflug der Teilchen** über einen superschnellen optischen Schalter einstellt, welchen Weg diese einschlagen (1 oder 2) und durch welchen Filter sie somit fliegen. Die Teilchen können, da sie ja selbst mit Lichtgeschwindigkeit fliegen, nicht mehr „kommunizieren“. Trotzdem zeigt sich, dass die Polarisation der Photonen immer normal aufeinander steht.

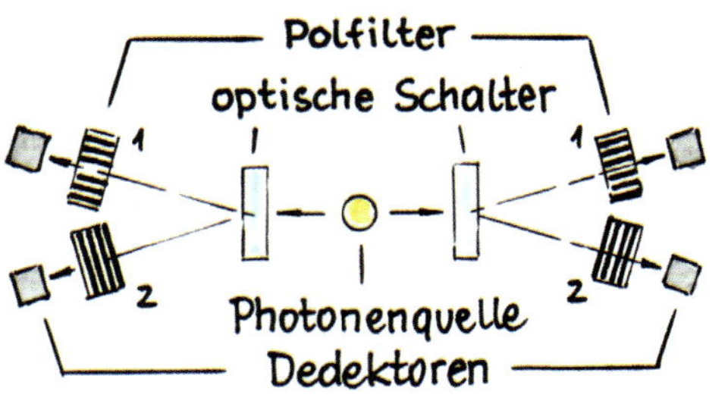

Abb. 29.21: Schematischer Aufbau des Experiments von Aspect. Auf jeder Seite befinden sich ein vertikal und ein horizontal eingestellter Polfilter.

Zusammenfassung

Unter Verschränkung von Quanten versteht man, dass diese voneinander nicht unabhängige Eigenschaften aufweisen. Legt man die Eigenschaft des einen Quants fest, dann ist ohne Zeitverzögerung auch die des anderen Quants festgelegt.

29.4 „Beamen" ist nicht Beamen
Quantenteleportation

Auf der Verschränkung von Quanten basiert zum Beispiel die Quantenteleportation, die man salopp auch als „Beamen" bezeichnet. Mit dem Beamen aus Star Trek hat das aber nur wenig zu tun.

?

F11 Was bezeichnet man in der Quantenphysik als Verschränkung? Wie kann man verschränkte Photonen erzeugen? Lies nach in Kap. 29.3!

F12 Was versteht man in Science-Fiction-Filmen unter Beamen? Was passiert dabei genau? Und hast du schon einmal etwas vom „Beamen" von Quanten gehört? Was passiert dabei?

Man muss es ja zugeben: **Beamen** wäre eine wirklich phantastische Sache. Man löst sich an einem Ort auf und erscheint Sekundenbruchteile später an einer weit entfernten Stelle. Populär wurde diese **Phantasietechnik** Ende der 1960er durch die Serie Star Trek.

▸▸▸ i | Beam me up, Scotty |

Im Jahre **1997** führte der österreichische Physiker Anton Zeilinger als erster ein Experiment durch, das man als **Quantenteleportation** und später auch als „Beamen" bezeichnet hat. Dabei nutzte er **Quanten-Verschränkungen** aus, um die Polarisation von einem Photon auf ein anderes zu übertragen. Das „Quantenbeamen" unterscheidet sich aber wesentlich von der Phantasietechnik in Star Trek!

▸▸▸ i | Gartenzaun |

i

| Beam me up, Scotty |

Ende der **1960**er war es tricktechnisch nicht möglich, Raumschiffe auf Planeten landen zu lassen. Deshalb erfand man für die Serie Star Trek das Kosten sparende Beamen. Bei dieser **Phantasietechnik** wird die Materie der Person aufgelöst, gemeinsam mit der Information über deren Zustand zum Zielort gestrahlt (eng. „beam" = Strahl) und dort wieder zusammengesetzt. Es wird also **Information und Materie** transportiert. Beim „Quantenbeamen" wird aber **nur Information** transportiert. Das ist einer der großen Unterschiede (**F12**)!

Abb. 29.22: Das Prinzip des Beamens bei Star Trek: Captain Kirk wird in nicht zusammenhängende Materie aufgelöst (a), zum Zielort gestrahlt (b) und dort wieder rekonstruiert (c).

i

| Gartenzaun |

Licht ist eine **Transversalwelle** (Kap. 15.2, „Big Bang 6"), weil magnetischer und elektrischer Feldvektor quer zur Ausbreitungsrichtung schwingen. Um zu vereinfachen, sehen wir uns nur das elektrische Feld an.

Abb. 29.23: Unpolarisiertes und polarisiertes Licht und Analogie mit dem „Gartenzaunmodell".

Normales Licht ist unpolarisiert. Der elektrische Feldvektor schwingt in beliebigen Richtungen quer zur Ausbreitungsrichtung (Abb. 29.23 a). Bei **polarisiertem Licht** schwingt der Feldvektor nur in einer Richtung (b; siehe auch Kap. 34.4).

Polarisiertes Licht kann man aus unpolarisiertem Licht mit Hilfe eines **Polfilters** erzeugen. Geht das Licht durch einen zweiten, parallel orientierten Filter, passiert nichts (Abb. 29.24 a). Steht der zweite Filter quer (b), dann wird das Licht ausgelöscht. Das gilt auch für einzelne Photonen. Bei Zwischenstellungen findet, je nach Stärke der Drehung, eine Abschwächung des Lichts statt. Für ein einzelnes Photon kann man eine Wahrscheinlichkeit angeben, mit der es durchkommt oder nicht.

Abb. 29.24: Verhältnisse bei zwei Polfiltern und Analogie mit dem „Gartenzaunmodell".

Halten wir uns an die international gängigen Bezeichnungen und nennen wir den Sender **Alice** und den Empfänger **Bob.** Um die Polarisation zu teleportieren, benötigen wir drei Photonen (Abb. 29.25). Zunächst erzeugt man ein **verschränktes Photonenpaar** mit unbestimmter – aber aufeinander normaler – Polarisation: 2 bleibt bei Alice, 3 wird zu Bob geschickt. Die Polarisation von Photon 1 muss nicht bekannt sein. Damit du aber das Prinzip verstehst, nehmen wir als Beispiel eine horizontale Polarisation an.

Wenn Alice nun Photon 1 und 2 miteinander verschränkt, dann passiert Folgendes (b): **Die Polarisation von 1 und 2** muss – wegen der Verschränkung – immer

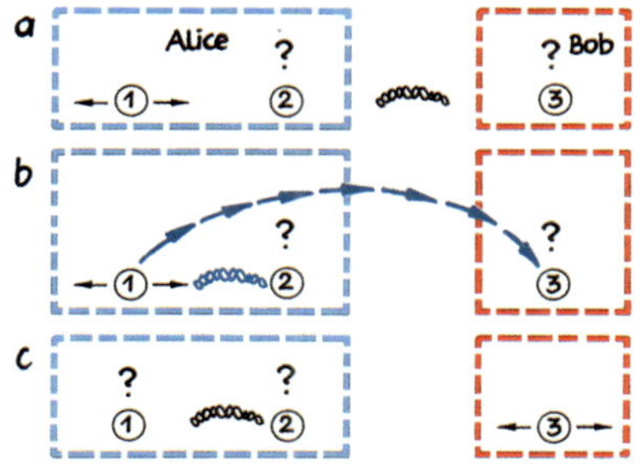

Abb. 29.25: Günstiger Fall der Polarisationsübertragung von Photon 1 auf 3. Photon 2 fungiert quasi als Hilfsphoton. Der Doppelpfeil zeigt die Polarisation an, die gummibandartigen Symbole die Verschränkung.

aufeinander normal sein. Also muss 1 und 3 zum Zeitpunkt der Verschränkung die gleiche Polarisation haben. Man kann sagen: **Die Polarisation wurde von 1 auf 3 übertragen.**

i

| Zeilinger-Experiment |

Sehen wir uns das Zeilinger-Experiment etwas detaillierter an (Abb. 29.26). Mit Hilfe eines speziellen Kristalls und eines UV-Impulses erzeugt man zwei verschränkte Photonen (2 und 3) (siehe auch Abb. 29.17). Manche UV-Photonen fliegen zunächst durch den Kristall und erzeugen erst nach einer Reflexion ein Photonenpaar. Von diesem wird aber nur Photon 1 benötigt.

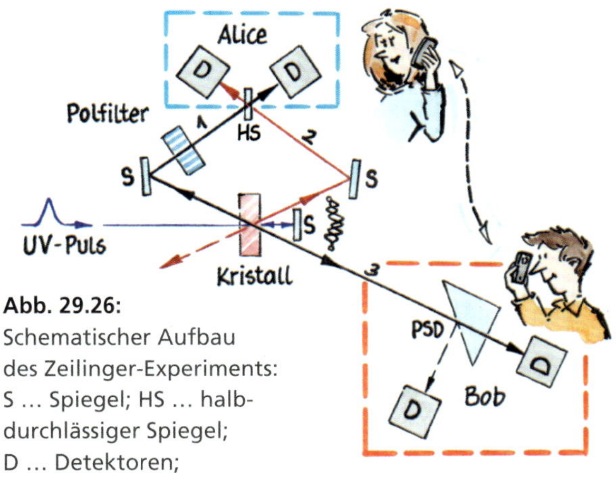

Abb. 29.26: Schematischer Aufbau des Zeilinger-Experiments: S … Spiegel; HS … halbdurchlässiger Spiegel; D … Detektoren; PST … polarisierender Strahlteiler.

Der wichtigste Teil ist die gleichzeitige Messung und Verschränkung von Photon 1 und 2 bei Alice. Diese treffen auf einen halbdurchlässigen Spiegel und werden mit einer Wahrscheinlichkeit von 50 % durchgelassen bzw. reflektiert. Weil die Photonen gleichzeitig auftreffen, sind sie nicht mehr zu unterscheiden und somit verschränkt. Es gibt vier Möglichkeiten, wie diese nach dem Spiegel auf die Detektoren treffen können. Nur in einem Fall stimmt die übertragene Polarisation sofort (Abb. 29.25). Alice muss ihr Messergebnis Bob auf herkömmlichem Weg mitteilen (z. B. per Telefon), damit dieser seinen Apparat dementsprechend einstellen kann, um bei Photon 3 die richtige Polarisation zu erzeugen. Erst dann ist die Teleportation perfekt. Du siehst: „Quantenbeamen" ist gar nicht so einfach!

Was wird teleportiert? Nur die Polarisationsrichtung des ersten Photons! Es wird also nur Information übertragen, keine Materie! **Warum kann man dann überhaupt von Teleportation sprechen?** Weil zwei Photonen mit denselben Eigenschaften ununterscheidbar sind. Es wirkt daher tatsächlich so, also wäre Photon 1 von Alice zu Bob transportiert worden.

Wie schnell erfolgt die Teleportation? Es ist zwar so, dass die Information von Photon 1 auf 3 bereits im Augenblick der Verschränkung von 1 und 2 erfolgt. Bob kann den Zustand aber erst richtig einstellen, wenn er Nachricht von Alice bekommt. Diese muss auf konventionellem Weg erfolgen, etwa über Funk oder Telefon, und kann Bob daher **maximal mit Lichtgeschwindigkeit** erreichen! Wenn Alice einen Fahrradboten schickt, dann ist die Übertragungsgeschwindigkeit nur etwa 30 km/h.

▸▸▸ i | Zeilinger-Experiment |

Auch wenn man inzwischen schon über viele hunderte Meter teleportieren kann und bereits große Gruppen von Atomen verschränken konnte, für das Beamen von Menschen eignet sich diese Technik mit Sicherheit nicht. Denn dazu bräuchte man Kirk-Zwillinge und einen eigenschaftslosen Menschen, auf den dann Kirks Eigenschaften übertragen werden. Woher soll man die aber nehmen und vor allem, wie sollte man diese wechselweise miteinander verschränken?

Zusammenfassung

Bei der Teleportation von Quanten überträgt man einen Quantenzustand auf ein entferntes, verschränktes Quant. Es wird nur Information, nicht aber Materie transportiert, und die Informationsübertragung kann die Lichtgeschwindigkeit nicht übersteigen.

a

| Fortgeschrittene Quantenmechanik |

F13 ▸L Wie ist es möglich, dass man die Bewegung der Spitze eines Rastertunnelmikroskops auf Bruchteile eines Nanometers genau steuert? Das Prinzip dieser Technik wird auch bei manchen Feuerzeugen verwendet!

F14 ▸L Was versteht man unter einem Bit und was unter einem Qubit? Besorge dir dazu Information aus dem Internet.

F15 ▸L Wie lange dauert es, um die Polarisation eines Photons quer durch die Milchstraße zu übertragen? Nimm an, dass sich Alice und Bob auf gegenüberliegenden Seiten befinden.

F16 ▸L Kannst du die Datenmenge abschätzen, die übertragen werden muss, um einen Menschen zu „beamen"? Wie vielen DVDs würde das entsprechen? Wie weit würde man kommen, wenn man diese DVDs stapelt? (Hilfe: Ein Mensch hat rund 10^{28} Atome.)

30 | DAS ELEKTRISCHE FELD

| Prolog |

In der Physik tauchen immer wieder neue Fachbegriffe auf. Die meisten sind dir aus dem Alltag nicht bekannt, wie zum Beispiel der Begriff Interferenz (siehe Kap. 26.1). Besonders schwierig ist es aber mit physikalischen Begriffen, die du aus dem Alltag mit einer anderen Bedeutung kennst. Der in der Physik sehr wichtige Begriff „Feld" ist ein Beispiel dafür.
Im Alltag spricht man etwa von einem Fußballfeld, einem Weizenfeld oder von einem Feld in einem Formular. **In der Physik** hat das Wort aber eine andere Bedeutung. Dort **versteht man unter einem Feld, dass man jedem Punkt eines Raumes eine bestimmte Eigenschaft zuordnen kann.** Weil das ziemlich abstrakt klingt, schauen wir uns zuerst zwei konkrete Beispiele für Felder an, bevor wir uns das elektrische Feld vornehmen.

30.1 Hochdruck über Österreich

Der Feldbegriff

In diesem Abschnitt geht es darum, den Begriff Feld anhand einiger Beispiele besser verstehen zu lernen. Und wir werfen auch einen kurzen Blick auf die „Kraftfelder" in der Science-Fiction.

?

F1 Abbildungen wie diese kennst du aus dem täglichen Wetterbericht. Aber was ist da eigentlich genau dargestellt? Und was könnte diese Wetterkarte mit dem physikalischen Feldbegriff zu tun haben?

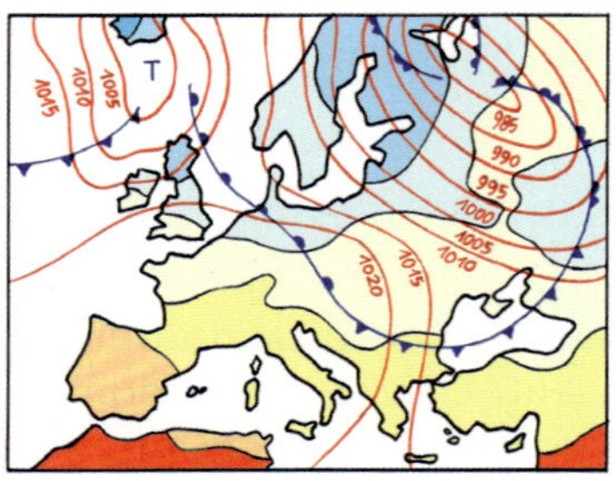

Abb. 30.1: Die Zahlen auf den Linien geben den Druck in hPa an, die Farben die Temperatur.

F2 Was versteht man unter den Begriffen Vektor und Skalar? Lies nach in Kap. 4.1, „Big Bang 5"!

F3 Woher „weiß" zum Bespiel ein Satellit, wie er um die Erde fallen muss? Warum ist die Bahn unter gleichen Bedingungen immer gleich? Versuche mit Hilfe des Feldbegriffs zu beantworten.

F4 In zahlreichen Science-Fiction-Filmen gibt es künstliche „Kraftfelder", die etwa die Korridore oder die Gefängniszellen in Raumschiffen „versiegeln". Könnte das aus physikalischer Sicht funktionieren und wenn ja, wie?

Abb. 30.2: Ein aktiviertes „Kraftfeld".

In der Wetterkarte (Abb. 30.1) sind jedem Ort eine bestimmte Temperatur und ein bestimmter Druck zugeordnet. Physikalisch gesehen sind also in der Karte übereinander zwei Felder dargestellt, nämlich ein **Temperatur-** und ein **Druckfeld** (F1). In beiden Fällen handelt es sich um ein **Skalarfeld** (F2; Tab. 30.1). Klar, in welche Richtung sollte die Temperatur auch zeigen?

Ein dir bereits bekanntes Feld ist das **Gravitationsfeld** (siehe Kap. 13.2, „Big Bang 6"). Es handelt sich dabei um ein **Kraftfeld.** Nehmen wir mal die Erde. An jedem Punkt in ihrer Umgebung hat die Gravitationskraft eine exakt bestimmbare Richtung und Größe. Es gibt keinen Punkt, an dem es eine unbestimmbare Kraft gibt. Jeder Satellit fällt somit durch ein exakt bestimmbares Gravitationsfeld, und deshalb kann man seine Bahn auch exakt berechnen (Frage 3; Abb. 30.3). Weil eine Kraft durch einen Vektor dargestellt wird, handelt es sich beim Gravitationsfeld um ein **Vektorfeld.**

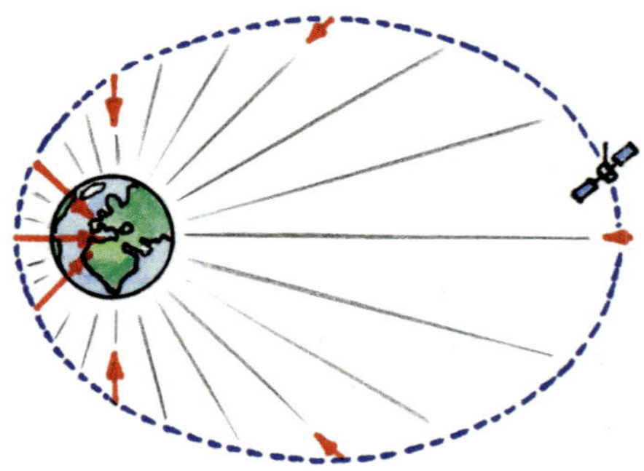

Abb. 30.3: Die Ellipsenbahn eines Satelliten im Gravitationsfeld der Erde. Die Feldlinien geben die Richtung der Kraft an. An einigen Punkten sind zusätzlich die Kraftvektoren eingezeichnet.

Es gibt verschiedene Möglichkeiten, Kraftfelder darzustellen. Oft zeichnet man die **Feldlinien** ein (Abb. 30.3). Das sind gedachte Linien, die die Richtung der Gesamtkraft an jedem Punkt des Raumes anzeigen. Die **Dichte** der Feldlinien gibt die **Stärke** der Kraft an. In der Nähe der Erdoberfläche sind sie dichter, und dort ist somit auch die Gravitationskraft größer. Wie viele Feldlinien man in eine Abbildung einzeichnet, ist reine Geschmackssache und ändert nichts an den Kraftverhältnissen. Warum? Verdoppelt man die Linienanzahl, dann verdoppeln sie sich **an jeder Stelle** des Feldes, wodurch die relativen Verhältnisse gleich bleiben.

Um jede Masse befindet sich ein Gravitationsfeld und um jede Ladung ein elektrisches Feld. Auch bei diesem handelt es sich um ein Kraftfeld (Tab. 30.1). Dieses kann

man mit Grießkörnern im Hochspannungsfeld sehr schön zeigen. Analog zum Gravitationsfeld gilt auch hier: Sind die Feldlinien enger, also in der Nähe der Ladungen, ist auch das elektrische Feld stärker (Abb. 30.6). Es gibt nur eine Art von Masse, aber es gibt zwei Arten von Ladungen, nämlich **positive** und **negative.** Man hat sich darauf geeinigt, dass die Feldlinien von Plus zu Minus laufen (Abb. 30.6). Sie geben also die Richtung der Kraft an, die auf eine positive Probeladung wirkt.

▸▸▸ i | **Grießkörner-Feldlinienbilder** |

Tab. 30.1 gibt dir einen Überblick über verschiedene Felder. Die „Kraftfelder" in der Science-Fiction sind zwar faszinierend, haben aber eher mit Fiction und weniger mit Science zu tun.

▸▸▸ i | **Scifi-Kraftfelder** |

Art des Feldes	Vektor/ Skalar	Beispiel
Temperaturfeld	Skalarfeld	Wetterkarte (Abb. 30.1)
Druckfeld	Skalarfeld	Wetterkarte (Abb. 30.1)
Gravitationsfeld	Vektorfeld	Gravitationsfeld der Erde (Abb. 30.3)
elektrisches Feld	Vektorfeld	Feld unter einer Gewitterwolke (siehe Kap. 30.4)
magnetisches Feld	Vektorfeld	Magnetfeld der Erde (siehe Kap. 31.2)

Tab. 30.1: Beispiele für Felder.

i

| Grießkörner-Feldlinienbilder |

Mit **Grießkörnern** in **Rizinusöl** kann man die elektrischen Feldlinien sehr schön zeigen (Abb. 30.4). Die Spannung zwischen den Elektroden muss dazu im Bereich von 10.000 V liegen. Warum richten sich aber ungeladene Grießkörner in einem elektrischen Feld aus? Weil es durch die elektrische Kraft zuerst innerhalb der Körner zu einer Ladungsverschiebung kommt. Das nennt man Polarisation (F4; siehe Kap. 23.1.4, „Big Bang 6"). Dadurch werden diese zu kleinen elektrischen Dipolen und richten sich im elektrischen Feld aus (Abb. 30.5).

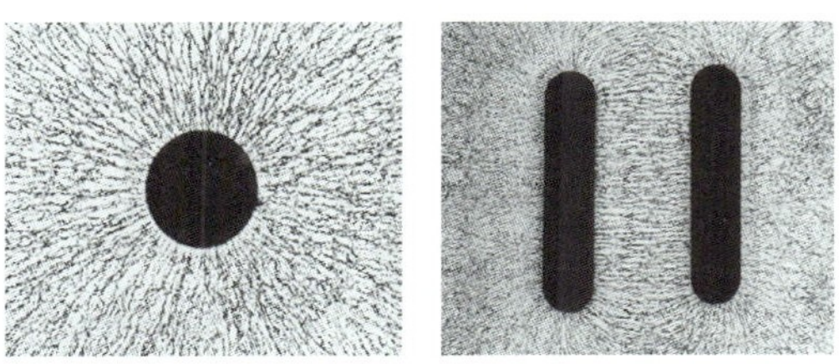

Abb. 30.4

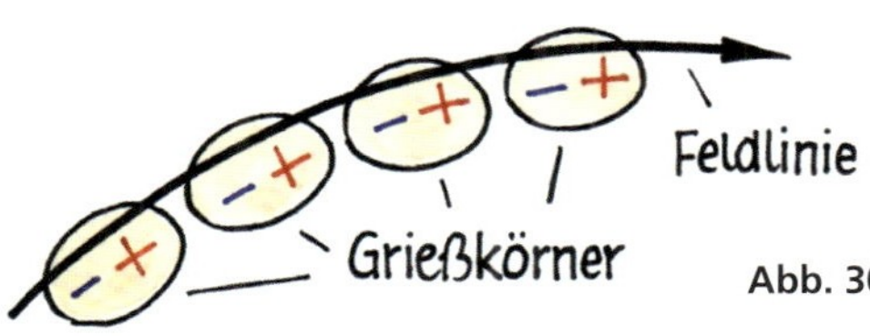

Abb. 30.5

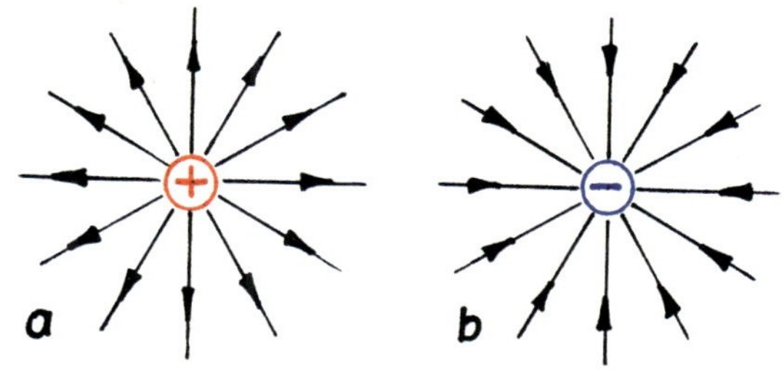

Abb. 30.6: Die Richtung der Feldlinien

i

| Scifi-Kraftfelder |

Wie könnte man Kraftfelder zum „Versiegeln" von Türen und Gängen erzeugen (F4)? Es gibt **vier bekannte Kräfte** in diesem Universum (siehe Tab. 13.1, Kap. 13.1, „Big Bang 6"). Schwache und starke Wechselwirkung haben extrem kurze Reichweiten von einem Protonendurchmesser oder weniger und eigenen sich daher nicht, um weitläufige Kraftfelder zu erzeugen. Außerdem braucht man eine **abstoßende Kraft,** damit das Kraftfeld nicht durchquert werden kann.

Die einzige bekannte abstoßende Kraft ist die elektrische (und die magnetische, die aber eine Folge der elektrischen ist). Trotzdem kann auch das nicht funktionieren. Denn erstens reicht das Feld jeder Ladung bis ins Unendliche und man könnte das Kraftfeld nicht auf einen dünnen „Vorhang" beschränken. Außerdem könnte man dann nur gleich geladene Objekte abblocken, aber keine neutralen wie Menschen oder einen Laserstrahl.

Abb. 30.7: Die Schutzschilde der Voyager in Aktion.

Anders sieht es bei den Schutzschilden der Raumschiffe aus (Abb. 30.7). Im Star-Trek-Universum funktionieren diese Schilde zumindest mal theoretisch so, dass die gesamte **Raumzeit** um das Raumschiff herum gekrümmt wird. Dass das im Prinzip möglich ist, hat bereits EINSTEIN im Rahmen seiner **Allgemeinen Relativitätstheorie** entdeckt, und wir werden in „Big Bang 8" noch einmal darauf zurückkommen.

Zusammenfassung

Wenn man jedem Punkt eines Raumes eine bestimmte Eigenschaft zuordnen kann (etwa eine Temperatur oder ein Kraft), dann spricht man von einem Feld. Kraftfelder kann man durch Feldlinien darstellen. Sie zeigen Größe und Richtung der Gesamtkraft an jedem Ort an. Die elektrischen Feldlinien führen per Definition von Plus zu Minus und geben die Kraftrichtung auf eine positive Probeladung an.

30.2 Was Feldlinien verboten ist
Elektrische Feldlinienbilder

In diesem Abschnitt kannst du dein Wissen über elektrische Felder vertiefen und erfährst mehr über den Verlauf der elektrischen Feldlinien.

?

F5 Der Energiesatz ist einer der Eckpfeiler der Physik. Was besagt er? Was versteht man unter einem Perpetuum Mobile und warum kann es nicht existieren? Lies nach in Kap. 9.6., „Big Bang 5".

F6 Es ist unmöglich, dass sich elektrische Feldlinien schneiden (Abb. 30.8 a)! Kannst du das mit Hilfe des Feldbegriffs begründen? Es ist unmöglich, dass die Feldlinien einer Ladung geschlossen sind (Abb. 30.8 b)! Kannst du das mit Hilfe des Energiesatzes begründen?

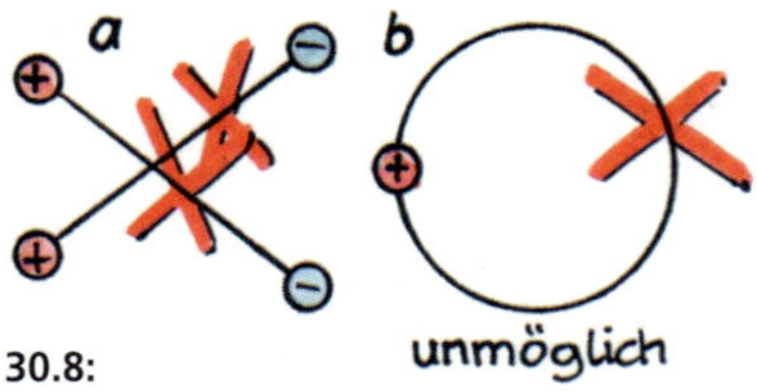

Abb. 30.8:
a) Elektrische Feldlinien kreuzen einander nie!
b) Elektrische Feldlinien sind nie geschlossen!

F7 Versuche, ohne vorher weiter zu lesen, den Verlauf der Feldlinien zwischen einer positiven und einer negativen sowie zwei positiven Ladungen aufzuzeichnen. Und wie könnte das Feldlinienbild zu Abb. 30.8 a aussehen?

Gleichnamige Ladungen stoßen einander ab, ungleichnamige Ladungen ziehen einander an. Das kann man im Feldlinienbild sehr gut erkennen (Abb. 30.9). Benachbarte gleichnamige Ladungen sind niemals durch Feldlinien verbunden. Das gilt auch bei komplizierten Feldern (Abb. 30.11). Aber warum können einander elektrische Feldlinien niemals kreuzen (F6)?

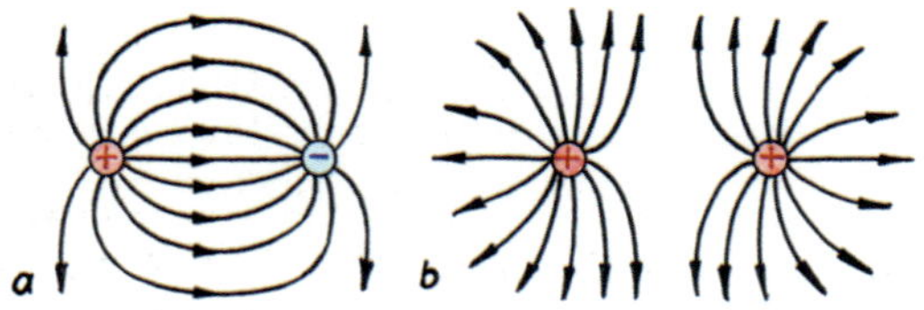

Abb. 30.9: Feldlinien (F7) bei Anziehung (a) und Abstoßung (b).

Erinnere dich: Die Feldlinien geben die Richtung der **Gesamtkraft** an jedem Punkt des Raumes an. Würden sich Linien kreuzen, dann würden auf eine Ladung an diesem Punkt zwei Gesamtkräfte gleichzeitig wirken. Absurd, denn die Gesamtkraft ist ja schon eine Summe aller Kräfte! Das wäre genauso, als hätte eine Addition zwei Ergebnisse. Deshalb heißt es auch bei der Definition des Feldes: Jedem Punkt des Raumes kann **eine** bestimmte Eigenschaft zugeordnet werden. Daher können sich die Feldlinien niemals kreuzen (Abb. 30.10 und 30.11).

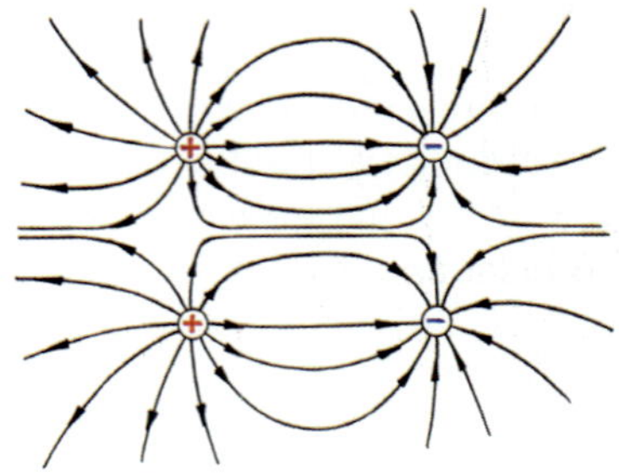

Abb. 30.10: Feldlinienbild zu Abb. 30.8 a. Die Feldlinien kommen in der Mitte sehr nahe, kreuzen einander aber nicht.

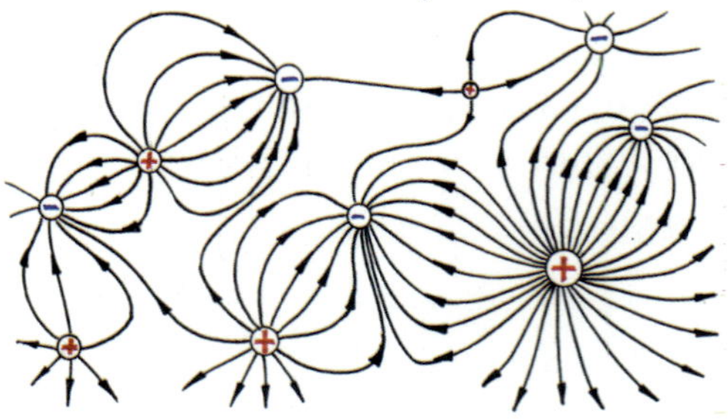

Abb. 30.11: Feldlinienbild einer komplizierten Anordnung von Ladungen. Die Größe der Scheibchen entspricht der Größe der elektrischen Ladungen. Größere Ladungen haben natürlich auch eine größere Feldliniendichte.

Außerdem sind elektrische Feldlinien niemals in sich geschlossen (Abb. 30.8 b). Sie führen also niemals direkt wieder zur selben Ladung zurück. Man sagt daher, das elektrische Feld ist **wirbelfrei.** Auch das gilt für komplizierte Anordnungen von Ladungen (Abb. 30.11). Es klingt zunächst verblüffend, aber man kann diese Tat-

i

| Perpetuum mobile 1 |

Elektrische Feldlinien, die von Ladungen ausgehen, können deshalb niemals geschlossen sein, weil dann der **Energiesatz verletzt** wäre. Man könnte dann nämlich ein **Perpetuum Mobile** erzeugen (F5). Warum? Nimm an, du hast eine große und eine kleine positive Ladung. Die kleine Ladung würde von der großen abgestoßen und beschleunigt werden (Abb. 30.12). Wenn die Feldlinie geschlossen wäre, dann würde sie wieder zur großen Ladung zurückfliegen (c), könnte eine neue Runde beginnen (a) und würde weiter beschleunigt werden. Die Ladung würde von selbst immer schneller werden und sich der **Lichtgeschwindigkeit** annähern. Auf diese Weise könnte man beliebig viel Energie aus dem Nichts gewinnen. Der Energiesatz sagt uns aber, dass das leider nicht möglich ist.

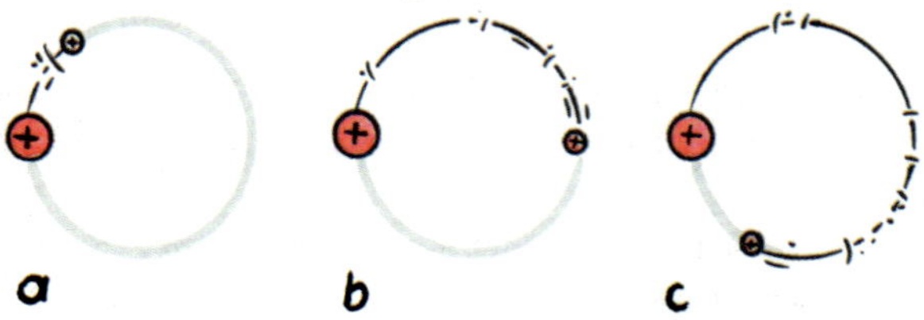

Abb. 30.12: Geschlossene Feldlinien wie in diesem Bild sind **unmöglich,** weil sie den Energiesatz verletzen.

sache aus dem Energiesatz ableiten. Gäbe es nämlich geschlossene Feldlinien, dann könnte man ein Perpetuum mobile erzeugen, und das ist ja leider unmöglich.

››› i | **Perpetuum mobile 1** |

Zusammenfassung

Gleichnamige Ladungen stoßen einander ab, ungleichnamige ziehen einander an. Elektrische Feldlinien kreuzen einander niemals. Und sie sind niemals geschlossen, weil das den Energiesatz verletzten würde.

30.3 Geraubte Elektronen

Coulomb-Gesetz und elektrische Feldstärke

Du weißt jetzt schon Einiges über das elektrische Feld. Aber wie kann man die Kräfte zwischen Ladungen exakt berechnen? Darum geht es in diesem Abschnitt.

	?
F8	Was versteht man unter der Einheit Coulomb (C)? Welches ist die kleinste freie Ladung im Universum? Wie viele Elektronen ergeben zusammen 1 C? Wie viele Coulomb hat eine Batterie? Lies nach in Kap. 23.1.2 f., „Big Bang 6“.
F9	Würde sich die Welt sehr ändern, wenn es die elektrische Kraft nicht gäbe? Was wird von dieser Kraft und durch sie beeinflusst?
F10	Die Kraftgesetze für zwei Massen bzw. für zwei Ladungen sind sehr ähnlich (siehe Tab. 30.2) und haben im Nenner den Faktor r^2. Wieso?
F11	Nimm an, du könntest einem Kilogramm Eisen alle Elektronen entziehen und auf den Mond befördern (durchschnittliche Entfernung 384.000 km). Tippe, welche Kraft dann zwischen den beiden Teilen wirken würde: a) weniger als 1 Millionstel Newton, b) etwa 1 N, c) etwa 10.000 N oder d) mehr als 100 Millionen N?

Wenn du was auslässt, fällt es runter – dein Alltag wird von der Wahrnehmung der Gravitationskraft geprägt. Die **elektrische Kraft** nimmst du kaum wahr. Und wenn, dann empfindest du sie wahrscheinlich als störend, etwa beim Ausziehen eines Pullovers (Abb. 30.13). Aber die elektrische Kraft wird sowohl in ihrer Wichtigkeit als auch in ihrer Stärke enorm unterschätzt.

Die elektrische Kraft bewirkt zum Beispiel, dass Elektronen und Protonen einander anziehen und somit **Atome** entstehen (**F9**). Ohne elektrische Kraft gäbe es also gar keine **Elemente.** Außerdem beruhen auf ihr alle chemischen Bindungen und somit die **Festigkeit der Materie,** also auch des Sessels, auf dem du sitzt und des Bodens, auf dem du stehst. Die elektrische Kraft hat zwar auf den ersten Blick für dich keine direkte Bedeutung, aber ohne sie wäre das Universum nur eine Ansammlung **chaotisch umherschwirrender Elementarteilchen oder Materieklumpen.**

Abb. 30.13: Eine der wenigen Situationen, bei denen man die elektrische Kraft direkt bemerken kann.

Wie groß die Kraft zwischen zwei punktförmigen Ladungen ist, konnte der französische Physiker Charles Auguste Coulomb um **1776** auf experimentellem Weg ableiten. Nach ihm ist auch die Einheit für die elektrische Ladung benannt. Je nach Ladungen können die Kräfte anziehend oder abstoßend sein.

Formel: elektrische Kraft (Coulomb-Gesetz)

$$F_E = \frac{1}{4\pi\varepsilon_0}\frac{Q_1 Q_2}{r^2}$$

F_E ... elektrische Kraft [N]
Q_1 und Q_2 ... Ladung der Gegenstände [C]
r ... Abstand der Ladungen [m]
ε_0 ... elektrische Feldkonstante
$\varepsilon_0 = 8{,}8542 \cdot 10^{-12}$ As/Vm

In Tab. 30.2 siehst du die **Gegenüberstellung** von **elektrischer Kraft** und **Gravitationskraft.** Es bestehen sehr viele Gemeinsamkeiten, unter anderem auch die Abhängigkeit vom Abstand. Der große Unterschied: Ladungen können einander auch abstoßen, und die elektrische Kraft ist im Vergleich mit der Gravitation unfassbar groß.

››› i | **Umhüllte Ladung | Seite 50**
››› i | **Geraubte Elektronen | Seite 50**

Die elektrische Kraft zwischen zwei Ladungen hängt von der Größe beider Ladungen ab. Oft will man aber die Stärke des elektrischen Feldes **einer einzigen Ladung**

Gravitationskraft	elektrische Kraft
$F_G = G\frac{m_1 m_2}{r^2}$	$F_E = \frac{1}{4\pi\varepsilon_0}\frac{Q_1 Q_2}{r^2}$
proportional zu $1/r^2$; wirkt daher unendlich weit	proportional zu $1/r^2$; wirkt daher unendlich weit
proportional zum Produkt der beiden Massen	proportional zum Produkt der beiden Ladungen
G kann nur experimentell ermittelt werden	ε_0 kann nur experimentell ermittelt werden
Massen können einander nur anziehen	ungleiche Ladungen ziehen einander an, gleiche Ladungen stoßen einander ab
relative Stärke 10^{-38}	relative Stärke 10^{-2}

Tabelle 30.2: Ähnlichkeiten und Unterschiede zwischen F_G und F_E. Die relative Stärke gilt im Vergleich mit der starken Kraft (siehe Tab. 13.1, Kap. 13.1, „Big Bang 6“).

angeben. Deshalb hat man den Begriff der **elektrischen Feldstärke** eingeführt. Die Gleichung ist ganz ähnlich wie das Coulomb-Gesetz, aber es kommt nur eine Ladung vor, nämlich die, deren Feldstärke man angeben will. Der Vorteil daran: Diese Angabe ist unabhängig von einer zweiten Ladung. Wir kommen auf den Begriff der elektrischen Feldstärke noch ein paar Mal zurück.

››› i | ISS |

Formel: elektrische Feldstärke

$$E = \frac{1}{4\pi\varepsilon_0}\,\frac{Q_1}{r^2}$$

$$E = F_E / Q_2$$

E ... elektrische Feldstärke [N/C] = [V/m]
F_E ... Kraft auf die Probeladung
Q_1 .... Zentralladung
Q_2 ... „Testladung"

Zusammenfassung

Die Kraft zwischen zwei Ladungen lässt sich mit dem Coulomb-Gesetz berechnen. Es ist dem Gravitationsgesetz sehr ähnlich. Die elektrische Kraft ist allerdings unglaublich groß. In der Gleichung der elektrischen Feldstärke kommt nur eine Ladung vor. Das Ergebnis ist daher unabhängig von der Größe einer möglichen zweiten Ladung.

| Umhüllte Ladung |

Wie kann man den **Faktor $1/r^2$** im Coulomb-Gesetz erklären? Geometrisch! Dazu umhüllen wir in Gedanken eine Ladung mit einer Kugel (Abb. 30.14 a). Durch diese läuft eine bestimmte Anzahl von Feldlinien. Wenn du die Kugel vergrößerst (b), muss dieselbe Anzahl durch die Oberfläche laufen. Feldlinien enden ja nicht einfach im Nichts, sondern immer an entgegen gesetzten Ladungen.

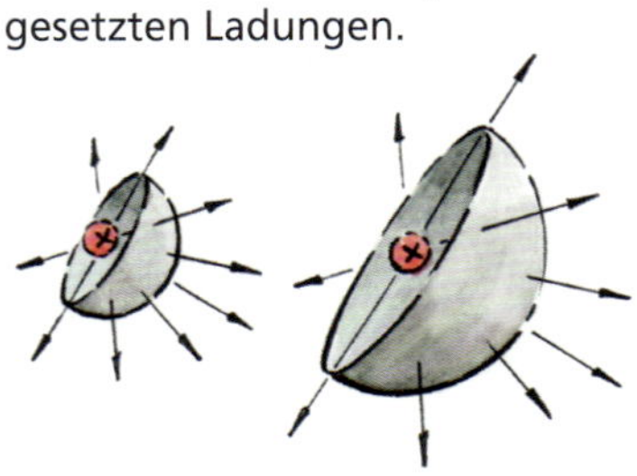

Abb. 30.14: Gedachte Kugeloberflächen um eine Ladung – zur besseren Darstellung aufgeschnitten.

Erinnere dich: Die **Feldliniendichte** ist ein Maß für die elektrische Kraft (Kap. 3.1). Man kann nun folgende Zusammenhänge aufstellen:

F_E ~ Feldliniendichte = Feldlinienzahl/Kugeloberfläche

Weil die Feldlinienzahl immer konstant bleibt, gilt:

F_E ~ Feldliniendichte ~ 1/Kugeloberfläche ~$1/4\pi r^2$ (**F10**)

Man kann also sogar den Faktor 4π geometrisch ableiten. Die Ableitung beim **Gravitationsgesetz** verhält sich ganz ähnlich. Wo ist bei diesem aber der Faktor 4π? Er ist in der Gravitationskonstante G „versteckt".

| ISS |

Nehmen wir als konkretes Zahlenbeispiel eine Ladung von 1000 C auf der Erdoberfläche. Wie groß ist die elektrische **Feldstärke** in 350 km Abstand, das entspricht der Flughöhe der internationalen Raumstation **ISS?** Die dort noch spürbare Feldstärke beträgt 73 N/C (rechne nach). Diese Angabe ist allgemein, also **unabhängig von einer möglichen zweiten Ladung.**

Wenn wir nun die Kraft auf eine Ladung auf der ISS berechnen, müssen wir nur die Feldstärke mit der Ladung multiplizieren, also $F_E = E \cdot Q_2$. 1 C würde mit 73 N angezogen, 2 C mit 146 N und so weiter. Die Angabe der elektrischen Kraft ist also von der zweiten Ladung abhängig. Das ist der Unterschied zwischen E und F_E.

Abb. 30.16: Wie stark machen sich 1000 C auf der Erdoberfläche in der ISS in 350 km Abstand bemerkbar?

| Geraubte Elektronen |

Mit welcher Kraft ziehen einander die geraubten Elektronen am Mond und das auf der Erde zurückgebliebene Massestück an (**F11**)? Um das zu berechnen, müssen wir zuerst die Gesamtladung der Elektronen ermitteln.

Abb. 30.15: Wie groß ist die elektrische Kraft?

Eisen hat eine **Atommasse** von 55,8 u. Ein Mol Eisen (= 6 · 10^{23} Teilchen) hat daher eine Masse von 55,8 g (siehe Kap. 3.5, „Big Bang 5"). Somit besteht 1 kg Eisen aus 17,9 Mol und hat 1,08 · 10^{25} Atome.

Eisen hat im Periodensystem die **Ordnungszahl 26** (siehe Kap. 3.3, „Big Bang 5") und daher auch ebenso viele Elektronen. 1 kg Eisen hat daher 2,8 · 10^{26} Elektronen.

Ein einzelnes Elektron hat eine Ladung von 1,6 · 10^{-19} C. Die Elektronen, die man 1 kg Eisen entnehmen kann, haben daher eine **Gesamtladung** von 4,5 · 10^7 C. Und diese Ladung können wir nun ins Coulomb-Gesetz einsetzen.

Der Abstand zwischen Erde und Sonne beträgt im Mittel 384.000 km oder 3,84 · 10^8 m. Wenn man ins Coulomb-Gesetz einsetzt, erhält man unfassbare 1,2 · 10^8 N. Das sind also mehr also **100 Millionen Newton!** Wer hätte das gedacht? Die elektrische Kraft ist um den Faktor 10^{36} größer als die Gravitationskraft (Tab. 30.2)!

30.4 Rauf auf den Berg

Spannung und „elektrischer Höhenunterschied"

In diesem Abschnitt beleuchten wir das elektrische Feld aus Sicht der Spannung, und du lernst andere grafische Darstellungsmöglichkeiten für elektrische Felder kennen.

?

F12 Zwischen einer Gewitterwolke und dem Boden kann es kurz vor dem Blitz zu Spannungen von 100 Millionen Volt kommen! Ist die Wolke einen Kilometer über dem Boden, bedeutet das eine Feldstärke von 100.000 Volt pro Meter. Herrscht dann zwischen Kopf und Füßen eines Menschen eine Spannung von fast 200.000 V? Warum überlebt man das?

F13 Um die kleine Ladung von a nach b zu schieben, (Abb. 30.17) ist Arbeit nötig, um sie von a nach c zu schieben aber nicht. Warum?

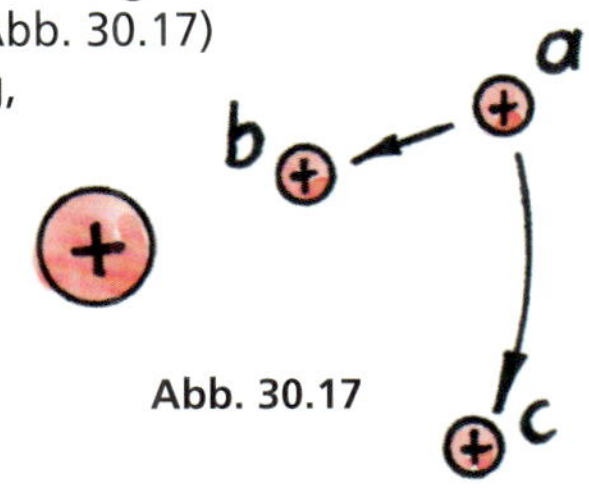

Abb. 30.17

F14 Viele Wassertiere wie etwa die Haie können unter dem Meeressand verborgene Futterfische ausmachen, ohne dass sie diese sehen oder riechen könnten. Wie machen sie das?

Wenn du eine Masse im Gravitationsfeld der Erde hebst, musst du Arbeit aufwenden. Diese ist dann als **potenzielle mechanische Energie** in ihr gespeichert (Tab. 30.3). Wenn du eine Ladung gegen ein elektrisches Feld verschiebst, dann musst du ebenfalls Arbeit aufwenden. Diese ist dann als **potenzielle elektrische Energie** in der Ladung gespeichert. Die elektrische Spannung ist als Arbeit pro Ladung definiert:

Formel: elektrische Spannung

$$U = \frac{W}{Q} \Rightarrow W = Q \cdot U$$

U ... elektrische Spannung [V]
W ... Arbeit [J]
Q ... Ladung [C]

In Abb. 30.18 sind zwei gleiche und zwei ungleiche Zentralladungen dargestellt. Die Berge und Täler entsprechen der **potenziellen elektrischen Energie** einer kleinen positiven Testladung, die du in diesem Feld herumschiebst. Wenn du die Testladung an eine positive Zentralladung heranschiebst, musst du Energie aufwenden. Es ist genau so, als würdest du etwas einen Berg hinaufrollen. Deshalb werden **positive Zentralladungen** als **Berge** dargestellt.

potenzielle mechanische Energie	potenzielle elektrische Energie
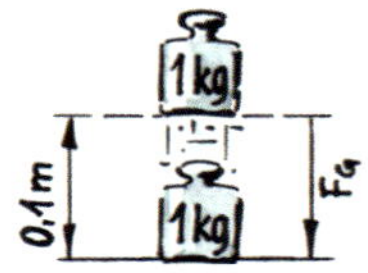	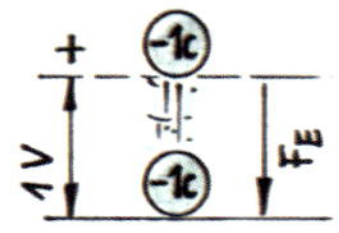
$W = E_p = m \cdot g \cdot h$	$W = E_p = Q \cdot U$
Um eine Masse von 1 kg im Schwerefeld der Erde um 0,1 m zu heben, ist die Arbeit von einem Joule nötig.	Um eine Ladung von 1 C im Spannungsfeld von 1 V zu transportieren, ist die Arbeit von einem Joule nötig.

Tab. 30.3: Vergleich zwischen Verschiebearbeit im elektrischen Feld und Hebearbeit im Schwerefeld.

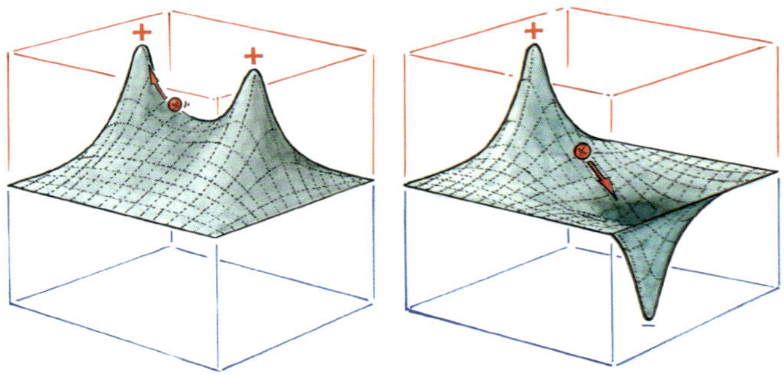

Abb. 30.18: Darstellung der potenziellen Energie einer positiven Testladung im elektrischen Feld.

Wenn du die Testladung an eine negative Ladung heranschiebst, wird Energie frei. Es ist so, als würdest du etwas einen Berg hinunterrollen. Deshalb sind **negative Zentralladungen** als **Senken** eingezeichnet. Man versteht an dieser Darstellung sofort, warum man die Spannung als **„elektrischen Höhenunterschied"** bezeichnet. Die Energieverhältnisse beim Verschieben einer Ladung im elektrischen Feld sind ganz ähnlich wie beim Verschieben einer Masse in einer Hügellandschaft.

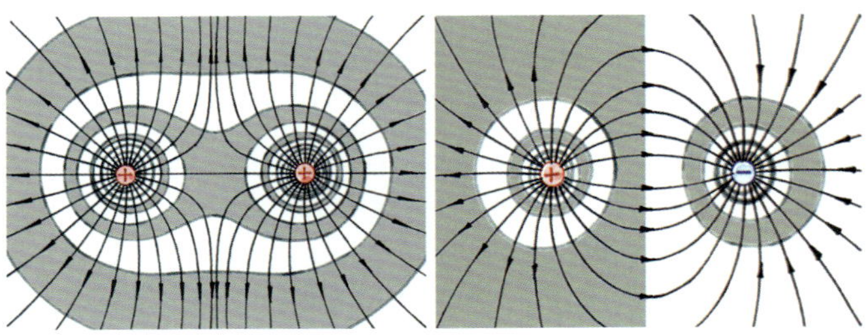

Abb. 30.19: Hier sind die Berge und Täler als Höhenlinien dargestellt. Es ist Abb. 30.18 quasi von oben gesehen. Zusätzlich sind auch die elektrischen Feldlinien eingezeichnet.

Oft wird das elektrische Feld auch so wie in Abb. 30.19 dargestellt. Die potenzielle Energie ist dann in Form von „Höhenlinien" eingezeichnet, ganz ähnlich wie auf einer geografischen Karte. Diese Linien verbinden Orte mit gleicher (= äquivalenter) potenzieller Energie. Man spricht daher von **Äquipotenziallinien** oder, in drei Dimensionen, von **Äquipotenzialflächen.** Diese stehen immer normal zu den elektrischen Feldlinien. Um eine Ladung entlang einer Linie mit gleicher potenzieller Energie zu verschieben, benötigt man keine Energie (Abb. 30.21, **F13**). Das ist damit vergleichbar, dass man eine Masse auf gleicher Höhe um einen Berg herumrollt.

▸▸▸ **i** | **Gewitterwolke** |

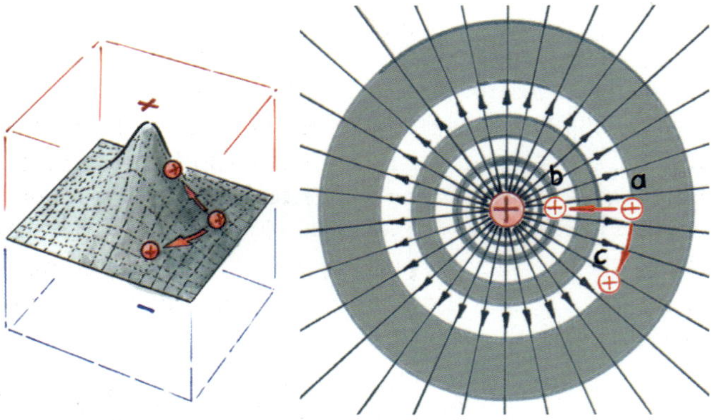

Abb. 30.21: Zwei verschiedene Darstellungen, um **F13** aufzulösen. Um die Ladung nach b zu schieben, muss ein „elektrischer Höhenunterschied" überwunden werden. c liegt auf demselben Energieniveau wie a. Die Ladung wird quasi auf gleicher Höhe um den Berg geschoben.

In Kap. 30.3 hast du gehört, dass man die **elektrische Feldstärke** in N/C angibt. Eine andere Möglichkeit ist die Angabe in V/m. Beide Angaben sind überraschender Weise gleichwertig. Je größer die elektrische Feldstärke ist, desto mehr Kraft ist notwendig, um eine Ladung eine bestimmte Strecke gegen das Feld zu verschieben. Auch das kann man am besten mit dem „elektrischen Höhenunterschied" verstehen (siehe Abb. 30.23).

▸▸▸ **i** | **Jonglieren mit Einheiten** |
▸▸▸ **i** | **Hammerhai** |

| Gewitterwolke |

Warum kann sich ein Mensch unter einer Gewitterwolke befinden, ohne dass ihm etwas passiert? Das Feld zwischen Wolke und Erde ist nahezu homogen und ähnelt dem eines Plattenkondensators (Abb. 30.20 a; siehe Kap. 30.6). Weil aber die Haut des Menschen ein elektrischer Leiter ist, verzerrt sich das elektrische Feld, und auf ihr bildet sich eine Äquipotenzialfläche (b). Zwischen Füßen und Kopf besteht daher keine Spannung (**F12**)!

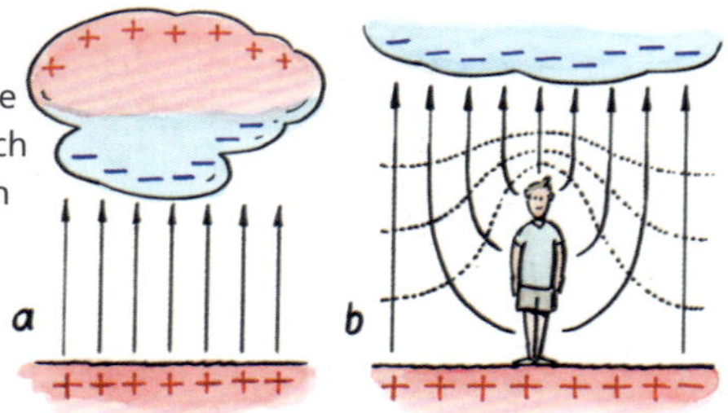

Abb. 30.20: Das elektrische Feld wird durch den Menschen verzerrt, weil seine Haut ein Leiter ist. Die Feldlinien stehen normal zur Hautoberfläche (siehe auch Kap. 30.5).

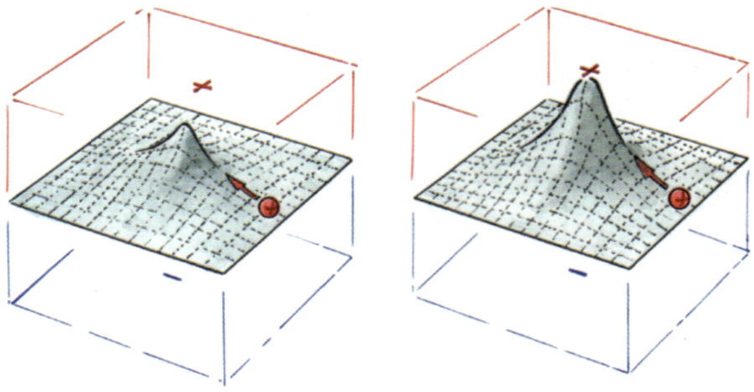

Abb. 30.23: Je größer die Zentralladung, desto höher der Potenzialberg, desto größer der „elektrische Höhenunterschied", desto steiler den Anstieg (entspricht V/m), desto mehr Kraft wird benötigt (entspricht N/C).

| Jonglieren mit Einheiten |

Die elektrische Feldstärke kann sowohl in **N/C** als auch in **V/m** angegeben werden. Verblüffend! Um das nachzuvollziehen, brauchen wir folgende Größen und Einheiten:

Kraft	$F = m \cdot a$	$[F] = \text{N} = \text{kgm/s}^2$
Arbeit	$W = F \cdot s$	$[W] = \text{J} = \text{kgm}^2/\text{s}^2$
Ladung	$Q = W/U$	$[Q] = \text{C} = \text{J/V} = \text{kgm}^2/\text{s}^2\text{V}$

Jetzt braucht man nur noch einzusetzen und wegzukürzen:

$$[E] = \frac{\text{N}}{\text{C}} = \frac{\frac{\text{kgm}}{\text{s}^2}}{\frac{\text{kgm}^2}{\text{s}^2\text{V}}} = \frac{\text{V}}{\text{m}}$$

| Hammerhai |

Das Nervensystem aller höheren Tiere basiert auf Elektrizität (siehe Kap. 25. „Big Bang 6"). Haie können Futterfische anhand deren **elektrischer Felder** ausmachen. Hammerhaie sind etwa in der Lage, 0,5 µV/m wahrzunehmen. Das entspricht der Feldstärke einer 1,5-V-Batterie, deren Pole sich unfassbare 3000 km auseinander befinden! Mit diesen feinen Sinnen spüren Haie auch im Meeressand verbuddelte Fische auf – aber auch mit Begeisterung alte Batterien (**F14**).

Abb. 30.22: Haie verfügen am Kopf über extrem sensible Elektrorezeptoren, die **Lorenzini'schen Ampullen.**

Zusammenfassung

Spannung ist der „elektrische Höhenunterschied" und gibt die benötigte Energie an, um eine Ladung in einem elektrischen Feld zu verschieben. Spannung kann immer nur zwischen zwei Punkten angegeben werden.

30.5 Miniblitz und Spielzeugauto

Faraday-Käfig

MICHAEL FARADAY gilt als einer der besten Experimentalphysiker aller Zeiten. Um den nach ihm benannten „Käfig" geht es in diesem Abschnitt.

?

F15 Was versteht man unter elektrischer Influenz? Lies nach in Kap. 23.1.4, „Big Bang 6".

F16 In elektrostatischen Feldern stehen die Feldlinien immer normal auf die Leiteroberfläche, so wie beim Menschen und beim Boden in Abb. 30.20 b. Kannst du das begründen?

F17 Angeblich ist für einen Menschen im Auto ein Blitzeinschlag ungefährlich. Stimmt das wirklich? Und wie ist das in einem Zug, einem Flugzeug und einem Cabrio?

Im Auto ist man tatsächlich vor **Blitzen** geschützt (F17)! Um das zu verstehen, muss man drei Puzzlesteine zusammenlegen: Influenz, Äquipotenzialflächen und den Energiesatz. Zunächst schauen wir uns an, was mit einem Leiter im elektrischen Feld passiert (Abb. 30.24). Erinnere dich: In Leitern sind nur die **Elektronen** beweglich.

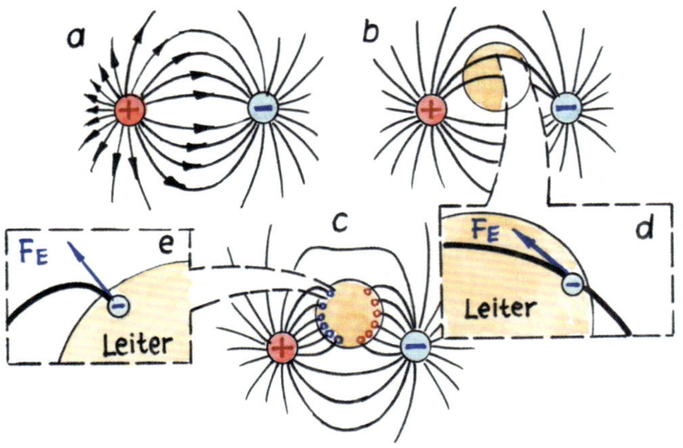

Abb. 30.24: Die Elektronen des Leiters verschieben sich so lange, bis die Außenseite eine Äquipotenzialfläche wird (a bis c). Situation b ist zur besseren Verdeutlichung, tritt aber in Wirklichkeit nicht auf, weil sich die Elektronen schon verschieben, während man den Leiter ins Feld bringt. d und e sind vergrößerte Ausschnitte von b bzw. c.

Die elektrische Kraft wirkt tangential zu den Feldlinien (d) und verschiebt die Elektronen im Leiter. Dadurch verändert sich aber das elektrische Feld und mit diesem wiederum die Feldlinien. Die Elektronen werden so weit verschoben, bis alle Feldlinien senkrecht zur Leiteroberfläche stehen (d und e). Dann ist Endstation, weil die Elektronen den Leiter ja nicht verlassen können (F16). Diese Ladungsverschiebung nennt man übrigens **Influenz** (F15).

Es fließt also für kurze Zeit Strom, bis sich außen eine **Äquipotenzialfläche** einstellt (e). Diese ist ja dadurch gekennzeichnet, dass sie normal auf alle Feldlinien steht (siehe auch Abb. 30.19). Dass das Innere nun feldfrei ist, kann man mit dem **Energiesatz** erklären. Wäre das nicht so, könnte man aus dem Nichts Energie erzeugen, und das geht ja leider nicht.

››› i | **Perpetuum mobile 2** |

Weil die Außenseite eine Äquipotenzialfläche ist, könnte man in Abb. 30.24 e den Innenraum des Leiters weglassen, ohne dass sich das Feld verändert. Der Leiter könnte sogar aus einer Art Gitter bestehen und wäre innen immer noch feldfrei. So ein geschlossenes Gitter nennt man einen **Faraday-Käfig.** Auch jedes Auto und jeder Zug schützen daher vor einem Blitzeinschlag (Abb. 30.26).

Abb. 30.26: Ein „Miniblitz" schlägt in ein Spielzeugauto ein. Die elektrische Feldstärke dieser Anordnung beträgt 800.000 V/m. Die Ladungen fließen über die Karosserie ab und überspringen die Gummireifen. Der Innenraum des Käfers bleibt feldfrei und sicher.

i

| **Perpetuum mobile 2** |

Nimm an, durch das Innere eines Leiters führt doch eine Feldlinie (Abb. 30.25). Ein **Elektron** würde durch die elektrische Kraft von 1 nach 2 beschleunigt und Energie gewinnen (a). Weil außen eine Äquipotenzialfläche ist, könnte man die Ladung ohne Energieaufwand wieder zurückschieben (b) und so weiter. Man könnte somit aus dem Nichts beliebig viel Energie gewinnen, und das verbietet leider wieder einmal der **Energiesatz** (siehe auch Infobox Perpetuum mobile 1, Kap. 30.2).

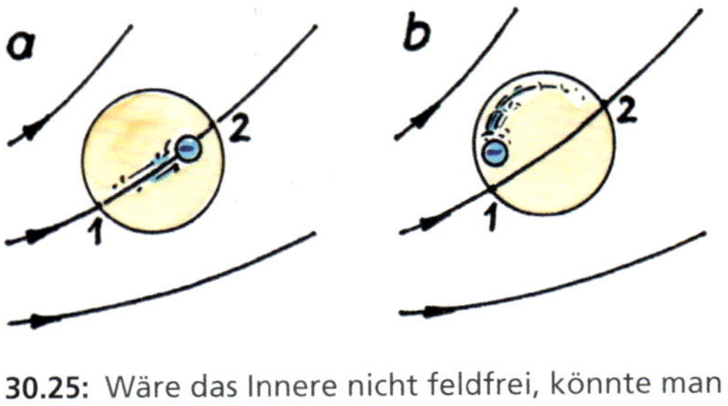

Abb. 30.25: Wäre das Innere nicht feldfrei, könnte man beliebig viel Energie gewinnen.

Auch in Flugzeugen sind die Menschen geschützt. Allerdings fließt in der Flugzeug-Außenhaut Strom, und dieser könnte im schlimmsten Fall die Bordelektronik lahm legen. Moderne Flugzeuge sind dagegen aber sehr gut abgesichert. Je größer die Löcher des Käfigs werden, desto schlechter wird der Schutz. Ein völlig offenes Cabrio schützt daher kaum.

Zusammenfassung

Bringt man einen Leiter in ein elektrisches Feld, entsteht an seiner Außenseite eine Äquipotenzialfläche, wodurch das Innere feldfrei wird. Deshalb schützen geschlossene Metallkäfige zuverlässig vor Blitzen.

30.6 Ein gerollter Sandwich

Der Kondensator

Energie lässt sich auf verschiedene Arten speichern. Du kannst eine Metallfeder oder einen Bogen spannen oder dieses Buch in die Höhe heben. Auch in Kondensatoren kann man Energie speichern, und zwar elektrische. Sie sind aus dem Alltag gar nicht wegzudenken.

?

F18 Was ist etwa 15 mal 45 cm, wird von dir wohl fast jeden Tag benutzt und besitzt über 100 Kondensatoren?

F19 Was versteht man unter elektrischer Polarisation? Lies nach in Kap. 23.1.4, „Big Bang 6".

F20 Ein Defibrillator hat einen Akku: Trotzdem hat er eine Leistung von unglaublichen 70.000 W! Wie geht das?

F21 Du hast eine positiv und eine negativ geladene Platte und entlädst diese mit einem Funken (Abb. 30.27 a). Nun lädst du die Platten noch mal gleich stark auf, ziehst sie aber vor dem Entladen auseinander (b). Ist der Funke nun gleich stark, stärker oder schwächer? Und warum?

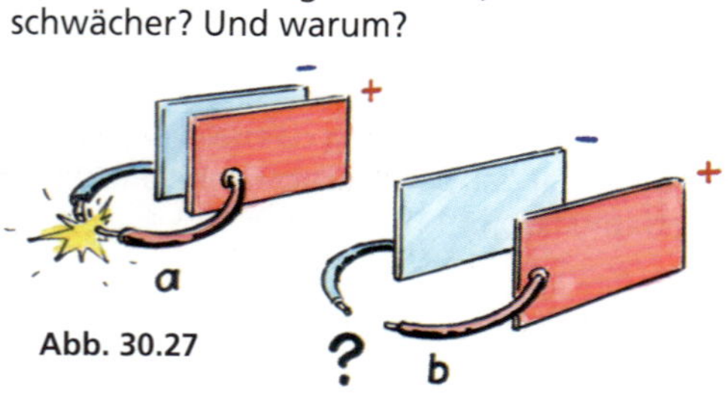

Abb. 30.27

Die einfachste Bauform eines Kondensators ist der **Plattenkondensator.** Er besteht aus zwei parallelen leitenden Platten (wie in Abb. 30.27). In der Praxis verwendet man ein Art Sandwich aus Metallfolien und Isolatoren und rollt diesen zu einer handlichen Form zusammen (Abb. 30.28). Neben den Widerständen sind solche Bauteile am häufigsten in allen elektronischen Geräten zu finden.

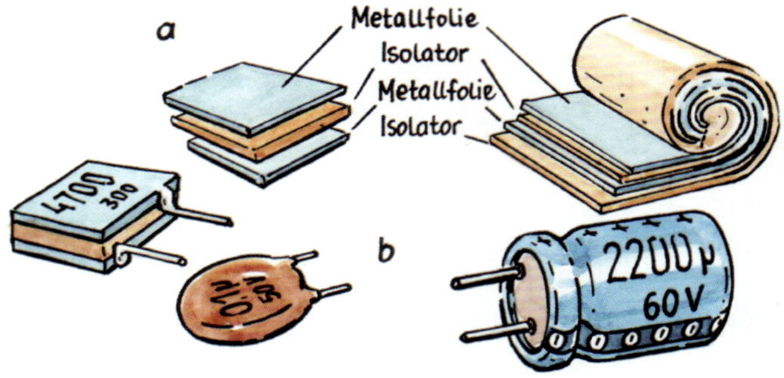

Abb. 30.28: a) Um Platz zu sparen werden Plattenkondensatoren meisten eingerollt. b) gängige Kondensatorformen.

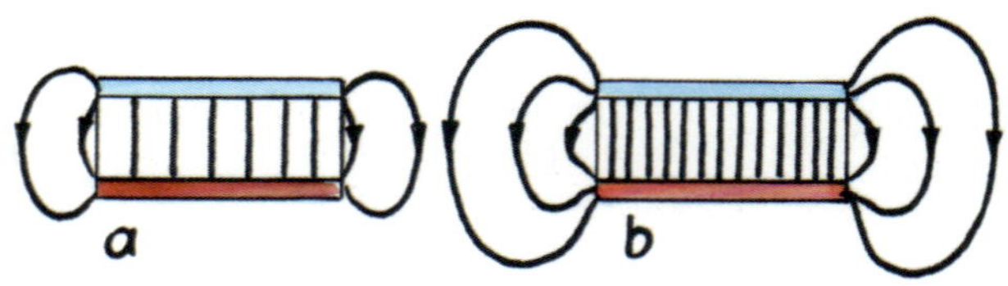

Abb. 30.29: Das elektrische Feld zwischen den Platten eines Kondensators. Je mehr Ladungen auf den Platten sind, desto größer wird die Spannung zwischen diesen.

Das **Feld** zwischen den geladenen Platten ist mit Ausnahme des Randes **homogen** und die Feldlinien sind senkrecht zur Oberfläche (Abb. 30.29 a). Weil der Rand im Vergleich mit der Plattenfläche nicht ins Gewicht fällt, können wir ihn bei unserer Überlegung vernachlässigen. Wenn man die Anzahl der Ladungen auf den Platten verdoppelt, dann verdoppelt sich die Anzahl der Feldlinien (b) und somit auch die Spannung. Der Quotient von Ladung und Spannung ist also für einen bestimmten Kondensator immer gleich groß. Man nennt ihn die **Kapazität** des Kondensators, das bedeutet **Speichervermögen.** Sie trägt zu Ehren Michael Faradays (Abb. 31.24) die Einheit **Farad.**

Formel: elektrische Kapazität

$$C = \frac{Q}{U}$$

C … elektrische Kapazität in Farad [F]
Q … Ladung [C]
U …. Spannung [V]

In Schaltkreisen hat man natürlich nur eine begrenzte Spannung zum Aufladen der Platten. Nehmen wir 1 V an. Hat ein Kondensator 1 Farad und bringt man die Platten auf 1 V, dann ist in ihm eine Ladung von 1 C gespeichert, hat er 2 Farad, sind 2 C gespeichert und so weiter. **Je größer das Speichervermögen, desto mehr Ladungen kann man bei gleicher Spannung speichern.** Ein Farad ist eine enorm große Einheit. Die Angaben erfolgen meistens in Mikro-, Nano- oder sogar Picofarad.

| Jede Menge Tasten |

In einer **Computertastatur** befindet sich unter jeder Taste ein Kondensator (Abb. 30.31 a; F18). Die Platten sind auf zwei Kunststoffschichten quasi „aufgedruckt". Der Abstand zur unteren Schichte und somit zur zweiten Platte wird durch den Tastendruck verringert und somit auch die Spannung des betreffenden Kondensators. So weiß der PC, welche Taste du gedrückt hast. Ganz ähnlich funktioniert auch eine **Sensortaste** (b). Bei ihr fungiert aber der Finger als zweite Platte.

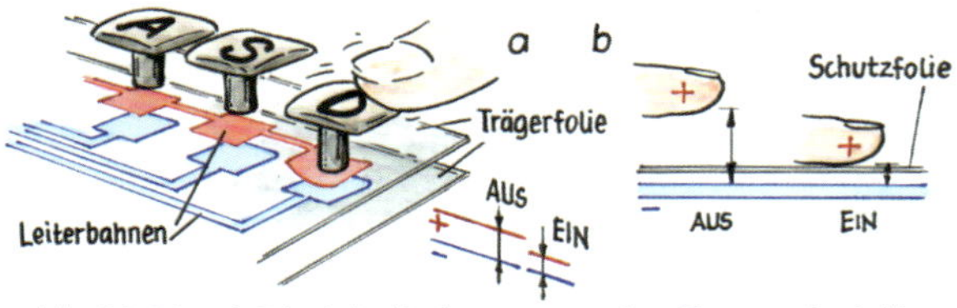

Abb. 30.31: a) Die Scheibchen unter den Tasten sind die Platten der Kondensatoren. Es ist nur die obere Schichte dargestellt. b) Eine Sensortaste ist eine durch Kunststoff isolierte Platte. Gemeinsam mit dem Finger wird diese zu einem Kondensator.

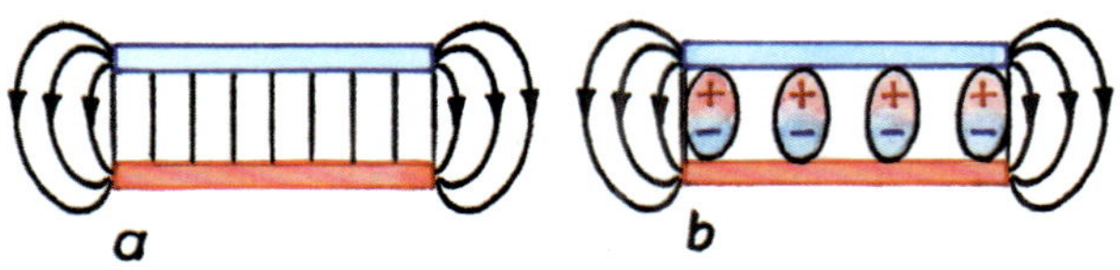

Abb. 30.30: Bringt man einen Isolator zwischen die Platten, wird dieser polarisiert (b). Dadurch enden manche der Feldlinien an seiner Außenseite, und das Feld zwischen den Platten wird abgeschwächt. Es verringert sich also die Feldliniendichte und somit auch die Spannung.

Durch einen **Isolator** zwischen den Platten kann man die Kapazität erhöhen. Warum? Durch dessen Polarisation sinkt bei gleicher Ladung die Feldliniendichte ab und somit die Spannung zwischen den Platten (Abb. 30.30), nehmen wir an von 1 auf 0,5 V. Wenn du die Platten wieder auf 1 V bringst, dann sind sie nun doppelt so stark geladen wie vorher. Doppelte Ladung bei gleicher Spannung bedeutet doppelte Kapazität. Manche Materialien können die Kapazität um den Faktor 10^5 erhöhen!

Was passiert, wenn man die **Platten** eines geladenen Kondensators **auseinander zieht?** Es ist zunächst verblüffend, aber dabei steigt die Spannung (Tab. 30.4). Warum? Zum Auseinanderziehen benötigt man Energie, weil die Platten gegengleich geladen sind. Diese Energie kann nicht verloren gehen, sondern sie steckt dann im elektrischen Feld. Weil sich die Ladung dabei nicht verändert, muss sich die Spannung erhöhen. Deshalb wäre auch bei einem Kurzschluss nach dem Auseinanderziehen der Funke stärker (F21). Umgekehrt sinkt die Spannung, wenn man die Platten aneinander schiebt. Diese Tatsache nützt man zum Beispiel bei der Tastatur und Sensortaste aus.

▸▸▸ i | Jede Menge Tasten |

In einem Kondensator ist relativ wenig **Energie gespeichert.** Wenn man diese aber in einer sehr kurzen Zeit entlädt, lassen sich beinahe unglaubliche Leistungen produzieren. Auf diesem Prinzip basieren der Defibrillator oder ein Kamerablitz (F20; siehe auch F26).

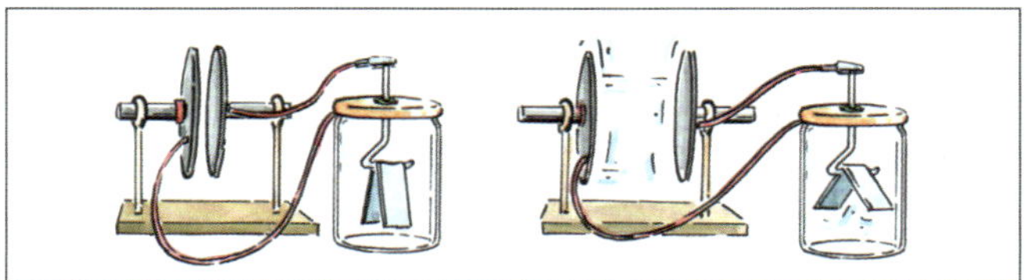

Wird der **Abstand vergrößert,** wird Energie zugeführt. Weil die Ladung unverändert bleibt, steigt die Spannung: $\uparrow E_p = Q \cdot \uparrow U$. Wenn die Spannung steigt, sinkt die Kapazität: $\downarrow C = Q/\uparrow U$.
Wird der **Abstand verkleinert,** wird Energie abgeführt. Weil die Ladung unverändert bleibt, sinkt die Spannung: $\downarrow E_p = Q \cdot \downarrow U$. Wenn die Spannung sinkt, steigt die Kapazität: $\uparrow C = Q/\downarrow U$.

Tab. 30.4: Messung der Spannungsveränderung bei Änderung des Abstandes mit Hilfe eines Elektroskops.

Zusammenfassung

Die Kapazität eines Kondensators gibt an, wie viele Ladungen sich bei gleicher Spannung speichern lassen. Diese kann durch den Abstand und durch Einbringen eines Isolators verändert werden.

| Das elektrische Feld |

F22 ▸L Ist es denkbar, dass es ein unbekanntes Universum gibt, in dem geladene Körper, aber keine elektrischen Felder existieren?

F23 ▸L Mit welcher Kraft ziehen einander Proton und Elektron im Wasserstoffatom an? Mit welcher Kraft stoßen einander die zwei Protonen in einem Heliumkern ab? Könntest du mit Muskelkraft das Elektron ablösen und die Protonen zusammenhalten? Gib vorher einen Tipp ab!

F24 ▸L Berechne für folgende Batterientypen (alle haben 1,5 V) die in ihnen enthaltene Energiemenge und wie hoch man 1 kg damit heben könnte: AAA 4000 Coulomb, AA 9400 C, C 28.000 C, D 59.500 C.

F25 ▸L Wie könnte man eine Gleichung für die in einem Kondensator gespeicherte Energie ableiten? Du brauchst dazu nur die Gleichung $W = Q \cdot U$ und eine prinzipielle Überlegung.

F26 ▸L Welche Leistung und Stromstärke tritt beim Entladen eines Defibrillators auf? Nimm als Entladezeit 5 ms an, für die Ladeenergie von 360 J und für die Spannung 2000 V. Wie groß muss die Kapazität des Kondensators mindestens sein?

31 | ELEKTRISCHE STRÖME UND MAGNETFELDER

| Prolog |

Dass von einem geriebenen **Bernstein** (Abb. 31.1) elektrische Kräfte ausgehen, wusste man schon in der Antike (siehe Kap. 23.1, „Big Bang 6"). Ebenfalls waren die magnetischen Kräfte von **Magneteisenstein** (Magnetit) bekannt. Chinesische Seefahrer benutzten dieses Material bereits vor über 2000 Jahren für Kompassnadeln. Lange Zeit war man sich nicht sicher, ob und wie diese beiden Phänomene zusammenhängen. Anfang des 19. Jahrhunderts machte aber der dänische Physiker Christian Ørsted eine Entdeckung, die einen Zusammenhang zwischen Magnetismus und Elektrizität herstellte und zu Anwendungen wie Elektromotoren oder elektrischen Messgeräten führte.

Abb.31.1: Links: Mit geriebenem Bernstein kann man kleine Objekte anziehen, weil er dann elektrisch geladen ist. Rechts: Magneteisenstein bildet magnetische Kristalle und zieht zum Beispiel Eisen an.

31.1 Ørsteds wichtige Entdeckung

Magnetfelder durch Ströme

Bis jetzt war von ruhenden Ladungen die Rede. Diese erzeugen elektrische Felder. Bewegte Ladungen erzeugen zusätzlich magnetische Felder. Hier zunächst einmal ein qualitativer Blick.

?

F1 Was entdeckte Christian Ørsted eigentlich genau? Und was versteht man unter der technischen Stromrichtung? Lies nach in Kap. 24.1 und 24.2, „Big Bang 6"!

F2 Was passiert mit zwei parallelen Leitern, durch die Strom fließt? a) Sie ziehen sich an; b) sie stoßen einander ab; c) es passiert gar nichts.

F3 Einen Permanentmagneten darf man nicht fallen lassen, weil sich der Magnetismus sonst abschwächt. Warum ist das so?

Um das Jahr **1820** machte Christian Ørsted die Entdeckung, dass eine Magnetnadel abgelenkt wird, wenn in der Nähe Strom fließt (F1; Abb. 31.2). Das schlug wie eine Bombe ein, denn es belegte endlich die Vermutung, dass **Elektrizität und Magnetismus zusammenhängen.**

Zunächst war nicht ganz klar, wie dieser Effekt entsteht. Heute wissen wir, dass der Stromfluss ein **Magnetfeld** erzeugt. Dieses kann man mit Eisenspänen sehr schön zeigen. Im Gegensatz zu elektrischen sind magnetische Feldlinien in sich geschlossen. Im Falle eines geraden Leiters liegen sie kreisförmig um diesen herum. Die Richtung der Feldlinien ist reine Definitionssache und wurde so festgelegt: **Das Magnetfeld zeigt in die Richtung, in die der Nordpol einer Magnetnadel zeigt bzw. zeigen würde** (Abb. 31.2).

Was passiert mit zwei stromdurchflossenen Leitern (F2)? Nachdem jeder ein Magnetfeld erzeugt, müssen zwischen ihnen magnetische Kräfte wirken. Die Kraftrichtung hängt von der Stromrichtung ab: **Parallele Ströme ziehen einander an, antiparallele stoßen einander ab** (Abb. 31.3). Dieser Unterschied zeigt sich auch sehr schön im Feldlinienbild (Abb. 31.4).

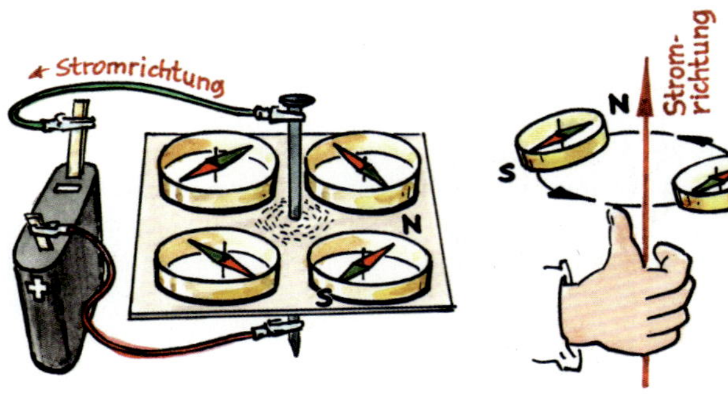

Abb. 31.2: a) Ablenkung von Magnetnadeln durch elektrischen Strom. Das Magnetfeld kann man auch sehr schön durch Eisenspäne sichtbar machen. b) Die Richtung der Feldlinien kann man auch ohne Magnetnadel mit der rechten Hand bestimmen. Wenn der Daumen in technische Stromrichtung zeigt, dann zeigen die Finger die Richtung des Magnetfeldes an, in diesem Fall gegen den Uhrzeigersinn.

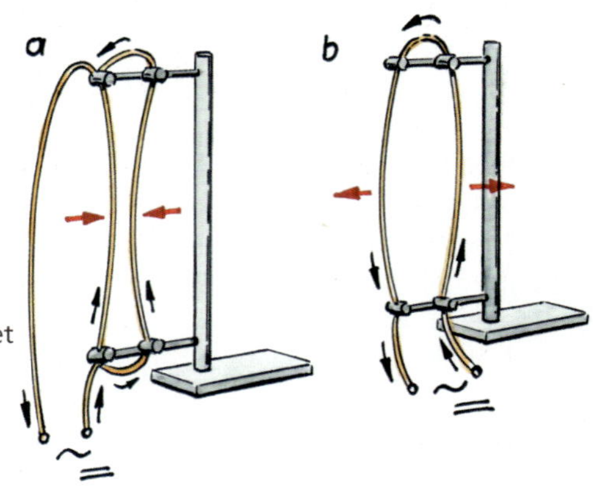

Abb. 31.3: Parallele Ströme (a) führen zur Anziehung, antiparallele (b) zur Abstoßung. Antiparallel bedeutet parallel, aber in die Gegenrichtung verlaufend.

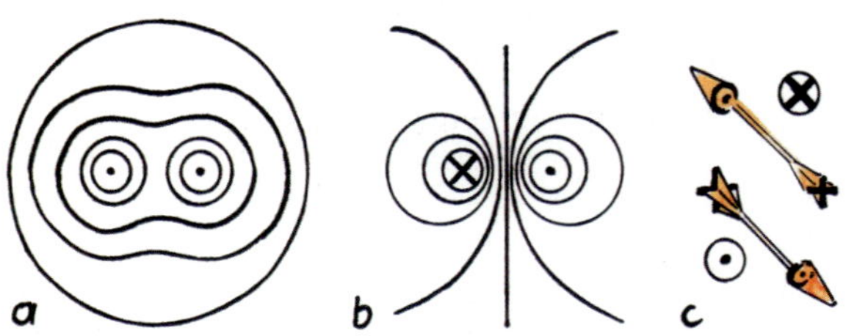

Abb. 31.4: Parallele (a) und antiparallele (b) Ströme. Die Symbole für „Spitze" oder „Schaft" deuten an, ob der Strom die Bildebene hinein oder hinaus fließt.

| Die kleinsten Magneten der Welt |

Jedes Elektron hat einen Spin, der sich leider vollkommen unserer bildlichen Vorstellungskraft entzieht (siehe Kap. 27.4). Durch diesen Spin wird das Elektron salopp gesagt zu einem kleinen Magneten. Weil es sich hierbei um die kleinsten Magneten der Welt handelt, spricht man von **Elementarmagneten.** Bei einer handvoll Stoffen, etwa Eisen, richten sich diese Elementarmagnete von selbst parallel aus, wodurch Bereiche mit gleicher Magnetisierung entstehen (Abb. 31.5 a). Man spricht hier von einem **ferromagnetischen** Material und nennt die abgegrenzten Bereiche **Weiß'sche Bezirke.** Warum diese entstehen, kann man exakt nur quantenmechanisch erklären. Verkürzt kann man aber sagen, dass dann die potenzielle Energie geringer ist als bei völliger Unordnung der Elementarmagnete.

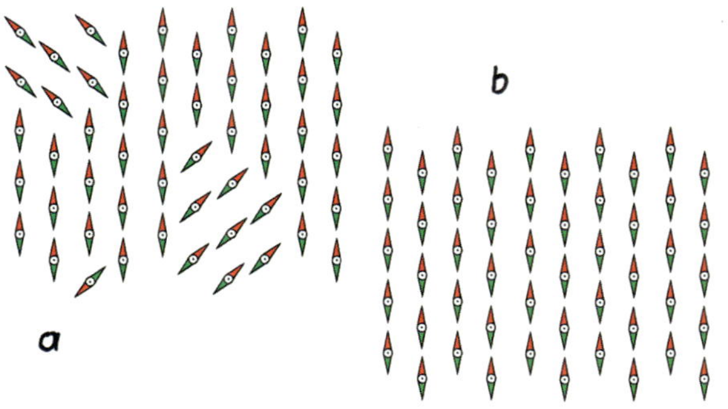

Abb. 31.5:
Modell der Weiß'schen Bezirke mit Hilfe von Kompassnadeln: links: teilweise Magnetisierung, rechts: vollständige Magnetisierung.

Das „Modell-Eisenstück" in Abb. 31.5 a ist nicht vollständig magnetisiert, weil sich die Felder der Elementarmagnete teilweise aufheben. Wenn du das Eisen in ein starkes Magnetfeld bringst, kannst du die Elementarmagnete ordnen und so ein stärkeres Feld erzeugen (a → b). Wenn du den Magneten fallen lässt, kommen die Elementarmagnete aber wieder in Unordnung (a ← b), und der Magnet verliert einen Teil seiner Kraft (F3).

Im Folgenden wird auch immer wieder von **Permanentmagneten** die Rede sein. Eine Kompassnadel aus Eisen ist zum Beispiel ein solcher. Der Magnetismus entsteht hier durch die Elektronenspins und bleibt auch erhalten, wenn kein Strom fließt.

››› i **| Die kleinsten Magneten der Welt |**

Zusammenfassung

Bewegte elektrische Ladungen erzeugen Magnetfelder. Daher wirken zwischen zwei Strom führenden Leitern magnetische Kräfte. Das Feld von Permanentmagneten kommt durch die Elektronenspins zu Stande.

31.2 Von Polarlichtern und Neutronensternen
Lorentz-Kraft und magnetische Induktion

In diesem Abschnitt werfen wir einen quantitativen Blick auf die auftretenden Kräfte, wenn sich Ladungen in einem Magnetfeld bewegen.

F4 Das Polarlicht ist schon eine sehr eindrucksvolle Erscheinung (Abb. 31.6). Wie entsteht es, und warum ist es nur auf den Polen zu sehen?

Abb. 31.6: Das eindrucksvolle Polarlicht.

F5 In Teilchenbeschleunigern werden Elektronen oder Protonen auf beinahe Lichtgeschwindigkeit beschleunigt. Wie schafft man es, sie dabei auf Kreisbahnen zu halten?

F6 Was ist deiner Meinung nach stärker: Das Magnetfeld der Erde oder das eines Permanentmagneten?

Beim Ørsted-Versuch (Abb. 31.2) kommt es zu einer Wechselwirkung zwischen dem Magnetfeld eines Leiters und dem des Permanentmagneten. Ähnlich ist es in Abb. 31.7. Allerdings ist der Magnet so schwer, dass er sich nicht bewegen kann, wohl aber die Leiterschaukel.

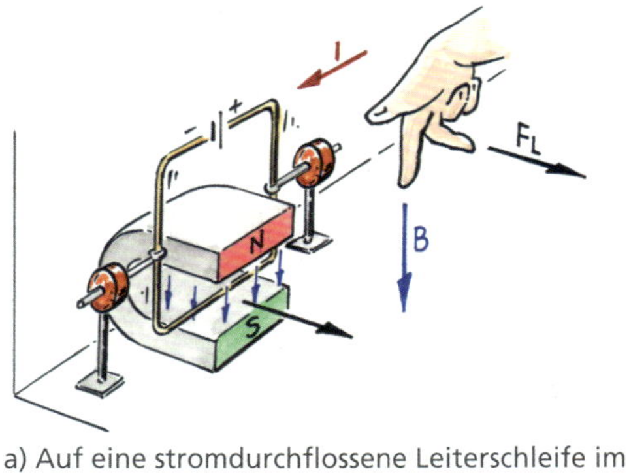

Abb. 31.7: a) Auf eine stromdurchflossene Leiterschleife im Magnetfeld wirkt eine Kraft. b) Drei-Finger-Regel: Der Daumen zeigt in technische Stromrichtung. Der Zeigefinger zeigt in Richtung des Magnetfeldes, also von N nach S. In diese Richtung würde der Nordpol einer Kompassnadel zeigen. Der Mittelfinger gibt nun die Richtung der Lorentz-Kraft an. F_L entspricht dem Kreuzprodukt von I und B.

Wenn Strom fließt, dann bewegt sich die Schaukel bei dieser Anordnung nach außen. Die Kraft, die das bewirkt, nennt man nach dem holländischen Physiker Hendrik Antoon Lorentz die **Lorentz-Kraft.** Sie steht immer normal zur Bewegungsrichtung der Ladungen und normal zum Magnetfeld. Ihre Richtung kann man mit der **Drei-Finger-Regel** bestimmen (siehe Abb. 31.7 b).

▸▸▸ i | **Polarlicht** |
▸▸▸ i | **Teilchenbeschleuniger** |

Man kann nun im Experiment zeigen, dass die Lorentz-Kraft proportional zur Stromstärke, zur Stärke des Magneten und zur Länge des Leiterstücks im Magnetfeld ist. Wenn der Strom wie hier normal zum Magnetfeld fließt, kann man den Zusammenhang so darstellen:

| Polarlicht |

Das Polarlicht kommt durch den **Sonnenwind** zu Stande, den Strom geladener Teilchen aus der Sonne (**F4**). Er besteht überwiegend aus Elektronen und Protonen. Auch auf ein einzelnes geladenes Teilchen wirkt die Lorentz-Kraft. Die Stromstärke ist definiert durch $I = Q/t$ (siehe Kap. 24.1, „Big Bang 6"). Weil weiters $v = s/t$ gilt ergibt sich

$$F_L = I \cdot s \cdot B = \frac{Q}{t} \cdot s \cdot B = Q \cdot v \cdot B$$

(F_L entspricht dabei dem Kreuzprodukt von v und B). Daher werden einzelne geladene Teilchen vom Erdmagnetfeld auf spiralförmige Bahnen gezwungen und pendeln zwischen den Polen hin und her (Abb. 31.8 und 31.9). Ihren Aufenthaltsbereich nennt man den **Van-Allen-Gürtel**. Bei starkem Sonnenwind können Teilchen mit besonders hoher Energie in die Atmosphäre eindringen und diese zum Leuchten bringen, ähnlich wie in einer Leuchtstoffröhre. Auf Grund des Feldlinienverlaufs ist der Atmosphäreneintritt nur in der Umgebung der Pole möglich (Abb. 31.9 und 31.10).

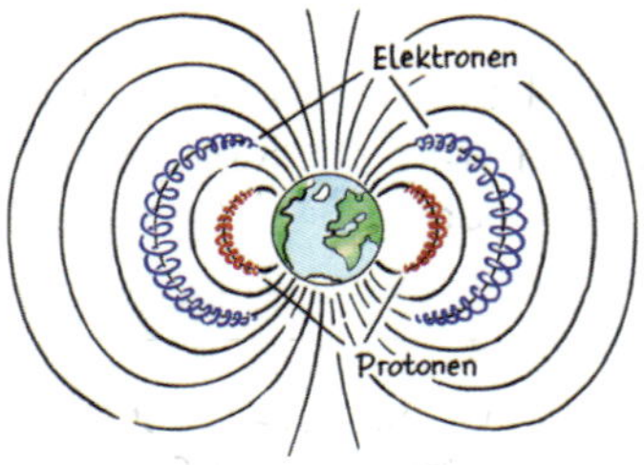

Abb. 31.8: Der Van-Allen-Gürtel besteht aus einem inneren und einem äußeren Teil.

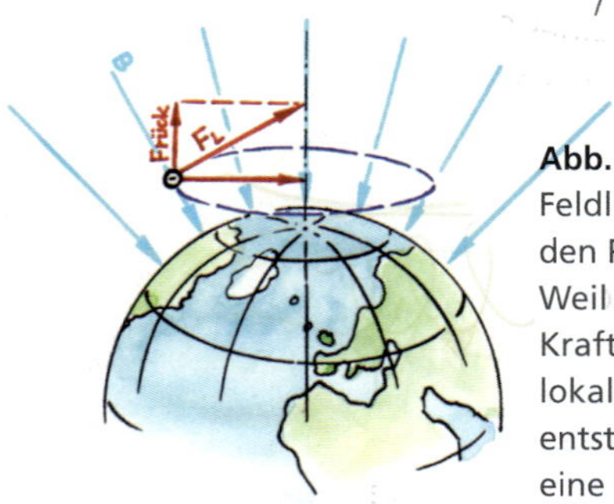

Abb. 31.9: Die Feldlinien laufen an den Polen zusammen. Weil die Lorentz-Kraft normal zur lokalen Feldlinie steht, entsteht dadurch eine rücktreibende Komponente, die zur Reflexion der Teilchen führt.

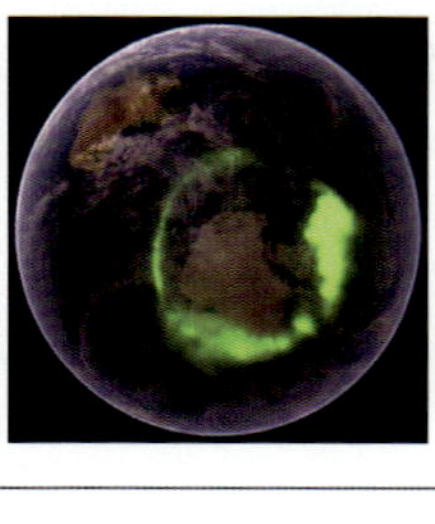

Abb. 31.10: Der Südpol vom All aus gesehen.

| Teilchenbeschleuniger |

Am Europäischen Zentrum für Teilchenphysik **CERN** befindet sich der größte je gebaute Teilchenbeschleuniger: der **LHC**, der **Large Hadron Collider** (Abb. 31.11). Zu den Hadronen gehören zum Beispiel Protonen. Im LHC lässt man diese aufeinander prallen und untersucht die dabei neu entstandenen Teilchen. Der ringförmige Tunnel hat einen Radius von 4,3 km. Schätzen wir die benötigte magnetische Induktion ab, um die Protonen auf der Kreisbahn zu halten (**F5**).

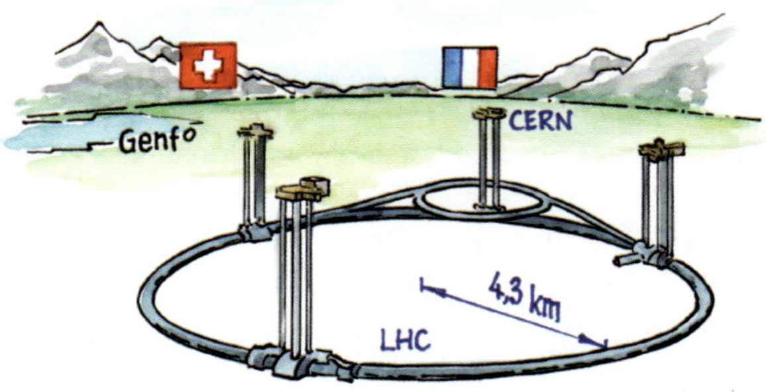

Abb. 31.11: Der größte Teilchenbeschleuniger der Welt an der Grenze zwischen der Schweiz und Frankreich.

Wir gehen von der Gleichung der Lorentz-Kraft aus: $F_L = I \cdot s \cdot B$. Für den Strom gilt $I = Q/t$. Jedes Proton bewegt sich in der Zeit t um die Strecke $s = v \cdot t$. Man erhält daher

$$I \cdot s = \frac{Q}{t} \cdot v \cdot t = Q \cdot v$$

Für die **Lorentz-Kraft,** die auf ein **einzelnes, geladenes Teilchen** wirkt, ergibt sich daher $F_L = Q \cdot v \cdot B$. Damit das Teilchen auf einer Kreisbahn bleibt, muss die Lorentz-Kraft als **Zentripetalkraft** (siehe Kap. 11.6) wirken. Man kann diese beiden Kräfte daher gleichsetzen:

$$\frac{mv^2}{r} = QvB \rightarrow B = \frac{mv}{Qr}$$

Was muss man jetzt noch beachten? Nach der **speziellen Relativitätstheorie** (Kap. 42.1, „Big Bang 8") erhöht sich die Masse eines Objekts, wenn man Energie zuführt. Das kann man mit der berühmtesten Gleichung der Welt berechnen: Aus $\Delta E = \Delta mc^2$ folgt $\Delta m = \Delta E/c^2$. Den Teilchen im LHC werden beim Beschleunigen $7 \cdot 10^{12}$ eV zugeführt, das macht eine Energie von $7 \cdot 10^{12} \cdot 1{,}6 \cdot 10^{-19}$ J $= 1{,}1 \cdot 10^{-6}$ J. Für Δm ergibt das dann $1{,}2 \cdot 10^{-23}$ kg. Die Protonenmasse ($1{,}67 \cdot 10^{-27}$ kg) hat sich durch die Beschleunigung auf etwa den 7370-fachen Wert erhöht! Sehr beachtlich.

Wenn man für die Endgeschwindigkeit c einsetzt, die die Teilchen ja so gut wie erreichen, erhält man für die **benötigte magnetische Induktion 5,4 T.** Tatsächlich liegt sie sogar bei 9 T. Das ist deshalb, weil die Bahn keine Kreisbahn ist, sondern eher einem Vieleck gleicht. Durch die Knicke werden etwas stärkere Felder benötigt.

Formel: Lorentz-Kraft

$$F_L = I \cdot s \cdot B \Rightarrow B = \frac{F}{I \cdot s}$$

F_L … Lorentzkraft [N]
I … Stromstärke [A]
s … Länge des Leiters [m]
B … magnetische Induktion [T] (Tesla)

In der Gleichung für die Lorentz-Kraft kommt die **magnetische Induktion *B*** vor. Sie **ist ein Maß für die Stärke des Magnetfeldes** und somit das Gegenstück zur elektrischen Feldstärke *E*. Dass man *B* nicht als magnetische Feldstärke bezeichnet, hat historische Gründe und ist zugegeben etwas verwirrend. Die Einheit der magnetischen Induktion ist nach dem kroatischen Physiker Nicola Tesla benannt. Beim Hufeisenmagneten kann man *B* bestimmen, wenn man die Kraft auf den Leiter bei bekanntem Stromfluss misst. In der Praxis verwendet man eine andere, handlichere Technik (Abb. 31.12), aber das Prinzip bleibt dasselbe: **Im Magnetfeld bewegte Ladungen werden durch die Lorentz-Kraft abgelenkt. Die Stärke der Ablenkung ist ein Maß für die Stärke des magnetischen Feldes.**

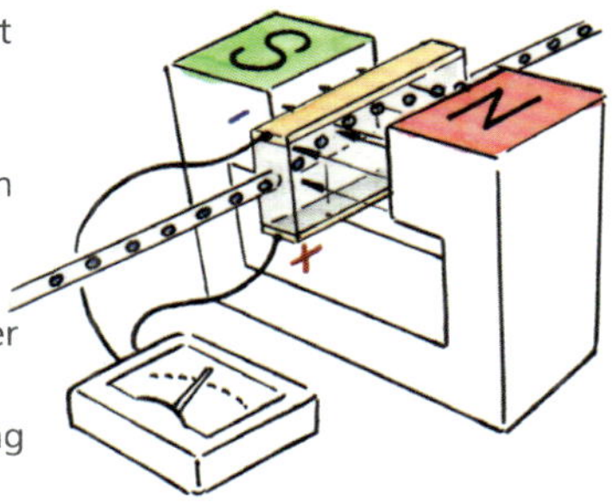

Abb. 31.12: In der Praxis misst man die Magnetfeldstärke mit einer **Hall-Sonde.** Durch die Ablenkung der Elektronen entsteht zwischen Ober- und Unterkante der Sonde eine Spannung, die Aufschluss über die Stärke des Magnetfeldes gibt. Überprüfe die Ablenkung mit der Drei-Finger-Regel.

In Tab. 31.1 siehst du einen Vergleich der Stärke von verschiedenen Magnetfeldern. Das **Erdmagnetfeld** ist im Vergleich mit einem **Permanentmagneten** unglaublich schwach (F6). Dass es wesentlich schwächer sein muss, kann man aber ganz einfach belegen: Das Feld eines Permanentmagneten kann man sehr schön mit Eisenspänen darstellen (siehe Abb. 31.1, Kap. 31.3). Wäre das Erdmagnetfeld vergleichbar groß, dann müsste man dieses ja ebenfalls durch das Ausstreuen von Eisenspänen sichtbar machen können. Obwohl das Erdmagnetfeld so schwach ist, können es zum Beispiel Zugvögel spüren und zur Orientierung nutzen.

	B in Tesla
Gehirnströme	10^{-15}
äußeres Erdmagnetfeld	$\approx 5.10^{-5}$
Hufeisenmagnet	10^{-3}
Sonnenoberfläche	0,01
Schreib-/Lesekopf einer Festplatte	0,15–0,3
Sonnenflecken	0,3
Permanentmagnete bis max.	1,5
Elektromagnete bis max. (Stand 2010)	45
Neutronensterne	10^{8}

Tab. 31.1: Einige Magnetfelder im Vergleich.

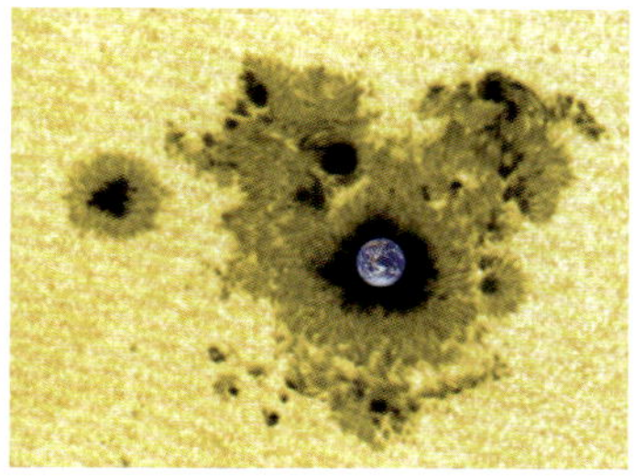

Abb. 31.13.: Die Sonne hat eine Oberflächentemperatur von etwa 5500 °C. Die Sonnenflecken sind etwa 1500 °C kühler und somit auch dunkler. An diesen Stellen ist das Magnetfeld wesentlich stärker. Zum Größenvergleich ist auch die Erde dargestellt.

Du siehst in der Tabelle auch, dass das Magnetfeld in den **Sonnenflecken** (Abb. 31.13) etwa 30-mal so stark ist wie außerhalb. **Neutronensterne** haben die mit Abstand stärksten Magnetfelder. Sie sind einige Billionen Mal stärker als das Erdmagnetfeld! Neutronensterne sind ausgebrannte Sterne, die sich auf Grund ihrer eigenen Masse extrem verdichtet haben. Dabei werden die Elektronen in die Kerne gedrückt und verbinden sich mit den Protonen zu Neutronen (und Elektron-Neutrinos werden frei). Dichter gepackt sind nur noch Schwarze Löcher.

Zusammenfassung

Im Magnetfeld bewegte Ladungen werden durch die Lorentz-Kraft abgelenkt. Diese Ablenkung ist ein Maß für die magnetische Induktion. Die Lorentz-Kraft wird z. B. in Teilchenbeschleunigern ausgenutzt.

31.3 Magnet im Tiefflug
Die Spule

Hier geht es darum, wie man mit Hilfe von Spulen Magnetfelder erzeugen kann. Spulen sind unverzichtbare Bestandteile in der Elektrotechnik.

?

F7 In Abb. 31.14 siehst du eine geöffnete Festplatte eines PCs. Hast du schon einmal überlegt, wie das Lesen und Schreiben der Daten funktioniert?

Abb. 31.14: Offene Harddisk eines PCs.

F8 Du weißt, wie das Magnetfeld eines geraden Leiters aussieht (Abb. 31.15 a). Wie könnte das Magnetfeld einer Leiterschleife aussehen, also quasi eines Kreisstroms?

Abb. 31.15

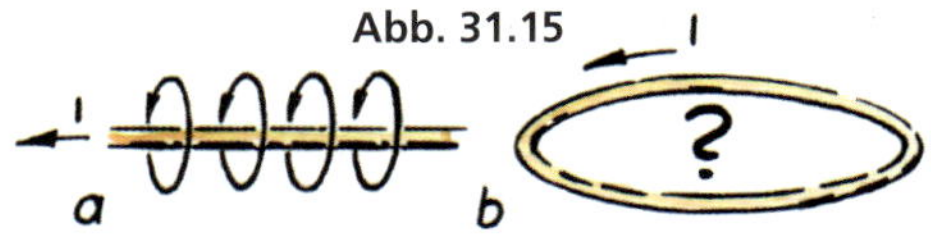

Das Magnetfeld eines geraden Leiters ist dir bekannt. Die Richtung der Feldlinien kannst du mit der rechten Hand bestimmen (siehe Kap. 31.1). Stell dir nun vor, dass der Leiter zu einer **Schleife** gebogen wird (Abb. 31.16 a). An der Windungsrichtung der Feldlinien ändert sich nichts, allerdings sind sie in der Mitte der Schleife sehr dicht gedrängt (b). Das Feld (**F8**) ist ganz ähnlich wie das eines Stabmagneten bzw. der Erde (Abb. 31.8). Dass letzteres auf einen Kreisstrom im Inneren zurückgeführt wird, erscheint dadurch sehr schlüssig.

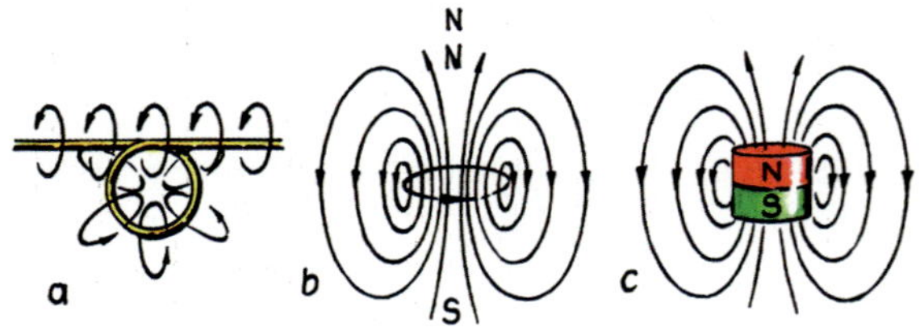

Abb. 31.16: Das Feld einer Leiterschleife (**F8**) von oben (a) und von der Seite (b). Es ähnelt dem eines kurzen Stabmagneten (c) bzw. dem Erdmagnetfeld (Abb. 31.8).

Von einer **Spule** spricht man, wenn zumindest mehrere solcher Schleifen hintereinander aufgewickelt sind. Im Inneren verlaufen die Feldlinien dann annähernd parallel, das magnetische Feld ist dort also so gut wie homogen (Abb. 31.17 a). Die Polung einer Spule lässt sich mit der rechten Hand bestimmen (b). Die magnetische Induktion im Inneren einer langen Spule kann man folgendermaßen berechnen:

Formel:
Magnetische Induktion einer langen Spule

$$B = \mu_0 \cdot \frac{N \cdot I}{l}$$

B ... magnetische Induktion [T]
μ_0 ... magnetische Feldkonstante
$\mu_0 = 4 \cdot \pi \cdot 10^{-7}$ Vs/Am
N ... Anzahl der Windungen
I ... Stromstärke [A]
l ... Länge der Spule [m]

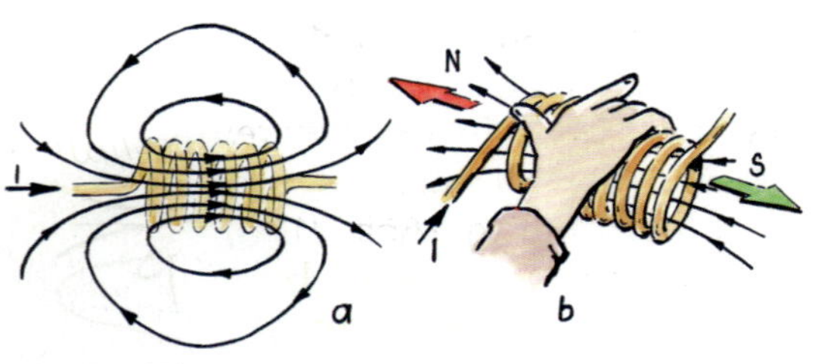

Abb. 31.17: a) Feldlinienverlauf in einer Spule; b) Wenn man die Finger der rechten Hand in technische Stromrichtung auf eine Spule legt, dann zeigt der Daumen zum Nordpol der Spule.

Abb. 31.18: Ohne Eisenkern (a) wird die Magnetnadel nur leicht abgelenkt, mit Eisenkern sehr stark (b).

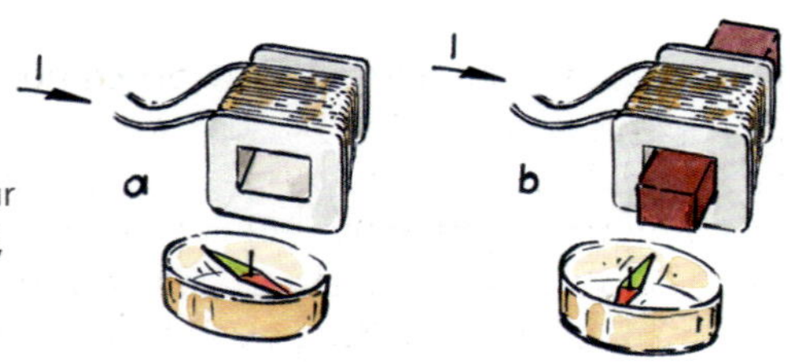

Die **magnetische Feldkonstante** μ_0 ist, wie auch die elektrische (Kap. 30.3), eine Naturkonstante und kann nur experimentell bestimmt werden. Beide spielen bei der Ausbreitungsgeschwindigkeit von elektromagnetischen Wellen eine bedeutende Rolle (siehe Kap. 33.2).

Man kann die Stärke eines Elektromagneten wesentlich erhöhen, indem man in seinen Innenraum einen **Eisenkern** gibt (Abb. 31.18). Durch das Magnetfeld der Spule richten sich dann dessen Elementarmagnete (Abb. 31.5) aus, bis sie im Extremfall alle in Richtung des äußeren Magnetfeldes zeigen. Durch diesen Trick kann man die Stärke eines Elektromagneten um einen Faktor 100 bis 1000 erhöhen.

▸▸▸ i | Relative Permeabilität |

i

| Relative Permeabilität |

Es gibt ein Maß für die Magnetisierbarkeit eines Stoffes, das man etwas sperrig als **relative Permeabilität μ_r** bezeichnet. Die Gleichung für die magnetische Induktion einer Spule mit Kern lautet dann so:

$$B = \mu_r \cdot \mu_0 \cdot \frac{N \cdot I}{l}$$

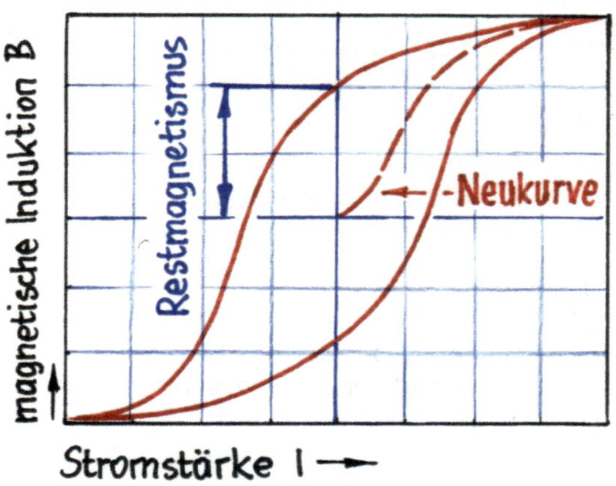

Abb. 31.19: Zusammenhang zwischen Stromfluss und magnetischer Induktion einer Spule mit Kern. Man spricht von einer Hysteresiskurve. Unter **Hysterese** (griech.: hysteros = hinterher) bezeichnet man allgemein das Fortdauern einer Wirkung nach Wegfall der Ursache. In diesem Fall sinkt etwa die magnetische Induktion nicht auf null, wenn die Stromstärke auf null sinkt.

In Abb. 31.19 siehst du, dass die magnetische Induktion in diesem Fall nicht linear von der Stromstärke abhängt. Außerdem bleibt nach dem Abschalten ein **Restmagnetismus** über. Du siehst also, dass μ_r keine Konstante sein kann, und daher werden auch immer nur die Maximalwerte angegeben. Die höchste relative Permeabilität besitzt Eisen und sie liegt in der Größenordnung von 10^5. Das ist aber die theoretische Obergrenze. In der Praxis erreicht man ein μ_r von 10^2 bis 10^3.

Zu den kleinsten und **schwächsten Elektromagneten** gehören die Schreib-/Leseköpfe in den Festplatten von PCs, Digitalkameras oder tragbaren Musikgeräten. Sie erzeugen nur Bruchteile von 1 T. Die **stärksten Elektromagnete** der Welt liefern momentan (Stand 2008) 45 T im Dauerbetrieb. Sie sind damit 45.000-mal so stark wie ein Hufeisenmagnet und rund 2-Millionen-mal stärker als das Erdmagnetfeld (siehe Tab. 31.1)!

››› i | Magnet im Tiefflug |

| Magnet im Tiefflug |

Über jeder Festplatte befindet sich ein Schreib-/Lesekopf mit einem winzigen **Elektromagneten** an der Spitze (F7; Abb. 31.20). In PCs haben diese rund 0,15 bis 0,3 T und magnetisieren beim Schreiben die Bereiche der **ferromagnetischen Oberfläche** unterschiedlich, was dann beim Lesen als 0 oder 1 interpretiert wird. Eine PC-Festplatte rotiert mit bis zu 15.000 U/min, und der Kopf schwebt dabei bloß 10 nm über der Platte (Stand 2010). Zum Vergleich: Ein Haar ist etwa 2500-mal dicker! Unvorstellbar!

Abb. 31.20: Der schwarze Quader an der Spitze des Lese-/Schreibkopfs ist ein winziger Elektromagnet.

Auch die Datendichte ist unvorstellbar. Ein Microdrive (Abb. 31.21) hat zum Beispiel einen Durchmesser von 1 Zoll (25,4 mm). Die Oberfläche beträgt daher etwa 500 mm^2. Auf die Platte passt 1 Gigabyte (10^9 Byte) Daten. 1 Byte besteht aus 8 bit, also muss die Platte $8 \cdot 10^9$ magnetisierte Stellen haben. Selbst wenn sie beidseitig beschrieben wird, befinden sich pro mm^2 also unglaubliche 8 Millionen magnetisierte Einzelstellen (rechne nach).

Abb. 31.21: Die Festplatte im Inneren hat einen Durchmesser von nur 2,54 cm.

Zusammenfassung

Mit Hilfe einer stromdurchflossenen Spule kann man Magnetfelder erzeugen. Die magnetische Induktion lässt sich sehr verstärken, wenn man in die Mitte der Spule einen Eisenkern bringt.

31.4 Faradays Entdeckung

Elektromagnetische Induktion 1

In diesem Abschnitt geht es um eine wichtige Entdeckung Faradays, die die Grundlage der Stromerzeugung ist. Ohne diese Entdeckung gäbe es keinen Strom aus der Steckdose.

F9 In Abb. 31.22 siehst du eine einfache Spule mit Eisenkern. Welche der folgenden Aussagen ist richtig: a) Fließt Strom durch den Draht, wird das Eisen magnetisch. b) Ist das Eisen magnetisch, fließt Strom durch den Draht. c) Beides ist richtig. d) Beides ist falsch.

Abb. 31.22

F10 Du weißt, wie das Schreiben von Daten auf eine Festplatte funktioniert (Kap. 31.3). Aber wie funktioniert das Lesen der Daten?

F11 Eine E-Gitarre (Abb. 31.23) hat keinen Resonanzkörper. Wie funktioniert dann aber die Verstärkung der Töne? Klar, elektrisch, aber wie?

Abb. 31.23

Strom erzeugt ein Magnetfeld! Das entdeckte CHRISTIAN ØRSTED 1820 (Kap. 31.1). Es wäre nur allzu logisch, dass auch umgekehrt Magnetismus Strom erzeugt. Das ist aber nicht so – die richtige Antwort auf F9 ist daher a). Viele Physiker zerbrachen sich über diese scheinbare Paradoxie den Kopf, unter anderem auch MICHAEL FARADAY (Abb. 31.24). 1831 konnte er das Rätsel aber lösen: Man kann schon Strom in der Spule erzeugen, aber nur dann, wenn sich dabei das Magnetfeld im Inneren **verändert,** etwa wenn man den Magneten bewegt (Abb. 31.24). Kurz gesagt: **Ein veränderliches Magnetfeld erzeugt Strom.**

Abb. 31.24: MICHAEL FARADAY, der oft als bedeutendster Experimentalphysiker aller Zeiten bezeichnet wird.

Und hier betritt man einen historisch bedingten Terminologie-Dschungel: Den Effekt, dass ein veränderliches Magnetfeld einen Strom hervorruft, nennt man nämlich **elektromagnetische Induktion** oder kurz **Induktion.** Und das kann leicht zu einer Verwechslung mit der magnetischen Induktion führen (siehe Kap. 31.3).

Um diesen gordischen Begriffsknoten etwas zu lockern, sind einige der Fachausdrücke in Tab. 31.2 gegenübergestellt.

elektrische Feldstärke *E* Einheit V/m oder N/C	Gibt die **Stärke des elektrischen Feldes** an.
magnetische Induktion *B* Einheit Tesla	Gibt die **Stärke des magnetischen Feldes** an und ist das Gegenstück zu *E*. Besser wäre somit der Begriff magnetische Feldstärke. Die unglückliche Begriffswahl ist historisch bedingt.
elektromagnetische Induktion	Allgemeiner Ausdruck für die Veränderung des Stroms bzw. der Spannung, wenn sich ein Magnetfeld in irgendeiner Weise ändert.
Induktionsstrom Einheit A	Durch ein veränderliches Magnetfeld hervorgerufener Strom.
Induktionsspannung Einheit V	Durch ein veränderliches Magnetfeld hervorgerufene Spannung.
magnetischer Fluss *Φ* Einheit Weber (Kap. 31.5)	Produkt der magnetischen Induktion *B* und der Fläche *A*, die davon durchsetzt wird, also $B \cdot A$.
Induktivität *L* Einheit Henry (Kap. 31.6)	Ähnlich wie die Kapazität das wichtigste Merkmal eines Kondensators ist, ist die Induktivität *L* das wichtigste Merkmal einer Spule. Je größer *L*, desto größer die Selbstinduktionsspannung (Kap. 31.6).

Tab. 31.2: Gegenüberstellung einiger Fachausdrücke zum Elektromagnetismus.

e

| Induktionsspannung |

Im Originalexperiment verwendete Faraday einen Transformator (siehe Kap. 32.3). Wir verwenden eine Spule und einen Magneten (Abb. 31.25), aber das Prinzip bleibt gleich: Ein veränderliches Magnetfeld erzeugt eine **Induktionsspannung.** Versuche folgende Fragen zu beantworten:

Was passiert mit der Spannung, wenn du …
1) … die Windungszahl der Spule veränderst?
2) … den Magneten unterschiedlich schnell bewegst?
3) … unterschiedlich starke Magnete verwendest?
4) … den Magneten ruhig hältst, und die Spule bewegst?

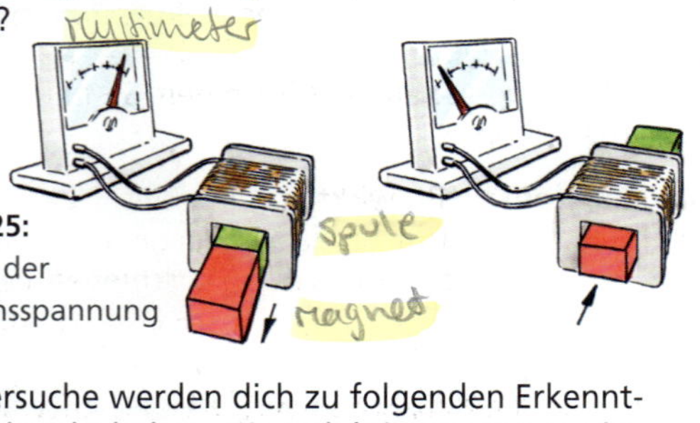

Abb. 31.25: Messung der Induktionsspannung

Deine Versuche werden dich zu folgenden Erkenntnissen gebracht haben: Die Induktionsspannung ist proportional zur **Windungszahl** (*N*), zur **Geschwindigkeit des Magneten** (*v*) und zur **Stärke des Magneten** (*B*). Ob du den Magneten bewegst oder die Spule, spielt allerdings keine Rolle. Formelmäßig würde man das so anschreiben: $U_{ind} \sim N \cdot v \cdot B$

i

| Tonabnehmer |

Wie funktioniert die Tonverstärkung bei einer E-Gitarre? Unter jeder Saite befinden sich **Tonabnehmer** (Abb. 31.26), kleine Spulen mit einem Magnetkern (Abb. 31.27). An der Stelle darüber werden dadurch die Saiten leicht magnetisiert. Durch die Saitenschwingungen entsteht dann ein veränderliches Magnetfeld und somit ein **Induktionsstrom** in der Spule, der an Verstärker und Lautsprecher weitergeleitet wird (F11).

Abb. 31.26: Unter jeder Saite befinden sich Elektromagnetische Tonabnehmer. Je nachdem, an welcher Stelle die Tonabnehmer aktiviert werden, verändert sich die Klang der Gitarre.

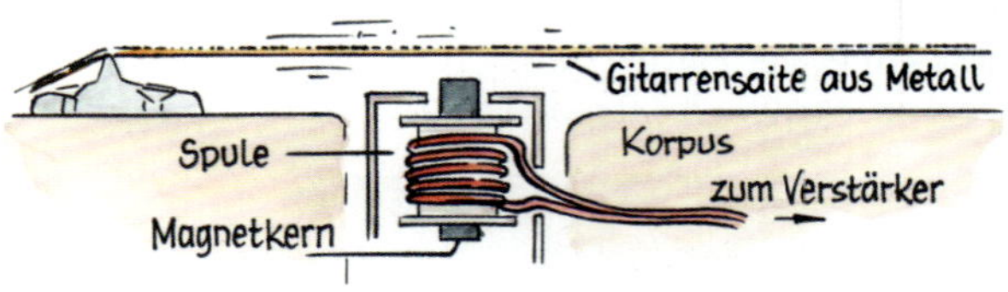

Abb. 31.27: Seitenansicht eines Tonabnehmers.

Man sagt auch, Strom wird durch ein veränderliches Magnetfeld **induziert,** das bedeutet so viel wie ausgelöst oder hervorgerufen. Man spricht daher vom **Induktionsstrom.** Hand in Hand mit diesem geht auch immer eine **Induktionsspannung,** und meistens wird diese in den Gleichungen angegeben bzw. gemessen.

▸▸▸ e | Induktionsspannung |

Faradays Entdeckung war der Schlüssel für die Erzeugung von Strom durch **Generatoren** (siehe Kap. 32.1). Angeblich kam der Premierminister von England in Faradays Labor, um diese erzeugte Elektrizität zu sehen. Nach der Demonstration fragte er, wofür das gut sei. Faraday antwortete, dass er das noch nicht wisse. Er sei sich aber sicher, dass der Premierminister eines Tages eine Steuer darauf einheben werde. Wie wahr!

Es gibt noch eine Menge anderer Anwendungen der Induktion, unter anderem bei **Antennen** zum Empfang von Radio- oder Fernsehprogrammen (siehe Kap. 36), bei **Mikrofonen,** beim **Lesen** einer Festplatte (F10) oder bei der **E-Gitarre.**

▸▸▸ i | Tonabnehmer |

Zusammenfassung

Strom erzeugt ein Magnetfeld. Umgekehrt erzeugt ein veränderliches Magnetfeld Strom. Diese Entdeckung Faradays ist die Grundlage der Stromversorgung.

31.5 Ein ziemlicher Lenz

Elektromagnetische Induktion 2

Ein veränderliches Magnetfeld erzeugt einen elektrischen Strom. Wie schauen uns hier diesen Induktionsstrom noch etwas genauer an.

F12 Wenn du einen Stabmagneten in einer Spule bewegst, dann entsteht ein Induktionsstrom (siehe auch Abb. 21.25) und sie wird zum Elektromagneten. Wo sind aber Nord- und Südpol? Überlege mit Hilfe des Energiesatzes.

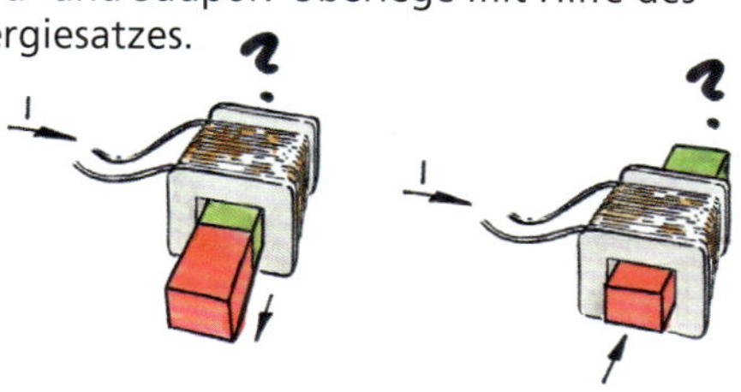

Abb. 31.28: Wie polen sich die Spulen?

F13 Die Überprüfung einer Münze in einem Automaten, der Tachometer eines Autos und die Bremsen von Zügen und Straßenbahnen basieren auf demselben Prinzip. Welches könnte das sein?

Man kann in einer Leiterschleife bzw. einer Spule eine elektromagnetische Induktion auslösen, wenn sich das Magnetfeld im Inneren ändert (Kap. 31.4). Man kann dieses Prinzip jedoch noch etwas allgemeiner fassen. Dazu brauchen wir aber eine neue Größe, nämlich den **magnetischen Fluss** (Abb. 31.29; Tab. 31.2), der mit einem großen griechischen Phi (Φ) bezeichnet wird. Wenn das Magnetfeld normal auf die Fläche steht, kann man den magnetischen Fluss so berechnen:

Formel: Magnetischer Fluss

$$\Phi = B \cdot A$$

Φ ... magnetischer Fluss [Wb] Weber
B ... magnetische Induktion [T]
A ... von B durchdrungene Fläche [m^2]

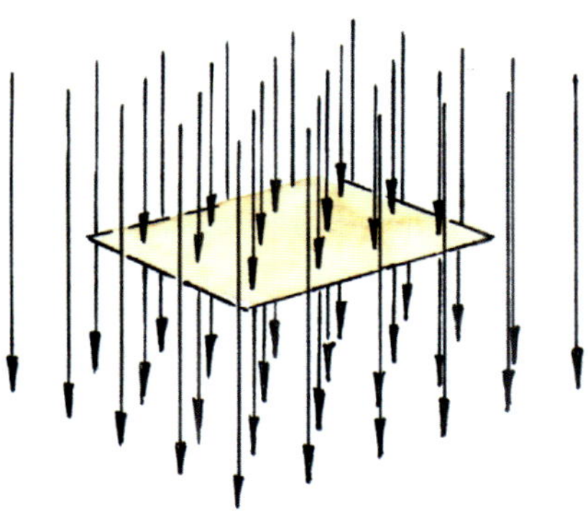

Abb. 31.29: Der magnetische Fluss ist das Produkt von magnetischer Induktion und davon durchsetzter Fläche.

Allgemein kann man nun sagen: **Wenn sich in einer Leiterschleife irgendwie der magnetische Fluss verändert, dann wird in ihr eine Spannung induziert.** Das kann sein, weil sich der Magnet bewegt (siehe Abb. 31.25). Es kann sein, weil sich sein Magnetfeld verändert (was natürlich nur bei einem Elektromagneten möglich ist). Es kann aber auch sein, dass sich die der Fläche der Leiterschleife verändert, oder es kann eine Kombination von allem sein. Je schneller sich der magnetische Fluss verändert, desto größer ist die induzierte Spannung.

››› i | **Induktionsgesetz** |

Formel: Induktionsgesetz für eine Schleife

$$U_{ind} = -\frac{\Delta\Phi}{\Delta t}$$

U_{ind} .... Induktionsspannung [V]
Φ ... magnetischer Fluss [Wb] Weber

Wie kommt das Minus in die Gleichung? Das ist eine Übereinkunft. Man möchte damit ausdrücken, **dass das induzierte Magnetfeld immer so gerichtet ist, dass es seiner Ursache entgegenwirkt.** Man nennt das die **Lenz'sche Regel** und sie ergibt sich aus dem Energiesatz. Warum? Nimm an, du ziehst den Stabmagneten aus der Spule heraus (Abb. 31.31 a). Würde sich das Magnetfeld in der Spule umgekehrt einstellen, dann würde der Stabmagnet von ihr abgestoßen und zusätzlich beschleunigt werden. Damit könnte man aus dem Nichts Energie gewinnen, was eben nicht geht (**F12**).

i

| **Induktionsgesetz** |

Nimm an, dass der bewegliche Bügel der Leiterschleife in der Zeit Δt mit der Geschwindigkeit v um die Strecke Δs verschoben wird (Abb. 31.30). Dadurch ändert sich der magnetische Fluss:

$\Delta\Phi = B \cdot \Delta A = B \cdot l\Delta s = Bl \cdot v\Delta t.$

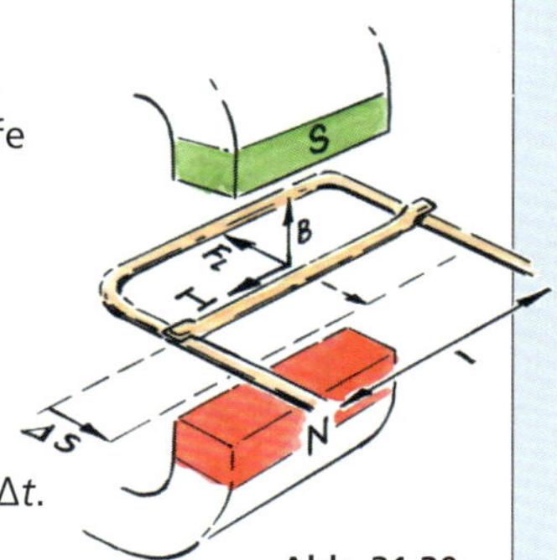

Abb. 31.30

In der Schleife wird die Spannung U induziert, die wiederum einen Strom I zur Folge hat. Der Induktionsstrom verrichtet eine **elektrische Arbeit** $\Delta W = -U \cdot I \cdot \Delta t$. Das Minuszeichen deutet an, dass man diese Arbeit im Prinzip dem System entziehen könnte.

Da nun Strom fließt, wirkt auf den Bügel die Lorentz-Kraft $F_L = B \cdot I \cdot l$. Um ihn den Bügel gegen diese Kraft zu verschieben, muss eine **Verschiebearbeit** aufgewendet werden: $\Delta W = F \cdot \Delta s = B \cdot I \cdot l \cdot \Delta s$. Diese hat ein positives Vorzeichen, weil sie ins System hineingesteckt wird. Nach dem Energiesatz müssen elektri-sche Arbeit und Verschiebearbeit gleich große sein.

$B \cdot I \cdot l \cdot \Delta s = -U \cdot I \cdot \Delta t \Rightarrow B \cdot l \cdot \Delta s = B \cdot A = -U \cdot \Delta t.$
Und daraus folgt das **Induktionsgesetz**

$U = -\Delta\Phi/\Delta t.$

Wenn man ein Metallpendel zwischen den Polen eines Magneten schwingen lässt, dann entstehen in seinem Inneren **Wirbelströme.** Diese elektrischen Ströme werden deshalb so genannt, weil sie wie Wirbel in sich selbst geschlossen sind (Abb. 31.32 a). Sie erzeugen Magnetfelder, die so gerichtet sind, dass sie die Bewegung des Pendels bremsen. Auf dem Prinzip der Wirbelströme beruhen die Bremsen von Zügen und Straßenbahnen, aber auch die Münzprüfung und der Tachometer (**F13**).

| Münzenprüfer und Tachometer |

Bei der **Münzenprüfung** werden zuerst auf einer Halterung (Abb. 31.33 a) Gewicht und elektrischer Widerstand gemessen. Dann rollt die Münze an Magneten vorbei (b) und wird durch **Wirbelströme** gebremst. Die Stärke der Bremsung ist materialabhängig. Wenn die Merkmale nicht zusammenpassen, spuckt der Automat die Münze aus.

Beim **Tachometer** dreht sich ein Permanentmagnet unter einem Speichenrad aus Metall (Abb. 31.34), das an einer Spiralfeder befestigt ist. Durch die Wirbelströme entsteht eine Kraft, die das Rad und den auf ihr montierten Zeiger verdreht. Je schneller das Auto fährt, desto schneller dreht sich der Magnet und desto stärker sind die Wirbelströme. Das vom Speichenrad auf die Spiralfeder ausgeübte Drehmoment steigt an und der Zeigerausschlag wächst.

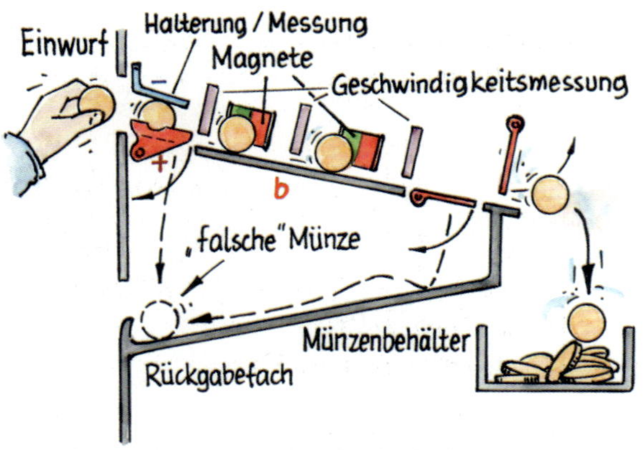

Abb. 31.33: Schematische Darstellung der Münzprüfung. Bei b wird die elektromagnetische Induktion überprüft.

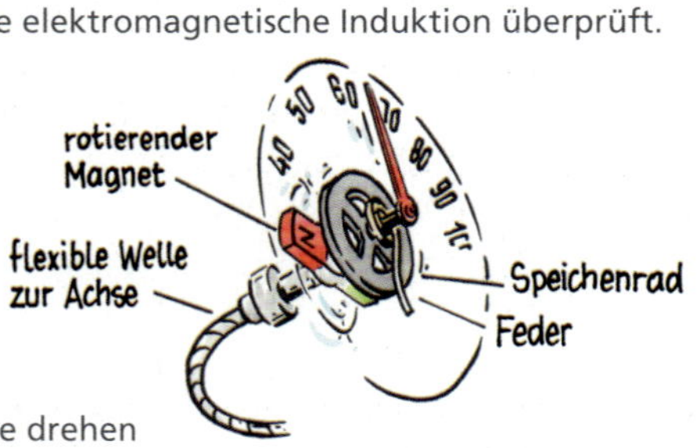

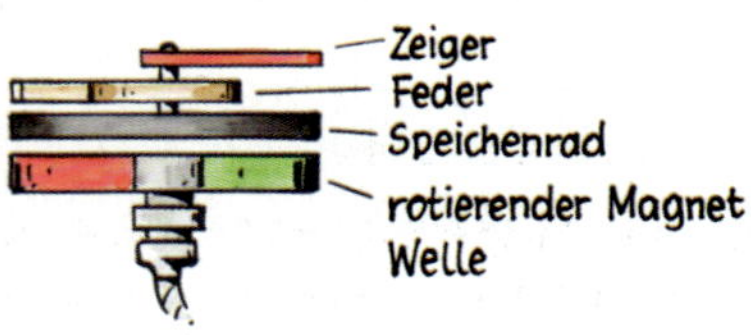

Abb. 31.34: Wirbelströme drehen die Tachonadel. Oben: Ansicht von der Seite; unten: Ansicht von oben.

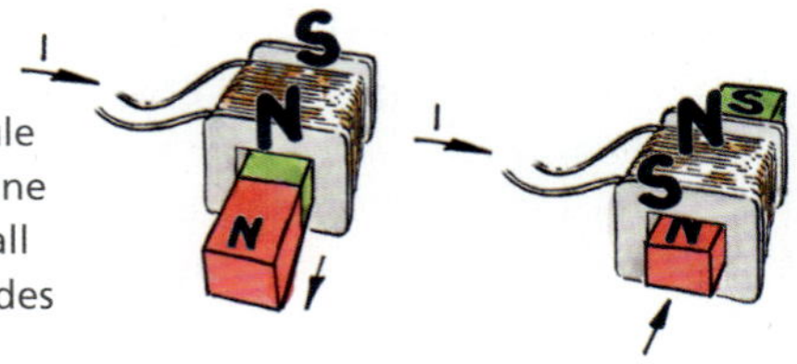

Abb. 31.31: Das induzierte Magnetfeld in der Spule wirkt immer gegen seine Ursachen, in diesem Fall gegen die Bewegung des Stabmagneten.

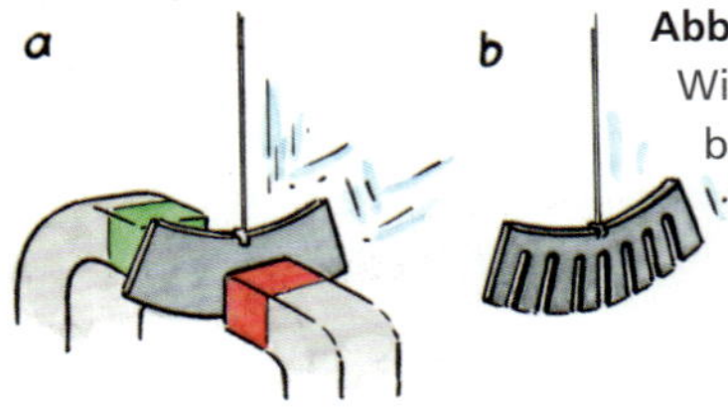

Abb. 31.32: Wirbelströme im Inneren bremsen das Pendel (a). In einem kammartigen Pendel (b) gibt es kaum Wirbelströme und somit auch keine Abbremsung.

Zusammenfassung

Wenn sich in einer Leiterschleife irgendwie der magnetische Fluss verändert, dann wird in ihr eine Spannung induziert. Das induzierte Magnetfeld wirkt seiner Ursache entgegen.

31.6 Das verspätete Lämpchen

Selbstinduktion

Ein- und Ausschalten des Stroms führt zu einem paradoxen Effekt, den man Selbstinduktion nennt. Ohne diesen würde ein Benzinauto nicht fahren.

F14 Die Zündkerzen in einem Ottomotor brauchen mindestens 15.000 V, damit sie Funken erzeugen können. Die Batterie liefert aber nur 12 V. Wie geht das?

F15 Bau eine Schaltung wie in Abb. 31.35 auf. Wie leuchten die beiden Lampen auf, wenn du den Strom einschaltest? Was könnte der Grund dafür sein?

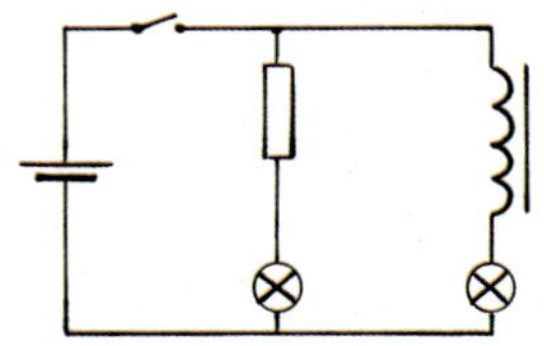

Abb. 31.35: Links ein Ohmscher Widerstand, rechts eine Spule mit Kern.

Wenn man den Strom in der Schaltung schließt (Abb. 31.35), dann passiert etwas Paradoxes. Der plötzliche Stromfluss bedeutet eine Änderung des Magnetfeldes der Spule. Das erzeugt wiederum eine **Induktionsspannung** in der Spule (Kap. 31.5). Nach der Lenz'schen Regel muss diese aber gegen ihre Ursache wirken, also gegen die von außen angelegte Spannung. Diesen Effekt nennt man **Selbstinduktion,** und durch ihn wird das Ansteigen des Stroms gebremst (Abb. 31.36). Daher leuchtet die rechte Lampe verzögert auf (**F15**).

Beim Ausschalten ist die Änderung des Stromflusses noch abrupter und daher auch die Induktionsspannung. Mit Hilfe dieses Effektes kann man sehr hohe Spannungen erzeugen, etwa beim Starter einer Leucht-

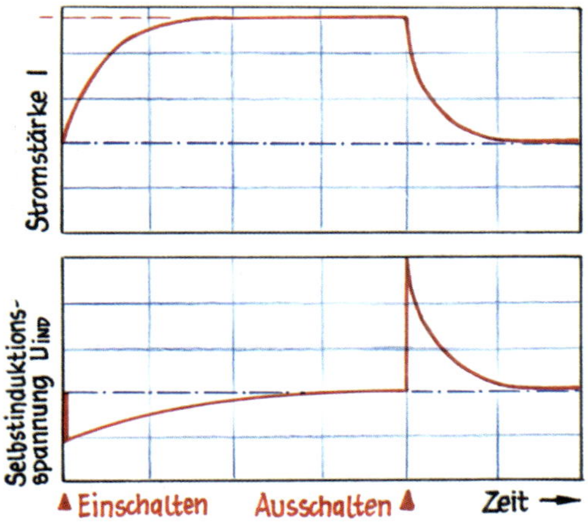

Abb. 31.36: Stromstärke und die Selbstinduktionsspannung in der Spule beim Ein- und Ausschalten des Stroms.

stoffröhre oder für die Zündkerzen im Benzinmotor. Die Selbstinduktionsspannung ist umso größer, je größer die sogenannte Induktivität der Spule ist. **Ähnlich wie die Kapazität das wichtigste Merkmal eines Kondensators ist, ist die Induktivität das wichtigste Merkmal einer Spule.**

▸▸▸ i | Zündspule |
▸▸▸ i | Induktivität |

Formel: Selbstinduktionsspannung

$$U_{ind} = -L \cdot \frac{\Delta I}{\Delta t}$$

U_{ind} .... Induktionsspannung [V]
L ... Induktivität einer Spule [H] (Henry)
I ... Stromstärke [A]
t ... Zeit [s]

| Zündspule |

Wie schafft man es, mit einer Ausgangsspannung von 12 V 15.000 V zu erzeugen (F14)? Mit Hilfe der **Selbstinduktion!** Ein Unterbrecher schließt und öffnet dabei den Stromkreis pausenlos (Abb. 31.37). Beim Ausschalten entstehen sehr hohe Induktionsspannungen, die noch zusätzlich von der als Transformator (Kap. 32.3) wirkenden Zündspule verstärkt werden. Auf diese Weise kann man die Batteriespannung um weit mehr als das 1000fache erhöhen, aber natürlich nur für kurze Funken, nicht im Dauerbetrieb.

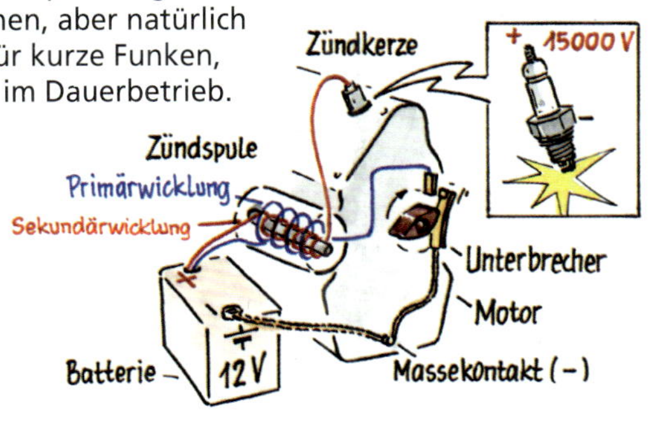

Abb. 31.37: Die Unterbrechung des Stroms führt zu hohen Induktionsspannungen in der Primärwicklung, die in der Sekundärwicklung noch weiter verstärkt werden.

| Induktivität |

Die magnetische Induktion im Inneren einer Spule kann man so berechnen (siehe Infobox Relative Permeabilität, Kap. 31.3):

$$B = \mu_r \cdot \mu_0 \cdot \frac{N \cdot I}{l} \quad \text{Weiters gilt } U_{ind} = -N \cdot \frac{\Delta \Phi}{\Delta t}$$

(siehe Kap. 31.5). Das N in der Gleichung steht für die **Windungszahl einer Spule,** da es ja in jeder einzelnen Wicklung zur selben Induktionsspannung kommt. Aus beiden Gleichungen zusammen ergibt sich dann

$$U_{ind} = -N \cdot \frac{A \Delta B}{\Delta t} = -\frac{\mu_r \cdot \mu_0 \cdot N^2 \cdot A}{l} \frac{\Delta I}{\Delta t}$$

Der Proportionalitätsfaktor $\frac{\mu_r \cdot \mu_0 \cdot N^2 \cdot A}{l}$ wird kurz als **Induktivität L** bezeichnet und hat die **Einheit Henry [H].** Er hängt im Wesentlichen nur vom Aufbau der Spule samt Eisenkern ab und ist für ihre induktiven Eigenschaften kennzeichnend.

Zusammenfassung

Die Größe der Selbstinduktionsspannung einer Spule beim Ein- und Ausschalten wird von ihrer Induktivität bestimmt. Diese ist die wichtigste Eigenschaft einer Spule, vergleichbar mit der Kapazität eines Kondensators.

| Elektrische Ströme und Magnetfelder |

F16 ▸L Es gibt positive und negative elektrische Ladungen, und diese treten auch einzeln auf. Es gibt magnetische Nord- und Südpole. Treten diese ebenfalls einzeln auf?

F17 ▸L Es gibt Verschwörungstheorien, nach denen die Mondlandungen gar nicht stattgefunden haben. Ein Argument ist, dass die Strahlung beim Durchfliegen des Van-Allen-Gürtels die Astronauten töten würde. Stimmt das? Besorge dir Daten aus dem Internet.

F18 ▸L Was versteht man unter einem Induktionsherd?

F19 ▸L Warum wird ein unmagnetisches Stück Eisen von einem Magneten angezogen (siehe Abb. 31.27)?

F20 ▸L Definiere in Worten, wann eine Spule eine Induktivität von 1 H hat.

F21 ▸L Nimm an, es wäre im LHC möglich, Protonen auf solche Energien zu beschleunigen, dass man magnetische Monopole erzeugen kann (siehe Lösung zu F16). Wie groß müsste der Radius des Beschleunigers sein, damit man mit 10 T auskommt?

F22 ▸L Wie funktioniert der Starter einer Leuchtstoffröhre? Stimmt es, dass das Einschalten sehr viel Strom verbraucht?

F23 Die Bundesbahn verwendet ein induktives Sicherungssystem (INDUSI). Besorge dir Information darüber.

F24 Welche Bedeutung hat die Hysterese in Physik und Technik? Informiere dich dazu im Internet.

32 | GRUNDLAGEN DER ELEKTROTECHNIK

| Prolog |
Die grundlegenden Entdeckungen zum Elektromagnetismus, die die Basis für die gesamte Elektrotechnik sind, wurden zwischen 1820 und 1835 gemacht, also in bloß 15 Jahren. Dann dauerte es aber noch fast 50 Jahre, bis **1882** in New York das **erste öffentliche Elektrizitätswerk** in Betrieb ging. Es erzeugte Gleichstrom, und im Zuge dessen entbrannte ein erbitterter Streit zwischen den Wechselstrom- und Gleichstromanhängern. Warum sich letztlich doch der Wechselstrom durchsetzte, wie dieser erzeugt und übertragen wird, darum geht es unter anderem in diesem Kapitel.

32.1 Der Strom kommt aus der Steckdose

Generator und Elektromotor

Generatoren beeinflussen unser Leben enorm, denn ohne diese käme kein Strom aus der Steckdose.

?

F1 Was versteht man unter elektromagnetischer Induktion und dem magnetischen Fluss? Lies nach in Kap. 31.4f!

F2 Es ist dir bekannt, dass in den Laufkraftwerken der Donau elektrischer Strom erzeugt wird (Abb. 32.1). Gut, aber wie funktioniert das im Detail?

Abb. 32.1: Das Kraftwerk bei Ybbs-Persenbeug.

F3 In jedem Auto gibt es eine so genannte Lichtmaschine. Wofür ist diese zuständig?

F4 Überlege, wo überall im Alltag Elektromotoren verwendet werden.

F5 Mit einer Lok vom Typ Taurus III (Abb. 32.2) stellte die ÖBB 2006 mit 357 km/h (!) einen neuen Weltrekord auf. Was denkst du, wie viel kW Leistung der Elektromotor dieser Lok hat? Zum Vergleich: Ein Smart hat 37 kW und ein F1-Bolide etwa 600 kW (Stand 2010).

Abb. 32.2

Das Prinzip eines Generators ist einfach erklärt: Er wandelt mechanische in elektrische Energie um. Aber wie funktioniert das im Detail? Man nutzt die Induktion aus. Dazu muss man den magnetischen Fluss in einer Leiterschleife oder Spule irgendwie ändern (F1). Das kann man erreichen, indem man einen Magneten in der Spule hin und her schiebt (Abb. 31.31) oder die Flä-

i

| Wechselstrom |

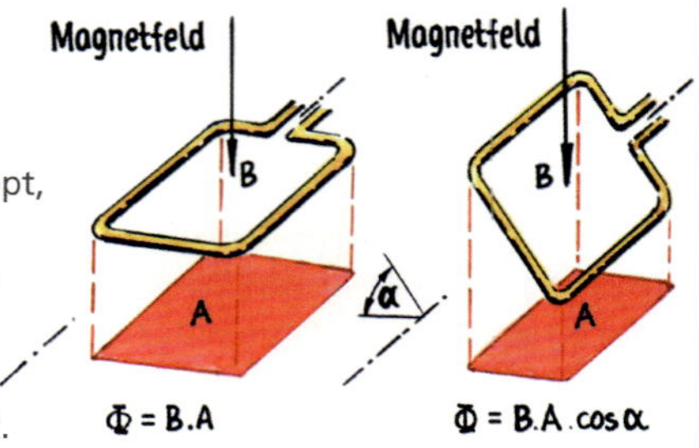

Abb. 32.4: Wenn man die Leiterschleife kippt, verringert sich der magnetische Fluss, weil sich die „effektive" Fläche verringert. Man kann sich diese als „Schattenfläche" vorstellen.

Der magnetische Fluss durch eine Leiterschleife ist $\Phi = B \cdot A$ (Kap. 31.5). Das gilt aber nur, wenn das Magnetfeld senkrecht zur Leiterschleife steht. Für einen beliebigen Winkel α gilt $\Phi = B \cdot A \cdot \cos\alpha$ (siehe Abb. 32.4).

Weil sich die Leiterschleife kontinuierlich dreht, gilt weiters $\alpha = \omega \cdot t$ (ω ist die Winkelgeschwindigkeit; siehe Kap. 11.1, „Big Bang 5"). Das kann man nun in das Induktionsgesetzt (Kap. 31.5) einsetzen. Um die Induktionsspannung ausrechnen zu können, müssen wir aber diesem Fall den Differenzialquotienten nehmen:

$$U_{ind} = -\frac{d\phi}{dt} = -BA\frac{d(\cos\omega t)}{dt} = BA\omega \sin\omega t = U_m \sin\omega t$$

Da die Sinusfunktion maximal den Wert 1 annehmen kann, ergibt sich für die Induktionsspannung der Maximalwert $BA\omega$. Man nennt diesen auch Scheitelspannung (= maximale Spannung) und bezeichnet diese mit U_m. Der Zusammenhang zwischen dem magnetischen Fluss und der Spannung ist in Abb. 32.5 dargestellt. Da die Induktionsspannung die erste Ableitung des magnetischen Flusses nach der Zeit ist, entspricht sie der Steigung der Φ-Funktion und ist daher bei $\alpha = 0°$ und $\alpha = 180°$ null.

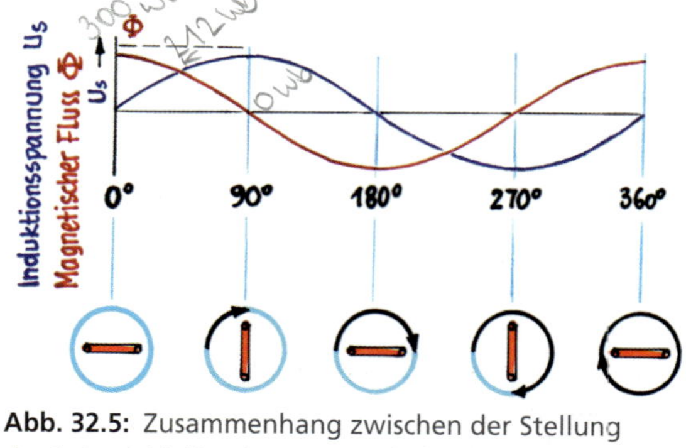

Abb. 32.5: Zusammenhang zwischen der Stellung der Leiterschleife, dem magnetischen Fluss Φ und der Induktionsspannung U_{ind}. Auch wenn sie hier gleich hoch eingezeichnet sind: Φ und U_{ind} haben natürlich völlig verschiedene Einheiten und Werte.

che einer Leiterschleife verändert (Abb. 31.30). Das ist natürlich nicht sehr praktikabel. Man ist aber auf die geniale Idee gekommen, eine **Leiterschleife rotieren** zu lassen, denn auch dabei ändert sich der magnetische Fluss. Abb. 32.3 zeigt das Prinzip eines solchen Generators, mit dem man auf elegante Weise Wechselstrom erzeugen kann. Jeder konventionelle Generator arbeitet nach diesem Prinzip.

››› **i** | **Wechselstrom** |

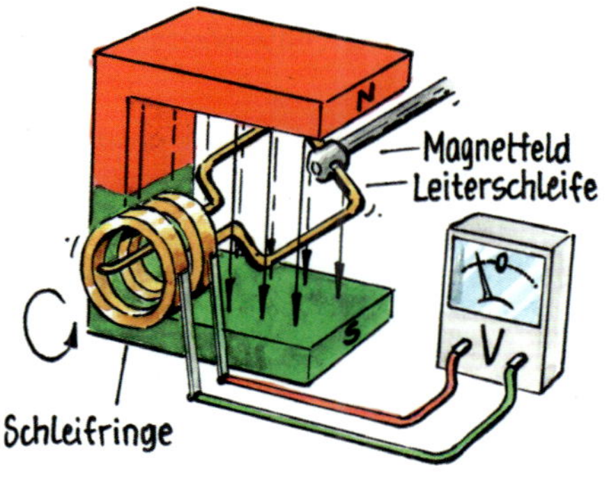

Abb. 32.3: Modell eines einfachen Generators: Die rotierende Schleife erzeugt Induktionsspannung und Induktionsstrom, die über zwei Schleifringe abgenommen werden.

In der Praxis verwendet man allerdings nicht eine rotierende Leiterschleife, sondern eine **Spule.** In jeder einzelnen Wicklung entsteht ja dieselbe Induktionsspannung. Wenn du also eine Spule mit 1000 Wicklungen verwendest, wird auch die Spannung vertausendfacht. Nach diesem Prinzip funktionieren der Dynamo eines Fahrrades oder die Lichtmaschine eines Autos.

››› **i** | **Lichtmaschine und Dynamo** |

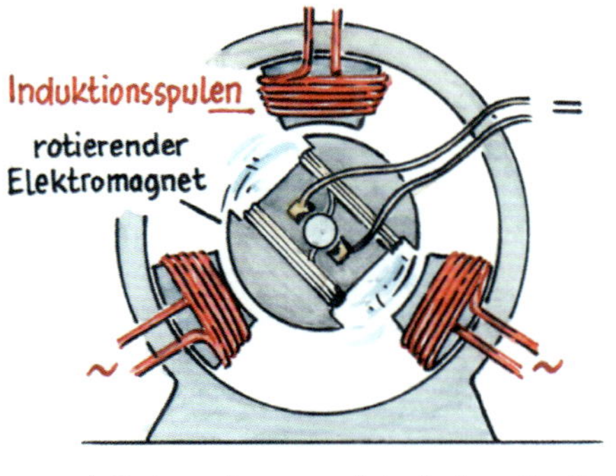

Abb. 32.7: Modell eines **dynamo-elektrischen Großgenerators.** Im Gegensatz zu Abb. 32.3 rotiert hier der Magnet. Dieser wird mit dem Strom versorgt, den der Generator selbst erzeugt. Dazu muss der Wechselstrom allerdings vorher gleichgerichtet, also in Gleichstrom umgewandelt werden.

Es gibt aber noch einen zweiten Trick. Statt Permanentmagneten, die nur ein relativ schwaches Magnetfeld erzeugen, verwendet man bei Hochleistungsgeneratoren **Elektromagnete** (Abb. 32.7). Der Clou an der Sache: Diese kann man mit dem Strom speisen, den der Generator selbst erzeugt. Das nennt man das **dynamo-elektrische Prinzip,** und diese Erfindung wird Werner von Siemens zugeschrieben. Erst damit war der Einsatz

i

| Lichtmaschine und Dynamo |

Der **Dynamo** eines Fahrrades ist ein kleiner Generator (Abb. 32.6). Laut Gesetz muss er 6 Volt und 3 Watt erzeugen können. Diese 3 Watt gehen natürlich für die Fortbewegung verloren – das Fahren wird ein klein wenig anstrengender. Der Ausdruck Dynamo ist physikalisch gesehen falsch, weil der Fahrrad-Generator nicht nach dem dynamo-elektrischen Prinzip arbeitet (siehe Haupttext).

Auch die **Lichtmaschine** eines Autos ist ein Generator. Sie wird vom Motor betrieben und liefert Strom zum Aufladen der Autobatterie (F3). Bei niedrigen Drehzahlen und hohem Stromverbrauch (z. B. bei Betrieb von Licht und Heckscheibenheizung) kann es sein, dass die Leistung der Lichtmaschine nicht ausreicht. Die Differenz wird dann der Batterie entnommen. Die Lichtmaschine erzeugt Wechselstrom. Zum Aufladen der Batterie braucht man aber Gleichstrom. Der Wechselstrom muss daher gleichgerichtet werden (siehe Haupttext).

Abb. 32.6: Beim Dynamo rotiert ein Permanentmagnet über einer Spule. Der Kern der Spule besteht aus einem Stahlblech. Er ist an den Enden umgebogen und verläuft an der Außenseite des Magneten.

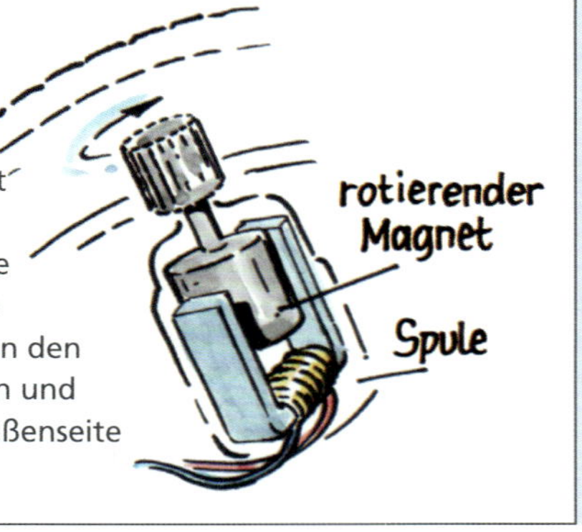

von leistungsfähigen und wirtschaftlichen Großgeneratoren möglich, mit denen man ganze Städte mit Strom versorgen kann. So befinden sich etwa in den **Laufkraftwerken** der Donau Generatoren, die Leistungen von vielen Millionen Watt aufbringen können.

››› **i** | **2000 Badewannen pro Sekunde | Seite 68**

In manchen Fällen benötigt man aber **Gleichstrom,** etwa um den Elektromagneten eines Generators zu versorgen (Abb. 32.7) oder um eine Autobatterie aufzuladen. Wie schafft man es aber, von Wechselstrom auf Gleichstrom zu kommen? Zum Beispiel mit **Halbleiter-Dioden.** Diese lassen den Strom nur in eine Richtung durch. Mit Hilfe einer speziellen Schaltung kann man aus Wechselstrom einen „pulsierenden" Gleichstrom erzeugen (Abb. 32.10). Wenn man mehrere solcher Ströme über-

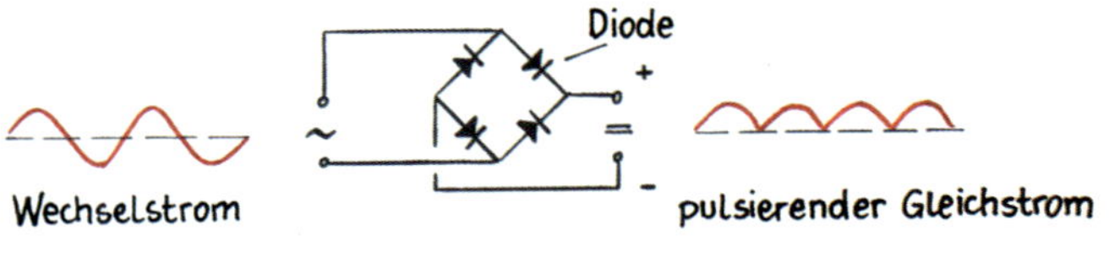

Abb. 32.10: Mit einer solchen Schaltung aus 4 Dioden kann man einen „pulsierenden" Gleichstrom erzeugen. Die Pfeile der Schaltsymbole zeigen die technische Stromrichtung an.

lagert, kann man eine noch bessere Glättung erreichen (siehe Kap. 32.4).

▸▸▸ i | Elektrisches Ventil |

Elektromotoren sind so sehr in deinen Alltag integriert, dass du sie nicht bewusst wahrnimmst. Du findest sie im CD-Player, in Straßenbahn und U-Bahn, in der elektrischen Zahnbürste, beim Drehteller der Mikrowelle, im Bohrer, in der Elektrosäge, im Mixer, im Staubsauger, im Aufzug, oder bei Starter und Scheibenwischer eines Autos, um einige Beispiele zu nennen (F4). Das **Prinzip eines Elektromotors** ist immer dasselbe: **Er wandelt elektrische in mechanische Energie um.** Er ist somit die exakte Umkehrung eines Generators.

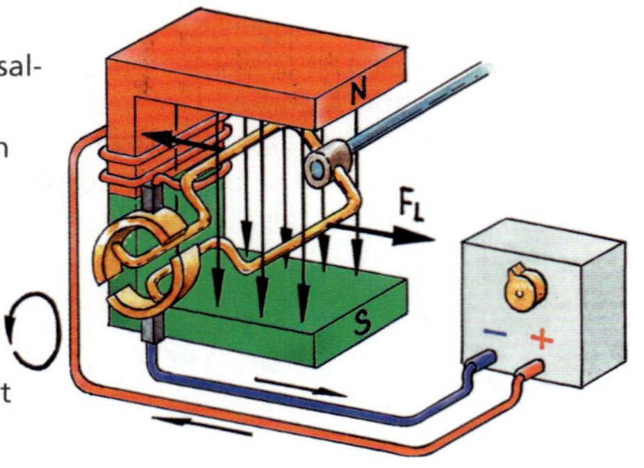

Abb. 32.11: Modell eines Universalmotors nach dem dynamo-elektrischen Prinzip. Die schwarzen Pfeile zeigen die Richtung der Lorentzkraft an (überprüfe!). Dieser Motor läuft auch mit Wechselstrom.

| 2000 Badewannen pro Sekunde |

Auch in den **Laufkraftwerken der Donau** befinden sich Generatoren, die von Turbinen angetrieben werden (Abb. 32.8; F2). Welche Leistung diese erzeugen, kann man einfach abschätzen. Man muss dazu wissen, dass die **Durchflussmenge** pro Turbine 350 m^3/s beträgt. Das entspricht $3{,}5 \cdot 10^5$ kg oder dem Inhalt von 2000 vollen Badewannen (175 l) pro Sekunde! Der **Höhenunterschied** liegt bei 10,9 m. Leistung ist Arbeit pro Zeit. In diesem Fall wird Hebearbeit frei, daher gilt:

$$P = \frac{mgh}{t} = \frac{3{,}4 \cdot 10^5 \cdot 9{,}81 \cdot 10{,}9}{1}\ \mathrm{W} = 37{,}4 \cdot 10^6\ \mathrm{W}$$

Wenn man in Summe Leistungsverluste von 10 % annimmt, dann kommt man auf eine Leistung von $33{,}7 \cdot 10^6$ W, also rund 34 Millionen Watt pro Turbine!! Unglaublich! Das Kraftwerk hat übrigens 7 Generatoren (davon einen noch stärkeren), und liefert in Summe etwa 240 Millionen Watt! Damit kann man 2,4 Millionen 100-W-Glühbirnen betreiben oder etwa 350.000 Haushalte mit Strom versorgen.

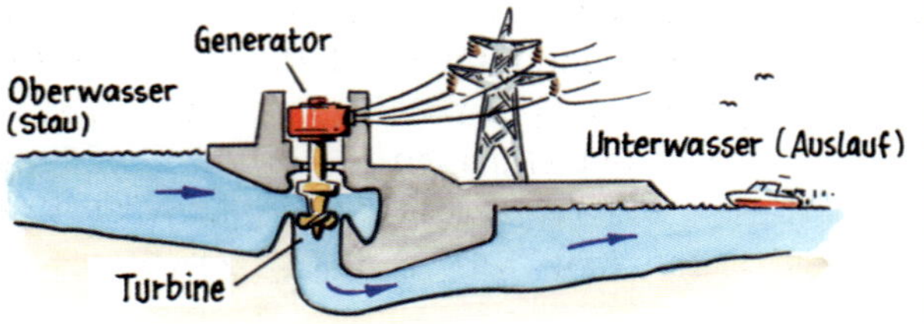

Abb. 32.8: Das Donauwasser betreibt Turbinen, die wiederum mit Generatoren verbunden sind. Die Achsen der Generatoren stehen senkrecht.

| Elektrisches Ventil |

Eine **Halbleiter-Diode** besteht aus p- und n-dotiertem Silizium (siehe Kap. 37.4). Beide Schichten sind elektrisch neutral, aber in der n-Schicht gibt es einen Überschuss an freien Elektronen und in der p-Schicht einen Mangel (= „Elektronenlöcher"). Bei Kontakt kombinieren sich an der **Grenzschicht** Elektronen und Elektronenlöcher und es entsteht eine Zone ohne frei bewegliche Ladungen (grau). Durch die Verschiebung der Elektronen erhält nun aber der p-Bereich eine negative und der n-Bereich eine positive Raumladung (Abb. 32.9 a).

Wenn man nun an der p-Schicht eine positive und an der n-Schicht eine negative Spannung anlegt (b), werden links die Elektronenlöcher in den negativen Bereich geschoben und rechts die Elektronen in den positiven. Die Zone ohne freie Ladungsträger verkleinert sich, die Diode lässt Strom durch. Wenn man die Spannung umgekehrt anlegt (c), dann verbreitert sich die Zone, und die Halbleiter-Diode sperrt den Strom. Sie wirkt daher wie ein **elektrisches Ventil.**

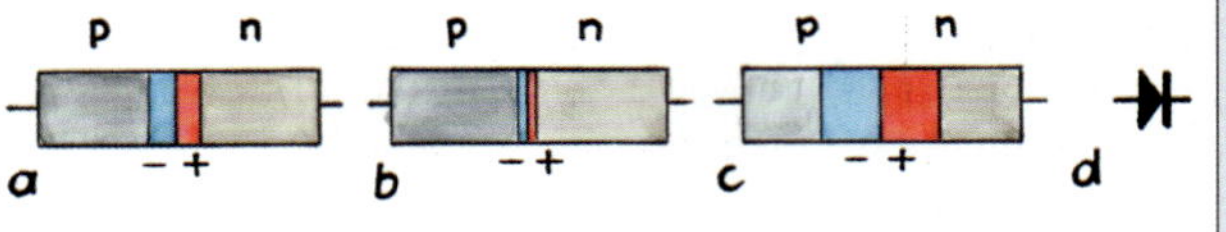

Abb. 32.9: Eine Halbleiterdiode ohne angelegte Spannung (a), bei Polung in Durchlassrichtung (b) und in Sperrrichtung (c). Der Pfeil des Schaltsymbols (d) zeigt in die mögliche (technische) Stromrichtung.

Obwohl das Prinzip immer gleich ist, gibt es eine verwirrende Vielzahl von Bauformen. Abb. 32.11 zeigt einen **Universalmotor,** der mit Gleich- und Wechselstrom betrieben werden kann. Das wird durch den geteilten Schleifring möglich, den man **Stromwender** oder Kommutator nennt. Dadurch erfolgt nach jeder halben Drehung eine Umpolung, und die Bewegungsrichtung bleibt gleich. Würde man die Leiterschleife zum Rotieren bringen, dann wirkt dieser Motor wie ein Generator (der pulsierenden Gleichstrom erzeugt). Das zeigt sehr schön, dass Elektromotor und Generator ein umgekehrtes Funktionsprinzip aufweisen. Abb. 32.12 zeigt den **einfachsten Elektromotor der Welt.** Er hat zwar keine praktische Bedeutung, aber man sieht direkt das Prinzip der Energieumwandlung.

Abb. 32.12: Der einfachste Elektromotor der Welt besteht nur aus einer Batterie, einer Eisenschraube (sie ist quasi die Leiterschleife), einem Supermagneten und einem Stück Draht.

Die **Leistung** von Elektromotoren kann extrem unterschiedlich sein, vom Motor einer Spielzeug-Lok mit einigen wenigen Watt bis zu dem einer Taurus-Lok mit sagenhaften 6,4 Millionen Watt (**F5**). Ihre Leistung entspricht der von etwa 10 F1-Boliden oder 170 Smarts. Im Straßenverkehr werden Elektromotoren in Zukunft hoffentlich eine größere Rolle spielen, etwa bei den umweltschonenden Hybridautos.

▸▸▸ **i** | **Hybridauto** |

i

| Hybridauto |

Hybrid bedeutet gemischt. Ein **Hybridauto** wird nämlich von einem **Benzin-** und einem **Elektromotor** betrieben (Abb. 32.13). Beim Anfahren und im tiefen Drehzahlbereich arbeitet hauptsächlich der Elektromotor, weil sein Drehmoment nicht von der Drehzahl abhängt. Bei hohen Drehzahlen läuft der Benzinmotor, weil er dann wenig Sprit braucht. Beim starken Beschleunigen arbeiten beide zusammen. Beim Bremsen und Bergabfahren wirkt der Elektromotor wie ein Generator und lädt die Batterien auf. Das nennt man **regeneratives Bremsen.** Durch all diese Maßnahmen kann man den Benzinverbrauch sehr stark reduzieren.

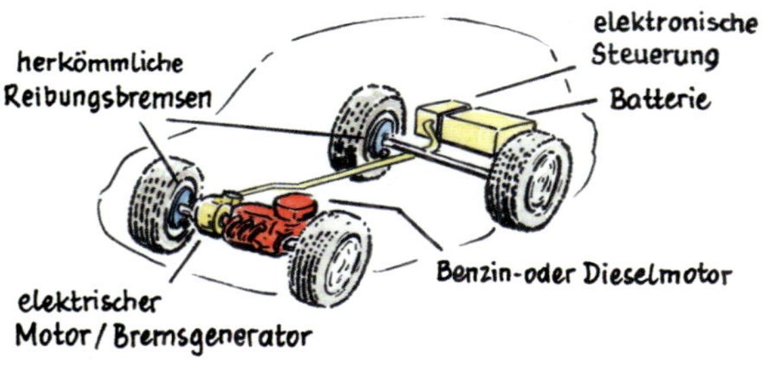

Abb. 32.13: Schematischer Aufbau eines Hybridautos.

Zusammenfassung

Ein Generator wandelt mechanische in elektrische Energie um, indem eine Spule im Magnetfeld rotiert oder ein Magnet in der Nähe von Spulen. Ein Elektromotor wandelt elektrische Energie in mechanische um, indem man durch eine Spule im Magnetfeld Strom schickt. Wenn man Elektromagnete verwendet, spricht man vom dynamo-elektrischen Prinzip.

32.2 Zitternde Elektronen

Die Leistung des Wechselstroms

Die Leistung des Gleichstroms lässt sich einfach berechnen. Beim Wechselstrom ist es komplizierter, vor allem dann, wenn sich auch Spulen und Kondensatoren im Stromkreis befinden.

?

F6 Was versteht man unter Kapazität und Induktivität? Lies nach in Kap. 30.6 bzw. 31.6. Was versteht man unter dem Ohm'schen Widerstand? Wie berechnet man die Leistung des Gleichstroms? Lies nach in Kap. 24.4 und 24.6, „Big Bang 6"!

F7 Wenn du die maximale Spannung messen könntest, die zu einer x-beliebigen Zeit in der Steckdose herrscht (also z. B. gerade jetzt), würdest du feststellen, dass diese a) 230 V oder b) 325 V beträgt! Kannst du deine Antwort begründen?

F8 Was denkst du, wie viele Elektronen jährlich ungefähr durch Österreichs Haushalte fließen: a) 10^{20}, b) 10^{30}, c) 10^{40}, d) noch viel viel mehr, e) gar keine.

F9 Manche Plattenspieler haben am Rand seltsame senkrechte Striche (Abb. 32.14), mit deren Hilfe man die exakte Drehzahl einstellen kann. Wie funktioniert das genau?

Abb. 32.14: Am Rand des Plattentellers befinden sich zwei Reihen von Strichen, um die Drehzahl richtig einzustellen.

F10 Abb. 32.15 zeigt das Typenschild eines Elektromotors. Was bedeuten die markierten Anzeigen?

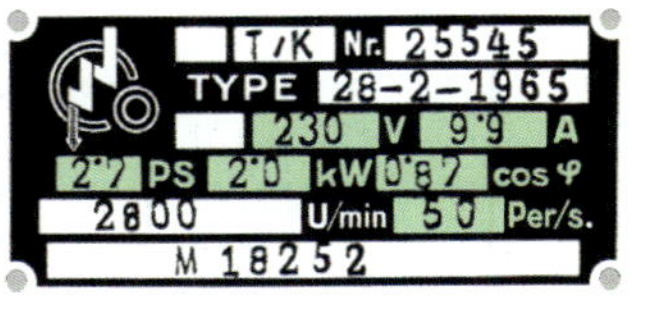

Abb. 32.15: Das Typenschild eines Elektromotors.

Wie viele Elektronen fließen jährlich durch Österreichs Haushalte (**F8**)? Gar keine, weil es sich um Wechselstrom handelt. Er hat eine Frequenz von 50 Hz, das macht also 50 Perioden pro Sekunde (siehe Typenschild Abb. 32.15 und Abb. 32.16). Die Elektronen ändern somit 100-mal pro Sekunde die Richtung. Wechselstrom fließt nicht, er zittert, und er hat einige Überraschungen parat.

Fangen wir mit dem **einfachsten Fall** an, nämlich dem, dass sich im Wechselstromkreis ein **Ohm'scher Widerstand** (siehe Kap. 24.4, „Big Bang 6") befindet, also zum Beispiel eine Glühlampe. Nach dem Ohm'schen Gesetz sind Spannung und Stromstärke proportional ($U = I \cdot R$ und daher $U \sim I$). Der Verlauf sieht dann also so aus wie in Abb. 32.16.

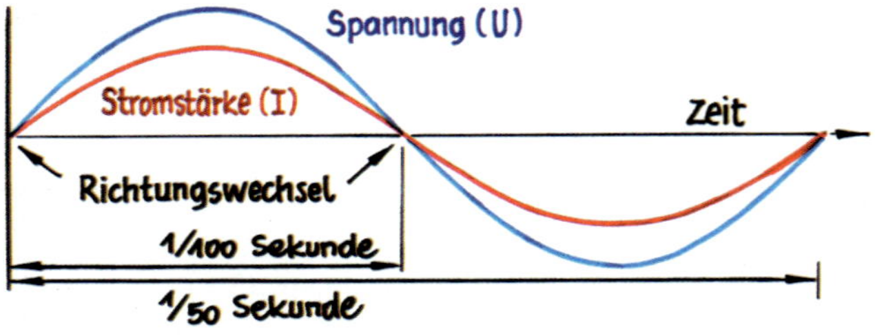

Abb. 32.16: Wechselstrom hat eine Frequenz von 50 Hz, durchläuft also eine Periode in 1/50 Sekunde bzw. wechselt jede 1/100 Sekunde die Richtung.

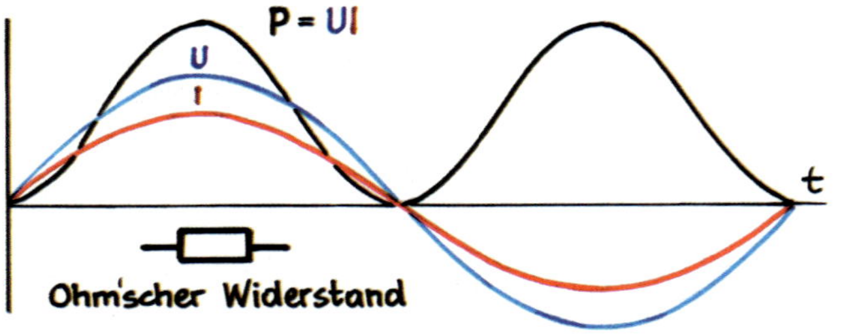

Abb. 32.17: Die Leistung „pulsiert" 100-mal pro Sekunde.

Die **Stromleistung** in jedem Augenblick berechnet sich aus Stromstärke mal Spannung und schwankt daher ebenfalls. 100-mal pro Sekunde steigt sie auf einen Spitzenwert und sinkt wieder auf null ab (Abb. 32.17). Deshalb sendet zum Beispiel eine Glühbirne nicht gleichmäßiges Licht aus, sondern sie „flackert" mit einer Frequenz von 100 Hz. Unsere Augen sind viel zu träge dafür. Man kann aber unter bestimmten Bedingungen ein Lämpchen als Stroboskop verwenden. Beim Plattenspieler etwa werden die Striche auf der Seite angeleuchtet. Wenn die Drehzahl stimmt, scheinen sie still zu stehen, sonst wandern sie nach links oder rechts (F9).

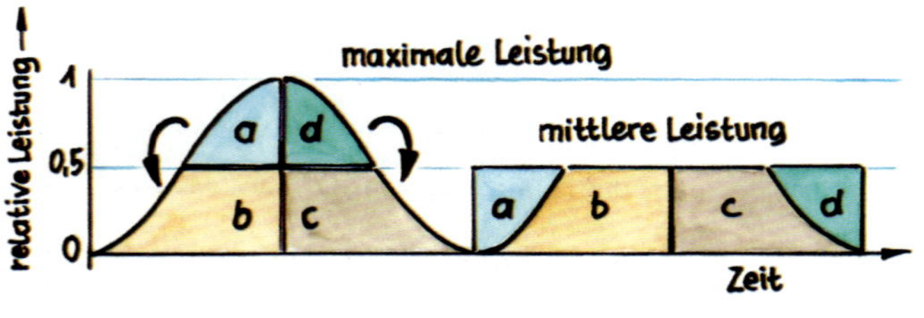

Abb. 32.18: Grafische Ermittlung der mittleren Leistung.

Nun ist man aber an der **„mittleren" Leistung** interessiert. Wie groß die ist, kann man auf grafischem Weg sehr einsichtig zeigen (Abb. 32.18). Dazu muss man den „Leistungshügel" der Länge und Höhe nach halbieren. Man kann dann die oberen Teile so neben die unteren legen, dass sich ein Rechteck ergibt. Die mittlere Leistung ist also genau halb so groß wie die maximale. Wenn es also heißt, dass eine Glühbirne 100 W hat, dann gilt das im Schnitt, aber die Leistung schwankt ständig zwischen 0 und 200 W hin und her.

Formel: Leistung des Wechselstroms

$$\bar{P} = \frac{P_m}{2} = \frac{U_m I_m}{2} = \frac{U_m}{\sqrt{2}} \frac{I_m}{\sqrt{2}} = U_{eff}\, I_{eff}$$

$$U_m = U_{eff}\sqrt{2} \text{ und } I_m = I_{eff}\sqrt{2}$$

P_m, $\bar{P}$ ... maximale Leistung und mittlere Leistung [W]
U_m, U_{eff} ... maximale und effektive Spannung [V]
I_m, I_{eff} ... maximale und effektive Stromstärke [A]

Es treten bei der Berechnung der Wechselstromleistung zwei neue Größen auf, nämlich **effektive Spannung und effektive Stromstärke.** Du kennst sie im Prinzip aus dem Alltag, aber nicht unter dieser Bezeichnung. Man sagt etwa, die Spannung in der Steckdose beträgt 230 V. Das ist der Effektivwert. Tatsächlich schwankt sie zwischen rund ±325 V hin und her (F7). Auch bei der Stromstärke gibt man immer Effektivwerte an. Wenn man sagt, dass durch ein Gerät 10 A fließen, dann schwankt die Stromstärke tatsächlich zwischen rund ±14 A hin und her (Abb. 32.19).

Man kann es so formulieren. **Eine Wechselspannung von ±325 V ist gleich effektiv wie eine Gleichspannung von 230 V.** In beiden Fällen würde eine Birne gleich hell leuchten. **Ein Wechselstrom von ±14 A ist gleich effektiv wie ein Gleichstrom mit 10 A.** Deshalb macht man sich das Leben leichter und gibt gleich die Effektivwerte an. Elektrische Messgeräte zeigen normalerweise diese an und nicht Maximal- oder Momentanwerte (Abb. 32.20). Die Maximalwerte sind immer $\sqrt{2}$-mal so groß wie die Effektivwerte (also etwa 1,4-mal).

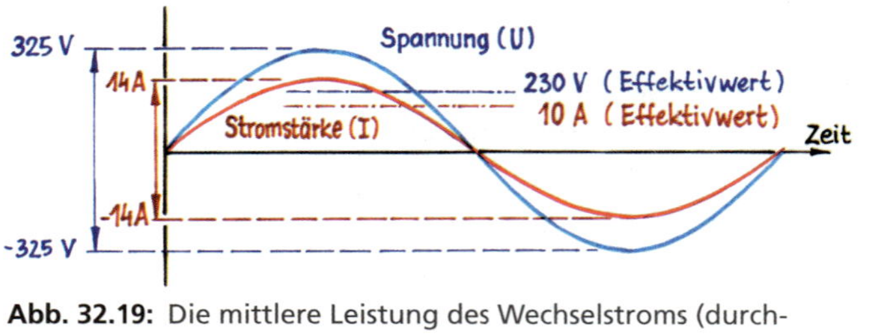

Abb. 32.19: Die mittlere Leistung des Wechselstroms (durchgezogene Linien) entspricht der Leistung eines Gleichstroms mit den Effektivwerten (strichliert).

Abb. 32.20: Elektrische Messgeräte zeigen meist die Effektivwerte an, hier etwa die Spannung in der Steckdose.

Wie sieht es nun aus, wenn man Spule oder Kondensator in den Stromkreis bringt? Gehen wir vereinfacht davon aus, dass diese keinerlei Ohm'sche Widerstände verursachen. **Bei einer Spule hinkt der Strom immer eine Viertelperiode hinter der Spannung nach** (Abb. 32.21). Das liegt an der Selbstinduktion, die den Strom verzögert zum Fließen bringt (Kap. 31.6). Der **induktive Widerstand** ist proportional zur Frequenz des Wechselstroms und zur Induktivität der Spule (zur Herleitung der Gleichung siehe F19 am Ende des Kapitels).

Formel: Induktiver Widerstand

$R_L = \omega L$

R_L … induktiver Widerstand [Ω]
ω … Kreisfrequenz (=$2\pi f$) [s^{-1}]
L … Induktivität der Spule [H]

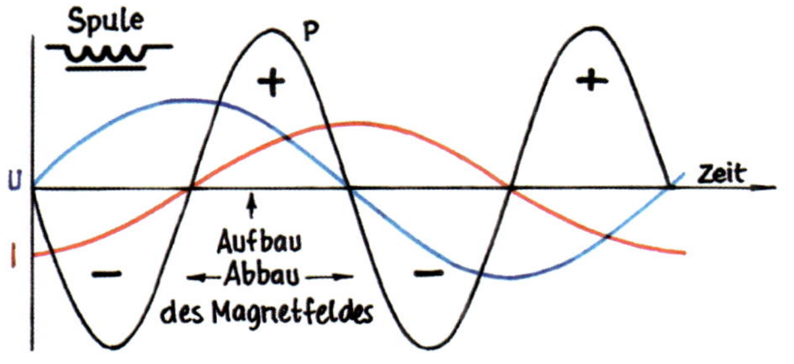

Abb. 32.21: Bei einem **induktiven Widerstand** hinkt der Strom der Spannung nach. Die Leistung, die zum Aufbau des Magnetfeldes nötig ist, bekommt man in der nächsten Phase wieder zurück.

Beim Kondensator eilt der Strom der Spannung um eine Viertelperiode voraus (Abb. 32.22). Das liegt daran, dass erst mit zunehmender Ladung des Kondensators in diesem eine Spannung aufgebaut werden kann, und dazu ist ein vorheriger Stromfluss notwendig. Der **kapazitive Widerstand** ist indirekt proportional zur Frequenz des Wechselstroms und zur Kapazität des Kondensators (zur Herleitung der Gleichung siehe **F19** am Ende des Kapitels).

Formel: Kapazitiver Widerstand

$R_C = 1/\omega C$

R_C … kapazitiver Widerstand [Ω]
ω … Kreisfrequenz (=$2\pi f$) [s^{-1}]
C … Kapazität der Kondensators [F]

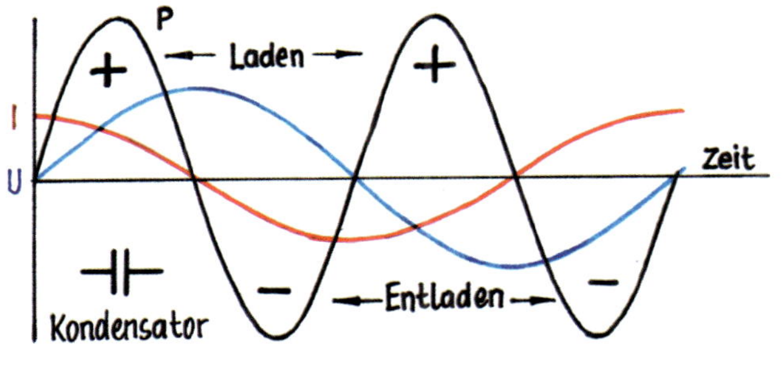

Abb. 32.22: Bei einem **kapazitiven Widerstand** eilt der Strom der Spannung voraus. Die Leistung, die zum Laden nötig ist, bekommt man beim Entladen wieder zurück.

In beiden Fällen (Abb. 32.21 f.) ist die mittlere Leistung null, weil sich die positiven und negativen Flächen aufheben. Man spricht im Zusammenhang mit Spule und Kondensator daher auch von **Blindwiderständen** und **Blindleistung.** Würde man einen Riesenkondensator ans Netz hängen, würde das kein Geld kosten, aber trotzdem das Netz in der Ladephase belasten. Deshalb sollte man das auch nicht tun – man hat sowieso nichts davon. Im realen Fall stellen die angeschlossenen Geräte immer eine Mischung von allen drei Widerständen dar.

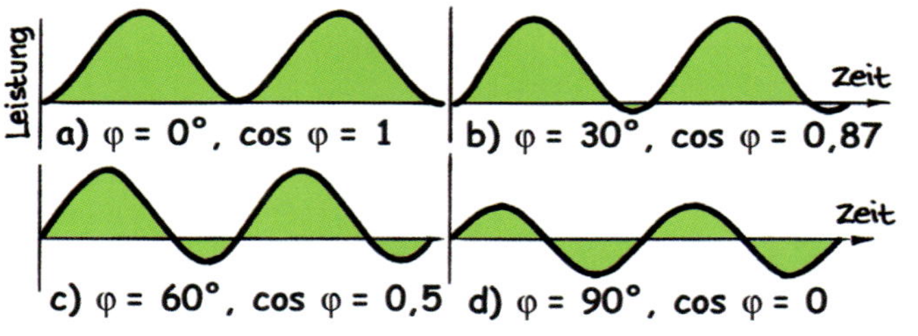

Abb. 32.23: Zusammenfassender Überblick von möglichen Verläufen der Leistungskurve. a) Reiner Ohm'scher Widerstand, d) reiner Blindwiderstand, b+c) Mischung.

Die **Wirkleistung,** die zur Erzeugung anderen Energieformen genutzt werden kann und die man letztlich über die Stromrechnung bezahlen muss, hängt von der **Phasenverschiebung** zwischen Spannung und Stromstärke ab (Abb. 32.23). Darunter versteht man, dass deren Nulldurchgang nicht zur selben Zeit erfolgt. Die nicht genutzte Leistung geht beim Aufbau der elektrischen und magnetischen Felder verloren (zur Herleitung der Gleichung siehe **F19** am Ende des Kapitels).

››› i | **Glühwendelspule** |
››› i | **Elektromotor | Seite 72**

i

| Glühwendelspule |

Die Wendel einer Glühbirne ist genau betrachtet eine Spule und hat daher auch einen induktiven Widerstand. Wir groß ist dieser? Führen wir eine Schätzung durch.

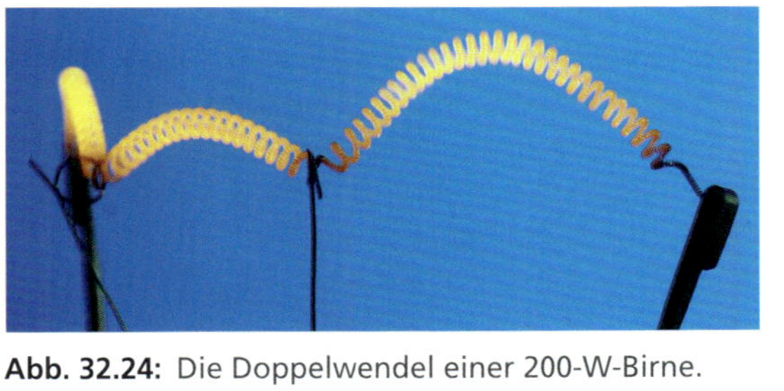

Abb. 32.24: Die Doppelwendel einer 200-W-Birne. Sie hat 90 große Windungen (die kleinen Windungen vernachlässigen wir).

Wir nehmen zunächst an, dass die Glühlampe (200 W) ein rein **Ohm'scher Widerstand** ist. Es gilt dann $U_{eff} = I_{eff} \cdot R$ und $P = U_{eff} \cdot I_{eff}$ und somit ergeben sich für R rund 265 Ω. Jetzt rechnen wir R_L aus. Wir nehmen an, dass die Wendel 3 cm lang ist und einen Radius von 0,1 mm hat. Die Induktivität (Kap. 31.6) der Spule ist daher $L = (\mu_0 \cdot N^2 \cdot A)/l \approx 10^{-8}$ H und der induktive Widerstand (ωl) somit $3{,}3 \cdot 10^{-6}$ Ω.

Das ist rund um einen Faktor 10^8 kleiner als R und daher absolut zu vernachlässigen. Der Leistungsverlauf würde daher so aussehen wie in Abb. 32.17. Heizspulen, wie sie auch in Herd, Bügeleisen oder Wasserkocher zu finden sind, sind also praktisch reine Ohm'sche Widerstände.

Formel: Wirkleistung

$P = U_{eff}\, I_{eff} \cos\varphi$

P... Wirkleistung bei einer Mischung von Ohm'schen, kapazitiven und induktiven Widerständen [W]
U_{eff} ... effektive Spannung [V]
I_{eff} ... effektive Stromstärke [A]
φ ... Phasenwinkel zwischen U und I
$\cos\varphi$ ... Leistungsfaktor

i

| Elektromotor |

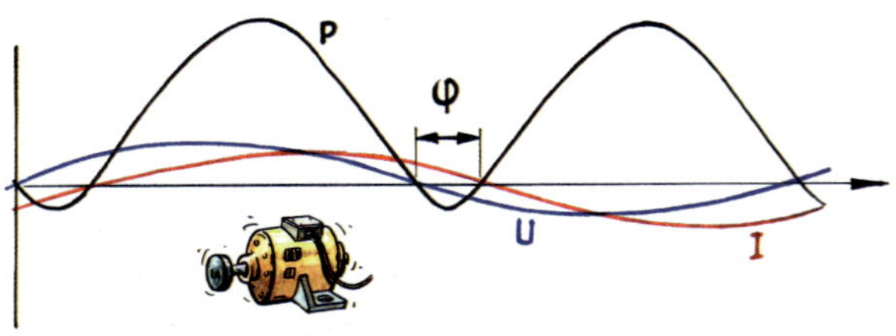

Abb. 32.25 Leistungskurve eines Motors mit Leistungsfaktor von 0,87.

Das Typenschild des Elektromotors in **F10** zeigt einen Leistungsfaktor von 0,87. Der Motor hat ja Spulen und somit induktive Widerstände. Dadurch können in diesem konkreten Beispiel 13 % der möglichen Leistung nicht genutzt werden (Abb. 32.25). Der Rest geht für den Aufbau des Magnetfeldes verloren. Die Phasenverschiebung zwischen Spannung und Stromstärke beträgt $\varphi = \arccos(0{,}87) = 29{,}5\,°$.

Zusammenfassung

Im Wechselstromkreis schwanken Spannung und Stromstärke sinusförmig. Somit pulsiert auch die Leistung. Der Einfachheit halber gibt man aber die Effektivwerte an. Die Wirkleistung eines Geräts ist immer dann verringert, wenn die induktiven und kapazitiven Widerstände zu einer Phasenverschiebung zwischen U und I führen.

32.3 Der Sieg des Wechselstroms

Der Transformator

Hier erfährst du, warum sich bei der Energieversorgung der Wechselstrom durchgesetzt hat und wie dieser über weite Strecken übertragen wird.

▸▸▸ ? **| Fragenbox |**

Wann leuchtet die Lampe in Abb. 32.26? Immer nur in dem Augenblick, wenn der Schalter gerade geöffnet oder geschlossen wird, nicht aber, wenn der Schalter geschlossen bleibt. Warum? Weil nur dann die erste Spule ein veränderliches Magnetfeld erzeugt und somit in der zweiten eine Spannung induziert. Mit einer ganz ähnlichen Schaltung hat Faraday 1831 die Induktion (Kap. 31.4) entdeckt und dabei gleich den **Transformator** (kurz Trafo) mit erfunden. Dieser besteht im Wesentlichen aus zwei Spulen und einem geschlossenen Leiterkern (Abb. 32.27). Wie **F12** zeigt, funktioniert er nur mit Wechselstrom.

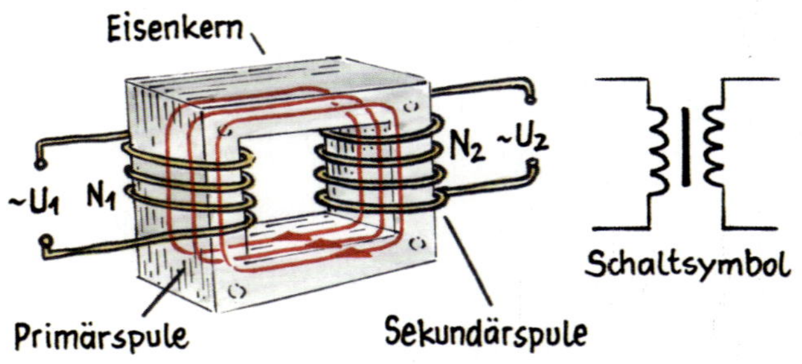

Abb. 32.27: Schema eines Trafos. Den geschlossenen Eisenkern nennt man auch Joch.

Schauen wir uns mal einen **unbelasteten Trafo** an. Das ist etwa dann der Fall, wenn ein ausgeschalteter Laptop am Netz hängt. Die Primärspule erzeugt einen veränderlichen magnetischen Fluss, der über das Eisenjoch durch beide Spulen fließt. Die Induktionsspannungen in den Spulen sind von deren Windungszahlen abhängig. Daher gilt: **Die Spannungen in den Spulen verhalten sich wie die Windungszahlen, also $U_1 : U_2 = N_1 : N_2$.** (Anm.: Die Indizes $_{eff}$ sind der Übersichtlichkeit halber weggelassen).

▸▸▸ i **| Trafomathematik |**

Will man die Spannung hinauf transformieren, muss man auf der Sekundärseite mehr Windungen haben (Abb. 32.28 und 31.37) und umgekehrt. In diesem Fall gibt es fast nur induktive Widerstände, und der Leistungsfaktor (Kap. 32.2) ist daher nahe null, aber nicht ganz. Wenn du etwa auf den Trafo eines ausgeschalte-

?

F11 Was versteht man unter Induktion und Leistungsfaktor? Lies nach in Kap. 31.4 und 32.2.

F12 In Abb. 32.26 siehst du zwei Spulen, die mit einem geschlossenen Eisenkern verbunden sind. Was musst du mit dem Schalter machen, damit die Lampe aufleuchtet?

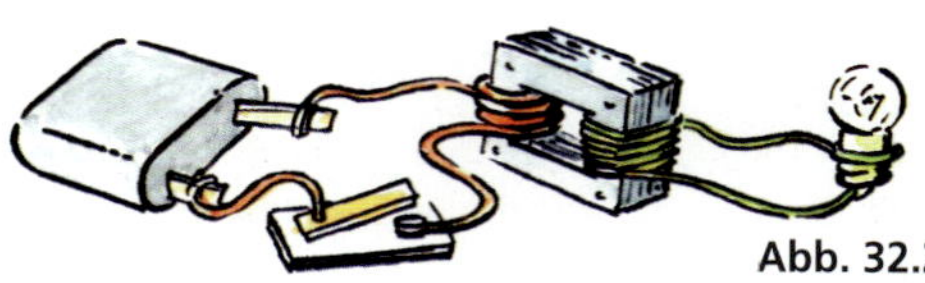

Abb. 32.26

F13 Hochspannungsleitungen haben bis zu 380.000 V. Wieso ist die Spannung so hoch? Das ist doch extrem gefährlich. Warum nimmt man nicht 230 V?

F14 Viele elektrische Geräte (etwa Handy oder Laptop) werden nicht direkt an den Strom angeschlossen, sondern über ein meist schwarzes Kästchen. Was befindet sich im Inneren? Und warum wird es auch dann warm, wenn das Gerät gar nicht aufgedreht ist?

i

| Trafomathematik |

Beim **unbelasteten Trafo** erzeugt der Wechselstrom ein veränderliches magnetisches Feld $\Delta\Phi/\Delta t$, das beide Spulen durchsetzt. Der Betrag der Induktionsspannung in den Spulen ist von der Windungszahl abhängig:

$$U_1 = N_1 \frac{\Delta\phi}{\Delta t} \quad und \quad U_2 = N_2 \frac{\Delta\phi}{\Delta t}$$

Wenn man davon ausgeht, dass es keine Verluste gibt und der magnetische Fluss in beiden Spulen gleich groß ist, kann man gleichsetzen und umformen und erhält dann

$$\frac{U_1}{N_1} = \frac{U_2}{N_2} \quad bzw. \quad \frac{U_1}{U_2} = \frac{N_1}{N_2}$$

Bei einem **belasteten Transformator** sind primäre und sekundäre Leistungen gleich. Es gilt:

$$P_1 = U_1 \cdot I_1 \cdot \cos\varphi_1 = U_2 \cdot I_2 \cdot \cos\varphi_2 = P_2$$

Wenn man die Transformatorverluste vernachlässigt ($\cos\varphi_1 \approx \cos\varphi_2 \approx 1$) erhält man:

$$U_1 : U_2 = I_2 : I_1$$

ten Laptops greifst, wirst du feststellen, dass sich dieser erwärmt hat. Es gibt also eine kleine Leistungsabgabe (**F14**).

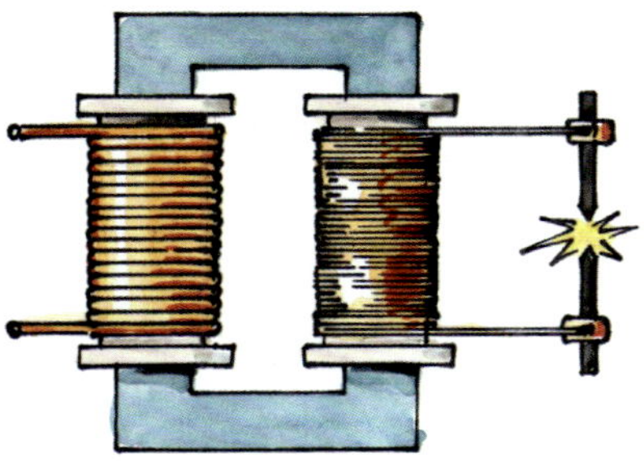

Abb. 32.28: Die Windungszahlen verhalten sich wie 1:20. Bei 230 V primär herrschen also sekundär 4600 V, das reicht für einen saftigen Funkenüberschlag.

Wenn man nun ein Gerät anschließt, etwa einen Laptop, dann spricht man von einem **belasteten Transformator.** In diesem Fall sind die Verhältnisse wesentlich komplizierter, weil nun auch in der zweiten Spule Strom fließt. Dadurch entsteht zusätzlich eine Induktionsspannung in der ersten Spule. Man weiß aber aus Erfahrung, dass die Leistungen primär und sekundär praktisch gleich sind, wenn man die Verluste vernachlässigt. Daher ergibt sich: **Die Stromstärken in den Spulen verhalten sich umgekehrt wie die Windungszahlen, also $I_1 : I_2 = N_2 : N_1$.** Will man also den Strom hinauf transformieren, muss die zweite Spule weniger Windungen aufweisen (Abb. 32.33). Weil das Übersetzungsverhältnis der Spannungen auch im belasteten Fall näherungsweise gilt, kann man zusammenfassen:

Formel: Übersetzungsverhältnis eines Trafos

$$U_1 : U_2 = I_2 : I_1 = N_1 : N_2$$

U ... Spannung [V]
I .... Stromstärke [A]
N ... Windungszahlen

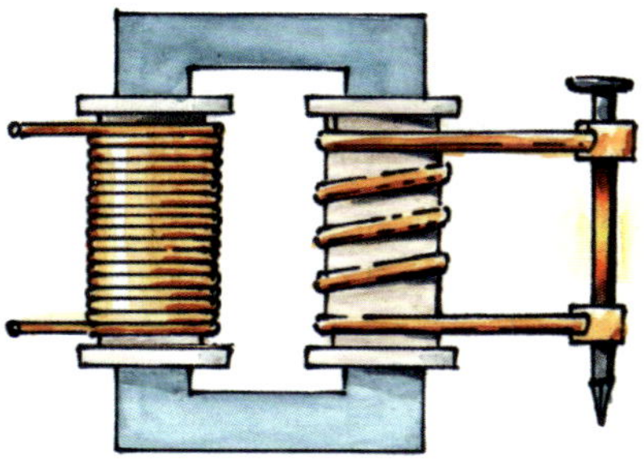

Abb. 32.29: Die Windungszahlen verhalten sich wie 75:1. Durch den hohen Stromfluss in der Sekundärspule kann man sogar einen Eisennagel zum Schmelzen bringen.

Das erste **E-Werk der Welt** arbeitete mit Gleichstrom (siehe Prolog). Der berühmte Thomas Edison, der unter anderem die Glühbirne verbessert hatte, setzte auf diese Technik. Dagegen stand die Wechselstromtechnik, deren bekanntester Verfechter Nikola Tesla war. Weil es hier nicht nur ums Prestige, sondern auch um unglaublich viel Geld ging, entbrannte ein Streit, der vor allem von Edison brutal geführt wurde. Um die Gefährlichkeit von Wechselstrom zu zeigen, erfand er quasi nebenbei den elektrischen Stuhl. Letztlich setzte sich der Wechselstrom durch, weil er transformierbar ist. Besonders wichtig ist das zum Minimieren der Verluste in den Hochspannungsleitungen (Abb. 32.30).

››› i | Wirklich dicke Kabel |

i

| Wirklich dicke Kabel |

Man arbeitet deshalb mit extremen Hochspannungen, weil dann die **Verluste** wesentlich geringer sind (**F13**). Es geht also weniger Energie durch Erwärmung verloren. Die **Kraftwerksleistung** ist $P = U \cdot I$, daher $I = P/U$. Ein Teil davon geht beim Transport verloren, die **Verlustleistung** P_V. Weil diese vom Widerstand der Leitungen abhängt, setzen wir das Ohm'sche Gesetz ein: $P_V = U \cdot I = I \cdot R \cdot I = I^2 \cdot R$. Die Verlustleistung ist dann:

$$P_V = I^2 \cdot R = \frac{P^2 \cdot R}{U^2} \sim \frac{1}{U^2}$$

Die Übertragungsverluste sind indirekt proportional zum Quadrat der verwendeten Spannung. Würde man statt z. B. 220.000 V nur mit 230 V arbeiten, dann müsste die Querschnittsfläche der Leitungen rund eine Million Mal größer sein, also statt etwa 1 cm² unvorstellbare 100 m² sein. Das wären wirklich dicke Kabel!

Abb. 32.31: Ein gigantischer Trafo, der Hochspannung für den Transport Australien – Tasmanien erzeugt.

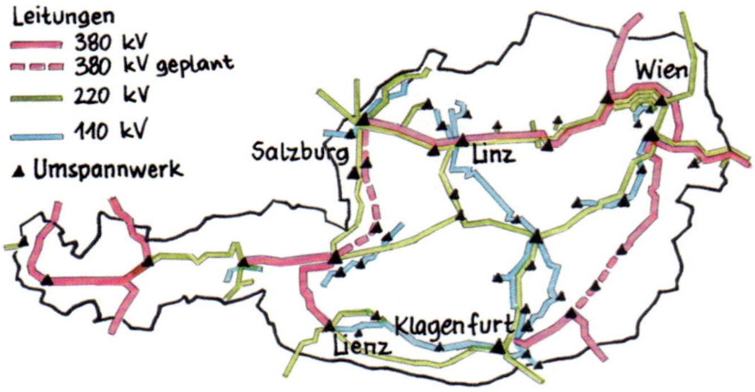

Abb. 32.30: Das Hochspannungsnetz in Österreich hat zwischen 110 kV und 380 kV.

Zusammenfassung

Mit Hilfe eines Transformators kann man Spannung und Stromstärke auf beinahe beliebige Werte bringen. Hochspannungen sind bei der Energieübertragung wichtig, um die Verluste zu minimieren.

32.4 Der Strom kommt aus der Steckdose 2

Drehstrom und Strom im Haushalt

Bei der Stromversorgung verwendet man meistens den so genannten Drehstrom, der aus einer Zusammenschaltung von drei Wechselstromnetzen besteht.

?

F15 Geräte, die eine besonders hohe Leistung haben (etwa einen Elektroherd), schließt man an den so genannten Drehstrom an. Was versteht man darunter?

F16 Schau dir mal eine Steckdose an. Kennst du den genauen Zweck der Metallkontakte auf den Seiten? Und mit einem Spannungsprüfer kannst du feststellen, dass immer nur einer der beiden Pole unter Spannung steht. Warum?

F17 Im Sicherungskasten findest du einen so genannten FI-Schalter. Wofür ist der gut?

F18 Es gibt viele verschiedene Hochspannungsmasten, aber fast immer führen sie entweder drei oder sechs Leitungen (Abb. 32.32). Auch der Hochleistungstrafo in Abb. 32.31 hat drei Ausgänge. Wieso?

Abb. 32.32: Ein Hochspannungsmast mit 6 Strom führenden Leitungen. Oben ist ein dünnes Blitzschutzseil zu sehen.

Durch das Hochtransformieren der Spannung kann man Leistungsverluste minimieren und Material sparen (Kap. 32.3). Es gibt aber noch weitere Einsparungsmöglichkeiten. Für Fernleitungen verwendet man **Drehstrom.** Dieser wird mit einem Generator erzeugt, in dem sich drei um 120 ° versetzte Induktionsspulen befinden (Abb. 32.7, Kap. 32.1). Diese erzeugen daher Wechselspannungen, die ebenfalls um 120 ° verschoben sind.

Man kann nun die Verbraucher in einer **Sternschaltung** zusammenschließen (Abb. 32.33). Jeder von ihnen liegt zwischen einem **Außenleiter** (L1 bis L3) und dem **Neutralleiter** (N). Wenn man darauf achtet, dass die Belastungen der drei Verbraucher gleich groß sind, fließt durch den Neutralleiter kein Strom (Abb. 32.34). Bei Fernleitungen, die eine Vielzahl von Haushalten versorgen, trifft das im Schnitt tatsächlich zu. Hochspannungsmasten brauchen daher nur die Außenleiter und keinen Neutralleiter (**F18**).

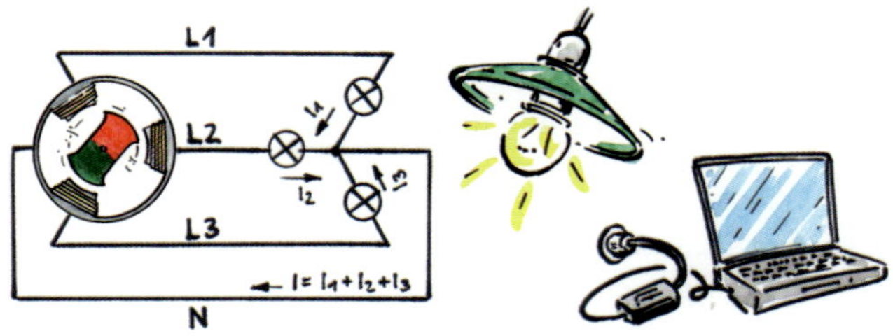

Abb. 32.33: Sternschaltung: Statt der Glühbirnen musst du dir ganze Stadtteile denken. In Wirklichkeit wird die Spannung beim Transport hinauf transformiert.

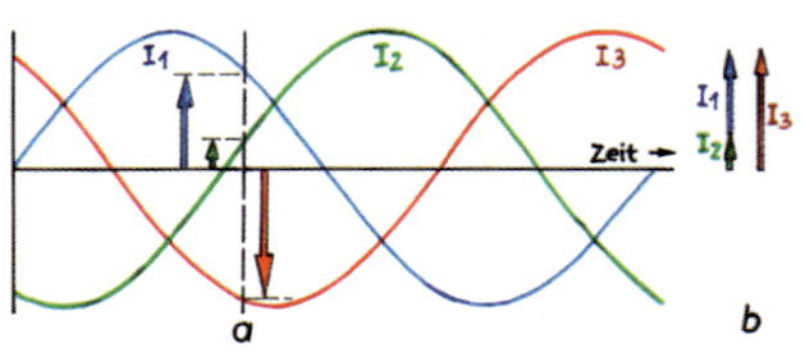

Abb. 32.34: Wenn alle drei Ströme gleich groß sind, dann summieren sie sich zu jeder Zeit auf null. a) Schnitt zu einer beliebigen Zeit, b) Summe der Ströme.

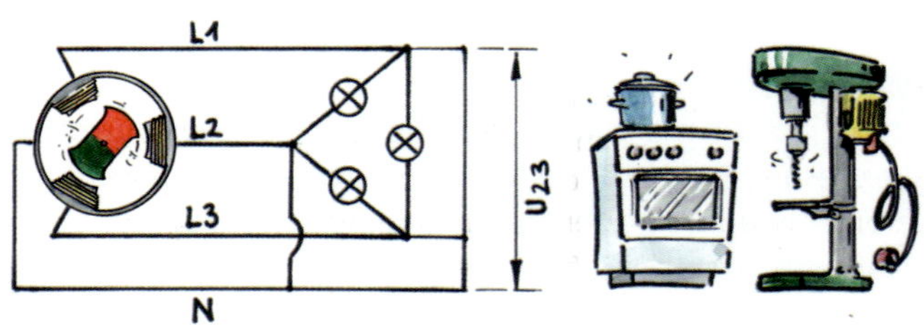

Abb. 32.35: Dreieckschaltung: Die drei Verbraucher könnten z. B. E-Backrohre sein.

Die zweite Möglichkeit ist die **Dreieckschaltung.** Zwischen zwei Außenleitern herrscht eine Effektivspannung von rund 400 V (Abb. 32.36). Damit wächst auch die Stromleistung und man spricht daher umgangssprachlich von **Starkstrom.** Ein E-Backrohr wird etwa damit versorgt (**F15**). Während die Sternschaltung großräumig betrieben wird, wird die Dreieckschaltung zusätzlich lokal angewendet. Der E-Herd wird von zwei Außenleitern versorgt, alle Steckdosen eines Haushalts hängen aber an einem Außenleiter und einem Neutralleiter. Das ist der Grund, warum der Spannungsprüfer nur bei einem Pol leuchtet (**F16**).

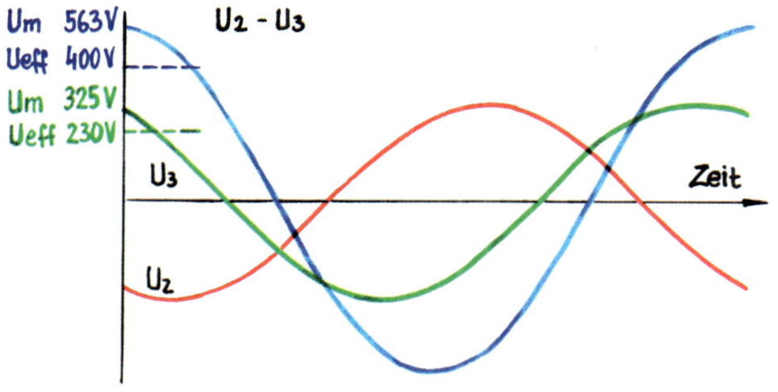

Abb. 32.36: Zwischen 2 Außenleitern beträgt die Effektivspannung rund 400 V (genau 230 V $\cdot \sqrt{3}$ = 398,4 V) und die Maximalspannung 563 V (genau 230 V $\cdot \sqrt{3} \cdot \sqrt{2}$ = 563,4 V).

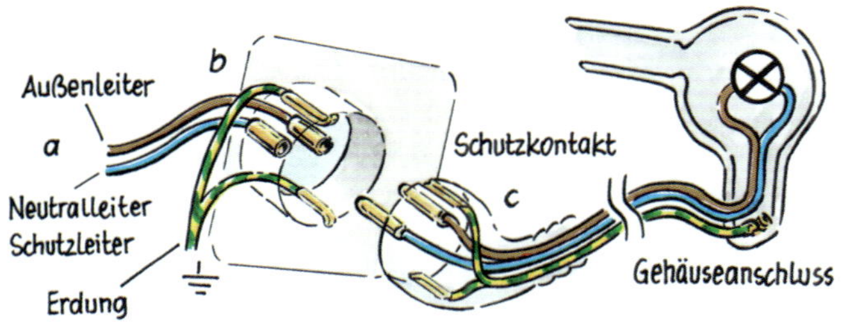

Abb. 32.37: a) Dreiadriges Kabel; b) Die Schleifkontakte der Steckdose sind über den Schutzleiter mit der Erdung verbunden; c) Ein Schutzkontaktstecker (Schukostecker).

Um **Stromunfälle** zu minimieren, gibt es zahlreiche Sicherheitsvorkehrungen im Haushalt. Für die Leitungen werden dreiadrige Kabel verwendet (Abb. 32.37), mit Außenleiter, Neutralleiter und **Erdung.** Wenn durch einen Isolationsfehler eines Kabels ein Gerät unter Spannung steht, dann kann der Strom über diese Erdung in den Boden fließen und gefährdet dich nicht. Zusätzlich gibt es noch den **Fehlerstromschutzschalter,** der im diesem Fall sofort herausspringt und die gesamte Stromversorgung im Haus unterbricht (F17).

▸▸▸ i | FISS |

Zusammenfassung

Die Verwendung von Drehstrom bietet den Vorteil, dass man sich bei der Sternschaltung die Rückleitung und somit sehr viel Material spart. Wenn man die Spannung zwischen zwei Außenleitern abgreift, dann erhält man „Starkstrom", bei dem die Spannung und somit auch die Leistung um etwa 70 % höher sind.

i

| FISS |

Wie „weiß" der **Fehlerstromschutzschalter** (kurz **FISS**), dass Strom über den Schutzleiter abfließt oder über eine Person und somit Gefahr besteht? Sowohl Außenleiter als auch Neutralleiter sind mit gleicher Windungszahl über eine Spule gewickelt. Im Normalbetrieb verlaufen der Strom im Außenleiter (I_A) und im Nulleiter (I_N) **gegenläufig und mit gleicher Stromstärke.** Die magnetischen Felder heben sich daher auf. Fließt jedoch ein Teil des Stroms über den Schutzleiter (die „Erdung"; I_E) oder sonst irgendwie fehlerhaft ab (= Fehlerstrom), so überwiegt in der Spule der Außenleiterstrom und diese wird magnetisch. Ein beweglicher Eisenkern wird in die Spule gezogen, der Kippschalter geht nach unten und unterbricht den Strom.

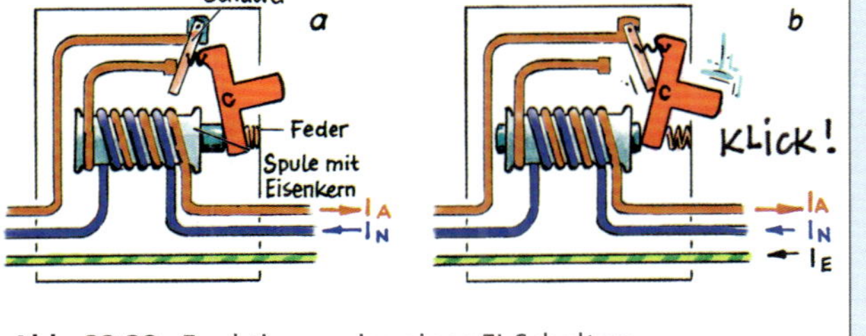

Abb. 32.38: Funktionsweise eines FI-Schalters.

a

| Grundlagen der Elektrotechnik |

F19 ▸L Wie kann man die Gleichungen für den induktiven und kapazitiven Widerstand sowie für die Wirkleistung herleiten? Versuche mit Hilfe des Lösungsteils Schritt für Schritt nachzuvollziehen.

F20 ▸L Wie ist es beim Starten eines dynamoelektrischen Generators? In diesem Fall arbeiten ja die Elektromagneten noch nicht und daher kann doch keine Induktion erzeugt werden? Und warum schaukelt sich im Betrieb die produzierte Stromstärke nicht immer weiter auf?

F21 ▸L Warum funktioniert eigentlich der Motor in Abb. 32.12? Fehlt da nicht ein Teil?

F22 ▸L Überlege, wieso der Motor in Abb. 32.11 mit Gleich- und Wechselstrom betrieben werden kann.

F23 ▸L Nimm an, der Strom von Ybbs-Persenbeug wird mit einer Hochspannungsleitung über 100 km transportiert. Wie viel der Leistung gehen absolut und relativ bei einer 220 kV bzw. bei einer 380-kV-Leitung verloren? Nimm an, die Leitungen sind aus Aluminium (ρ = $3 \cdot 10^{-8}$ Ωm) und haben einen Querschnitt von 3 cm^2.

F24 ▸L Nimm an, jede Turbine von Ybbs-Persenbeug hat einen eigenen Trafo, der mit nur 2 % Verlust arbeitet. Wie viel Watt entspricht das? Wie schnell könnte man damit einen Liter Wasser zum Kochen bringen? Was folgt daraus?

F25 ▸L Überprüfe rechnerisch alle Angaben des Typenschilds in Abb. 32.15.

F26 ▸L Warum ist das Vorzeichen der Phasenverschiebung für die Wirkleistung belanglos?

F27 ▸L Wie funktioniert ein MHD-Generator? Besorge dir Information aus dem Internet.

F28 ▸L In Nassräumen verwendet man oft so genannte Trenntrafos, etwa für die Rasiersteckdose. Wie funktionieren diese?

F29 ▸L Welche Maßnahmen gibt es, um Stromunfällen vorzubeugen? Und warum ist Strom für den Menschen überhaupt gefährlich?

33 | GRUNDLAGEN DER ELEKTROMAGNETISCHEN WELLEN

| Prolog |

Im Jahre **1856** entdeckte der geniale Physiker James Clerk Maxwell auf theoretischem Weg, dass sichtbares Licht eine Welle aus elektrischen und magnetischen Feldern ist, also eine **elektromagnetische Welle** (EM-Welle).
Zu seiner Zeit waren nur sichtbares, infrarotes und ultraviolettes Licht als EM-Wellen bekannt. Heute kennen wir ein breites Spektrum, das viele viele Größenordnungen umfasst (Abb. 33.1), von Wechselstrom bis zur kosmischen Strahlung. Der einzige Unterschied zwischen den Wellentypen liegt in der Wellenlänge. Sichtbares Licht, das nur einen Bruchteil des Spektrums ausmacht, ist also so gesehen nichts Besonderes.
EM-Wellen beeinflussen dein Leben in unglaublicher Weise. Direkt bemerken kannst du nur das sichtbare Licht und die Wärmestrahlung. Aber dein Leben wäre ohne Kommunikation durch EM-Wellen nicht vorstellbar, denn bei Radio, Fernsehen, WLAN oder vor allem dem Handy werden diese benützt. Auch Mikrowellenherd, Fernbedienung, Röntgenaufnahmen, Solarium, Flugüberwachung oder Radarkontrolle im Straßenverkehr funktionieren mit Hilfe von EM-Wellen. Du bist von einem elektromagnetischen Wellensalat umgeben.

33.1 Sehr geknickte Feldlinien

Entstehung von EM-Wellen

Es gibt ein grundlegendes Prinzip zur Entstehung von EM-Wellen, egal ob es sich dabei um natürliche und künstliche Quellen handelt.

?

F1 Eine Welle entsteht durch die Ausbreitung einer Störung. Was ist damit gemeint? Kannst du Beispiele angeben? Schau nach in Kap. 15.1, „Big Bang 6".

F2 Welches Feld erzeugt eine ruhende elektrische Ladung? Welches Feld erzeugt eine gleichförmig bewegte elektrische Ladung? Lies nach in Kap. 30.1 f. und 31.1. Welches Feld erzeugt eine beschleunigte elektrische Ladung?

F3 Mit welcher Geschwindigkeit kann sich Information maximal ausbreiten? Schau nach in Kap. 29.3!

F4 In Science-Fiction- oder Agentenfilmen werden die elektronischen Geräte der Gegner oft mit einem EMP unschädlich gemacht (Abb. 33.2). Was ist ein EMP?

Abb. 33.2: Die bösartigen Roboter-Kalmare aus „Matrix" können durch ein EMP k. o. gesetzt werden.

F5 Was versteht man unter elektrischer Feldstärke E und magnetischer Induktion B? Lies nach in Kap. 30.3 und 31.2! Was versteht man unter elektromagnetischer Induktion? Lies nach in Kap. 31.4 f!

Es geht zunächst einmal darum, dass du das allgemeine Prinzip zur Entstehung von EM-Wellen verstehst. Dazu schauen wir uns zuerst an, was man überhaupt unter einer Welle versteht. Es heißt, dass diese die Ausbreitung einer Störung ist (**F1**). Um das zu verstehen, sehen wir uns zwei konkrete Beispiele an.

Wenn etwas in eine Flüssigkeit fällt, wird diese nach unten gedrückt. Weil sie sich praktisch nicht zusammendrücken lässt, muss sie auf die Seite ausweichen. Dadurch entsteht eine Kreiswelle, die sich von der Einschlagstelle entfernt. Die **Flüssigkeitswelle** wurde also durch eine Störung der Oberfläche verursacht (Abb. 33.3).

Im Inneren eines Blitzes kann es 30.000 °C heiß werden! Die heiße Luft dehnt sich extrem schnell aus und wird nach außen hin zusammengedrückt. Diese Störung der Dichte erzeugt eine Schallwelle, die du als **Donner** hörst.

Das waren nur zwei Beispiele, aber ähnliche Überlegungen kann man für alle Formen von Wellen anstellen. Man kann daher allgemein und etwas unromantisch formulieren: **Eine Welle ist die Ausbreitung einer Störung.**

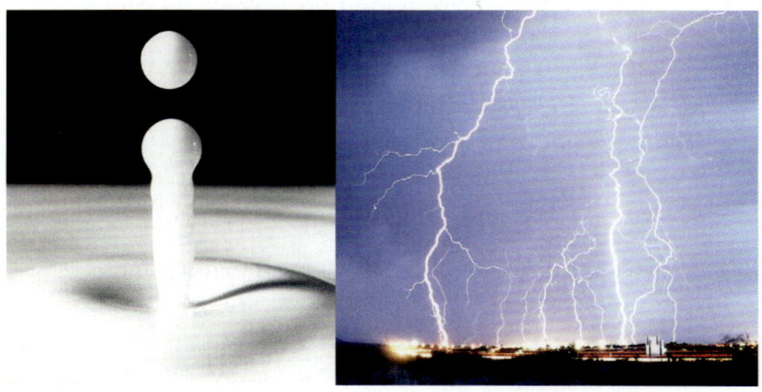

Abb. 33.3: Flüssigkeitswelle und Donner werden, wie alle Wellen, durch eine Störung verursacht.

Was muss man stören, um eine elektromagnetische Welle auszulösen? Ein **elektrisches Feld!** Um das zu verstehen, sehen wir uns eine zunächst ruhende elektrische Ladung an (Abb. 33.4 a, Seite 78). Die Feldlinien zeigen radial nach außen und geben Information darüber, wo sich die Ladung befindet.

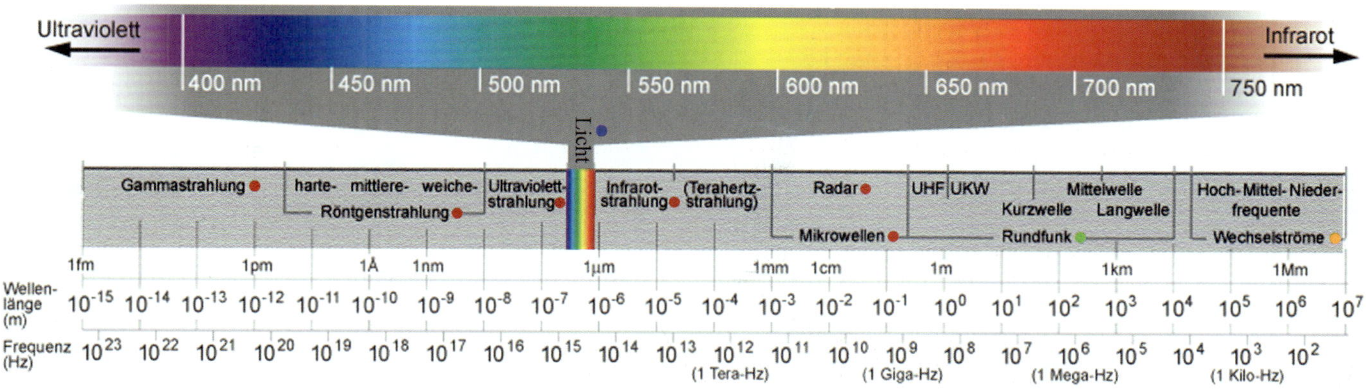

Abb. 33.1: Das Spektrum der elektromagnetischen Wellen. Die Skala ist offen, denn die Wellenlängen sind theoretisch weder nach oben noch nach unten begrenzt. Zwischen Wellenlänge (λ) und Frequenz (f) besteht folgender Zusammenhang: $c = f \cdot \lambda$, wobei c die Lichtgeschwindigkeit ist. Die farbigen Markierungen geben an, in welchem Kapitel die jeweiligen Wellen genauer besprochen werden: ● Kap. 35, ● Kap. 28 und 34, ● Kap. 36 und ● Kap. 32.

Nun wird die **Ladung** ruckartig nach oben wegbewegt, also **beschleunigt** (b und c). Die Information über diese Bewegung kann sich aber nur mit Lichtgeschwindigkeit ausbreiten (F3). Das ist eine der Grundaussagen der speziellen Relativitätstheorie („Big Bang 8"). Daher „wissen" außerhalb eines kreisförmigen, sich mit Lichtgeschwindigkeit ausbreitenden Bereichs die Feldlinien noch nichts von der Bewegung der Ladung, wodurch ein Knick entsteht. Das ist eine Störung, und das Weiterlaufen dieser Störung ist die elektromagnetische Welle.

Wo ist aber nun der magnetische Anteil der Welle? Und hier kommt James Clerk Maxwell (Abb. 33.5) ins Spiel. Maxwell konnte 1856 auf rechnerischem Weg Folgendes zeigen: Ein veränderliches elektrisches Feld erzeugt ein magnetisches Feld und ein veränderliches magnetisches Feld erzeugt ein elektrisches Feld. Kurz kann man also sagen: **Veränderliche elektrische und magnetische Felder erzeugen einander gegenseitig. Sie sind untrennbar miteinander verbunden und bilden gemeinsam eine elektromagnetische Welle.** Das erklärt, warum der vorbeilaufende Knick des elektrischen Feldes (Abb. 33.4) auch eine magnetische Komponente besitzt. An dem Ort, an dem die elektrische Schockwelle gerade vorbei streicht, ändert sich das elektrische Feld und erzeugt somit auch ein magnetisches (Abb. 33.8).

››› i | Maxwell'sche Gleichungen |

i

| Maxwell'sche Gleichungen |

Die **vier Maxwell'schen Gleichungen** beschreiben die Erzeugung von elektrischen und magnetischen Feldern durch Ladungen und Ströme und die Wechselwirkung zwischen diesen Feldern. Maxwell fasste die zu seiner Zeit bekannten Gesetzmäßigkeiten zusammen und komplettierte sie. Er brachte sie in eine elegante mathematische Form, die aber die Schulmathematik übersteigt. Man kann die wesentlichen Aussagen aber auch in Worten und Bildern verstehen.

1. Gleichung (Abb. 33.6 a): Wenn elektrische Feldlinien von einem Punkt ausgehen oder in einem Punkt enden, befindet sich dort eine elektrische Ladung (Kap. 30.1 f.).

2. Gleichung (Abb. 33.6 b): Magnetische Feldlinien bilden immer geschlossene Schleifen. Das magnetische Feld ist also quellenfrei (Kap. 31.1).

Abb. 33.6

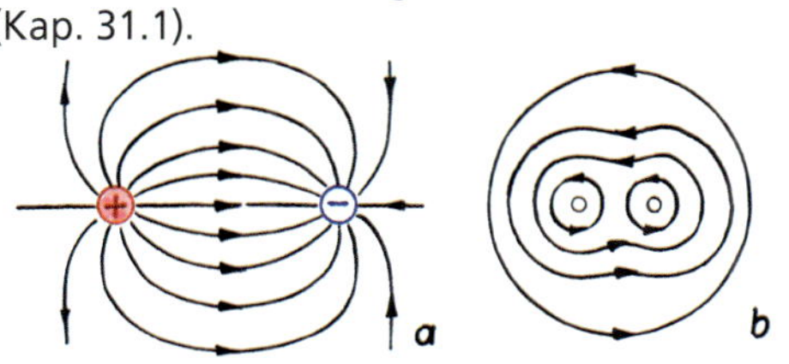

3. Gleichung (Abb. 33.7 a): Wenn sich ein Magnetfeld ändert, ist es von ringförmig geschlossenen elektrischen Feldlinien umgeben. Das ist eine andere Formulierung des Induktionsgesetzes (Kap. 31.4 f.). Während bei einem elektrostatischen Feld die Feldlinien Anfang und Ende haben, sind sie im elektrodynamischen Feld geschlossen.

4. Gleichung (Abb. 33.7 b): Wenn sich ein elektrisches Feld ändert, ist es von ringförmigen geschlossenen Feldlinien umgeben. Nicht nur Ströme (Kap. 31.1), sondern auch veränderliche elektrische Felder erzeugen also magnetische Wirbelfelder.

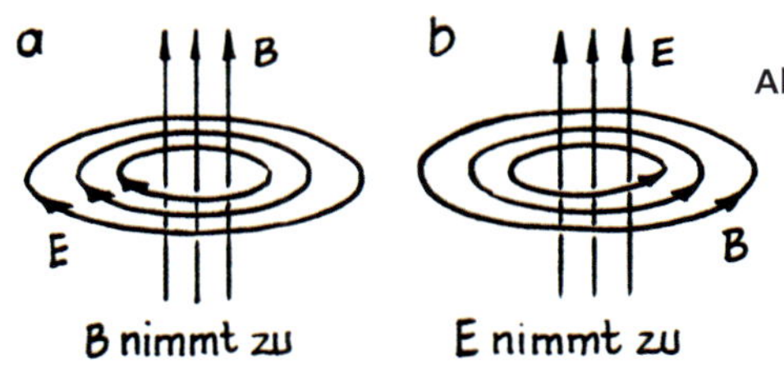

Abb. 33.7

Mit Hilfe der 3. und 4. Gleichung stellte Maxwell eine **Symmetrie zwischen elektrischem und magnetischem Feld** her und konnte die Existenz von EM-Wellen voraussagen. Mit Hilfe der Maxwell'schen Gleichungen kann man alle Phänomene der Elektrodynamik beschreiben. Sie haben für diese eine ähnliche Bedeutung wie die **Newton'schen Axiome** (Kap. 8, „Big Bang 5") für die Mechanik.

| EMP |

Ein **elektromagnetischer Puls** (EMP) ist eine pulsartig auftretende, starke elektromagnetische Welle (F4). Er tritt zum Beispiel bei einer **Atombombenexplosion** auf, bei der Gammastrahlung entsteht (Kap. 3.7, „Big Bang 5"). Diese hochenergetischen Photonen (siehe Kap. 26.3) stoßen mit den Elektronen der Luftmoleküle zusammen und beschleunigen diese dabei stoßartig. Dadurch entsteht eine Schockwelle wie in Abb. 33.4.

Abb. 33.9: 1962 wurde 400 km über Hawaii eine Atombombe gezündet, die nordlichtartige Erscheinungen auslöste (wegen der Ionisierung der Luft). In Honolulu brannten Sicherungen durch und Alarmanlagen gingen an.

Aufgrund der hohen Intensität ist ein EMP in der Lage, in Leitern extrem hohe Spannungen zu induzieren. Besonders betroffen sind empfindliche Bauteile wie **Computer-Chips,** aber auch Strom- und Telefonnetz, Radio- und Fernsehsender. Daher könnte man mit einem EMP ein ziemliches Chaos auslösen. Besonders stark ist der Effekt, wenn die Zündung der A-Bombe in der Luft erfolgt (Abb. 33.9).

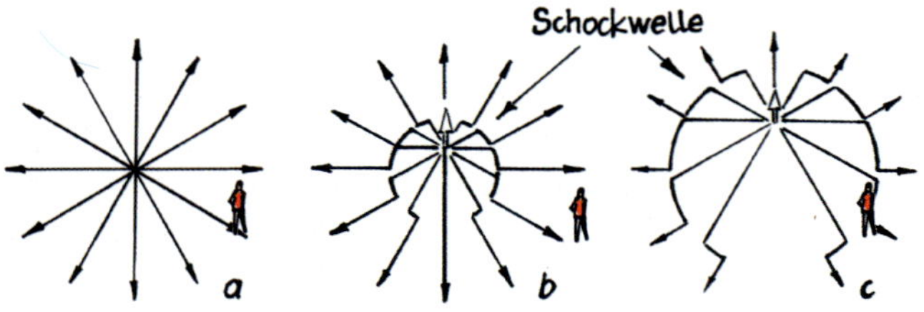

Abb. 33.4: Schematische Darstellung, wie durch das Beschleunigen einer Ladung eine Störung des elektrischen Feldes und somit auch des magnetischen Feldes entsteht. Bei c streicht die elektromagnetische Welle gerade am Beobachter vorbei.

Abb. 33.5: James Clerk Maxwell (1831–1879)

Die in Abb. 33.4 dargestellte Welle ist ein **elektromagnetischer Puls,** weil die Ladung nur einmal kurz beschleunigt wird. Das ist vergleichbar mit einem Donner oder einem Knall. Damit eine kontinuierliche EM-Welle mit immer wiederkehrenden Bergen und Tälern entsteht (das würde beim Schall einem Dauerton entsprechen), braucht man einen sich ständig wiederholenden Vorgang, bei dem die Ladung zu jedem Zeitpunkt beschleunigt wird. Künstlich kann man das zum Beispiel in einem **Schwingkreis** (Kap. 33.3) oder einem **Magnetron** (Kap. 35.2) im Mikrowellenherd erzeugen.

››› i | EMP |

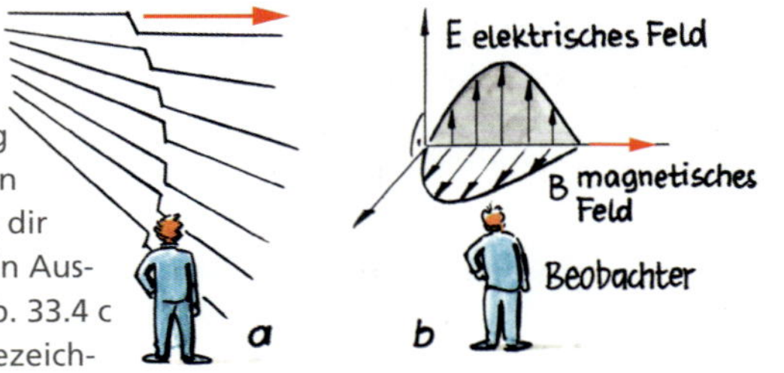

Abb. 33.8: a) Eine Störung des elektrischen Feldes läuft an dir vorbei. Es ist ein Ausschnitt aus Abb. 33.4 c mit mehr eingezeichneten Feldlinien. b) Eine andere, üblichere Darstellung: Beim Vorbeilaufen des Knicks entsteht ein veränderliches elektrisches Feld, das wiederum ein magnetisches Feld erzeugt. Die beiden Felder stehen normal zueinander.

Zusammenfassung

Eine elektromagnetische Welle ist die Ausbreitung einer Störung des elektromagnetischen Feldes. Diese Störung wird durch das Beschleunigen einer Ladung ausgelöst.

33.2 Höchstgeschwindigkeit im Universum

Wichtige Eigenschaften von EM-Wellen

Alle elektromagnetischen Wellen, egal ob sichtbares Licht, Radiowellen oder Röntgenstrahlen, weisen ein paar ganz bestimmte Eigenschaften auf.

F6 Welche Teilbereiche der Physik wurden mit den Entdeckungen von Ørsted (Kap. 31.1.) und Faraday (Kap. 31.4 f.) verschmolzen? Und welche Teilbereiche wurden durch die Entdeckung Maxwells verschmolzen?

F7 Wie kam Maxwell auf die Idee, dass auch Licht eine EM-Welle ist? Welches Indiz hatte er dafür?

F8 Schlage bei den Werten für die elektrische Feldkonstante ε_0 (Kap. 30.3) und für die magnetische Feldkonstante μ_0 (Kap. 31.3) nach und berechne dann $1/\sqrt{\varepsilon_0 \cdot \mu_0}$. Kommt dir diese Zahl bekannt vor, und welche Einheit hat sie? Und was könnte dieses Ergebnis mit F6 zu tun haben?

F9 Es gibt keine Wasserwellen ohne Wasser, keine Schallwellen im Vakuum, keine Erdbeben ohne Erde und keine Dauerwelle ohne Haare. Daher gibt es auch keine Lichtwelle ohne ..., was denn eigentlich?

F10 Was versteht man unter Longitudinal- und Transversalwellen? In welchen Medien können sich diese Wellen ausbreiten? Und was ist Licht für eine Welle? Schlag nach in Kap. 15.2, „Big Bang 6" und Kap. 29.4!

Durch die Entdeckungen von Ørsted und Faraday kam es zu einer **Verschmelzung von Elektrizität und Magnetismus** zum Elektromagnetismus. Durch die Entdeckung

MAXWELLS kam es zu einer weiteren **Verschmelzung von Elektromagnetismus und Optik,** denn das Licht ist eine elektromagnetische Welle und lässt sich durch die Maxwell'schen Gleichungen beschreiben (F6; Abb. 33.10).

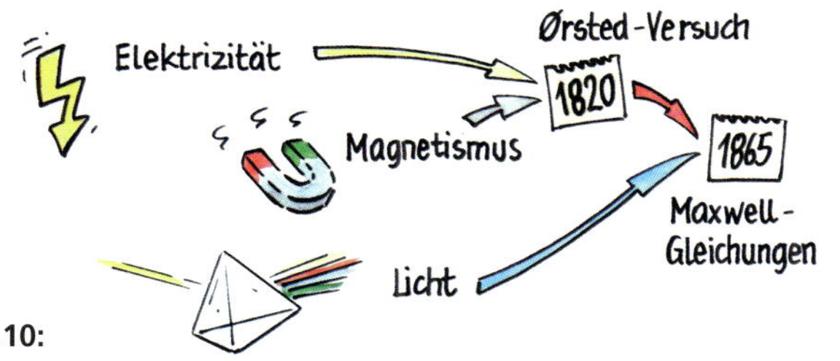

Abb. 33.10:
Verschmelzung von Elektrizität, Magnetismus und Optik.

Aber welchen Beleg hatte Maxwell, um zu behaupten, dass Licht eine EM-Welle ist? Er hatte berechnet, dass die Ausbreitungsgeschwindigkeit seiner neu entdeckten Wellen der **Lichtgeschwindigkeit** entsprach. Egal ob Licht, Radar- oder Mikrowellen: Alle EM-Wellen breiten sich mit der höchsten Geschwindigkeit aus, die im Universum möglich ist, nämlich mit rund 300 Millionen Meter pro Sekunde ($3 \cdot 10^8$ m/s; Abb. 33.11). Maxwells theoretische Vorhersagen konnten erst 1886 experimentell belegt werden, als es HEINRICH HERTZ gelang, EM-Wellen auf künstlichem Weg herzustellen und deren Eigenschaften zu testen (siehe Kap. 36.1).

▸▸▸ **i** **| Mit der Geschwindigkeit des Lichts |**

In welchem Medium breiten sich EM-Wellen aus? Wie kommt also etwa das Licht der Sonne durch den leeren Raum zur Erde? Es ist verblüffend, aber diese Wellen benötigen **kein Medium** zur Ausbreitung (F9)! Das wusste man zu Maxwells Zeiten aber noch nicht. Damals kannte man nur mechanische Wellen wie Schall-, Wasser- oder Erdbebenwellen, und diese benötigten

i

| Mit der Geschwindigkeit des Lichts |

MAXWELL konnte berechnen, dass sich die von ihm gefundenen EM-Wellen mit der Geschwindigkeit $c = 1/\sqrt{\varepsilon_0 \cdot \mu_0}$ ausbreiten mussten. Überprüfen wir zunächst einmal, ob c tatsächlich die Einheit einer Geschwindigkeit hat:

$$\left[\frac{1}{\sqrt{\varepsilon_0 \cdot \mu_0}}\right] = \frac{1}{\sqrt{\frac{\text{As}}{\text{Vm}}\,\frac{\text{Vs}}{\text{Am}}}} = \frac{1}{\sqrt{\frac{\text{s}^2}{\text{m}^2}}} = \frac{\text{m}}{\text{s}}$$

Die Einheit stimmt! Wenn man nun die Werte für die elektrische Feldkonstante ($\varepsilon_0 = 8{,}8542 \cdot 10^{-12}$ As/Vm) und magnetische Feldkonstante ($\mu_0 = 4 \cdot \pi \cdot 10^{-7}$ Vs/Am) einsetzt, dann ergibt sich für die Ausbreitungsgeschwindigkeit $2{,}9979 \cdot 10^8$ m/s, und das entspricht tatsächlich der Lichtgeschwindigkeit! Der ganz exakte Wert von c beträgt $2{,}99792458 \cdot 10^8$ m/s und ist untrennbar mit der Definition des Meters verknüpft (siehe Kap. 2.3, „Big Bang 5"). Wenn wir später mit c rechnen, dann genügt allerdings ein gerundeter Wert von $3 \cdot 10^8$ m/s. Die Tatsache, dass sich EM-Wellen mit Lichtgeschwindigkeit ausbreiten, veranlasste Maxwell zur richtigen Vermutung, dass auch Licht eine EM-Welle ist.

i

| Stahlhartes Nichts |

Der von Maxwell und anderen Physikern erdachte Äther musste ein wirklich seltsames Ding sein. Licht kann das Vakuum durchfliegen. Daher müsste auch das Vakuum mit Äther erfüllt sein. Das bedeutet, dass der Äther quasi ein Nichts sein müsste. Andererseits können sich **Transversalwellen** nur in Festkörpern ausbreiten (und an der Oberfläche von Flüssigkeiten; F10). Da EM-Wellen transversal schwingen, müsste also der Äther ein Festkörper sein, und weil *c* so groß ist, müsste er viel viel härter sein als Stahl. Bleibt unterm Strich: **Der Äther müsste ein stahlhartes Nichts sein!** Absurd!

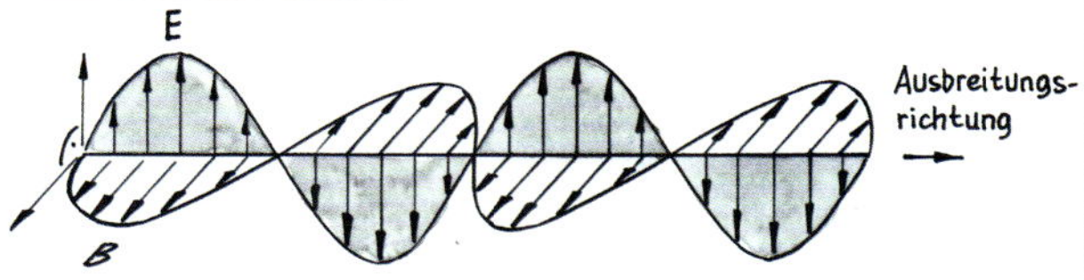

Abb. 33.12: Bei EM-Wellen schwingen sowohl das elektrische als auch das magnetische Feld quer zur Ausbreitungsrichtung. Sie sind daher Transversalwellen.

Abb. 33.11: Die Höchstgeschwindigkeit im Universum beträgt rund $3 \cdot 10^8$ m/s – auch für die Enterprise.

ein Medium. Deshalb dachte man, dass dieses Prinzip auch für EM-Wellen gelten müsste, und „konstruierte" ein Medium, das man den **Äther** nannte. Dieser musste allerdings ziemlich paradoxe Eigenschaften aufweisen.

▸▸▸ **i** **| Stahlhartes Nichts |**

Abb. 33.13: Erst ALBERT EINSTEIN machte **1905** klar, dass elektromagnetische Wellen kein Medium benötigen, und zwar mit seiner Speziellen Relativitätstheorie und mit der Erklärung des Fotoeffekts.

Lange Zeit wurde in aufwändigen Experimenten versucht, diesen Äther nachzuweisen – natürlich ohne Erfolg. Erst ALBERT EINSTEIN (Abb. 33.13) gab der Äthertheorie den Rest, und zwar gleich doppelt. Er konnte nämlich im Rahmen seiner **Speziellen Relativitätstheorie** („Big Bang 8") zeigen, dass die Maxwell-Gleichungen auch ohne Medium funktionieren. Salopp gesagt brauchen EM-Wellen deshalb kein Medium, **weil das elektromagnetische Feld selbst das Medium ist.** Man kann es aber auch anders sehen: Licht und alle anderen EM-Wellen haben sowohl Wellen- als auch Teilchennatur. Auch diese Erkenntnis geht auf Einstein zurück, und zwar im Rahmen seiner Erklärung des **Fotoeffekts** (siehe Kap. 26.2 f.). Man kann daher auch sagen, dass Licht kein Medium braucht, weil es quasi als Teilchen durch den leeren Raum fliegen kann.

Zusammenfassung

Durch Maxwells Gleichungen wurde die Optik ein Teilgebiet des Elektromagnetismus. EM-Wellen breiten sich generell mit Lichtgeschwindigkeit aus, und sie benötigen dazu kein Medium. Das verstand man aber erst durch Einsteins Arbeiten.

33.3 Ladungsschaukel

Der Schwingkreis

Eine sehr gängige Methode zum Erzeugen von EM-Wellen ist mit Hilfe eines Schwingkreises. Diese Technik wird etwa bei Radio, Fernsehen oder Handy eingesetzt, ist also allgegenwärtig.

?

F11 Wie ist der Widerstand von Spule und Kondensator definiert? Schau nach in Kap. 32.2!

F12 Bei jedem Radio kann man auf irgendeine Art den Sender einstellen (Abb. 33.14). Was bedeutet aber „den Sender einstellen" technisch gesehen?

Abb. 33.14: Mit dem rechten Knopf lässt sich der Sender einstellen. Was passiert dabei?

F13 Was versteht man unter gedämpften, ungedämpften und harmonischen Schwingungen? Was versteht man unter Resonanz? Kannst du Beispiele dafür angeben? Wie funktioniert eine Pendeluhr und was versteht man dabei unter Rückkopplung? Lies nach in Kap. 14, „Big Bang 6".

F14 Ö3 wird auf der Frequenz von 99,9 MHz gesendet. Was ist damit gemeint?

Um eine kontinuierliche EM-Welle zu erzeugen, braucht man einen sich ständig wiederholenden Vorgang, bei dem Ladungen zu jedem Zeitpunkt beschleunigt werden (Kap. 33.1). Das ist beim **Schwingkreis** der Fall. Er ist die Grundlage jeder Funkübertragung, etwa bei Radio, Fernsehen oder Handy. Im Wesentlichen besteht ein Schwingkreis aus einem Kondensator und einer Spule (Abb. 33.15), und diese bringen die Ladungen zum Schwingen. Wie geht das?

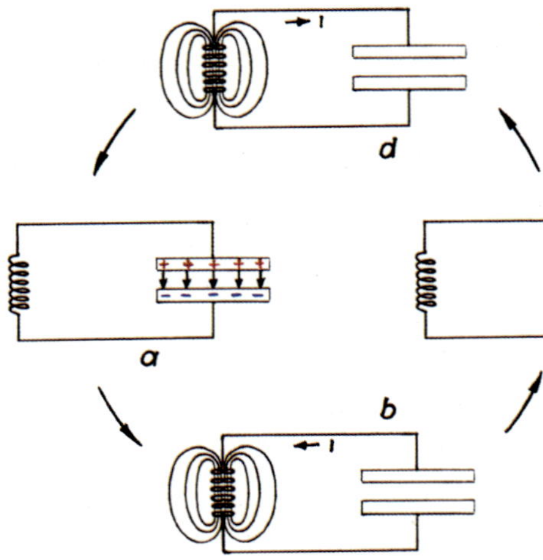

Abb. 33.15: In einem Schwingkreis kommt es zu einem ständigen Umladen des Kondensators.

Zunächst muss der Kondensator durch eine Spannungsquelle aufgeladen werden (Abb. 33.15 a). Und dann geht es los. Der Kondensator **entlädt** sich. Durch den Stromfluss baut sich in der Spule ein **Magnetfeld** auf (b). Wenn der Kondensator entladen ist, bricht das Magnetfeld zusammen. Dadurch kommt es in der Spule zur **Selbstinduktion** (Kap. 31.6) die den Stromfluss noch etwas aufrechterhält, wodurch sich der Kondensator gegengleich auflädt (c). Und dann läuft alles wieder retour (d + a), und fängt von neuem an.

Die Ladungen schwingen hin und her. Es handelt sich also um **Wechselstrom**, dessen Frequenz von Spule und Kondensator abhängt. Bei der Übertragung von Ö3 wird eine Frequenz von rund 100 MHz verwendet, das entspricht 100 Millionen Schwingungen pro Sekunde (**F14**). Das ist 2 Millionen Mal schneller als der Wechselstrom im Netz!!! Wenn du den **Sender** eines Radios einstellst, dann machst du nichts Anderes, als die Kapazität des Kondensators und somit die Resonanzfrequenz des Schwingkreises zu verändern (F14).
(**F14**).

››› **i** | **Schwingkreisfrequenz** |

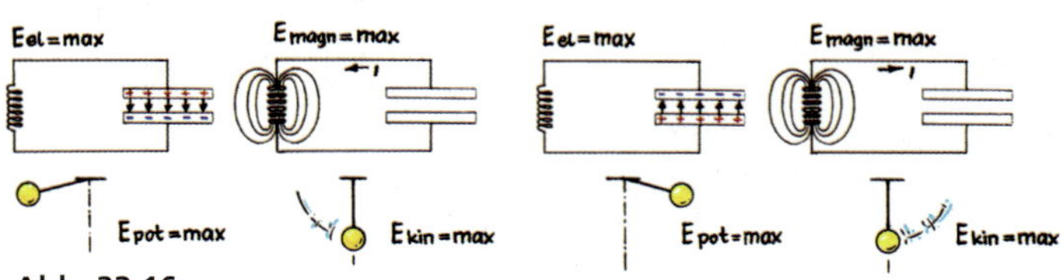

Abb. 33.16: Energieumwandlungen bei Schwingkreis und Fadenpendel.

Aber nicht nur die Ladungen schwingen, sondern auch die **Energien.** Einmal befindet sich diese im elektrischen Feld (Abb. 33.15 a und c), einmal im magnetischen (b und d). Ähnlich ist es bei einem schwingenden Pendel oder einer Schaukel (Abb. 33.16). Dabei wandeln sich potenzielle und kinetische Energie ineinander um. Wenn du eine Schaukel nur einmal anstupst, dann wird sie bald auspendeln, weil immer eine gewisse Menge an Energie in Form von Wärme verloren geht. Dadurch entsteht eine gedämpfte Schwingung (Abb. 33.17).

i

| Schwingkreisfrequenz |

Die **Frequenz des Schwingkreises** hängt von den Widerständen von Spule ($R_L = \omega L$) und Kondensator ($R_C = 1/\omega C$) ab. Der Strom muss in beiden Bauteilen gleich groß sein, weil es sich um einen geschlossenen Stromkreis handelt. Daher muss aber auch die Wechselspannung in beiden Teilen gleich groß sein:

$$I_{eff} = \frac{U_{eff}}{R} = \frac{U_{eff}}{\omega L} = U_{eff}\,\omega C \Rightarrow \frac{1}{\omega L} = \omega C$$

$$\omega = \frac{1}{\sqrt{LC}} \quad bzw. \quad f = \frac{1}{2\pi}\frac{1}{\sqrt{LC}}$$

Diese Gleichung nennt man die **Thomson'sche Formel.** Die Eigenfrequenz (Resonanzfrequenz) in einem Schwingkreis ist immer jene, bei der die Widerstände von Spule und Kondensator gleich groß sind (siehe F18)! Der Frequenz bleibt quasi keine andere Wahl. Es ist ähnlich, wie wenn du über eine Flasche bläst. Auch hier „überlebt" nur jene Frequenz, die zu den Abmessungen der Flasche passt, also die Resonanzfrequenz.

Wenn du aber im richtigen Zeitpunkt Energie zuführst, indem du am höchsten Punkt antauchst, kannst du eine ungedämpfte Schwingung erzeugen. Beim Schwingkreis ist es vom Prinzip her genauso. Hier übernimmt das „Antauchen" jedoch eine elektronische Schaltung. Weil die Energiezufuhr vom Schwingkreis selbst ausgelöst wird, spricht man von einer **Rückkopplung.** Eine solche gibt es zum Beispiel auch bei einer Pendeluhr. Dabei sorgt der Anker für die Energiezufuhr zum richtigen Zeitpunkt.

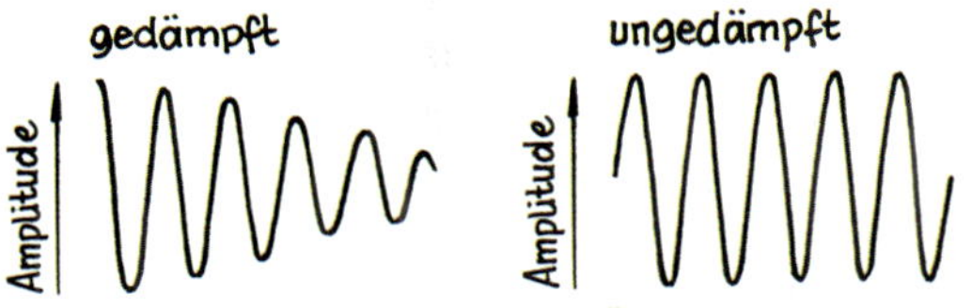

Abb. 33.17: Gedämpfte und ungedämpfte Schwingung.

Im Schwingkreis werden Ladungen beschleunigt, und das ist das universelle Prinzip zum Erzeugen von EM-Wellen (Kap. 33.1). Aber ein Schwingkreis strahlt diese EM-Wellen nicht besonders gut ab. Eine wesentlich bessere Abstrahlung ergibt sich mit Hilfe einer Antenne. **Eine Antenne ist ein offener Schwingkreis** (Abb. 33.18). Das klingt etwas seltsam, aber die Enden der Antenne wirken wie die Platten eines Kondensators, und das Magnetfeld entsteht durch den Stromfluss im Leiter.

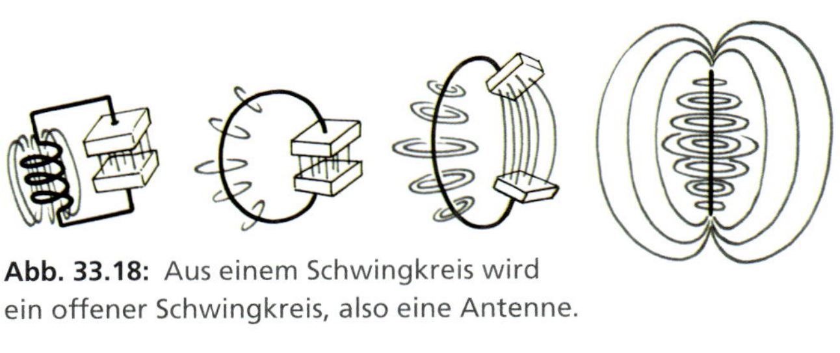

Abb. 33.18: Aus einem Schwingkreis wird ein offener Schwingkreis, also eine Antenne.

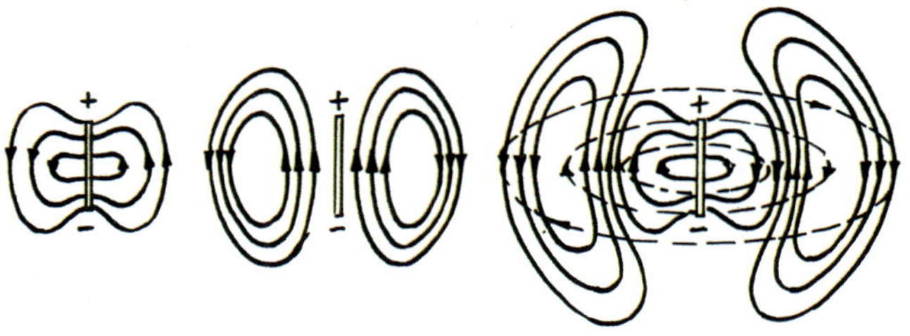

Abb. 33.19: Abstrahlung von EM-Wellen mit einer Antenne. Immer wenn diese gerade elektrisch neutral ist (b), lösen sich die elektrischen Feldlinien ab. Die magnetischen Feldlinien stehen normal auf die elektrischen (c) und beide breiten sich mit Lichtgeschwindigkeit von der Antenne aus.

In der Antenne schwingen die Ladungen mit sehr hoher Frequenz, weil L und C sehr klein sind. Weil sich die Enden der Antenne wie die Platten des Kondensators wechselweise unterschiedlich laden, sagt man zu ihr auch **Dipol!** Die Ladungen schwingen auf und ab. Das Prinzip ist also genau so wie in Abb. 33.4, nur dass die Beschleunigung durch die Schwingung kontinuierlich erfolgt. Dadurch entsteht nicht nur ein Knick in den elektrischen Feldlinien, sondern diese lösen sich von der Antenne ab und entwickeln quasi ein Eigenleben (Abb. 33.19). Natürlich muss auch eine Antenne durch Rückkopplung mit Energie versorgt werden, damit sie dauernd senden kann.

Zusammenfassung

Ein Schwingkreis besteht aus Spule und Kondensator, erzeugt beschleunigte Ladungen und somit EM-Wellen. Wenn man ihn aufbiegt, erhält man eine Antenne. Damit man eine ungedämpfte Schwingung erzeugen kann, muss durch einen Rückkopplungsmechanismus periodisch Energie zugeführt werden.

a

| Grundlagen der elektromagnetischen Wellen |

F15 ▸L Bei der Entstehung eines EMP durch eine Atombombenexplosion spielt der Compton-Effekt eine Rolle. Besorge dir dazu Information aus dem Internet.

F16 ▸L Auf welchen Frequenzen wird UKW-Radio gesendet? Nimm an, die Spule im Schwingkreis eines Radios hat eine Induktivität von 10^{-4} H. Welchen Kapazitätsbereich muss dann der Kondensator haben, damit das Radio den gesamten Sendebereich empfangen kann?

F17 ▸L Eine Möglichkeit mit einem Schwingkreis ungedämpfte Schwingungen zu erzeugen, ist mit Hilfe von Kopplungstrafo und Transistors. Was versteht man darunter? Verschaffe dir Information aus dem Internet.

F18 ▸L In einem Schwingkreis ist eine Spule mit 10^{-4} H und ein Kondensator mit 10^{-12} F. Wie hoch ist seine Frequenz? Berechne zuerst und überprüfe dann grafisch, indem du den Schnittpunkt der Widerstandskurven mit einer Tabellenkalkulation ermittelst.

34 | EINIGE LICHT-PHÄNOMENE

| Prolog |

MAXWELLS Entdeckungen zur Entstehung und Ausbreitung von EM-Wellen machten die Optik zu einem Teilgebiet des **Elektromagnetismus.** Für uns Menschen ist Licht etwas Besonderes, weil wir es sehen können.
Aus Sicht des Universums ist es aber bloß ein kleiner Teil des elektromagnetischen Spektrums (siehe Kap. 33.1 f.). Oft wird das gesamte EM-Spektrum als **Licht** bezeichnet, in diesem Kapitel ist mit Licht aber immer nur der **sichtbare Teil** gemeint. Dieser hat eine Wellenlänge von etwa 400 bis 750 nm. Wir sehen uns exemplarisch einige Phänomene an, bei denen vor allem der elektromagnetische Wellencharakter des Lichts im Vordergrund steht, und werden an manchen Stellen diese Erkenntnisse auch für andere EM-Wellen verallgemeinern.

34.1 Metalle sehen glänzend aus

Reflexion

Hier geht es darum, warum manche Stoffe elektromagnetische Wellen so gut reflektieren und manche nicht.

?

F1 ▸L Was versteht man unter dem Huygens-Prinzip? Was besagt das Reflexionsgesetz? Lies nach in Kap. 16.1 f., „Big Bang 6". Konstruiere die Reflexion einer ebenen Welle mit Hilfe des Huygens-Prinzips.

F2 Bei Spiegeln werden immer Metall oder Metallfolien verwendet (Abb. 34.1). Warum spiegeln diese so gut? Warum befindet sich bei einem normalen Spiegel vor der Metallschicht Glas, bei einem Präzisionsspiegel aber hinter dieser? Welcher optische Effekt tritt bei sehr dünnen Metallschichten auf, etwa bei Blattgold?

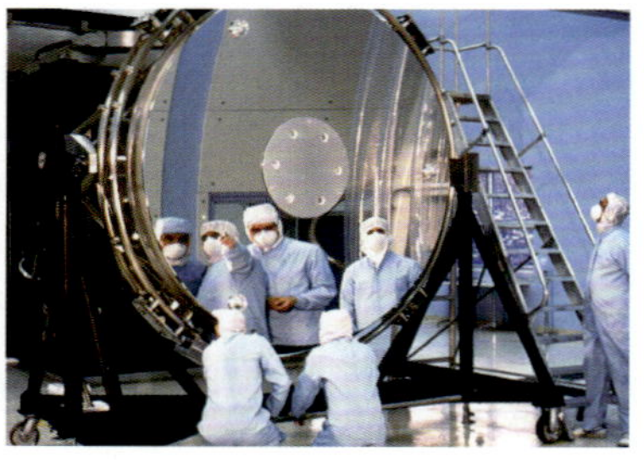

Abb. 34.1: Der große Spiegel des Hubble-Teleskops.

Dass vor allem **Metalle** Licht so gut reflektieren können, liegt an ihren frei beweglichen Elektronen. Die tatsächlichen Verhältnisse sind einigermaßen kompliziert, aber das Wesentliche kann man einfach erklären. Wenn Licht auf eine Metallfläche trifft, dann werden durch das veränderliche elektrische Feld die **Elektronen** an der Oberfläche in **Schwingungen** gebracht (Abb. 34.2). Das Auftreffen der Lichtwelle führt also dazu, dass die Oberfläche, ähnlich wie eine Antenne, eine weitere Lichtwelle aussendet (siehe Abb. 33.4 und 33.19). Das ist dann die reflektierte Welle, die du siehst.

Metalle reflektieren Licht fast vollständig. Das verleiht ihnen ihren Glanz. Im Inneren heben sich alle Effekte beinahe auf. Licht kann aber immerhin einige Millionstel Meter in Metalle eindringen. Dafür gibt einen Beleg: Sehr dünne Metallschichten sind nämlich tatsächlich **durchsichtig,** etwa Blattgold (Dicke rund 10^{-6} m). Die **Spiegel** im Alltag bestehen aus einer nicht ganz so dünnen Metallschicht, die zum Schutz auf der Rückseite einer Glasplatte aufgetragen ist (F2). Bei **Präzisionsspiegeln** (Abb. 34.1) würde die lichtbrechende Wirkung des Glases stören. Deshalb liegt bei diesen die Metallschicht vor dem Glas. Warum ist das Glas eigentlich durchsichtig? Weil es als Isolator keine frei beweglichen Ladungen hat und außerdem das Licht kaum absorbiert.

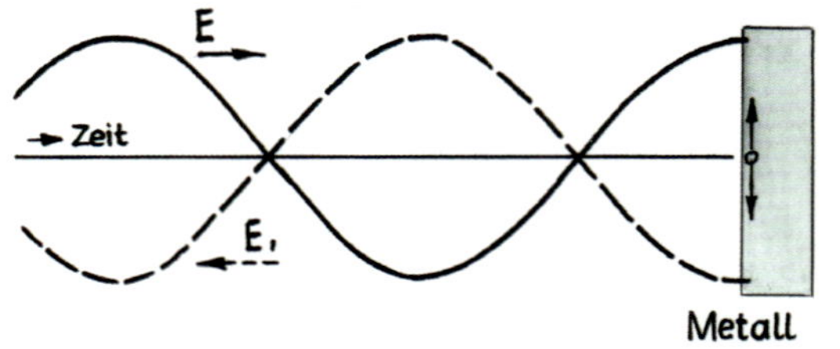

Abb. 34.2: Die einlaufende Lichtwelle (es ist nur das elektrische Feld eingezeichnet) regt die Elektronen zu Schwingungen an, wodurch eine neue Lichtwelle entsteht (strichliert). Im Inneren heben sich die Effekte (beinahe) auf – die Welle kann ein klein wenig eindringen.

Der hier beschriebene Reflexionsmechanismus gilt auch für andere EM-Wellen. So können Metallgerüste Radio- oder Handyempfang durch Reflexion stören. Und Radarwellen werden sehr gut an Metall reflektiert, was man bei Tarnkappenbombern (Abb. 35.10; Kap. 35.2) zu vermeiden versucht.

Zusammenfassung

Metalle bzw. Stoffe mit frei beweglichen Ladungen reflektieren EM-Wellen sehr gut, weil diese Ladungen zu Schwingungen angeregt werden und somit neue EM-Wellen gleicher Frequenz erzeugen.

34.2 Rettungsschwimmer am Strand

Brechung und Totalreflexion

Die Lichtbrechung spielt im Alltag bei allen optischen Geräten eine Rolle und natürlich bei deinen Augen, die quasi auch optische Geräte sind. Aber warum wird Licht eigentlich gebrochen?

▸▸▸ ? | **Fragenbox** |

F3 ▸L Wie lautet das Brechungsgesetz? Lies nach in Kap. 16.2, „Big Bang 6“, und leite das Brechungsgesetz mit Hilfe des Huygens-Prinzips ab. Was besagt das Prinzip von Fermat? Lies nach in Kap. 16.1, „Big Bang 6“!

F4 Welchen Weg müssten der Mensch bzw. der Delfin nehmen (Abb. 34.3), damit sie so schnell wie möglich bei der Schwimmerin in Seenot sind und warum?

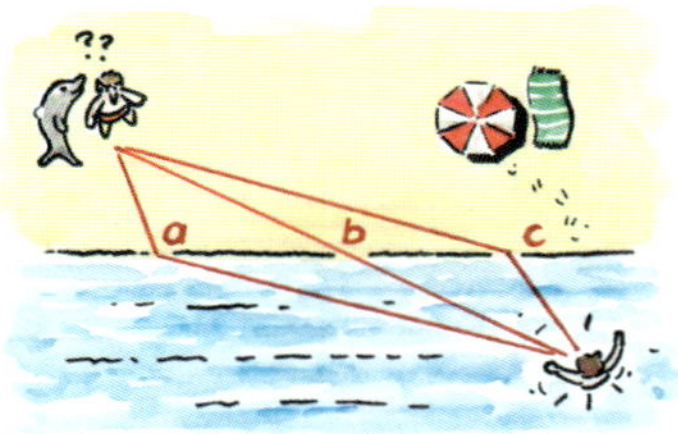

Abb. 34.3: Welches sind die jeweils schnellsten Wege?

F5 Licht breitet sich immer mit rund $3 \cdot 10^8$ m/s aus. Richtig oder falsch?

F6 Wie funktioniert die Datenübertragung durch Glasfaserkabel eigentlich?

F7 ▸L In Abb. 34.4 siehst du einen Blick von unter Wasser. Wieso ist die Welt über Wasser so seltsam verzerrt?

Abb. 34.4

Der bekannte Wert der **Lichtgeschwindigkeit** von rund $3 \cdot 10^8$ m/s stimmt im Prinzip auch für Medien. Die primäre Lichtwelle (in Abb. 34.5 schwarz) regt aber die Atome im Stoff zu Schwingungen an, die in Summe eine gestreute Welle erzeugen (rot). Die Überlagerung der gestreuten Welle mit der primären Lichtwelle addiert sich zu einer verzögerten Gesamtwelle (blau), die wir dann wahrnehmen. Unter dem Strich sieht es also so aus, als wäre das Licht langsamer geworden. Je größer die **Brechzahl *n*,** desto größer die **optische Dichte,** desto stärker ist die Gesamtwelle verzögert.

Diese Geschwindigkeitsänderung ist die Erklärung für die Brechung des Lichts an der Grenze zu einem anderen Medium. **Jede Welle legt den Weg zwischen zwei Punkten in der kürzesten Zeit zurück. Das besagt das Prinzip von Fermat.** Der zeitlich kürzeste Weg hat einen Knick, wenn die Geschwindigkeiten in den beiden Medien nicht gleich groß sind, etwa wenn Licht schräg von Luft in Glas eindringt oder es wieder verlässt. Es ist wie am Strand (F4). Für den Menschen ist der Weg über C am schnellsten, weil er im Wasser langsamer ist. Das entspricht einer **Brechung zum Lot.** Für den Delfin ist der Weg über A am schnellsten, weil er am Sand langsamer ist. Das entspricht einer **Brechung vom Lot.** Mit Hilfe des Fermat-Prinzips kann man das Brechungsgesetz sehr elegant ableiten.

Material	c absolut [m/s]	% von c_0	$n = c_0/c$
Vakuum	299.792.458	100	1
bodennahe Luft	299.704.944	99,97	1,000292
Wasser	225.407.863	75,19	1,33
Quarzglas	202.562.471	67,56	1,48
Diamant	123.881.181	41,32	2,42

Tab. 34.1: Einige Beispiele für Lichtgeschwindigkeiten in verschiedenen Materialien. *n* bezeichnet man als **Brechzahl.**

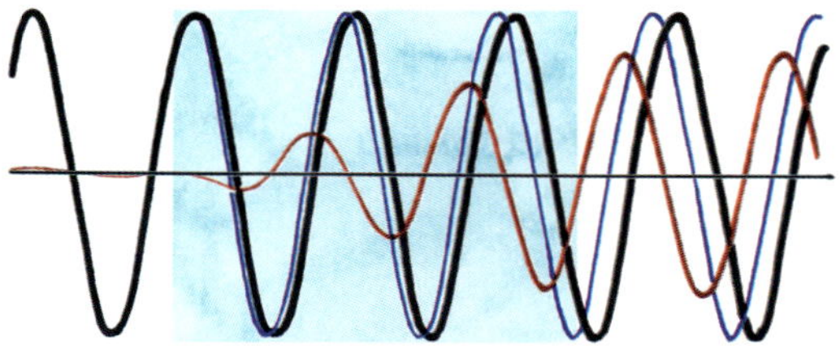

Abb. 34.5: Die primäre Lichtwelle (schwarz) baut im Medium eine gestreute Welle auf (rot). Die Überlagerung führt zu einer verzögerten Gesamtwelle (blau). Es sieht so aus, als wäre das Licht langsamer geworden.

▸▸▸ i | Lichtbrechung mit Fermat |

In Abb. 34.7 siehst du, was passiert, wenn Licht auf ein optisch dünneres Medium trifft. Je größer der Einfallswinkel, desto stärker der Knick. Bei einem bestimmten **Grenzwinkel** verläuft der gebrochene Strahl parallel zur Wasseroberfläche (4), und bei noch größerem Winkel wird alles reflektiert (5). Man spricht daher von **Totalreflexion.** Eine technische wichtige Anwendung ist

| Lichtbrechung mit Fermat |

Das **Fermat-Prinzip** besagt, dass der Weg des gebrochenen Lichtstrahls (Abb. 34.6) der zeitlich kürzeste ist. Aus dieser Tatsache kann man das **Brechungsgesetz** ableiten.

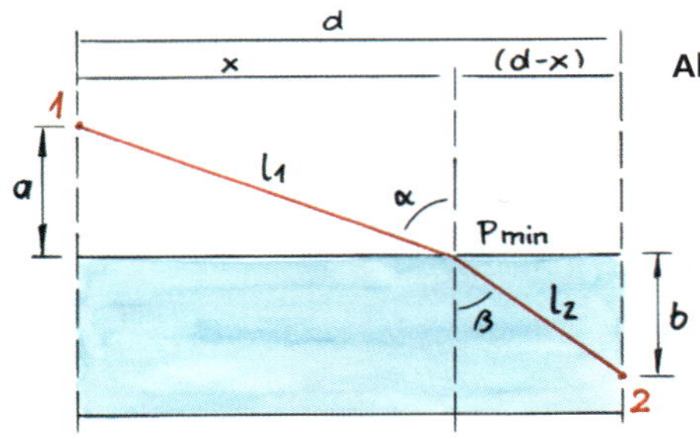

Abb. 34.6

Die im oberen Medium zurückgelegte Strecke nennen wir l_1, die im unteren Medium l_2. Die Zeit, die das Licht für den Weg von 1 nach 2 benötigt, ist daher

$$t = \frac{l_1}{c_1} + \frac{l_2}{c_2} \quad (1).$$

Wir müssen nun P_{min} ermitteln, bei dem die Zeit t ein Minimum wird, für den also $dt/dx = 0$ gilt:

$$\frac{dt}{dx} = \frac{1}{c_1}\frac{dl_1}{dx} + \frac{1}{c_2}\frac{dl_2}{dx} = 0 \quad (2).$$

▸▸▸ i | Fortsetzung auf Seite 84 |

| Lichtbrechung mit Fermat |
| Fortsetzung von Seite 83 |

Die Wege l_1 und l_2 hängen von x folgendermaßen ab:

$$l_1^2 = a^2 + x^2 \text{ und } l_2^2 = b^2 + (d - x)^2 \quad (3).$$

Nun setzen wir (3) in (2) ein und berechnen die einzelnen Ableitungen:

$$\frac{dl_1}{dx} = \frac{d(\sqrt{a^2 + x^2})}{dx} = \frac{x}{l_1} = \sin\alpha \ (4).$$

$$\frac{dl_2}{dx} = -\frac{d-x}{l_1} = -\sin\beta \ (5).$$

Jetzt muss man nur noch (4) und (5) in (2) einsetzen und erhält das **Brechungsgesetz:**

$$\frac{\sin\alpha}{c_1} + \frac{-\sin\beta}{c_2} = 0 \Rightarrow \frac{\sin\alpha}{\sin\beta} = \frac{c_1}{c_2}$$

Die Brechzahl n eines Mediums ist als Quotient der Lichtgeschwindigkeit im Vakuum (c_0) und in diesem Medium (c) definiert, also $n = c_0/c$ (siehe Tab. 34.1). Daher kann man das Brechungsgesetz auch so formulieren:

$$\frac{\sin\alpha}{\sin\beta} = \frac{c_1}{c_2} = \frac{\frac{c_0}{n_1}}{\frac{c_0}{n_2}} = \frac{n_2}{n_1}$$

die Datenübertragung mit Hilfe von **Glasfaserkabeln** (siehe Abb. 28.26, Kap. 28.5). Das Licht ist im Inneren durch Totalreflexion quasi gefangen. Glasfaserkabel ermöglicht eine sehr hohe Datenübertragungsrate, etwa für Kabelfernsehen oder Internet (F6). Auch bei **Radiowellen** kann es in der Atmosphäre zur Totalreflexion kommen (Abb. 34.8).

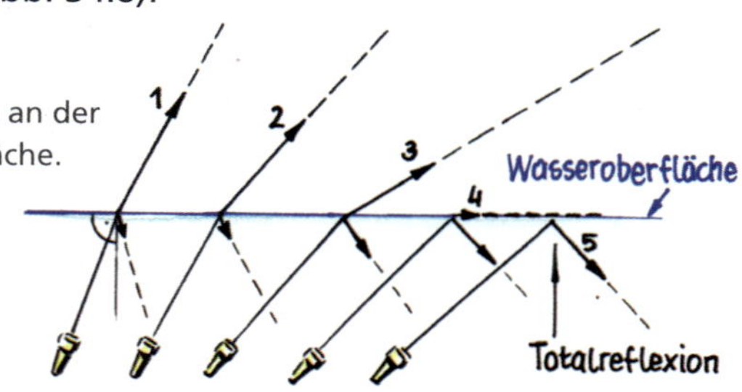

Abb. 34.7: Totalreflexion an der Wasseroberfläche.

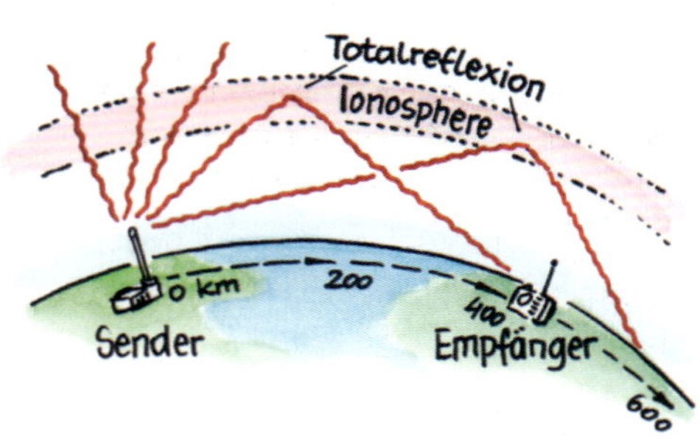

Abb. 34.8: Durch Totalreflexion von Radiowellen an der Ionosphäre kann es zu sehr hohen Reichweiten kommen.

Zusammenfassung

Wellen nehmen immer den zeitlich kürzesten Weg. Brechung von Licht- und EM-Wellen kommen durch verschieden optische Dichten der Medien zu Stande. Die Totalreflexion ist ein Effekt der Lichtbrechung.

34.3 Jetzt wird's bunt

Dispersion und Farbmischung

Hier geht es darum, wie man weißes Licht in seine Bestandteile zerlegen kann, und was passiert, wenn man diese wieder zusammenmischt.

F8 Mit einem Prisma kann man weißes Licht aufspalten (Abb. 34.9). Was bedeutet das für die Lichtgeschwindigkeit der einzelnen Farben (siehe Kap. 34.2)?

Abb. 34.9: Warum spalten sich die Farben auf?

F9 Was versteht man unter kontinuierlichem Spektrum, Linien- und Absorptionsspektrum? Wie kommen sie zu Stande? Lies nach in Kap. 27.1 und 28.1 f und fasse zusammen.

F10 Ein Regenbogen (Abb. 34.10) ist wirklich eine beeindruckende Naturerscheinung. Wie kommt er zu Stande? Wo müssen Regen und Sonne sein? Wie kommt es zum Nebenregenbogen? Warum ist er schwächer zu sehen? Wieso ist seine Farbreihenfolge umgekehrt?

Abb. 34.10: Haupt- und Nebenregenbogen.

F11 Beim Fernseher erzeugt man durch Mischung von bloß drei Farben das ganze Farbspektrum. Wie funktioniert das genau?

Im Vakuum beträgt die Lichtgeschwindigkeit (c_0) rund $3 \cdot 10^8$ m/s. In Stoffen ist sie kleiner und hängt von deren optischer Dichte ab (Kap. 34.1). Das ist aber noch nicht die ganze Wahrheit. **Die Lichtgeschwindigkeit in Stoffen hängt nicht nur von deren Beschaffenheit ab, sondern auch von der Wellenlänge des Lichts.** Sehen wir uns dazu einmal die Sache mit dem Prisma genauer an.

Du siehst, dass das blaue Licht am stärksten gebrochen wird und das rote am schwächsten (Abb. 34.11). Das

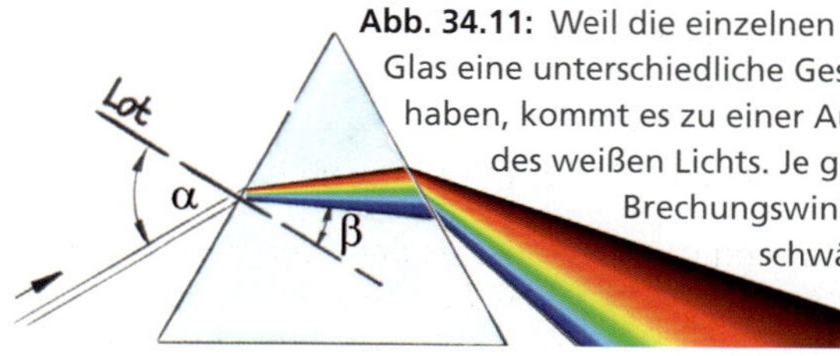

Abb. 34.11: Weil die einzelnen Farben im Glas eine unterschiedliche Geschwindigkeit haben, kommt es zu einer Aufspaltung des weißen Lichts. Je größer der Brechungswinkel β, desto schwächer die Brechung.

Brechungsgesetz besagt aber: **Je größer die Geschwindigkeit im Glas (c_2), desto größer sinβ, desto geringer die Brechung.** Das bedeutet, dass sich rotes Licht im Glas am schnellsten bewegen muss und blaues am langsamsten (F8). Diese Abhängigkeit der Wellengeschwindigkeit von der Wellenlänge nennt man **Dispersion** (siehe auch Kap. 15.3 und 16.2.2, „Big Bang 6“).

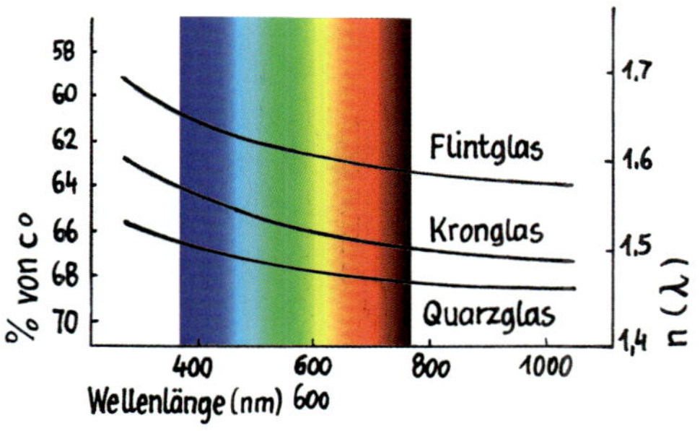

Abb. 34.12: Zusammenhang zwischen Wellenlänge und Geschwindigkeit (bzw. Brechzahl) für drei Glassorten. Der Wert für Quarzglas in Tab. 34.1 gilt nur für 600 nm.

Wenn man also die Brechzahl eines Stoffes ganz exakt angeben will, muss man auch die Wellenlänge dazusagen, für die dieser Wert gilt (Abb. 34.12). Obwohl die Geschwindigkeitsunterschiede nur wenige Prozent ausmachen, kommt es trotzdem zu diesen prächtigen Farberscheinungen. Beim **Regenbogen** ist es ganz ähnlich wie beim Prisma. Wenn du das nächste Mal einen siehst, dann denkst du vielleicht daran, dass dieses imposante Schauspiel nur deshalb möglich ist, weil sich die Farben im Tropfen unterschiedlich schnell bewegen.

››› i | **Regenbogen** |

Wenn man weißes Licht aufspaltet, erhält man das Spektrum aller Farben. Das bedeutet natürlich umgekehrt, dass man beim Vereinigen dieser Farben wieder weiß bekommt. Aber man braucht nicht einmal das ganze Spektrum dazu, es genügen **rot, grün und blau.** Das liegt daran, dass es in unserer Netzhaut für das Farbsehen drei Typen von Zäpfchen gibt, die jeweils auf eine dieser Farben reagieren (Abb. 34.15). Wenn an einer Stelle der Netzhaut alle drei Typen gereizt werden, dann empfindest du das als weiß.

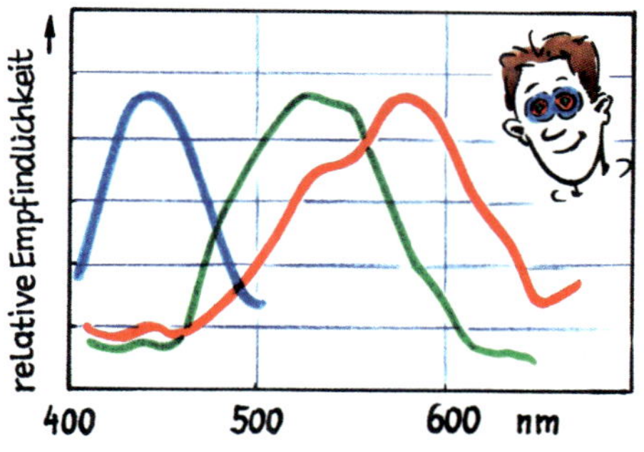

Abb. 34.16: Die relative Empfindlichkeit der drei Typen von Zäpfchen auf der Netzhaut.

Das nutzt man unter anderem bei **Fernseher** und **PC-Monitor** aus (F11). Deren Schirme bestehen aus hunderttausenden roten, grünen und blauen Leuchtpunkten. Die Punkte sind so winzig, dass du sie auch aus der Nähe kaum einzeln wahrnehmen kannst (Abb. 34.16). Weil sich hier Lichtwellen überlagern, also quasi addieren, spricht man von **additiver Farbmischung.** Man kann diese Punkte aber nicht nur ein- oder ausschalten, sondern auch deren Intensität variieren. Auf diese

i

| Regenbogen |

Damit du einen Regenbogen sehen kannst, musst du auf die fallenden Tropfen blicken und die Sonne im Rücken haben (Abb. 34.13; F10). Abb. 34.14 zeigt, wie das Sonnenlicht durch den Eintritt in die Regentropfen aufgespaltet wird. Weil bei **Haupt-** und **Nebenregenbogen** die Lichtstrahlen gegengleich durch die Tropfen laufen, ist auch die Farbreihenfolge beim Austritt umgekehrt. Beim Hauptregenbogen wird der Lichtstrahl nur einmal reflektiert, bevor er austritt, beim Nebenregenbogen zweimal. Weil bei jeder Reflexion auch Licht nach außen dringt, ist dadurch der Nebenregenbogen lichtschwächer und nicht immer zu sehen.

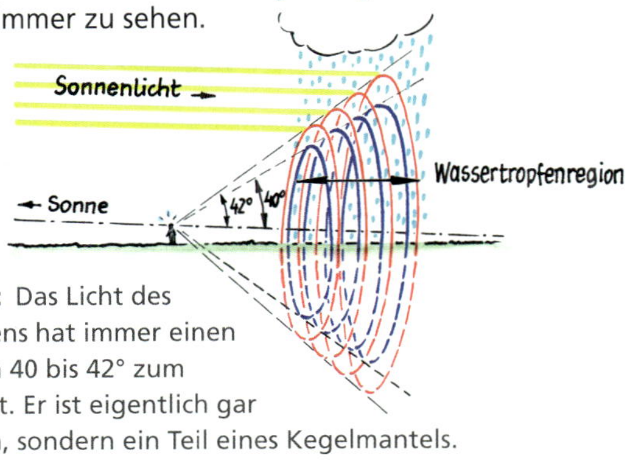

Abb. 34.14: Das Licht des Hauptbogens hat immer einen Winkel von 40 bis 42° zum Sonnenlicht. Er ist eigentlich gar kein Bogen, sondern ein Teil eines Kegelmantels.

Etwas verblüffend ist zunächst, dass der Hauptregenbogen oben rot und unten blau ist, die Farben aber genau

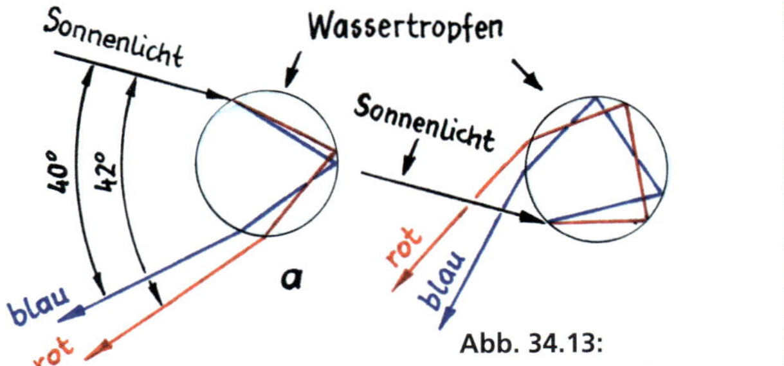

Abb. 34.13: a) Hauptregenbogen, b) Nebenregenbogen.

umgekehrt aus den Tropfen austreten (Abb. 34.13 a; beim Nebenregenbogen ist es genau umgekehrt). Das liegt daran, dass du von jedem Tropfen nur eine einzige Farbe siehst. Von den obersten Tropfen des Regenbogens gelangt nur rot in dein Auge und von den untersten nur blau (Abb. 34.14). Das ergibt dann die Farbreihenfolge die du sehen kannst.

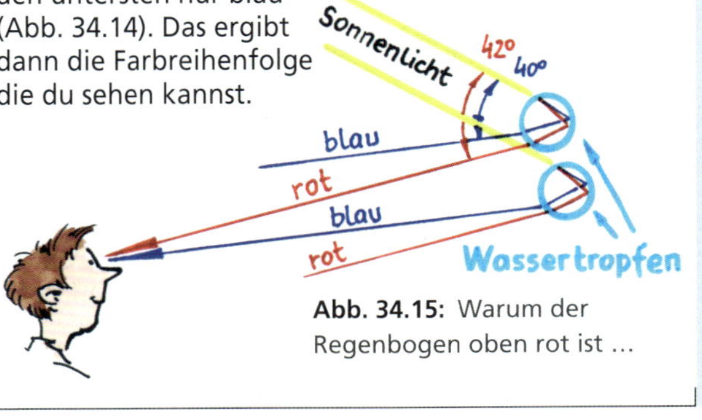

Abb. 34.15: Warum der Regenbogen oben rot ist …

Weise lassen sich auf jedem normalen PC mindestens 16,7 Millionen Farbschattierungen erzeugen!

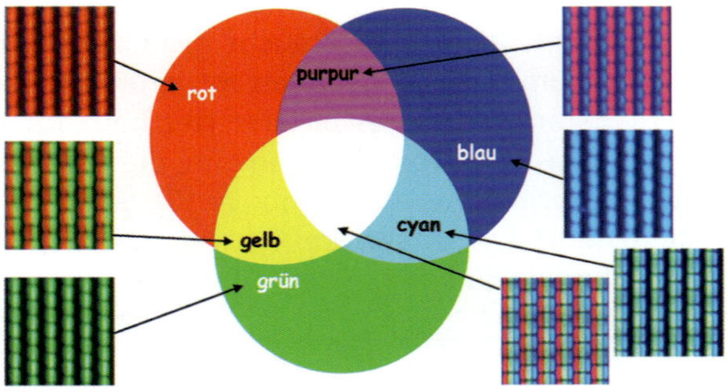

Abb. 34.17: Additive Farbmischung bei Fernseher und Monitor. Es sind nur Mischungen dargestellt, bei denen die Punkte gleiche Intensität haben. Die Quadrate sind starke Vergrößerungen eines Fernsehschirms, der diese Farben darstellt. Weiß erhält man, wenn alle drei Punktarten leuchten.

Zusammenfassung

Weißes Licht kann durch Brechung in seine Komponenten zerlegt werden, weil die Farben unterschiedliche Geschwindigkeiten und somit auch unterschiedliche Brechzahlen haben. Durch Mischung von rotem, grünem und blauem Licht in verschiedenen Intensitäten kann man alle Farben erzeugen.

34.4 Bildschirm(r)evolution

Polarisation

Hier geht es um eine spezielle Art von Licht, bei der das elektrische Feld in nur einer Ebene schwingt. Dieses Licht ist die Grundlage für die LCD-Technologie.

››› ? | Fragenbox

Licht entsteht durch Quantensprünge der Elektronen in den Atomhüllen. Durch diese Quantensprünge kommt es zu einer Änderung des elektrischen Feldes und somit zur Entstehung elektromagnetischer Wellen. **Normales Licht ist immer eine Mischung aus Wellenzügen mit völlig unterschiedlichen Eigenschaften,** unter anderem auch der Schwingungsrichtung des elektrischen Feldes (Abb. 34.19 a bis c). Man spricht in diesem Fall von **unpolarisiertem** Licht.

Abb. 34.19:
a und b) Bei unpolarisiertem Licht schwingen die elektrischen Felder in unterschiedlichen Richtungen. Hier sind exemplarisch zwei dargestellt. c) Symbol für unpolarisiertes Licht. d) Schematische Darstellung, wie man mit einem Polfilter polarisiertes Licht erzeugen kann.

Wenn man Licht durch einen **Polarisationsfilter** (kurz Polfilter) schickt, dann schwingt das elektrische Feld nur mehr in einer Richtung – es wurde polarisiert (Abb. 34.19 d). Polfilter kann man zum Beispiel aus Kunststofffolien herstellen, die aus langgestreckten Molekülen bestehen. Besonders interessant wird es, wenn man zwei Polfilter verwendet. Je nach Ausrichtung kann man dann das Licht durchlassen oder nicht (Abb. 34.20 und 34.21). Dieses Phänomen, das man

Abb. 34.20: Modell von Polfiltern in paralleler (a) und gekreuzter Ausrichtung (b). Man kann den Effekt sehr gut mit dem „Gartenzaunmodell" verstehen (Kap. 29.4).

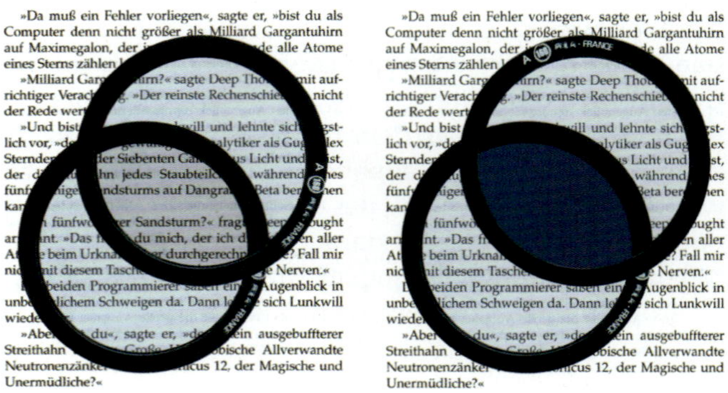

Abb. 34.21: Foto von Polfiltern in paralleler (links) und gekreuzter Ausrichtung (rechts).

?

F12 Was versteht man unter Longitudinal- und Transversalwellen? Lies nach in Kap. 15.2, „Big Bang 6".

F13 Man wusste schon lange vor Maxwell, dass Licht eine Transversalwelle ist. Welchen Beleg gab es dafür?

F14 Du kennst LCD-Anzeigen von Uhren oder vom Taschenrechner (Abb. 34.17). Aber wie funktionieren diese?

Abb. 34.18: LCD-Anzeige eines Taschenrechners.

F15 Wann und wie gelang der erste experimentelle Beleg, dass Licht Welleneigenschaften aufweist? Wie entsteht das Licht in den Hüllen der Atome? Wo spielt die Polarisation einzelner Photonen eine Rolle? Was versteht man unter dem „Gartenzaunmodell"? Was versteht man unter kohärentem Licht? Lies nach in Kap. 26.2, 28.1, 28.4 und 29.3 f.

F16 Dextrose ist ein Traubenzucker, und zwar ein rechtsdrehender. Auf manchen Joghurts steht, dass links- und rechtsdrehende Milchsäure drin ist. Wer oder was dreht sich in diesen Fällen?

schon lange vor Maxwells Entdeckung kannte, ist nur möglich, weil Licht eine **Transversalwelle** ist (F13).

Einige Stoffe wie Traubenzuckerlösungen, Milchsäure oder manche Kristalle drehen die Schwingungsebene von polarisiertem Licht. Man spricht dann von **optisch aktiven Substanzen.** Wenn man zum Beispiel eine Lösung aus Dextrose herstellt und polarisiertes Licht durchschickt, dann dreht sich dessen Schwingungsebene von vorne gesehen nach rechts (Abb. 34.22). Deshalb sagt man Dextrose ist rechtsdrehend (lat. dexter = rechts; F16).

Abb. 34.22: Ein rechtsdrehender Stoff (b): Der Drehwinkel hängt von vielen Faktoren ab, etwa von der Wellenlänge. In diesem Fall muss der zweite Filter um 90 ° gedreht werden, damit das Licht durchkommt.

i

| LCD |

LCD steht für **L**iquid **C**rystal **D**isplay. Diese **Flüssigkristalle** sind optisch aktiv, verlieren diese Fähigkeit aber unter elektrischer Spannung. Abb. 34.23 zeigt den Aufbau einer LCD-Zelle. Ohne Spannung wird das Licht am Spiegel reflektiert. Diese Stelle ist hell. Liegt Spannung an, dreht der Kristall die Schwingungsebene nicht, und das Licht wird am unteren Filter geschluckt. Diese Stelle ist dunkel. Eine LCD-Zelle ist ein spannungsgesteuertes Lichtventil (F14).

Auch **LCD-Bildschirme,** die herkömmliche Fernseher verdrängt haben, funktionieren so. Allerdings haben die Zellen keinen Spiegel, sondern werden von hinten beleuchtet. Außerdem gibt es pro darzustellenden Pixel eine rote, grüne und blaue Zelle.

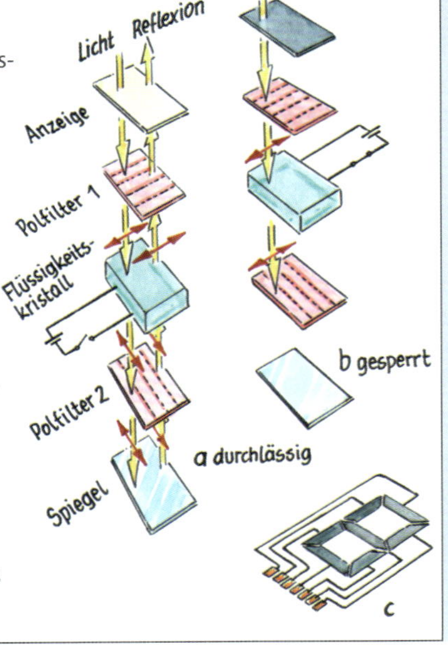

Abb. 34.23: a und b) „Explosionsdarstellung" eines LCD-Segments – die Polfilter sind gekreuzt. Die Kristallschicht ist in Wirklichkeit nur einige µm dick. c) Jede Ziffer eines Taschenrechners hat 7 durchsichtige, elektrisch leitende Segmente. Jedes Segment wie das färbig markierte ist im Prinzip so aufgebaut wie links dargestellt.

i

| Unter Spannung |

Auch Kunststoffe können optisch aktiv sein, wobei der Drehwinkel von der mechanischen Spannung abhängt. Man spricht daher von **Spannungsoptik.** Man platziert den Kunststoff zwischen zwei Polfiltern und beleuchtet ihn. Weil die Drehung der Schwingungsebene auch von der Wellenlänge abhängt, werden nicht alle Farben gleich stark gedreht und somit vom zweiten Filter unterschiedlich stark abgeschwächt. Aus dem dadurch entstehenden Farbmuster kann der Fachmann die Belastung an den verschiedenen Stellen ablesen. Man kann auf diese Weise an Kunststoffmodellen reale Belastungen studieren (Abb. 34.24).

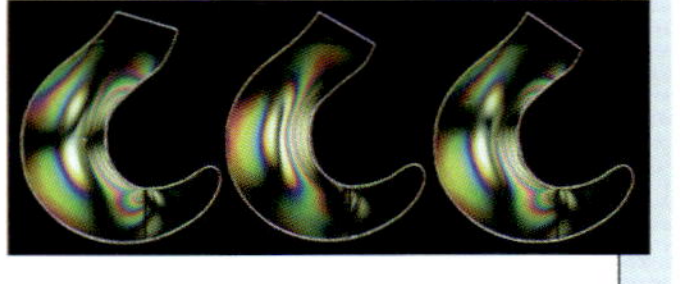

Abb. 34.24: Haken bei drei verschiedenen Belastungen (0, 45 und 75 Gramm) bei Beleuchtung mit weißen Licht.

Wenn man optisch aktive Substanzen mit zwei Polfiltern kombiniert, dann kann man eine **LCD-Anzeige** basteln und mechanische Spannungen in einem durchsichtigen Werkstoff sichtbar machen.

▸▸▸ **i** | LCD |
▸▸▸ **i** | Unter Spannung |

Zusammenfassung

Wenn das elektrische Feld einer Lichtwelle nur in einer Ebene schwingt, dann spricht man von polarisiertem Licht. Eine wichtige Anwendung davon ist die LCD-Technologie für Displays oder Flachbildschirme.

a

| Einige Licht-Phänomene |

F17 Was versteht man unter Beugung? Wie kommt es zu den schillernden Erscheinungen auf der Oberfläche einer CD? Wie funktioniert das CCD einer Digitalkamera? Wie kommt man von den Wellen- und Teilcheneigenschaften des Lichts auf die Unschärferelation? Lies nach in Kap. 26.

F18 ▸L Glas ist für sichtbares Licht durchsichtig, nicht aber für IR-Licht. Woher kommt das?

F19 Wie kommt eine Fata Morgana zu Stande? Wie funktioniert ein Endoskop? Besorge dir dazu Information aus dem Internet.

F20 ▸L Berechne aus dem Brechungsgesetz den Grenzwinkel der Totalreflexion für Wasser und Quarzglas.

F21 Was versteht man unter subtraktiver Farbmischung und wo wird diese angewendet? Besorge dir Information aus dem Internet.

F22 ▸L Die so genannte Farbtiefe bei einem PC-Monitor beträgt 32 bit. Was bedeutet das? Wie viele Abschattierungen muss dazu jede einzelne Farbe haben?

35 | ENERGIEÜBERTRAGUNG DURCH EM-WELLEN

| Prolog |

Eine Welle ist die Ausbreitung einer Störung. Elektromagnetische Wellen werden zum Beispiel ausgelöst, indem Ladungen beschleunigt werden, wodurch das elektrische Feld gestört wird (Kap. 33.1). Diese Störung breitet sich mit Lichtgeschwindigkeit im Raum aus (siehe Kap. 33.1). Eine Welle ist aber auch die Ausbreitung von Energie, ohne dass dabei Materie transportiert wird (Kap. 15.1, „Big Bang 6"). Ein sehr plastisches Beispiel dafür sind Erdbebenwellen. Sie transportieren ungeheure Mengen an Energie, die noch an weit entfernten Orten enorme Schäden anrichten können (Abb. 35.1). Ganz komprimiert kann man also sagen: **Eine Welle ist die Ausbreitung einer Störung bzw. von Energie ohne Materietransport.** In diesem Kapitel werden wir uns vor allem Phänomene der EM-Wellen ansehen, bei denen dieser Energieaspekt im Vordergrund steht.

Abb. 35.1: Umgefallene Lok nach dem Erdbeben in Los Angeles 1906 (siehe auch Kap. 15.1, „Big Bang 6").

35.1 Vom Backofen zum Kosmos

Schwarzer Strahler, schwarze Körper

Jedes Objekt sendet zu jedem Zeitpunkt elektromagnetische Wellen aus, auch dieses Buch und der Tisch, auf dem es liegt. Das liegt an den thermischen Schwingungen der Atome.

?

F1 Was versteht man unter thermischer Bewegung? Welcher Zusammenhang besteht zwischen ihr und der Temperatur eines Objekts? Was besagen der 1. und 2. Hauptsatz der Wärmelehre (Thermodynamik)? Lies nach in Kap. 18.2ff, „Big Bang 6".

F2 Was versteht man unter einem idealen Gas und eine realen Gas? Lies nach in Kap. 21.1, „Big Bang 6".

F3 Wenn man einen Eisenstab erhitzt (etwa einen Nagel im Trafo; siehe Abb. 32.29, Kap. 32.3), glüht dieser zuerst dunkel- und hellrot und dann gelb, je mehr sich seine Temperatur erhöht. Wieso ist das so?

F4 Die Sonne hat eine Oberflächentemperatur von etwa 6000 K. Woher weiß man das?

F5 Wenn man von Reflexionen absieht, sind Fenster ohne Vorhänge am Tag viel dunkler als die Fassade. Warum?

Abb. 35.2: Das Palais Epstein in Wien.

F6 Du bist irgendwo im Weltall, fern von Sternen und Planeten. Welche Temperatur hat es dort? Kann man überhaupt im Weltall von einer Temperatur sprechen?

Um zu verstehen, was ein schwarzer Strahler ist, müssen wir etwas ausholen. Es gibt kein Objekt im Universum, dessen **Temperatur** exakt 0 Kelvin beträgt. Temperatur zu haben bedeutet, dass alle Teilchen des Gegenstandes, also auch Atome und Elektronen, **thermische Schwingungen** ausführen: je heißer, desto heftiger (F1). Nun werden aber elektromagnetische Wellen durch beschleunigte Ladungen ausgelöst, etwa durch Ladungsschwingungen (Kap. 33.1).

Wenn du beides zusammentust, ergibt sich etwas Verblüffendes: **Jeder Körper in diesem Universum sendet auf Grund seiner Temperatur elektromagnetische Wellen aus.** Auch dieses Buch, der Sessel und du selbst. Weil die Temperatur der Grund der Strahlung ist, spricht man von **Wärmestrahlung.** Genau genommen sind die „thermischen Schwingungen der Elektronen" eigentlich Quantensprünge (siehe Kap. 28.1), bei denen Photonen aufgenommen oder abgegeben werden.

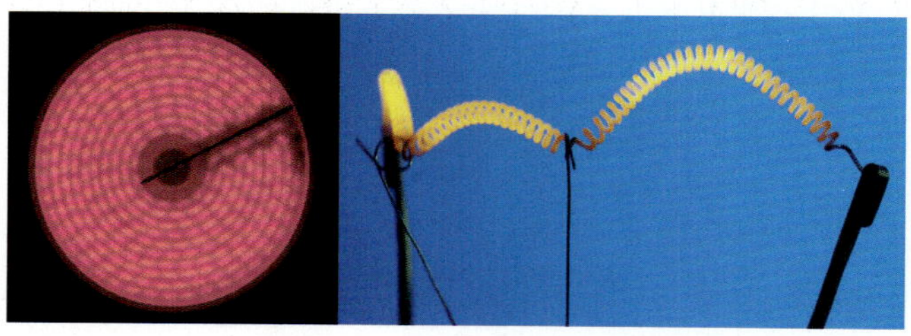

Abb. 35.3: Die Leuchtfarbe eines Wärmestrahlers hängt von seiner Temperatur ab: Herdplatte etwa 600 °C (links), Glühwendel etwa 2700 °C (rechts).

Bei Zimmertemperatur haben die EM-Wellen eine niedrige Frequenz, die du nicht sehen kannst. In heißen Gegenständen sind die Schwingungen aber so heftig, dass die entstehenden Wellen **sichtbar** werden. Das ist etwa bei einer Herdplatte oder dem Glühdraht einer Lampe der Fall. Die kühlere Herdplatte leuchtet dunkelrot, die wärmere Glühwendel orange (Abb. 35.3). Es gibt also einen Zusammenhang zwischen Temperatur und Farbe. Wie kann man diesen quantitativ beschreiben?

Die Natur ist sehr kompliziert, aber in vielen Fällen kann man vereinfachen. Das **ideale Gas,** mit dem man innerhalb gewisser Grenzen **reale Gase** gut beschreiben kann, ist ein Beispiel dafür (**F2**). **Was für die Gaskinetik das ideale Gas ist, ist für die Wärmestrahlung der schwarze Strahler: Ein vereinfachtes Modell, mit dem man reale Verhältnisse gut beschreiben kann.** Aber wie soll man sich einen schwarzen Strahler vorstellen?

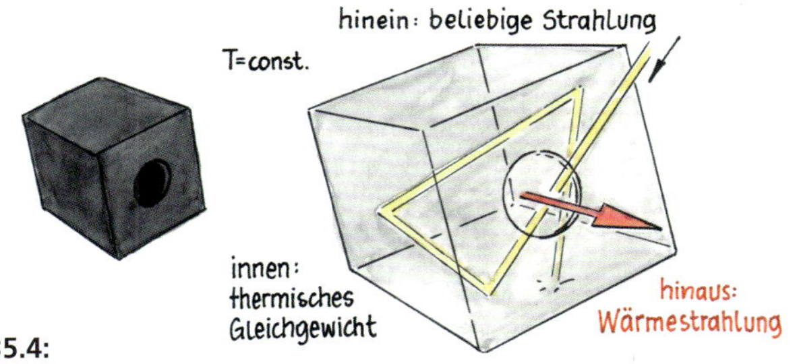

Abb. 35.4:
Die Box ist außen und innen schwarz. Das Loch ist aber „schwärzer", weil das Licht im Inneren durch mehrmalige Reflexion praktisch absorbiert wird (siehe rechts). Aus diesem Grund sind auch die Fenster eines Hauses unter Tags so dunkel (**F5**). Das Innere dieser Box ist ein Modell für einen schwarzen Körper.

Schwarze Strahler sind theoretische Objekte, die alle auftreffenden EM-Wellen absorbieren. Es gibt keinen realen Gegenstand, auf den das zu 100 % zutrifft, aber ein Hohlraum mit einer kleinen Öffnung ist eine gute Näherung. Das kann eine schwarze Box sein (Abb. 35.4) oder ein Backofen, der innen verrußt ist. Das Innere ist dann bei **Zimmertemperatur** völlig schwarz (wie das Loch im Würfel), und daher auch der Name **schwarzer Strahler** oder **schwarzer Körper.** Auch auf Sterne trifft das in guter Näherung zu, da sie als Gaskugeln die auftreffenden EM-Wellen absorbieren. Kleine, ausgebrannte Sterne werden tatsächlich völlig schwarz (große werden Neutronensterne oder schwarze Löcher; „Big Bang 8").

Was „strahlt" am schwarzen Strahler? Die Wärmestrahlung! Zwischen den Wänden des schwarzen Strahlers und der EM-Strahlung im Inneren entsteht thermisches Gleichgewicht. Das Spektrum eines idealen schwarzen Strahlers ist **vom Material völlig unabhängig.** Je heißer das Objekt, desto kurzwelliger das Strahlungsmaximum (Abb. 35.6). Egal, welche Strahlung in die Öffnung eintritt, rotes Licht, Röntgen, blaues Licht: Ein schwarzer Strahler „verwurstet" alles und strahlt bei derselben Temperatur immer mit demselben Spektrum, egal ob er ein Backofen oder ein Stern ist.

Warum braucht man aber dieses idealisierte Modell? Weil man dann die Temperaturstrahlung mit **Gleichungen** beschreiben kann. Den Zusammenhang zwischen Temperatur und Strahlungsmaximum kann man z. B. mit dem Wien'schen Verschiebungsgesetz beschreiben (strichlierte Linien in Abb. 35.6).

››› i | **Planck'sche Verzweiflung** |

Formel: Wien'sches Verschiebungsgesetz

$\lambda_{max} \cdot T = 2{,}9 \cdot 10^{-3}$ mK

λ_{max} ... Wellenlänge der max. Strahlung [m]
T ... absolute Temperatur des schwarzen Strahlers [K]

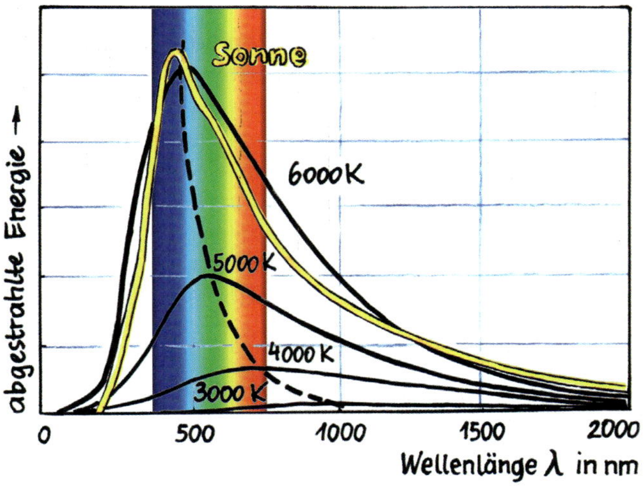

Abb. 35.6: Strahlung von idealen schwarzen Strahlern und die reale Strahlung der Sonne. Die Maxima (strichlierte Linie) verschieben sich mit zunehmender Temperatur nach links und somit die sichtbare Farbe von rot über orange und gelb bis blau (siehe auch Abb. 28.14, Kap. 28.2).

| Planck'sche Verzweiflung |

Schon im 19. Jahrhundert konnte man die Strahlung von Hohlräumen (also von schwarzen Strahlern) im Labor messen (siehe Abb. 35.5 rechts oben). Die gemessenen Werte waren aber mit klassischer Physik nicht zu erklären. Max Planck (Abb. 29.4, Kap. 29.1) fand **1900** ein **Strahlungsgesetz,** das mit den gemessenen Werten übereinstimmte. Er musste dazu aber, wie er selber sagte, in einem „Akt der Verzweiflung" annehmen, dass die Energie nur in Form von „Portionen" aufgenommen bzw. abgegeben wird. Diese Portionen nennen wir heute **Quanten** bzw. beim Licht **Photonen.**

Um diese Energieportionen zu beschreiben führte Planck bei der Entwicklung seines Strahlungsgesetzes die Gleichung $E = h \cdot f$ ein, wobei h das nach ihm benannte **Wirkungsquantum** ist. Planck hatte in seiner „Verzweiflung" die Quantenmechanik ins Rollen gebracht und dafür später den Nobelpreis bekommen. Einstein konnte 1905 mit Hilfe der Gleichung $E = h \cdot f$ den Fotoeffekt erklären (Kap. 26.3).

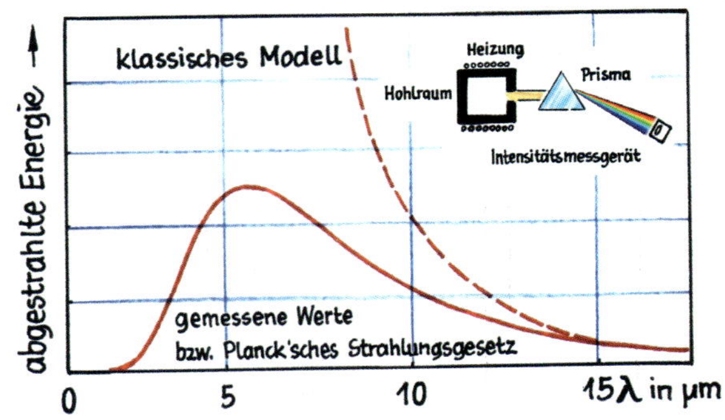

Abb. 35.5: Intensitätsmessung eines schwarzen Strahlers (rechts oben). Das klassische Modell versagt bei kurzen Wellenlängen völlig. Die Strahlungsverteilung ist nur mit Hilfe der Quantenmechanik zu erklären.

Obwohl Herdplatte, Glühbirne oder ein erhitzter Eisenstab keine perfekten schwarzen Strahler sind, kann man mit diesem Modell das Zustandekommen ihrer Farben gut erklären (F3). Auch **Sterne** sind keine perfekten schwarzen Strahler, wie man am realen Strahlungsverlauf der Sonne in Abb. 35.6 sieht. Weil dieser aber mit einem schwarzen Körper von 6000 K gut übereinstimmt, ordnet man der Sonnenoberfläche diesen Wert zu (F4). Der größte schwarze Strahler im Universum ist übrigens das Universum selbst.

▸▸▸ i | Vom Backofen zum Kosmos |

i

| Vom Backofen zum Kosmos |

Der größte reale schwarze Strahler und gleichzeitig der perfekteste ist das ganze Universum selbst. Seine Strahlung, die uns aus allen Richtungen des Raums erreicht, nennt man **Hintergrundstrahlung** (Abb. 35.7). Sie ist überwiegend Mikrowellenstrahlung. Zum Auftauen einer Pizza taugt sie aber nicht, denn sie entspricht bloß 2,7 K! Wenn du also einen Satelliten ins All schießt, würde dieser so lange an Temperatur verlieren, bis er auf weniger als –270 °C abgekühlt ist, denn das ist die Temperatur des Universums (F6; siehe auch Kap. 35.3).

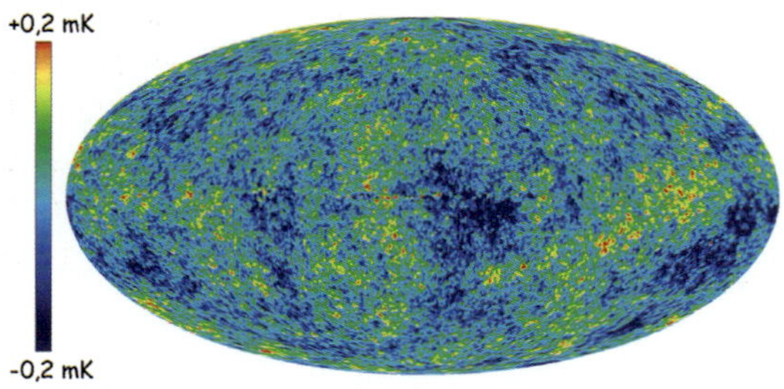

Abb. 35.7: Aufnahme der Hintergrundstrahlung mit der Sonde WMAP. Die Temperaturabweichungen von der Schwarzkörperstrahlung liegen in der Größe von 10.000stel Grad (siehe auch „Big Bang 8").

Der **Ursprung** der Hintergrundstrahlung liegt etwa 400.000 Jahre nach dem Urknall, also vor über 13 Milliarden Jahren. Damals war das Universum auf rund 3000 K abgekühlt, und Protonen und Elektronen kombinierten sich zu Atomen. Die Photonen konnten nicht mehr an den geladenen Teilchen gestreut werden, und das Universum wurde „durchsichtig". Die schwarze Strahlung von damals „sieht" man nun als Hintergrundstrahlung. Durch die Expansion des Universums kam es zur Rotverschiebung (Kap. 16.3, „Big Bang 6"), und deshalb liegt die Strahlung heute bei nur mehr 2,7 K (siehe auch „Big Bang 8").

Zusammenfassung

Jedes Objekt sendet auf Grund seiner Temperatur EM-Wellen aus, die man Wärmestrahlung nennt und die bei hohen Temperaturen sogar sichtbar wird. Man kann diese Strahlung im Rahmen der Quantenmechanik mit dem idealisierten Modell des schwarzen Strahlers beschreiben.

35.2 Die Geschichte mit dem Schokoriegel

Mikrowellen und Radar

In diesem Abschnitt geht es um Mikrowellen. Dazu gehören die Wellen in einem Mikrowellenherd, aber auch die Radarwellen zur Überwachung.

?

F7 Du kennst Radarmonitore aus diversen Filmen. Dabei streicht eine Linie über den kreisförmigen Bildschirm (Abb. 35.8). Was hat es mit dieser Linie auf sich? Und wie funktioniert Radar überhaupt?

Abb. 35.8: Radarschirm einer Flugüberwachung.

F8 Was ist ein Tarnkappenbomber? Welche Eigenschaften unterscheiden ihn von normalen Flugzeugen?

F9 Was versteht man unter stehenden Wellen? Was versteht man unter dem Doppler-Effekt? Warum ist H_2O ein Dipol-Molekül? Lies nach in Kap. 15.5, 16.3 und 20.3, „Big Bang 6"!

F10 Du hast schon tausende Male einen Mikrowellenherd verwendet. Aber was weißt du über ihn? Wie werden die Mikrowellen erzeugt? Warum kann man mit ihnen Speisen überhaupt erwärmen? Was hat der Drehteller für eine Funktion? Warum hat die Frontklappe hinter dem Glas ein Metallgitter?

Als **Mikrowellen** bezeichnet man EM-Wellen von 1 mm bis 1 m Länge. Technische Anwendungen sind **Radar** und **Mikrowellenherd,** aber auch Mobilfunk, Fernsehen und WLAN (Kap. 36.4). Wir beschäftigen uns in diesem Abschnitt aber nur mit dem energetischen Aspekt.

Radar ist ein Akronym (Kap. 28.4) und steht für **Ra**dio **D**etection **a**nd **R**anging, was sinngemäß Erkennung und Messung mittels Funkwellen bedeutet. Beim **Richtungsradar** werden von einer rotierenden Antenne (Abb. 35.9) hunderte Wellenimpulse pro Sekunde mit der Leistung von einigen MW ausgesendet, die vor allem an metallischen Flächen reflektiert werden. In den Sendepausen ist die Antenne der Empfänger. Die **Laufzeit** des Signals gibt Aufschluss über die Entfernung eines Objekts. Wenn dieses z. B. 150 km entfernt ist, ist das Signal nach rund 10^{-3} s wieder da (rechne nach). Der Strich am Schirm zeigt an, in welche Richtung die Antenne gerade zeigt (F7).

i | Tarnkappentechnologie |

Das Radar im **Straßenverkehr** sendet kontinuierlich, weil man nicht an der Entfernung interessiert ist. Interessant ist in diesem Fall die Frequenzverschiebung durch die Bewegung des Fahrzeugs (Dopplereffekt), aus der man dann auf die Geschwindigkeit schließen kann (Kap. 16.3, „Big Bang 6").

Abb. 35.10: Rotierende Radar-Antenne auf einem Schiff. Sie dient als Sender und Empfänger.

Als Erfinder des Mikrowellenherds gilt der Amerikaner PERCY SPENCER. Dieser arbeitete 1945 in einem Labor, in dem mit Radar-Wellen experimentiert wurde. Angeblich schmolz dadurch ein Schokoriegel in seiner Jackentasche, was ihn auf die Idee des Mikrowellenherds

Abb. 35.11: a) Schematischer Aufbau eines Mikrowellenherds: 1) Kühlgebläse, 2) Magnetron, 3) Hohlleiter, 4) Reflektorflügel. b) Aufbau eines Magnetrons.

brachte. Sein Prototyp war mit 2 m Höhe und 400 kg gewaltig! Die Erzeugung der Mikrowellen erfolgt aber damals wie heute mit einem **Magnetron** (Abb. 35.11 b). In diesem sendet eine Kathode Elektronen aus, die sich auf Grund eines Magnetfeldes auf Kreisbahnen bewegen. Eine Kreisbahn bedeutet aber immer eine Beschleunigung, und diese führt bei Ladungen zur Emission von EM-Wellen (siehe Kap. 33.1).

Warum wärmen Mikrowellen? **Wassermoleküle** sind **Dipole** und richten sich im elektrischen Feld aus (Abb. 35.12). Weil sich dieses ständig ändert, beginnen die Moleküle in rasendem Tempo zu schwingen. Durch Reibung entsteht Wärme – die Speisen werden quasi warmgezittert. Die Frequenz liegt typischer Weise bei rund **2,5 GHz,** das entspricht **12 cm** Wellenlänge. Die Wellen können einige Zentimeter tief in die Speisen eindringen (Abb. 36.18, Kap. 36.4) und erwärmen diese auch von Innen.

Damit die Wellen den Ofen nicht verlassen können, ist die Glasfront mit einem Gitter versehen. Dieses wirkt wie ein Faraday-Käfig und schützt davor, dass auch der Koch gekocht wird. Der Drehteller ist nötig, weil sich im Inneren stehende Wellen ausbilden, die die Speisen sonst sehr ungleichmäßig erwärmen würden (siehe Abb. 15.26, „Big Bang 6").

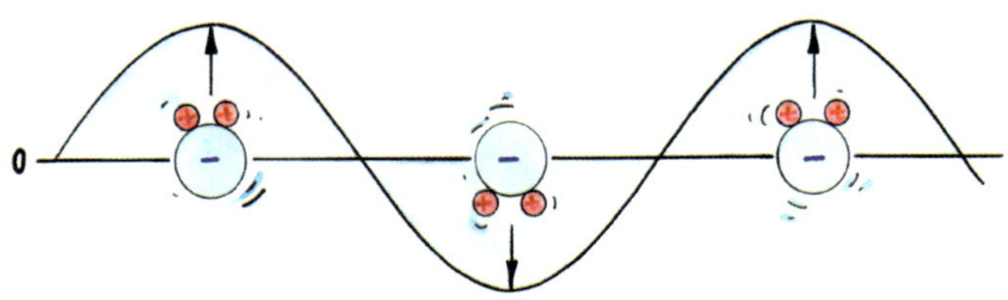

Abb. 35.12: Die Dipol-Moleküle des Wassers schwingen durch die EM-Wellen einige Milliarden Mal pro Sekunde.

Zusammenfassung

Mikrowellen haben 1 mm bis 1 m Wellenlänge. Beim Radar nutzt man Reflexion und Doppler-Effekt aus, um Entfernung und Geschwindigkeit von Objekten festzustellen, beim Mikrowellenherd die Dipol-Struktur von Wasser, um die Moleküle zu Schwingungen anzuregen.

i

| Tarnkappentechnologie |

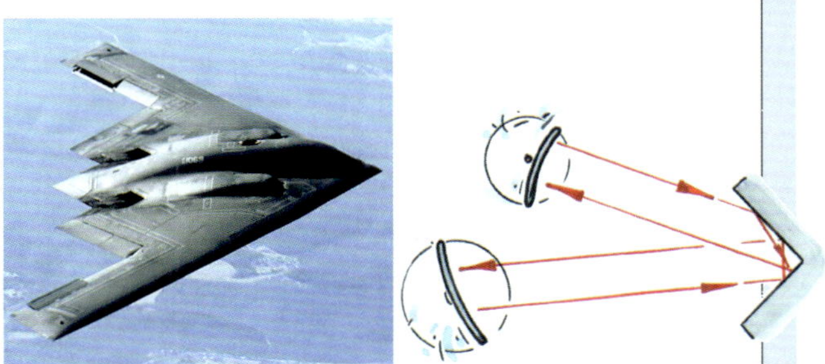

Abb. 35.9: Links: Der Tarnkappenbomber B-2 Spirit. Rechts: Innenecken würden Strahlen wieder in Senderichtung zurückwerfen.

Die **Tarnkappentechnologie** oder **Stealth-Technik** (engl. stealth = Heimlichkeit) bezeichnet alle Maßnahmen, um ein Objekt im EM-Wellen-Spektrum möglichst unsichtbar zu machen, also auch für Radar. Tarnkappenbomber haben **spezielle Formen,** die kaum Radar-Wellen zum Sender zurückwerfen. Das liegt unter anderem daran, dass die Flugzeugteile kaum Innenecken bilden, die wie „Katzenaugen" wirken würden (Abb. 35.9 rechts). Weiters sind Tarnkappenbomber mit einem **Speziallack** bestrichen, in dem Metallkügelchen durch die Radar-Wellen in Schwingungen versetzt werden und den Großteil der Wellenenergie in Wärme umwandeln. Der **Radarquerschnitt,** der ein Maß für das Echo ist, liegt bei einem normalen Bomber bei etwa 20 m^2, bei Tarnkappenbombern bei nur rund 0,01 m^2 – sie wirken am Schirm nicht größer als ein Singvogel.

35.3 Holzofenpizza und Sonnenbrand

Infrarot und Ultraviolett

In diesem Abschnitt geht es um jene EM-Wellen, die direkt an das sichtbare Licht angrenzen, nämlich Infrarot und Ultraviolett.

?

F11 Welche Formen der Wärmeübertragung gibt es? Was versteht man unter dem Gesetz von Stefan und Boltzmann? Wie kommt der Treibhauseffekt zu Stande? Lies nach in Kap. 37.2 und 19, „Big Bang 6".

F12 Umgangssprachlich wird Infrarot immer mit Wärmestrahlung gleichgesetzt. Warum ist das nicht korrekt?

F13 Heiße Speisen und Marathonläufer im Ziel werden in spiegelnde Folien eingepackt, um sie vor dem Auskühlen zu schützen. Haben so dünne Folien wirklich Sinn?

F14 Wenn du dich nahe an eine helle Glühbirne setzt, dann gibt diese pro Fläche mehr Energie an deine Haut ab als die prallste Sonne. Trotzdem wirst du von ihr keinen Sonnenbrand bekommen! Warum? Lies nach in Kap. 26.3!

F15 Was versteht man unter dem Ozonloch und was hat dieses mit UV-Licht zu tun?

F16 Wie lautet der Zusammenhang zwischen Photonenenergie und Frequenz? Sieh nach in Kap. 35.1.

Infrarot schließt an den sichtbaren roten Bereich des Lichts an (Abb. 33.1). Weil Menschen und deren Augen verschieden sind, gibt es abweichende Angaben über diese Grenze, die von $7{,}5 \cdot 10^{-7}$ m bis $8 \cdot 10^{-7}$ m reichen. Oft wird Infrarot mit Wärmestrahlung gleichgesetzt. Das ist aber nur die halbe Wahrheit und physikalisch gesehen nicht richtig.

Es gibt zahlreiche Anwendungen, bei denen IR durch **Laser** oder **Laserdioden** (Kap. 28.4) erzeugt wird, etwa bei Fernbedienungen, Lichtschranken, Rauchmeldern und Schnittstellen von Laptops oder Handys, aber auch bei der Datenübertragung durch Glasfaserkabel (Abb. 28.26, Kap. 28.5) und beim medizinischen Laser. In all diesen Fällen liegt der Ursprung des Infrarots **nicht in der Wärmestrahlung** eines Objekts. Auf der anderen Seite strahlen Körper mit einigen hundert Kelvin, also so gut wie alle Gegenstände in deiner Umgebung, Infrarot (Abb. 35.14), und daher kommt auch die saloppe Gleichsetzung von IR und Wärmestrahlung.

Bleiben wir bei der **Wärmestrahlung.** Diese ist neben **Wärmeleitung** und **Konvektion** der dritte Mechanismus der Wärmeübertragung (Kap. 19, „Big Bang 6"), der im Gegensatz zu den beiden anderen nicht an Materie gebunden ist. Wärmestrahlung gibt es auch im Vakuum. Wenn Gegenstände große Flächen haben und ihre Temperaturen weit über der der Umgebung liegen, dann kann der Wärmeverlust durch Strahlung beträchtlich sein. Mit speziellen Kameras kann man Wärmebilder erstellen und so z. B. die Isolation von Häusern überprüfen. Metalle reflektieren EM-Wellen, also auch Wärmestrahlung. Das nutzt man z. B. bei innen verspiegelten Thermosgefäßen aus und bei Alufolien, in die man Speisen und Menschen einpacken kann.

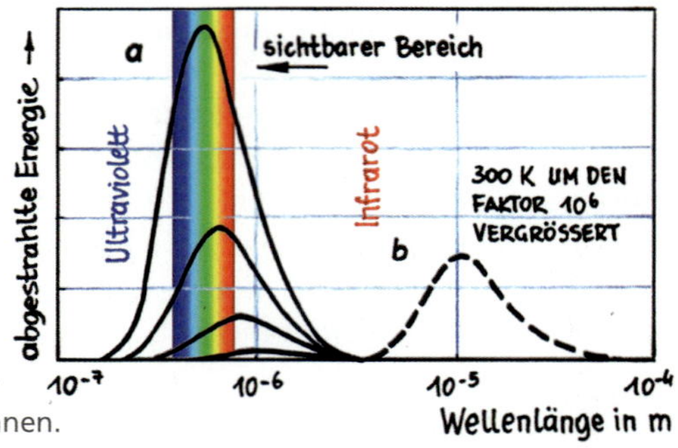

Abb. 35.13: Schwarzkörperstrahlung bei einigen 1000 K (a) und bei Zimmertemperatur (b). Bei b ist die Kurve um den Faktor 1 Million überhöht, um sie darstellen zu können.

▸▸▸ i | **Pizza und Marathonläufer** |

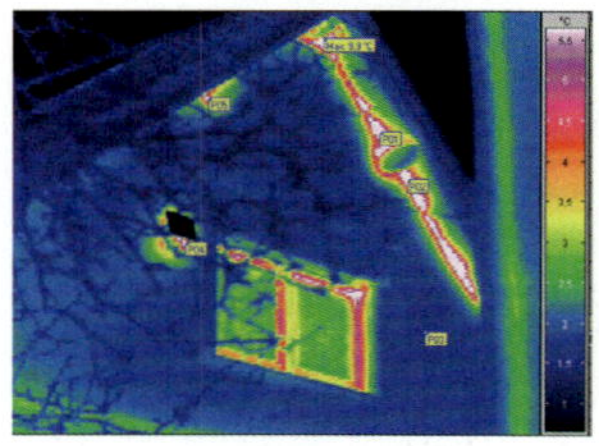

Abb. 35.14: Die Intensität der Wärmestrahlung in Falschfarbendarstellung.

Ultraviolett schließt an den sichtbaren violetten Bereich des Lichts an (Abb. 33.1), und man unterteilt es in UV-A bis UV-C (Tab. 35.1). Ein nicht unwesentlicher Teil des Sonnenlichts liegt im UV-Bereich (Abb. 35.6). Ein gewisses Maß an Sonne ist gesund, weil es das Wohlbefin-

i

| **Pizza und Marathonläufer** |

Schätzen wir die Wärme dämmende Wirkung von Alufolien ab. Nimm an, eine große Pizza kommt mit 80 °C (353 K) aus dem Holzofen und hat einen Durchmesser von 37 cm. Das macht, beide Seiten gerechnet, eine Fläche von 0,22 m². Nehmen wir vereinfacht an, die Pizza ist ein schwarzer Strahler. Dann kann man die abgestrahlte Wärme mit dem Gesetz von Joseph Stefan und Ludwig Boltzmann berechnen: $I = \sigma \cdot A \cdot T^4$. σ (Sigma) ist die Stefan-Boltzmann-Konstante mit dem Wert $5{,}7 \cdot 10^{-8}$ W/m²K⁴.

Die Pizza strahlt 190 W ab, bekommt aber vom Zimmer (293 K) nur rund 90 W zurück. Bleibt netto eine Wärmestrahlung von 100 W über. Eine Alufolie wirkt also so, als würdest du die Pizza in die Mikrowelle legen und auf 100 W aufdrehen (F13)! Das ist schon was! Wenn ein Marathonläufer (Hautfläche 1,5 m²) eine Hauttemperatur von 32 °C hat und draußen hat es 15 °C, dann ergibt das netto eine Wärmestrahlung von 152 W. Auch in diesem Fall ist die Wirkung einer Aludecke nicht zu unterschätzen.

| Ozonloch |

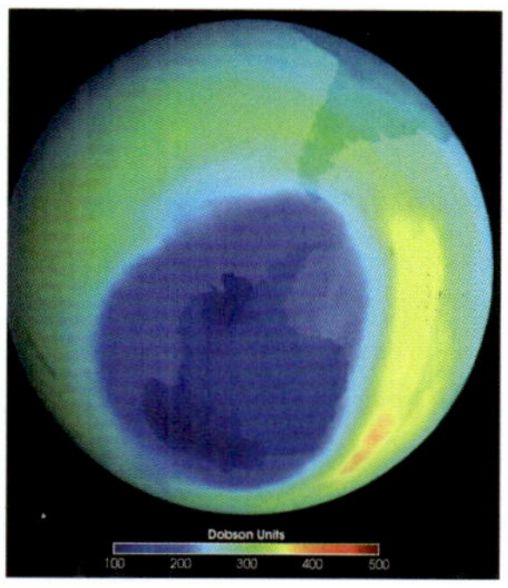

Abb. 35.15: Das Ozonloch über der Antarktis 2006)

Als Ozonloch wird die seit Ende der 1970er beobachtete Abnahme der **Ozonschicht** bezeichnet, die sich ab etwa 20 km über der Erdoberfläche befindet (Abb. 35.15). Der Abbau des Ozons (O_3) wird vor allem durch die vom Menschen in die Atmosphäre gebrachten **Fluorchlorkohlenwasserstoffe** (FCKW) verursacht. Die Ozonschicht absorbiert einen großen Teil des UV-Lichts der Sonne, vor allem den gefährlichen UV-C-Anteil. Ihre Ausdünnung lässt mehr UV-Licht auf die Erde gelangen, und das hat negative Folgen für Mensch und Umwelt.

	relative Photonenenergie	Wellenlänge in 10^{-7} m	Frequenz 10^{14} Hz
rot	1–1,2	6,5–7,5	4,0–4,6
blau	1,5–1,8	4,2–4,9	6,1–7,1
UV-A	1,9–2,3	3,2–4,0	7,5–9,38
UV-B	2,3–2,7	2,8–3,2	9,38–10,7
UV-C	2,7–3,8	2,0–2,8	10,7–15

Tab. 35.1: Die absolute **Photonenenergie** lässt sich mit $E = h \cdot f$ berechnen ($h = 6{,}62 \cdot 10^{-34}$ Js).

den steigert und die Bildung von Vitamin D anregt. Ein Zuviel ist aber wegen des UV-Anteils schädlich für die Haut und kann letztlich zu Hautkrebs führen. Durch das Abnehmen der Ozonschicht hat sich die „Aggressivität" des Sonnenlichts in den letzten Jahrzehnten drastisch erhöht. Wichtig: Es gibt keine bräunende Strahlung, die nicht auch hautschädigend ist, auch nicht im Solarium!

››› i | Ozonloch |

Zusammenfassung

UV und IR schließen direkt an den sichtbaren violetten bzw. roten Teil des Lichts an. Für IR gibt es eine breite Palette von Anwendungen, bei UV steht auf Grund seiner hohen Energie vor allem der hautschädigende Charakter im Vordergrund.

35.4 X-Strahlen durch den Sarkophag

Röntgen- und Gammastrahlung

Hier geht es um die EM-Wellen mit der höchsten Energie: Röntgen- und Gammastrahlung.

››› ? | Fragenbox |

Wilhelm Conrad Röntgen entdeckte die nach ihm benannten Strahlen **1895** zufällig, als er mit **energiereichen Elektronen** einer Kathodenstrahlröhre arbeitete. Dabei bemerkte er, dass einige Meter entfernt ein speziell beschichtetes Papier fluoreszierte. Nach umfangreichen Experimenten kam er zum Schluss, dass das Leuchten durch eine neue Art von Strahlen verursacht wurde, die von der Röhre ausgingen. Er nannte sie **X-Strahlen.** Diese waren in der Lage, die meisten Substanzen mühelos zu durchdringen. Mit ihnen durch den eigenen Körper schauen zu können (Abb. 35.17), machte Röntgenstrahlen zur populärsten physikalischen Entdeckung ihrer Zeit. **1901** bekam Röntgen den ersten **Physiknobelpreis** verliehen.

F17 Warum kann man mit Röntgenstrahlen den Körper durchleuchten? Wieso kann man damit Knochen, aber keine Weichteile darstellen? Was ist ein Kontrastmittel? Warum verwendet man zum Abschirmen Blei? Was versteht man unter einer Computertomographie (CT)?

F18 ›L Superman ist super und kann mit seinem Röntgenblick durch Wände sehen. Warum geht das nicht wirklich?

F19 Was versteht man unter der Ordnungszahl (*Z*)? Lies nach in Kap. 27.4! Was versteht man unter α-, β- und γ-Strahlung? Was versteht man unter den bildgebenden Verfahren PET und MRT? Lies nach in Kap. 3.7, „Big Bang 5", und 14.5, „Big Bang 6"!

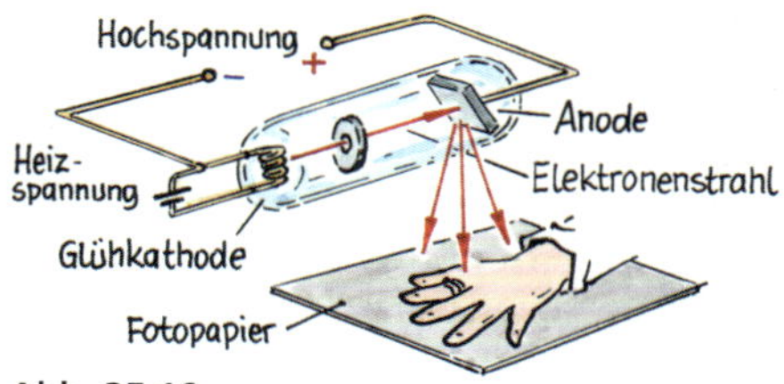

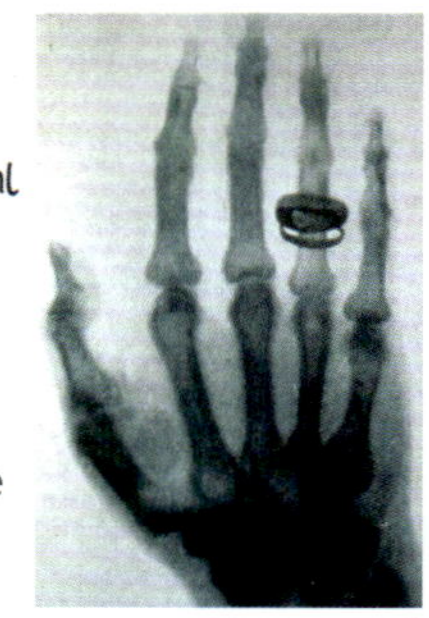

Abb. 35.16: Links: Aufbau einer Röntgenröhre und wie man damit fotografiert. Rechts: Eine der ersten Röntgenaufnahmen der Welt.

Wie und warum entstehen Röntgenstrahlen? So wie alle anderen EM-Wellen durch beschleunigte Ladungen! **Je stärker die Beschleunigung, desto stärker die Knicke in den Feldlinien und desto höher die Energie der Strahlung.** In der Praxis beschleunigt man Elektronen durch sehr hohe Spannungen und lässt sie dann aufprallen (Abb. 35.16 links). Dadurch werden sie sehr stark negativ beschleunigt. Die stärkste Abstrahlung erfolgt unter 90 ° zur ursprünglichen Bewegungsrichtung, weil dort die Feldlinien am stärksten verzerrt werden (Abb. 35.17).

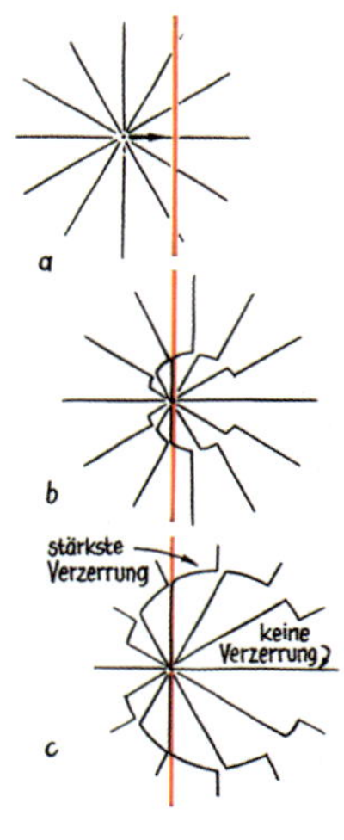

Abb. 35.17: So entstehen durch den Aufprall Röntgenstrahlen. Diese Abbildung ist die Umkehrung von 33.4.

▸▸▸ **i** | **Röntgenquant** |

Die **Schwächung der Röntgenstrahlung** in Materie durch Absorption und Streuung ist etwa proportional zur 4. Potenz der Ordnungszahl (Z^4). Elemente wie Wasserstoff ($Z = 1$), Kohlenstoff (6), Stickstoff (7) oder Sauerstoff (8) schlucken die Strahlung kaum. Knochen und Zähne mit ihrem hohen Anteil an **Calcium** ($Z = 20$) absorbieren Röntgenstrahlen aber sehr gut und erscheinen auf den Bildern daher dunkler. Auch die starke Absorptionsfähigkeit von **Blei** ($Z = 82$) ist auf dessen hohe Ordnungszahl zurückzuführen. Will man Weichteile sichtbar machen, muss man ein **Kontrastmittel** mit hoher Absorptionsfähigkeit schlucken. Viele Weichteile wie Niere oder Milz werden heute aber schonender mit Ultraschall abgebildet.

Unter **Computertomographie** (CT) versteht man ein rechnergestütztes Verfahren, um dreidimensionale Röntgenbilder zu erzeugen. Dieses Verfahren ähnelt zwar PET und MRT, darf aber nicht mit diesen verwechselt werden! Mittels CT lassen sich komplizierte Knochenbrüche perfekt darstellen, aber auch Mumien im Sarkophag (Abb. 35.18).

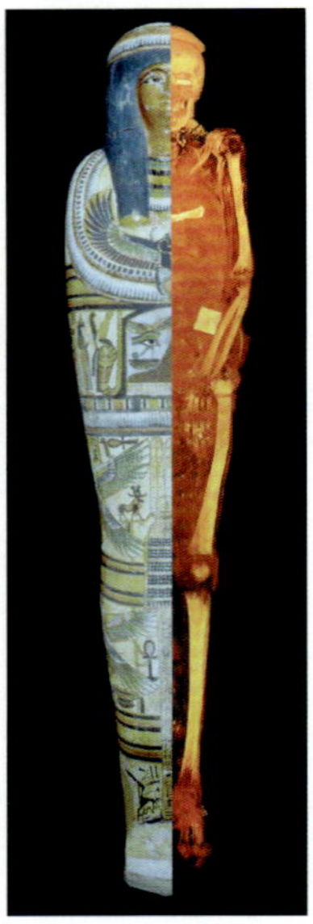

Abb. 35.18: Dieser Sarkophag wurde mit einem **CT** gescannt, ohne dass er dabei geöffnet werden musste.

Auf Flughäfen spielen **Röntgenstrahlen** wegen der immer stärker werdenden Sicherheitsmaßnahmen eine große Rolle. Neben der „normalen" Kontrolle des Gepäcks gibt es eine Technik für Personen, die man **Backscatter** (engl. für Rückstreuung) nennt – es handelt sich dabei also um ein **Rückstreuröntgen.** Man verwendet weiche Röntgenstrahlung, die die Kleidung durchdringt, aber vom Körper und auch von Kunststoffen reflektiert wird (Abb. 35.19). Weil die Personen aber wie nackt aussehen, ist diese Technik aus ethischen Gründen noch nicht im Einsatz.

Gammastrahlung (γ-Strahlung) ist intensiver als Röntgen. Sie gehört zu den radioaktiven Strahlen und entsteht, wenn Nukleonen im Kern in einen energetisch tieferen Zustand übergehen. Die überschüssige Energie wird in Form eines oder mehrerer **γ-Photonen** abgegeben. Salopp gesagt handelt es sich dabei um Quantensprünge der Nukleonen. Gammastrahlen können auch unter bestimmten Bedingungen bei kosmischen Ereignissen auftreten, etwa bei Supernovaexplosionen oder Kollisionen von Neutronensternen.

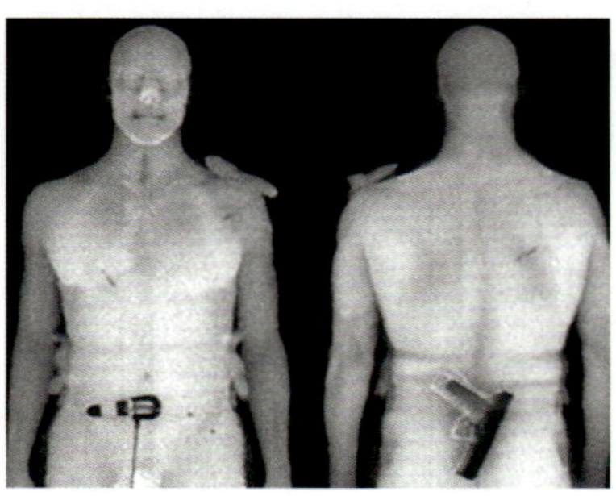

Abb. 35.19: Reflexionsröntgen findet auch Plastikpistolen, lässt aber Leute nackt aussehen.

i

| **Röntgenquant** |

Im Rahmen der Quantenmechanik kann man sehr gut verstehen, warum hohe Spannungen und somit härteres Aufprallen der Elektronen die Frequenz der Strahlung erhöhen. Die Energie des **Röntgenphotons** kann maximal so groß sein wie die Bewegungsenergie des Elektrons: $E = hf \leq eU$. Das bedeutet $f_{max} = eU/h$ und $\lambda_{min} = c/f_{max}$.

30 kV („weich"): $f_{max} = 7{,}3 \cdot 10^{18}$ Hz $\lambda_{min} = 41 \cdot 10^{-12}$ m

250 kV („hart"): $f_{max} = 6{,}0 \cdot 10^{19}$ Hz $\lambda_{min} = 5{,}0 \cdot 10^{-12}$ m

Selbst bei „weicher" Röntgenstrahlung ist λ_{min} nur halb so groß wie die kleinsten Atome ($\approx 80 \cdot 10^{-12}$ m) und die Photonenenergie rund 10.000-mal so groß wie bei sichtbarem Licht (siehe Tab. 35.1)! Klar, dass man den Rest des Körpers bei Aufnahmen mit einem Bleischurz schützt!

Zusammenfassung

Röntgenstrahlen spielen vor allem in der Medizin und bei der Sicherheitstechnik eine nicht wegzudenkende Rolle. Gammastrahlen gehören zu den radioaktiven Strahlen und sind die energiereichsten EM-Wellen, die es überhaupt gibt.

a

| **Energieübertragung durch EM-Wellen** |

F20 Was versteht man bei einer Digitalkamera unter dem „Weißabgleich"? Besorge dir Information dazu.

F21 ▸L Nimm an, eine Leuchtstoffröhre einer Reklame leuchtet blau. Hat sie eine Temperatur von 10.000 K?

F22 ▸L Was versteht man unter der Ultraviolettkatastrophe? Was hat diese mit dem Strahlungsgesetz zu tun?

F23 ▸L Das Universum ist ein fast perfekter schwarzer Strahler, aber Gott sei Dank kein perfekter. Warum?

F24 ▸L Das Strahlungsmaximum der Sonne ist bei grünem Licht. Wieso sehen wir die Sonne nicht grün?

F25 ▸L Sind Mikrowellenspeisen schlecht für die Gesundheit? Wie sieht es mit dem Energieverbrauch in Vergleich mit einem E-Herd aus?

F26 ▸L Eine Auto fährt mit 150 km/h. Wie groß ist die Frequenzänderung, wenn die Radarwelle eine Frequenz von $2 \cdot 10^9$ Hz hat? Lies nach in Kap. 16.3, „Big Bang 6".

36 | INFORMATIONSÜBERTRAGUNG DURCH EM-WELLEN

| Prolog |

Menschen haben das Bedürfnis zu kommunizieren, auch über größere Entfernungen hinweg. Wie schlägt man aber der Distanz ein Schnippchen? In der Antike gab es dazu Rufposten, die in Hörweite standen und die Information einfach weiterbrüllten. Auch mit Fackelsignalen wurde gearbeitet. Das waren die Vorläufer der **Telekommunikation** (griech. tele = fern, lat. communicare = mitteilen). Heute benutzt man dazu die lichtschnellen elektromagnetischen Wellen, die quasi die **Information huckepack** tragen.
Die technischen Entwicklungen sind extrem rasant. Was gestern noch hoch innovativ war, ist heute Standard und morgen hoffnungslos veraltet, etwa am Handysektor (Abb. 36.1). Neben den Dingen, die sich rasant ändern, gibt es aber bei der Informationsübertragung durch EM-Wellen **grundlegende Technologien,** und um die geht es vor allem in diesem Kapitel.

Abb. 36.1: Die **Urmutter aller Handys.** 1983 kam das erste kommerzielle Handy von Motorola auf den Markt. Es hatte 0,8 kg und die beeindruckenden Maße von 33 x 4,5 x 9 cm. Der Kaufpreis betrug satte 4.000 Dollar. Ein Jahr nach dem Marktstart besaßen trotzdem weltweit rund 300.000 Menschen dieses Handy.

36.1 Hertz und Marconi

Eine kurze Geschichte des Funks

In diesem Abschnitt geht es um die beiden Pioniere der Telekommunikation: um Heinrich Hertz und Guglielmo Marconi.

F1 Man spricht vom Rund**funk,** wenn man Radioübertragungen meint, und von **Funk**technik, wenn man etwa Walky Talkys meint. Woher kommt der Begriff „Funk"?

F2 Wer sagte die Existenz von EM-Wellen vorher? Wer konnte diese Vorhersage experimentell belegen? Lies nach in Kap. 33.1 f.

F3 Wie wird die Hochspannung von etwa 15.000 V erzeugt, die man für die Zündkerzen im Ottomotor benötigt? Lies nach in Kap. 31.6.

Die Geschichte der drahtlosen Kommunikation durch EM-Wellen beginnt **1886,** als der Deutsche Heinrich Hertz diese künstlich erzeugen und nachweisen konnte. Er ist quasi der **Vater der Telekommunikation.** Hertz verwendete aber nicht die heute üblichen rückgekoppelten Schwingkreise (Kap. 33.3), sondern regte die EM-Wellen mit Hilfe eines **Funkens** an (Abb. 36.2). Obwohl diese Technik schon lange nicht mehr verwendet wird, spricht man trotzdem noch heute von Rund**funk** und **Funk**technik (**F1**). Hertz wies nach, dass sich die von ihm erzeugten EM-Wellen wie Licht verhalten, also etwa reflektiert oder gebrochen werden können, und konnte somit Maxwells Vorhersagen (Kap. 33.1 f.) glänzend bestätigen.

Der Italiener Guglielmo Marconi setzte die Hertz'schen Versuche fort (Abb. 36.3). Er baute in den Senderstromkreis einen Taster ein und konnte so Morsesignale übertragen, ohne auf Telegrafenleitungen angewiesen zu sein. **1901** überbrückte er mit einer **Funkverbindung**

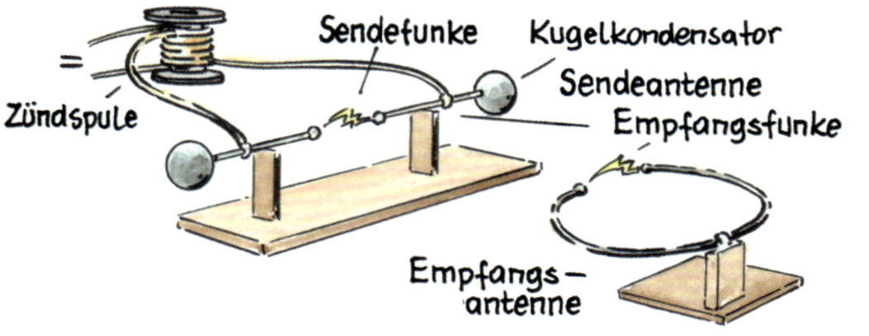

Abb. 36.2: Prinzip des Versuchs von Heinrich Hertz. Mit einer Art Zündspule wird ein Funken erzeugt. Dieser löst in den Antennen Ladungsschwingungen aus – EM-Wellen entstehen. Wenn die Empfangsstation in Resonanz gerät, dann springt zwischen den Metallkugeln ebenfalls ein Funke über.

eine Strecke von 3400 km **von Europa** über den Atlantik **nach Kanada. 1909** erhielt er für seine Erfindung den Nobelpreis. Die Bedeutung dieser Technologie wurde schnell erkannt, und Industrie wie Militär steckten viel Geld in deren Verbesserung. Ab **1920** gab es in den USA und ab **1924** auch in Österreich die ersten Rundfunkstationen mit regelmäßigem Programm.

Abb. 36.3: Marconi mit seiner Erfindung. Links unten kann man gut die beiden Kugelkondensatoren der Sendeantenne erkennen (siehe auch Abb. 36.2).

Zusammenfassung

Heinrich Hertz und Guglielmo Marconi erzeugten die EM-Wellen mit elektrischen Funken, woraus sich heutige Begriffe wie Rundfunk oder Funktechnik ableiten.

36.2 Information im Huckepack
Formen der Modulation

Beim Morsen muss man EM-Wellen nur ein- und wieder ausschalten. Aber wie kann man Musik, Bilder oder ganz allgemein Daten mit Hilfe von EM-Wellen übertragen? Darum geht es in diesem Abschnitt.

36.2.1 Analoge Modulationen

?

F4 Auf Radios kann man meistens zwischen AM und FM umschalten? Was passiert dabei? Warum werden Musiksender immer über FM übertragen? Was versteht man unter UKW und RDS? Wie kann man durch das Senden einer EM-Welle Information übertragen?

F5 Welcher Zusammenhang besteht zwischen Schwingungen und Wellen? Was versteht man unter einer Schwebung? Was ist der Unterschied zwischen Ton, Klang und Geräusch? Was passiert, wenn man bei einem Radio den Sender einstellt? Was versteht man bei der Stimme unter den Formaten? Welche Frequenzen können wir hören? Lies nach in Kap. 14.6 f., 15.4, 17.1 f., „Big Bang 6", und in Kap. 33.3!

F6 Stell dir vor, dein Radio empfängt einen Sender mit genau 100 MHz. Nimm an, es könnte alle anderen Frequenzen ausschließen, auch die, die sehr dicht an 100 MHz liegen. Würde sich das gut oder schlecht auf den Empfang des Senders auswirken? Und warum?

Die große Frage lautet, wie man mit einer EM-Welle Information transportieren kann. Dazu muss das Signal in der Lage sein, Unterschiede ausdrücken zu können. Man muss die Welle also irgendwie verändern. Das nennt man ganz allgemein Modulation. Wir sehen uns zunächst **zwei klassische, analoge Methoden** an, die auch noch heute im Einsatz sind: Amplitudenmodulation (AM) und Frequenzmodulation (FM). Wir nehmen vereinfacht an, dass nur ein einzelner Ton übertragen wird.

Bei der **Amplitudenmodulation** (Abb. 36.4 obere Zeile) wird die Trägerwelle (b) so verändert (c), dass ihre **Amplitude** im Rhythmus des zu übertragenden Tons (a) schwingt. Die Frequenz bleibt unverändert. Bei der **Frequenzmodulation** (untere Zeile) wird die Trägerwelle so verändert, dass ihre **Frequenz** im Rhythmus des zu übertragenden Tons schwingt. Die Amplitude bleibt unverändert. **Bei AM liegt die Information in der Amplitude der modulierten Trägerwelle und bei FM in der Frequenz.**

Beide Methoden haben ihre Vor- und Nachteile. Bei der Übertragung von der Funkstation zum Empfänger, etwa dem Radio bei dir zu Hause, wird die modulierte Trägerwelle immer durch verschiedene Effekte gestört (Abb. 36.4 d). Diese **Störungen** betreffen aber nur die Amplitude und nicht die Frequenz. Weil bei AM die

i

| Bandbreite 1 |

Die Antwort auf **F6** ist etwas überraschend, aber wenn ein Radio auf nur **eine Frequenz** beschränkt ist, kann es gar nichts empfangen. Bei einem Sender ist zwar die Trägerfrequenz angegeben, etwa bei Ö3 99,9 MHz. Aber jeder Sender braucht in beide Richtungen etwas Platz (Abb. 36.5). Das nennt man die **Bandbreite** (siehe Tab. 36.1). Wie kommt es dazu? Bei **FM** ist das einfach zu verstehen. **Die Information liegt ja in der Frequenzänderung** (Abb. 36.4c unten). Keine Frequenzänderung bedeutet, dass keine Information übertragen wird, und das Radio bleibt stumm.

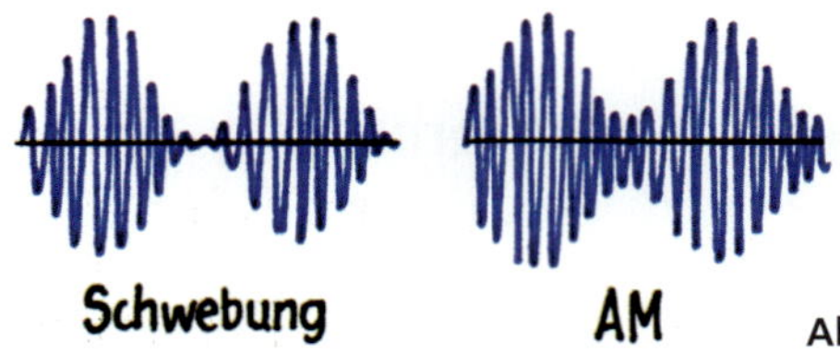

Abb. 36.5

Aber warum gibt es bei **AM** eine Bandbreite? Dabei ändert sich die Trägerfrequenz ja nicht? Denke an eine **Schwebung** (Abb. 36.6; **F5**). Dabei überlagern sich zwei Schwingungen mit ähnlicher Frequenz. Eine Amplitudenmodulation sieht ähnlich aus. Damit sich die Amplitude ändern kann, muss sie zumindest aus **zwei** überlagerten Frequenzen bestehen. Im Realfall überlagern sich aber viele Frequenzen, und diese ergeben zusammen die Bandbreite.

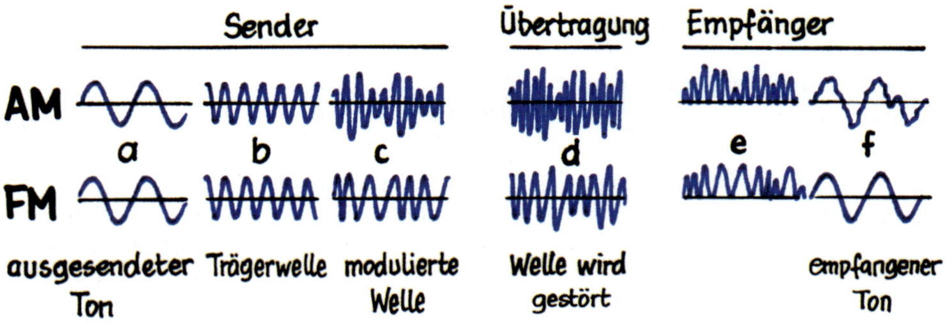

Abb. 36.4: Schematische Darstellung von Sendung (a bis c), Übertragung (d) und Empfang (e und f) bei AM und FM. Die Störungen, die bei der Übertragung auftreten, betreffen nur die Amplitude. Im Empfangsgerät wird die modulierte Welle quasi halbiert, bevor ihr die Information entnommen wird. Bei AM wirkt sich die Störung auf den empfangenen Ton aus (siehe auch Infobox Schwingung – Welle).

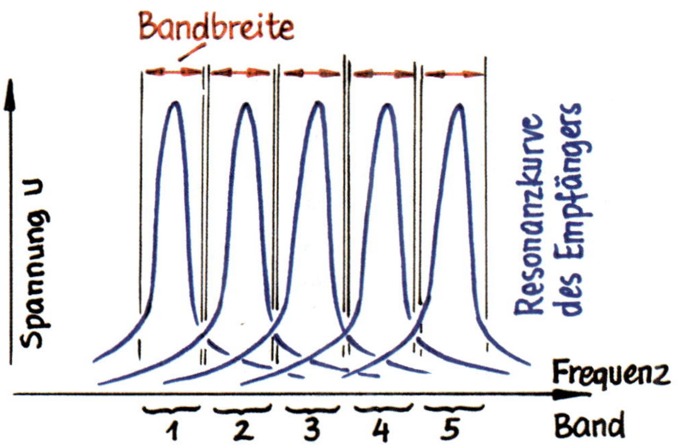

Abb. 36.9: Wenn du den Radiosender einstellst, bringst du den Empfangsschwingkreis in Resonanz. Die Resonanzkurve hat eine bestimmte Breite, die Bandbreite. Die Sender (hier exemplarisch 5) brauchen einen bestimmten Abstand, damit sie einander nicht störend überlagern.

Information in der Amplitude liegt, kann im Radio der ursprüngliche Ton nicht mehr exakt rekonstruiert werden (e und f). Kurz gesagt: Stimme und Musik klingen verzerrt und krächzend. Eine FM-Welle lässt die Störung der Amplitude jedoch kalt. Daher werden alle

	Frequenz-bereich	Bandbreite	Beispiele für Einsatz
AM	300 kHz–30 MHz	9 kHz	Amateurfunk, Flugfunk, Sprechradio (Kurz- und Mittelwelle)
FM	88 MHz–108 MHz	180 kHz	„normales" Musikradio
		400 kHz	Musikradio mit Radio Data System (RDS)

Tab. 36.1: Frequenz-Richtwerte für AM und FM.

Musiksender, bei denen die Qualität der Übertragung wichtig ist, ausschließlich frequenzmoduliert ausgestrahlt. Diesen Frequenzbereich nennt man auch UKW (Ultrakurzwelle; F4).

Auf der anderen Seite ist aber die **Bandbreite** (Abb. 36.5) bei AM geringer als bei FM. Das bedeutet, dass man in einem Frequenzbereich wesentlich mehr Sender unterbringen kann. Daher wird AM im **Sprechfunk** eingesetzt, bei dem man viele Kanäle benötigt, die Qualität der Stimme aber keine so große Rolle spielt (Tab. 36.1), etwa beim Flugfunk.

▸▸▸ i | **Schwingung – Welle | Seite 98**
▸▸▸ i | **Bandbreite 1+2** |

| Bandbreite 2 |

Formulieren wir es in der Sprache der Mathematik. Bei der **Amplitudenmodulation** überlagern sich die Amplituden des hochfrequenten Trägersignals $U_h(t) = U_0 \sin\omega_0 t$ und der niederfrequenten Schwingung $U_n(t) = U_1 \sin\omega_1 t$ folgendermaßen:
$U(t) = (U_0 + U_1 \sin\omega_1 t) \sin\omega_0 t$.

Man kann die modulierte Schwingung auch so schreiben:

$$U(t) = U_0 \sin\omega_0 t + U_1 \sin\omega_1 t \sin\omega_0 t$$
$$= U_0 \sin\omega_0 t + U_1/2\,[\cos(\omega_0 - \omega_1)t - \cos(\omega_0 + \omega_1)t]$$

Trägerschwingung Seitenbänder

Das Signal besteht also aus der **Trägerschwingung** ($f_0 = \omega_0/2\pi$) und den **Seitenbändern,** in denen die Information enthalten ist. Deren Frequenzen sind durch $f_0 \pm f_1$ gegeben, wobei $f_1 = \omega_1/2\pi$ die Frequenz des übertragenen Signals ist. Verschiedene Töne haben verschiedene Frequenzen und erzeugen andere Seitenbänder. Beim Übertragen eines Klanges „verschmieren" diese vielen Seitenbänder zur Bandbreite (Abb. 36.5).

Um Vokale unterscheiden zu können, muss man mindestens die ersten beiden Formanten (Abb. 36.7) übertragen, also bis etwa 2,5 kHz. Zischlaute (z. B. „s" oder „f") erzeugen höhere Frequenzen. Um Stimmen halbwegs zu verstehen, überträgt man in der Praxis bei AM bis 4,5 kHz, was eine **Bandbreite** von **9 kHz** ergibt (Tab. 36.1). Weil die Obertöne fehlen, klingen die Stimmen trotzdem seltsam.

Die **Frequenzmodulation** lässt sich so beschreiben: $\omega(t) = \omega_0 + a(t) \sin\omega_1 t$. $a(t)$ ist proportional zur Amplitude des niederfrequenten Signals, also der Sprache oder

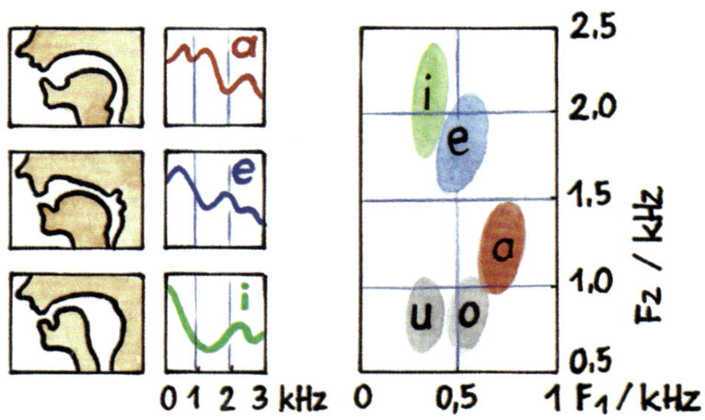

Abb. 36.6: Links: Form des Vokaltraktes bei verschiedenen Vokalen und Frequenzspektrum. Rechts: In diesen Bereichen müssen die zwei ersten Formanten liegen, damit du die Vokale erkennen kannst (Details siehe Kap. 17.1, „Big Bang 6").

der Musik. Die modulierte Welle ergibt sich dann zu $U(t) = U_0 \sin[\omega_0 + a(t) \sin\omega_1 t]t$. Die Information liegt in den Nulldurchgängen der Schwingung.

Damit man in den oberen Frequenzbereich des menschlichen Gehörs kommt und Musik qualitativ gut übertragen kann, sind 15 kHz notwendig. Das legt also eine Bandbreite von 30 kHz nahe. Damit man völlig **verzerrungsfrei** übertragen kann, braucht man aber den 6-fachen Platz, macht also eine **Bandbreite** von **180 kHz** (Tab. 36.1). Werden zusätzliche Daten übertragen, etwa beim **Radio Data System** (kurz **RDS**), erhöht sich die Bandbreite auf **400 kHz.** In Österreich werden FM-Sender zwischen 88 und 108 MHz gesendet. Theoretisch haben also 111 „normale" oder 50 RDS-Sender Platz.

| Schwingung – Welle |

Bei den Erklärungen der Modulation kommen Schwingungen und Wellen vor. Diese sind miteinander eng verwandt. In Abb. 36.4 und 36.6 wurde aus Gründen der Einfachheit nicht näher darauf eingegangen (wir haben also etwas geschummelt). Deshalb hier noch einmal genauer. Unter einer **Schwingung** versteht man, dass sich etwas periodisch um einen Ruhepunkt hin und her bewegt, zum Beispiel die Ladungen in der Antenne. Grafisch beschreibt man sie, indem man die **Auslenkung über der Zeit** angibt (Abb. 36.7).

Unter einer **Welle** versteht man, dass sich Schwingungen durch den Raum ausbreiten, in diesem Fall die des elektrischen Feldes. Schwingungen werden grafisch beschrieben, indem man die **Auslenkung über dem Ort** darstellt. Diese Darstellung ist quasi eine Momentaufnahme der Welle zu einem bestimmten Zeitpunkt. Nicht jede Schwingung muss Teil einer Welle sein, aber jede Welle setzt sich aus vielen Schwingungen zusammen. Wenn man den Grafen dreidimensional macht, wird der Zusammenhang klarer (Abb. 36.8).

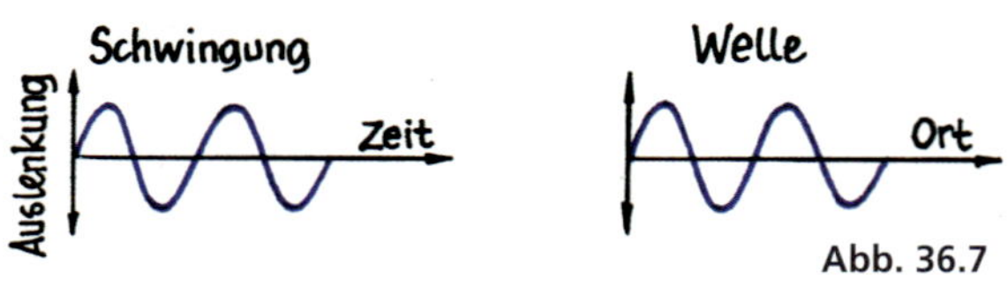

Abb. 36.7

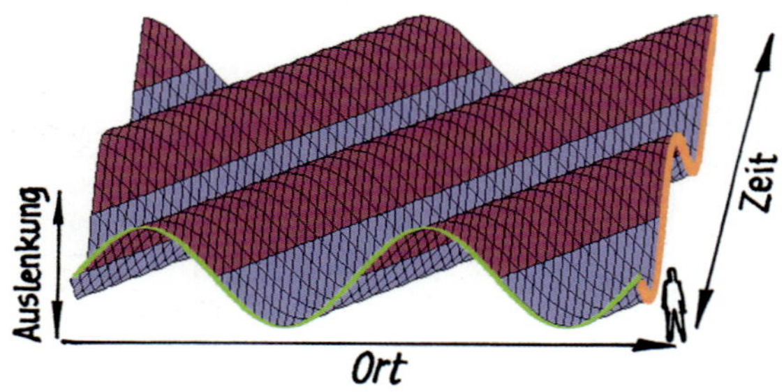

Abb. 36.8: Eine 1-dimensionale transversale Sinuswelle (grün) breitet sich nach rechts aus. Jeder Punkt, der von ihr erfasst wird, schwingt sinusförmig in der Zeit (orange Linien).

Wie komplex das Zusammenspiel von Schwingungen und Wellen ist, siehst du am Beispiel der Übertragung einer Stimme durchs Radio: Die **Schwingung der Stimmbänder** erzeugt eine **Schallwelle.** Diese erzeugt eine **Schwingung der Mikrofonmembran** und somit eine elektrische Schwingung. Diese wird mit der **Trägerschwingung** überlagert und als **modulierte Welle** durch den Raum übertragen. Im Empfängerschwingkreis kommt es zu **Ladungsschwingungen,** die über einen Lautsprecher wieder in **Schallwellen** umgewandelt werden. Diese bringen wiederum dein **Trommelfell zum Schwingen.** Ganz schön kompliziert! Überlege, wo es sich bei den Darstellungen in Abb. 36.4 und 36.6 um eine Schwingung bzw. um eine Welle handelt.

36.2.2 Digitale Modulationen

F7 Was versteht man unter analog und digital? Wann fand im Prinzip die erste drahtlose digitale Informationsübertragung mit Hilfe einer elektromagnetischen Welle statt? Warum ist die Qualität bei digitaler Übertragung besser?

F8 Was versteht man beim Fernsehen unter DVB-T? Was ist der Vorteil zur herkömmlichen Methode?

F9 Warum macht es meistens nichts, wenn eine CD oder eine DVD einige Kratzer oder Fingerabdrücke hat? Eigentlich müssten beim Auslesen doch Daten verloren gehen?

F10 ▸L Warum soll man CDs und DVDs von innen nach außen putzen, und nicht im Kreis?

Analoge Übertragungsverfahren, wie sie beim Radio angewendet werden, sind schon eher selten geworden. Handy oder WLAN funktionieren digital. Auch Fernsehen wird in Österreich seit Ende 2006 zusätzlich digital übertragen und die analoge Übertragung wurde 2010 komplett eingestellt. Die Modulationsprinzipien sind ähnlich den analogen Verfahren, allerdings werden ausschließlich Bits übertragen, also 0er und 1er. Man unterscheidet zwischen **digitaler Amplituden-, Frequenz- und Phasenmodulation** (Abb. 36.10). Die erste digitale Amplitudenmodulation war im Prinzip Marconis Morseübertragung (F7; Kap. 36.1): Trägerwelle an, Trägerwelle aus. Für Telefonübertragungen wählt man heute meistens FM. Manchmal werden die Modulationsverfahren kombiniert, um die Datenübertragungsrate zu erhöhen.

▸▸▸ i | DVB-T |
▸▸▸ i | Analog – digital |

Was ist der Vorteil der digitalen Übertragung? Schließlich kommt es ja zur „Stufenbildung" (Abb. 36.11)? Nun, diese Stufen werden so klein gemacht, dass sie für uns nicht mehr hör- und sichtbar sind. Der Vorteil der digitalen Daten liegt darin, dass sie beim Empfänger besser rekonstruierbar sind, und die Qualität der Übertragung wird besser. Das liegt daran, dass man zusätzliche **Prüfbits** zur Fehlerkontrolle mitschickt.

| DVB-T |

DVB-T ist die englischsprachige Abkürzung für **D**igital **V**ideo **B**roadcasting – **T**errestrial. Das bedeutet so viel wie „erdgebundene Ausstrahlung von digitalen Fernsehsignalen". Was ist der Vorteil von DVB-T gegenüber dem analogen PAL-Verfahren? Die Bild-Qualität ist wesentlich besser (siehe Haupttext), und man hat nun auch mit Laptops und entsprechenden Handys Fernsehempfang. Außerdem gibt es Zusatzangebote wie den Multitext (F8).

| Analog – digital |

Was ist der Unterschied zwischen analog und digital? **Analog** bedeutet **kontinuierlich** oder stufenlos. Zum Beispiel die Sinuskurve in Abb. 36.11 a ist analog. Auch die Zeiger einer Analoguhr kannst du stufenlos an jede beliebige Stelle drehen. **Digital** bedeutet, dass man Signale oder Daten durch **Ziffern** darstellt. Diese Darstellung kann nicht stufenlos sein, weil man dafür unendlich viele Stellen bräuchte.

In Abb. 36.11 siehst du auch zwei digitalisierte Varianten der Sinuskurve. Natürlich versucht man, die Stufen so klein wie möglich zu halten. Um ein Audiosignal in **HiFi-Qualität** zu übertragen, braucht man eine so genannte **Abtastrate** von 44 kHz. Das bedeutet, dass man 44.000-mal pro Sekunde das analoge Signal misst und in einen Zahlenwert umwandelt.

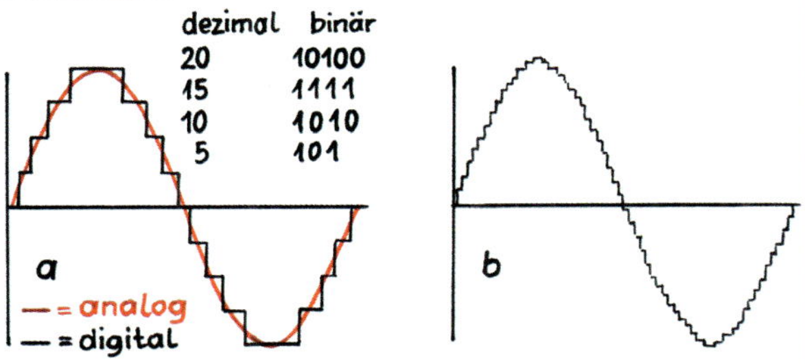

36.11: a) Analoge Sinuskurve und digitalisierte Version mit geringer Abtastungsrate. Exemplarisch 4 digitale Werte in dezimaler und binärer Darstellung b) hohe Abtastungsrate

Die beim Digitalisieren entstandenen Zahlen werden letztlich immer in **Dualzahlen (Binärzahlen)** umgewandelt, die nur aus 0 und 1 bestehen (siehe Abb. 36.10 a). Diese werden dann mit einem der drei Modulationsverfahren übertragen (Abb. 36.11) oder z. B. auf eine CD gebrannt (Abb. 36.12).

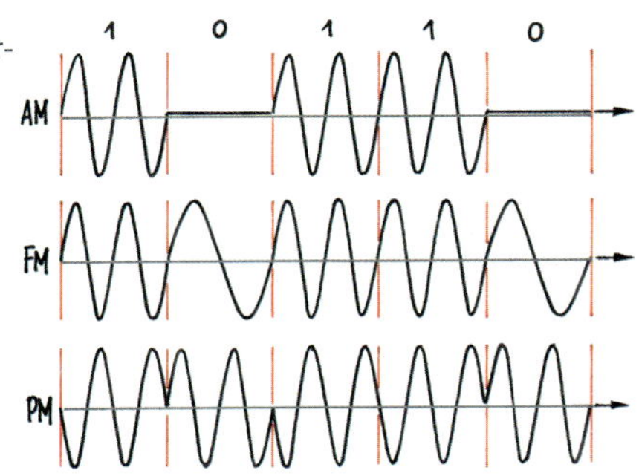

Abb. 36.10: Drei digitale Modulationsverfahren. Man nennt sie auch Umtastung (Shift Keying). Die digitale Frequenzmodulation wird daher auch **Frequenzumtastung** oder Frequency Shift Keying (FSK) genannt. PM steht für Phasenmodulation.

Ein einfaches Beispiel: Man schickt nach 3 Bits ein Prüfbit mit, das angibt, ob das Paket vorher eine gerade oder ungerade Zahl war. Geht eines dieser 4 Bits verloren, kann man es rekonstruieren. In diesem Beispiel kann also ein 1/4 der Datenmenge ohne Informationsverlust verloren gehen. Man sagt daher, dass die Information **redundant** (überreichlich) vorhanden ist. Es gibt verschiedenste, sehr gefinkelte Prüfungsverfahren, zum Beispiel Prüfbits, die die Prüfbits prüfen. Aus diesem Grund verzeihen auch CD oder DVD relativ große Kratzer und Fingerabdrücke (F9).

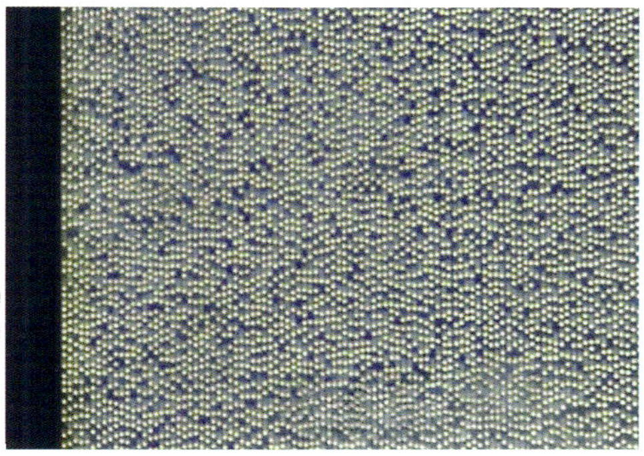

Abb. 36.12: In dieser lichtmikroskopischen Aufnahme kann man die Bits einer CD sehen. Diese verzeiht Kratzer von etwa 1 mm Breite, was dem Verlust von rund 800 bits entspricht! Die Höhe dieses Bild entspricht etwa 1/10 mm. Der Kratzer könnte 10-mal so breit sein!

Zusammenfassung

Um Information mit Hilfe einer EM-Welle übertragen zu können, muss man Amplitude, Frequenz oder Phase der Trägerwelle modulieren. Die digitale Übertragung ist qualitativ besser, weil sie redundant erfolgt und durch Störung verloren gegangene Information bis zu einem gewissen Maß rekonstruiert werden kann.

36.3 Die zweite und dritte Generation

Das Handy

Du kannst dir dein Leben ohne Handy wahrscheinlich nicht mehr vorstellen. Welche Techniken dahinter stecken, erfährst du in diesem Abschnitt.

F11 Überlege einmal: Wie ist es möglich, dass gleichzeitig viele tausende Menschen miteinander per Handy sprechen, ohne dass die Gespräche einander stören und überlagern? Wie könnte das technisch funktionieren?

F12 Eine größere Anzahl an Sendemasten bedeutet eine höhere Strahlenbelastung für uns Menschen. Richtig oder falsch? Und kannst du das begründen?

F13 ▸L Was versteht man unter den Abkürzungen GSM, UMTS, SMS, MMS und WAP?

Vor allem bei Handys bewahrheitet sich: Was gestern noch hoch innovativ war, ist morgen hoffnungslos veraltet. Ein Beispiel: Seit **1980** gibt es nun schon die 3. Handygeneration (Stand 2010). Zur ersten zählt man die analogen A- bis D-Netze der riesigen Autotelefone, die du wahrscheinlich gar nicht mehr kennst. **Zur zweiten und dritten Generation zählt man GSM** (seit 1990) **und UMTS** (seit 2002; siehe Tab. 36.1). Mit diesen beiden werden wir uns näher befassen.

Wie ist es möglich, die einzelnen Gespräche zu trennen (**F11**)? Mit Hilfe der so genannten Multiplex-Verfahren (lat. multiplex = vielfältig). Das **Zeitmultiplexverfahren** wird bei **GMS** verwendet. Dabei senden bis zu 8 Handys auf einer Frequenz, aber jedes bekommt nur 1/8 der Sendezeit. Jedes Handy sendet über 200-mal pro Sekunde Impulse von weniger als 1/1000 s aus. Dazu wird jedes Gespräch in kleine Datenpakete zerlegt (Abb. 36.14).

Das **Codemultiplexverfahren** wird bei **UMTS** eingesetzt. Auch hier senden die Handys auf einer Frequenz, aber jedem wird ein eigener Code zugewiesen (Abb. 36.15). Durch gefinkelte Techniken ist es möglich, dass die Mobilfunkanlage trotz Überlagerung vieler Signale jedes wieder dem richtigen Handy zuordnen kann. Der Vorteil von UMTS ist nicht nur die 40-mal höhere Datenübertragungsrate gegenüber GSM, sondern auch die geringere Sendeleistung (Tab. 36.2).

››› i | XOR und Spreizcode |

Natürlich gibt es keine Technik, mit der man beliebig viele Gespräche **auf einer Frequenz** übertragen kann. Deshalb arbeiten alle Systeme zusätzlich in verschiedenen Frequenzbereichen (Tab. 36.1). Wenn also die Rede davon ist, dass GSM auf 1800 MHz sendet oder UMTS auf 2000 MHz, dann ist das als Richtwert zu sehen.

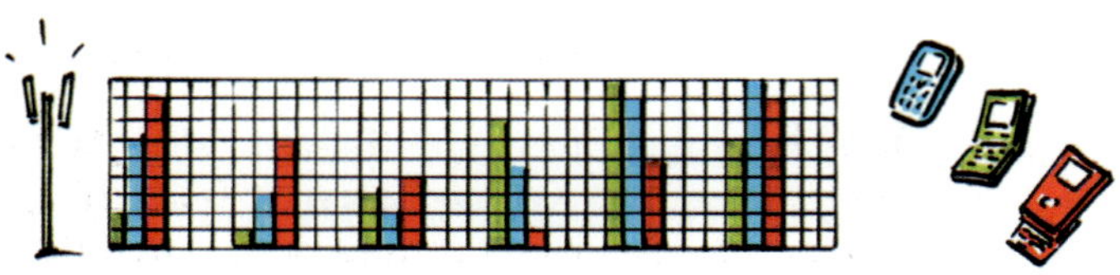

Abb. 36.14: Zeitmultiplexverfahren, auch TDMA genannt (Time Division Multiple Access), wird bei **GMS** verwendet. Die einzelnen Impulse (in der Abbildung färbig) dauern 5,8 · 10^{-4} s und werden 217-mal pro Sekunde gesendet. Das entspricht in Summe 1/8 Sekunde, und daher haben auf einer Frequenz 8 Gespräche Platz.

Abb. 36.15: Codemultiplexverfahren, auch CDMA genannt (Code Division Multiple Access), wird bei **UMTS** verwendet. Jedes Handy hat seinen eigenen Code und daher die gesamte Übertragungszeit zur Verfügung.

	max. Sendeleistung	Datenübertragungsrate	Frequenzbereiche
GSM	2 W	9,6 kBit/s	880–960 MHz 1710–1880 MHz
GSM Internet (EDGE)	2 W	220 kBit/s	
UMTS	0,25 W	384 kBit/s	1900–2200 MHz
UMTS Internet (HSDPA)	0,25 W	3600 kBit/s	

Tab. 36.2: Vergleichsdaten von GSM (Global System for Mobile Communications) und UMTS (Universal Mobile Telecommunication System).

| XOR und Spreizcode |

Das **Codemultiplexverfahren** ist wirklich sehr trickreich. Man braucht dazu die logische **XOR-Verknüpfung,** die man am Besten mit „entweder – oder" übersetzt. Die XOR-Verknüpfung zweier Bits sieht so aus:

0 XOR 0 = 0; 0 XOR 1 = 1; 1 XOR 0 = 1; 1 XOR 1 = 0

Sind beide Bits gleich, ergibt sich 0, sonst 1. Der Vorteil dieser Verknüpfung ist ihre Umkehrbarkeit. Im Beispiel unten wird die Information (gelb) durch den Code (rot) verschlüsselt und wieder entschlüsselt.

z. B. **101** XOR **011** = 110 –> 110 XOR **011** = **101**

Nach diesem Prinzip funktioniert auch das Codemultiplexverfahren (Abb. 36.13). Das Ausgangssignal (a) eines Handys wird durch XOR mit dem so genannten **Spreizcode** (b) verknüpft (c). Dieser heißt so, weil auf 1 Bit des Ausgangssignals 8 Bit des Codes kommen – das Signal wird „gespreizt". Nun überlagern sich Signale mehrerer Handys (d). Das Gesamtsignal wird beim Empfänger wieder mit dem Code des ursprünglichen Handys verknüpft (e). Das rekonstruierte Signal (f) wird integriert (d. h. die Fläche unter der Kurve wird ermittelt) und die Werte gemittelt. Das ergibt in diesem Beispiel in der ersten Hälfte +8/8 = 1 und in der zweiten –8/8 = –1, und das entspricht genau dem Ausgangssignal.

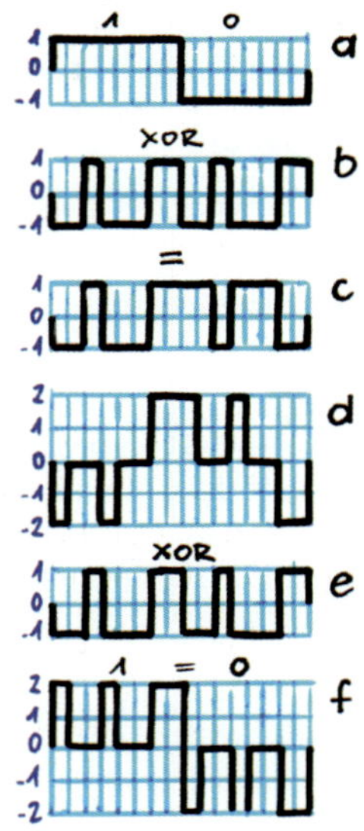

Abb. 36.13: Codemultiplexverfahren. **Binäres 1 ist hier auf der x-Achse als +1 dargestellt und 0 als –1.**
a) Ausgangssignal 10, b) Spreizcode 2 x 00100011, c) Verknüpfung, d) Überlagerung mehrerer Signale, e) Spreizcode 2 x 00100011, f) rekonstruiertes Signal 10.

Frequenzen sind bei Handys eine knappe Ressource. Neben den oben erwähnten Zeit- und Codemultiplexverfahren gibt es auch noch das **räumliche Multiplexen.** Weil jeder Sender nur eine gewisse Reichweite hat, kann man Frequenzen in bestimmtem Abstand mehrfach vergeben, ohne dass sie einander beeinflussen. Das ergibt im Idealfall eine **bienenwabenartige Zellstruktur** (Abb. 36.16).

Im Realfall sind die Zellen unterschiedlich groß und oft auch verbeult. Die **größten Zellen** mit **vielen Kilometern Durchmesser** haben ländliche Regionen, in denen die Signale kaum gestört werden. Die **kleinsten Zellen** befinden sich in engen Straßenschluchten oder Gebäuden und

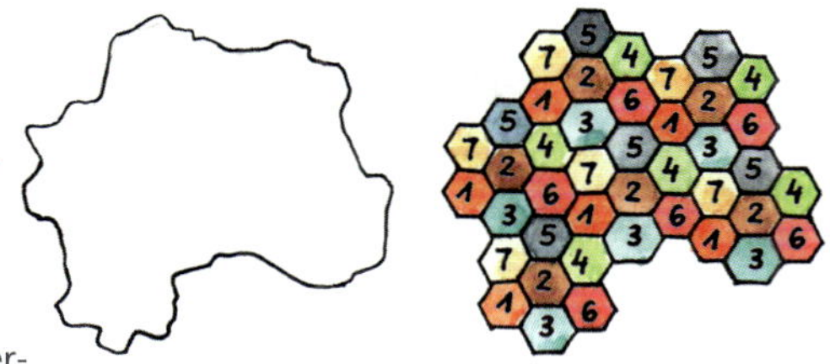

Abb. 36.16: Schematische Darstellung, wie ein Land mit großräumigen Sendezellen (Makrozellen) versorgt wird, in denen verschiedenen Frequenzen benutzt werden.

haben oft nur **einige 10 m.** Weil kleinere Zellen eine geringere Sendeleistung benötigen, ist ein dichteres Netz an Sendemasten überraschender Weise günstiger, weil dann die Strahlenbelastung des Menschen sinkt (**F12**).

Zusammenfassung

GSM und UMTS sind seit 1980 bereits die 2. und 3. Handygeneration und basieren auf digitaler Technik. Um einzelne Telefongespräche trennen zu können, benutzt man Zeit-, Code- und Raum-Multiplexverfahren.

36.4 Es (f)liegt was in der Luft

Der Elektrosmog

Was ist Elektrosmog? Wie entsteht er und kann er unsere Gesundheit gefährden? Darum geht es in diesem letzten Abschnitt.

?

F14 Du hast sicher schon vom Ausdruck Elektrosmog gehört! Wie entsteht er? Welche Geräte verursachen ihn? Und was könnte er mit dem menschlichen Körper machen?

F15 Was versteht man unter elektrischer Feldstärke und magnetischer Induktion? Schau nach in Kap. 30.3 und 31.2!

F16 Welche Geräte, die du aus dem Alltag kennst, arbeiten zur Informationsübertragung mit EM-Wellen?

F17 Wie funktioniert ein Mikrowellenherd? Auf welche Weise werden dabei die Speisen gewärmt?

Mit **Elektrosmog** bezeichnet man alle vom Menschen erzeugten elektrischen und magnetischen Felder, die die Gesundheit schädigen oder zumindest beeinträchtigen könnten. Die statischen Felder sind so schwach, dass sie keine biologischen Wirkungen hervorrufen. Wir sehen uns hier daher nur mögliche Auswirkungen durch **elektromagnetische Felder** an.

Niederfrequente elektromagnetische Felder werden vor allem durch Wechselströme erzeugt (50 Hz). Auch nach jahrzehntelanger Forschung kann man aber bloß sagen, dass diese **wahrscheinlich nicht gesundheitsschädigend sind.** Im Alltag liegen die Feldstärken meist weit unter den empfohlenen Grenzwerten (Tab. 36.3 und Abb. 36.17). Dennoch kann es nicht schaden, die Nähe von Wechselströmen zu meiden, indem man z. B. in der Nacht mit dem Kopf nicht direkt neben dem Radiowecker oder einer Wandleitung liegt.

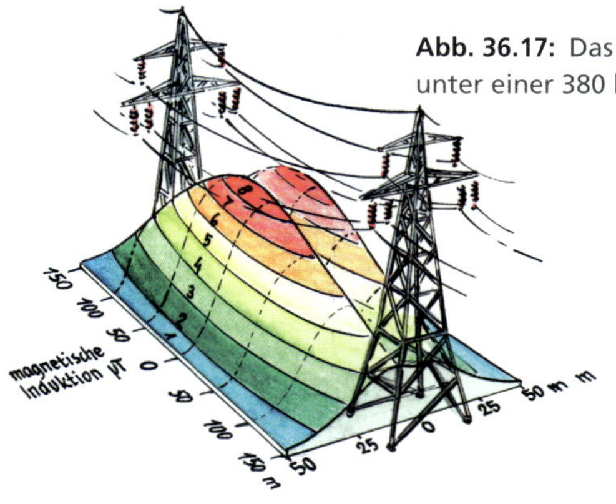

Abb. 36.17: Das Magnetfeld unter einer 380 kV-Leitung.

Kopf und Rumpf bei beliebiger Expositionsdauer	elektrische Feldstärke	magnetische Induktion
Allgemeinbevölkerung	5 kV/m	100 µT
Arbeitsplatz	10 kV/m	500 µT

Tab. 36.3: Die Grenzwerte der **internationalen Strahlenschutzkommission.** Diese werden von der Weltgesundheitsorganisation (WHO) und der EU anerkannt.

Die **hochfrequenten elektromagnetischen Felder** werden zur Informationsübertragung erzeugt (Kap. 36.2). Der Großteil dieser Felder wurde und wird durch den Ausbau der Handynetze verursacht. Alle „Informationswellen" liegen im Mikrowellenbereich (Tab. 36.4). Von diesen weißt du, dass sie eine Eindringtiefe von einigen Zentimetern besitzen (Abb. 36.18) und das Gewebe erwärmen. Dieser **thermische Effekt** verursacht die Hauptbelastung, obwohl eine daraus entstehende gesundheitliche Gefährdung noch unklar ist.

UKW	88–108 MHz
Flugfunk, Richtfunk	380–383 MHz
DVB-T	582–790 MHz
GMS (D-Netz)	**880–960 MHz**
schnurlose Telefone	930–932 MHz
Amateurfunk 23-cm-Band	1240–1300 MHz
Flugsicherungsradar	1240–1400 MHz
GPS (zivile Nutzung)	1559–1610 MHz
GSM (E-Netz)	**1710–1880 MHz**
UMTS	**1900–2200 MHz**
Radar, drahtlose Fernsehkameras	2320–2400 MHz
Babyphones, Wegfahrsperren	2400 MHz
Bluetooth	2400–2480 MHz
WLAN	5150–5725 MHz

Tab. 36.4: Einige Beispiele für EM-Wellen zur Informationsübertragung (**F16**). Die markierten Frequenzen sind auch in Abb. 36.20 dargestellt.

	TV-Sender	Radio-Sender	Mobilfunkmast	Handy
Leistung	300 kW	100 kW	50 W	2 W
Messabstand	1500 m	1500 m	50 m	3 cm
Leistungsflussdichte	0,02 W/m²	0,05 W/m²	0,001 W/m²	2 W/m²

Tab. 36.5: Typische Leistungsflussdichten von Sendern (Quelle: Uni München). Die Handy-Werte beziehen sich auf GSM, UMTS liegt weit darunter (siehe Tab. 36.2).

Weil die Abstrahlleistung mit der Entfernung abnimmt, verursachen nicht die Sendeanlagen, sondern die Handys selbst trotz ihrer geringen Sendeleistung die größten Leistungsflussdichten (Tab. 36.4) und belasten somit am stärksten. Deswegen empfiehlt es sich, Handys nicht direkt am Körper zu tragen. Die körperliche Wirkung wird mit der **Spezifischen Absorptionsrate** angegeben.

▸▸▸ i | SAR |

Noch weitgehend ungeklärt sind die nicht-thermischen Effekte des Elektrosmogs. Diese sind zwar unbestritten (etwa Schlafstörungen oder Kopfschmerzen), aber ob sie nur lästig oder auch wirklich schädlich sind, kann man heute noch nicht mit Sicherheit sagen.

i

| SAR-Wert |

Die Wirkung von Handywellen auf den Menschen wird mit der **Spezifischen Absorptionsrate (SAR)** gemessen. Je kleiner der SAR-Wert, desto weniger wird das Gewebe erwärmt. Der empfohlene oberste Grenzwert der WHO liegt bei 2 W/kg (Stand 2010).

Machen wir eine **grobe Abschätzung.** Wir nehmen ein stark strahlendes Handy mit einer Sendeleistung von 2 W an (siehe Tab. 36.5). Zusätzlich schätzen wir den schlimmsten Fall ab, dass nämlich die **gesamte Energie vom Kopf** absorbiert wird (was natürlich nie der Fall ist). Wenn die EM-Wellen halbkugelförmig 8 cm tief in den Kopf eindringen, macht das ein Absorptionsvolumen von

$$V = \frac{2}{3}r^3\pi = 1072\ \text{cm}^3$$

Bei einer Dichte von 1 g/cm³ ergibt das eine Masse von rund 1 kg und somit einen SAR-Wert von 2 W/kg. Selbst im „worst case" kommt man also gerade in den Grenzbereich.

Genauere Berechnungen sind nur mit aufwändigen Computerprogrammen möglich. In der Praxis wird die Absorptionsrate mit einem dem menschlichen Kopf nachempfundenen Phantomkopf gemessen (Abb. 36.19). Moderne, strahlungsarme Handys haben SAR-Werte unter 0,2 W/kg (Stand 2010).

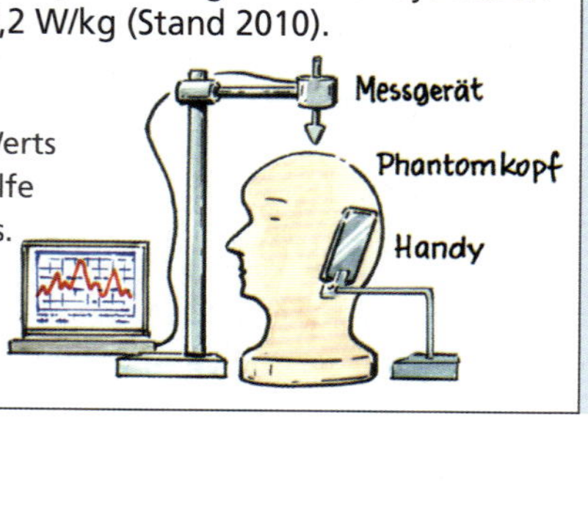

Abb. 36.19: Exakte Messung des SAR-Werts eines Handys mit Hilfe eines Phantomkopfs.

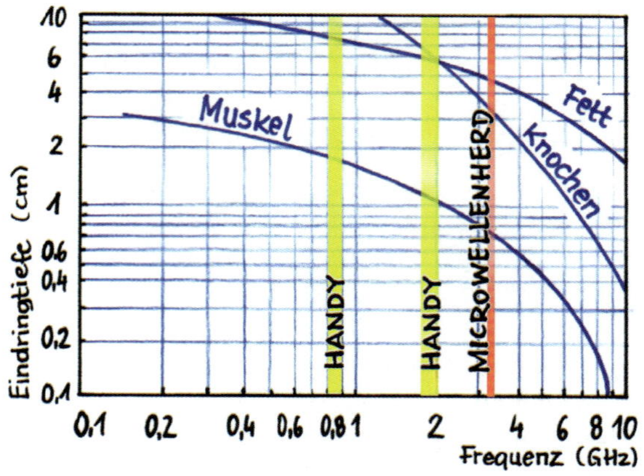

Abb. 36.18: Vergleich zwischen den Eindringtiefen (definiert als Absinken des Feldes unter 13 %) von Handywellen und denen eines Mikrowellenherdes.

Zusammenfassung

Der Hauptanteil des Elektrosmogs wird durch den Ausbau der Handynetze verursacht. Der Haupteffekt liegt in einer leichten Erwärmung des menschlichen Gewebes. Zum gegenwärtigen Zeitpunkt kann eine Gesundheitsschädigung durch EM-Wellen statistisch nicht eindeutig nachgewiesen werden.

a

| Informationsübertragung durch EM-Wellen |

F18 Welche zusätzlichen Informationen werden über RDS noch übertragen? Informiere dich dazu im Internet.

F19 Wie wandelt man Dezimalzahlen in Binärzahlen um und umgekehrt? Verschaffe dir dazu Information aus dem Internet.

F20 ▸L Sendet das Handy auch, wenn du nicht telefonierst?

F21 Was versteht man unter den Organisation WHO und IARC? Informiere dich über den aktuellen wissenschaftlichen Stand bezüglich Elektrosmog und Gesundheitsrisiko.

F22 Informiere dich im Internet über die SAR-Werte der momentan gerade aktuellen Handys.

F23 ▸L Wandle zuerst die Dezimalzahl 123 in eine Binärzahl um. Diese soll nun dein 8-Bit-Spreizcode sein, um das binäre Signal 10 zu übertragen. Bilde mit der logischen XOR-Verknüpfung das Gesamtsignal und mache die Probe, indem du die Verknüpfung ein zweites Mal durchführst (siehe Infobox XOR und Spreizcode).

F24 Wie erzeugt man frequenz- und amplitudenmodulierte Schwingungen? Wie müssen die Schaltungen dazu aussehen? Wie filtert man beim Empfänger wieder die gewünschten Frequenzen heraus? Warum wird dabei die Welle gleichgerichtet? Besorge dir dazu Information aus dem Internet.

37 | KLIMAÄNDERUNG UND ERNEUERBARE ENERGIE

| Prolog |

Du bist sicher schon einmal in einer Autoschlange gestanden und hast dir gedacht: „Ich steh im Stau!". Mit dieser Ansicht bist du fein raus, denn du ziehst eine nicht vorhandene Trennlinie: Hier bin ich, da der Stau. Das ist kurzsichtig. Tatsache ist: Jedes Auto im Stau ist Mitverursacher des Staus. Oder, ganz plakativ: Du bist der Stau!
In diesem Kapitel geht es darum, dass das Verbrennen von **Öl, Gas und Kohle** die Temperatur auf unserer Erde erhöht und was wir dagegen tun können. Ähnlich wie beim Stau denken wir Menschen meist nicht daran, dass wir Mitverursacher sind: Hier bin ich, da die **globale Erwärmung.** Auch das ist kurzsichtig. Wenn wir Menschen, also auch du, nichts dagegen unternehmen, dann steuern wir in den nächsten Jahrzehnten auf Umweltkatastrophen mit ungeahnten Folgen zu.

Abb. 37.1: Du bist der Stau!

37.1 Von der Urzeit bis heute

Die Luft-Zusammensetzung

In diesem Abschnitt geht es darum, wie sich die Luft heute zusammensetzt und wie und warum sich diese Zusammensetzung seit der Urzeit in Abermillionen von Jahren geändert hat.

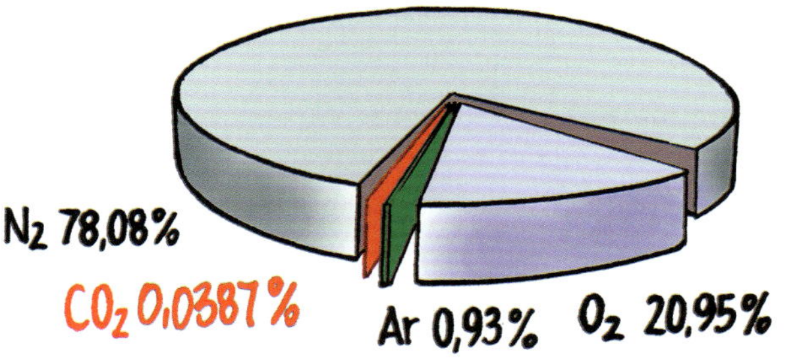

Abb. 37.2: Die volumenmäßig vier größten Luftbestandteile. Die Prozentangaben beziehen sich auf trockene Luft auf Meeresniveau. Das „Tortenstück" von CO_2 ist so dünn, dass man es gar nicht mehr gut darstellen kann.

F1 Wie setzt sich unsere Luft zusammen? Was sind ihre Hauptbestandteile? Welcher Bestandteil ist für den Menschen unmittelbar besonders wichtig?

F2 Stoffe in der Luft werden manchmal in ppm angegeben! Weißt du, was das bedeutet? Und was heißen Prozent und Promille eigentlich wörtlich?

F3 Es gibt ein Gas, das Pflanzen im Prinzip als Abfall produzieren, das aber Menschen und Tiere zum Leben brauchen. Welches ist das?

F4 Öl, Gas und Kohle sind so genannte fossile Brennstoffe. Was ist damit gemeint? Was unterscheidet sie von Brennstoffen wie zum Beispiel Holz?

Die Luft, die du atmest, ist ein Gemisch aus über 20 verschiedenen Gasen. Mehr als drei Viertel bestehen aber aus **Stickstoff** (N_2) (Abb. 37.1; **F1**). Der zweitgrößte Bestandteil mit über einem Fünftel ist **Sauerstoff** (O_2), der die Entstehung von höheren Lebewesen ermöglicht hat. Beide Gase zusammen machen bereits über 99 % der Luft aus.

In nennenswerter Menge kommen in der Luft nur noch **Argon** (Ar) und **Kohlenstoffdioxid** (CO_2) vor. Die Konzentration von CO_2 ist aber bereits so gering, dass eine Angabe in Prozent unhandlich ist. Daher gibt man diese meistens in **ppm** an: 0,0387 % sind zum Beispiel 387 ppm. Alle weiteren Luftbestandteile kommen in noch geringeren Mengen vor und spielen außerdem für unsere momentanen Betrachtungen keine Rolle.

›› i | Teile pro irgendwas |

| Teile pro irgendwas |

Die Bezeichnung **Prozent** ist dir aus dem Alltag bekannt (**F2**). Sie kommt aus dem Lateinischen und bedeutet sinngemäß **Teile pro Hundert** (lat. pro = auf, in; centum = Hundert). Sie wird mit dem Symbol % abgekürzt. Zum Beispiel macht Argon knapp 1 % der Luft aus. Das bedeutet, dass auf 100 Luftteilchen nur ein einziges Argonatom kommt.

Die Bezeichnung **Promille** (lat. mille = tausend) bedeutet sinngemäß **Teile pro Tausend** und wird mit dem Symbol ‰ abgekürzt. Promille sind dir sicher bei der Angabe des Blutalkohols bekannt. Wenn jemand bei der Kontrolle 1 ‰ hat, dann besteht ein Tausendstel seiner Blutmasse aus Alkohol. Wenig, aber doch zu viel!

Manchmal sind die Konzentrationen von Stoffen noch geringer. Um sich lästige Kommazahlen zu ersparen, erfolgt die Angabe dann in **parts per million** (ppm), also **Teilen pro Million.** Das CO_2 in der Luft hat eine Konzentration von 387 ppm (= 0,0387 %). Auf eine Million Luftmoleküle kommen also 387 CO_2-Moleküle. Oder anders gesagt: Auf rund 3000 Luftmoleküle kommt bloß ein einziges CO_2-Molekül. Durch die Verbrennung fossiler Stoffe erhöht sich dieser Wert. 387 ppm entsprechen dem Stand von 2010.

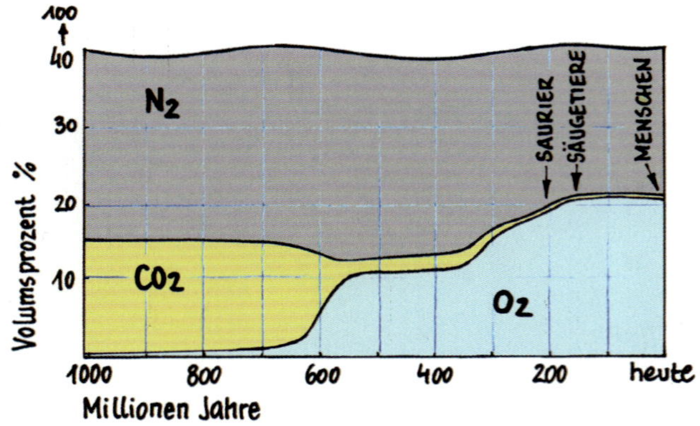

Abb. 37.3: Schematische Darstellung der Entwicklung der Uratmosphäre bis heute. Der Bereich von Stickstoff ist kleiner, Argon gar nicht dargestellt. Erst der größere Sauerstoffgehalt hat das Entstehen von höheren Lebewesen ermöglicht.

Die Zusammensetzung unserer Atmosphäre war aber nicht immer so wie heute. Vor etwa einer Milliarde Jahren gab es noch fast keinen Sauerstoff in der Luft, dafür über 15 % CO_2 (Abb. 37.3). Die nach und nach entstehende Pflanzenwelt hat seitdem durch **Photosynthese** das Kohlenstoffdioxid der Luft abgebaut und diese dafür mit Sauerstoff angereichert.

| Eigentlich nur Abfall |

Eine der wichtigsten Reaktion für alle Lebewesen ist die Photosynthese:

$6CO_2 + 6H_2O + \text{Sonnenenergie} \Rightarrow C_6H_{12}O_6 + 6O_2$.

Aus Wasser, dem Kohlenstoffdioxid der Luft und der Energie der Sonne erzeugen Pflanzen **Glucose** und **Sauerstoff.** Der hohe Sauerstoffgehalt in unserer Luft ist also eigentlich ein Abfallprodukt des Pflanzen-Stoffwechsels (F3).

Abb. 37.4: In den Blättern von Pflanzen läuft die Photosynthese ab, die für uns von mehrfachem Nutzen ist.

In der Glucose, einem **Einfachzucker,** ist nun der Kohlenstoff, der sich vorher in der Luft befunden hat. Zur Speicherung oder zum Zellaufbau werden diese Einfachzucker in den Pflanzen zu Mehrfachzuckern verkettet. Im Körper der meisten **Tiere** (auch des **Menschen**) läuft die Reaktion bei der Verbrennung von Kohlenhydraten in die Gegenrichtung ab:

$C_6H_{12}O_6 + 6O_2 \Rightarrow 6CO_2 + 6H_2O + \text{Energie}$.

Unser Organismus kann also mit Hilfe von Sauerstoff aus Kohlenhydraten wiederum Energie gewinnen und die früher gespeicherte Sonnenenergie wieder freisetzen. Dabei entsteht als Abfall CO_2, das wiederum die Pflanzen brauchen – ein beeindruckender Biokreislauf.

▸▸▸ i | Eigentlich nur Abfall |

Parallel dazu sind die **urzeitlichen** (= fossilen) **Brennstoffe** Öl, Kohle und Gas entstanden. Es handelt sich dabei um umgewandelte Reste von Pflanzen bzw. Tieren, die sich von Pflanzen ernährt haben. In einem viele Millionen Jahre dauernden Prozess hat sich also der **Kohlenstoff** in der Atmosphäre durch Photosynthese abgebaut und ist nun unter anderem in den **fossilen Brennstoffen gespeichert** (F4).

Zusammenfassung

Die Zusammensetzung der heutigen Atmosphäre hat sich in vielen Millionen Jahren entwickelt. Durch die Photosynthese wurde die Luft mit O_2 angereichert und gleichzeitig CO_2 abgebaut. Der Kohlenstoff ist nun in den fossilen Brennstoffen gespeichert.

37.2 Das größte Experiment der Welt

Der anthropogene Treibhauseffekt

In diesem Abschnitt geht es darum, wie sich das globale Klima auf der Erde verändert hat und welche Ursachen es dafür gibt.

F5 Welcher Zusammenhang besteht zwischen Wärmestrahlung und Infrarotlicht? Lies nach in Kap. 35.3, S. 92!

F6 Was versteht man unter dem Treibhauseffekt? Wie entsteht er? Was ist der Unterschied zwischen dem natürlichen und den vom Menschen verursachten Treibhauseffekt?

F7 Wie warm bzw. kalt wäre es auf der Erde, gäbe es den Treibhauseffekt nicht?

F8 Wenn man im Sommer ein Auto in der Sonne stehen lässt, dann wird es drinnen unerträglich heiß. Warum?

Das sichtbare Licht der Sonne kann die Atmosphäre nahezu ungehindert durchdringen (Abb. 37.5 a). Wenn es auf die Erde trifft, wird es teilweise in **Infrarotstrahlung** umgewandelt (b). Diese wird von bestimmten Molekülen in der Atmosphäre absorbiert und dann in alle Richtungen weggestrahlt. Dadurch wird ein Teil auch wieder zur Erde zurückgeworfen (c), und es kommt somit zu einer stärkeren Erwärmung als ohne Atmosphäre. Das nennt man den **Treibhauseffekt** (F6). Der Begriff kommt daher, weil man genau dieses Prinzip in Pflanzen-Treibhäusern als „natürliche Heizung" ausnützt. In diesem Fall werfen die Glasscheiben die Infrarotstrahlung zurück. Wie effizient das funktioniert, merkst du, wenn du im Sommer mit dem Auto in der prallen Sonne stehst (F8).

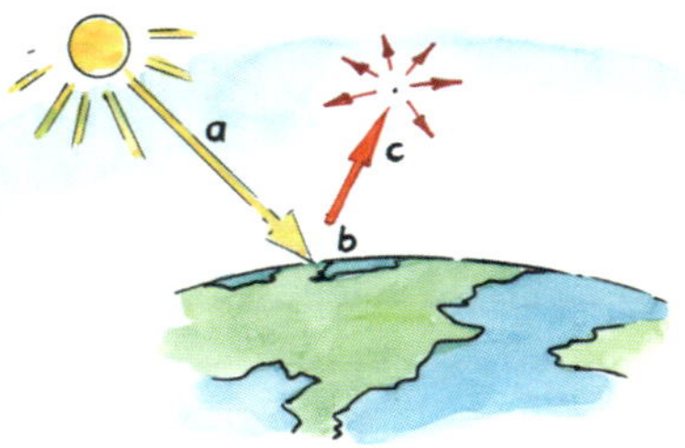

Abb. 37.5: Die Entstehung des Treibhauseffekts

Im Laufe der Erdgeschichte hat sich die Atmosphäre unseres Planeten auf **natürliche Weise** so entwickelt (Abb. 37.3), dass sich durch die Infrarot-Rückstrahlung eine durchschnittliche Temperatur von rund +15 °C eingestellt hat. Das nennt man den **natürlichen Treibhauseffekt.** Ohne diesen wäre es extrem kalt und hätte eine Durchschnittstemperatur von unglaublichen –18 °C. Es wäre also im Schnitt etwa 33 °C kälter (F7)! Der natürliche Treibhauseffekt hat das Leben in der heutigen Form ermöglicht.

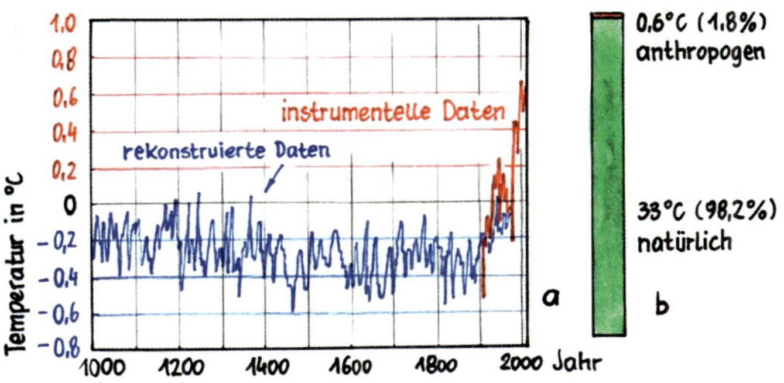

Abb. 37.6: a) Temperaturveränderungen in den letzten 1000 Jahren; b) Im Vergleich mit dem natürlichen Treibhauseffekt ist der anthropogene beinahe verschwindend klein. Trotzdem wird er zu großen klimabedingten Veränderungen auf der Erde führen.

Bevölkerungszunahme und vor allem Industrialisierung führen aber zur Erzeugung und Freisetzung von Gasen, die die Infrarot-Rückstrahlung verstärken und somit auch die Durchschnittstemperatur auf der Erde erhöhen (Abb. 37.6 und 37.7).

Diese **zusätzliche Erwärmung,** die in den letzten 100 Jahren global geschätzte 0,6 °C und in Österreich sogar über 1 °C ausgemacht hat, nennt man den vom Menschen verursachten bzw. **anthropogenen Treibhauseffekt** (griech. anthropos = Mensch). Mehr als die Hälfte dieses Effekts ist auf das freigesetzte CO_2 zurückzuführen, der Rest auf andere Treibhausgase (siehe Tab. 37.1).

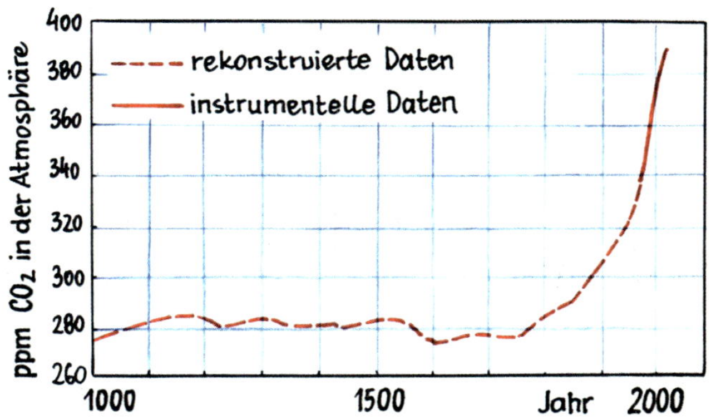

Abb. 37.7: Veränderung der CO_2-Konzentration der Luft in den letzten 1000 Jahren. Vergleiche den Verlauf dieser Kurve mit dem Temperaturverlauf in Abb. 37.6.

Nun gibt es aber auch natürlich hervorgerufene Klimaschwankungen, und zwar durch Veränderungen der Sonnenaktivität, der Erdumlaufbahn, der kosmischen Strahlung oder des Vulkanismus. Wie stark die einzelnen Einflüsse sind und wie sie exakt zusammenhängen, wissen wir noch nicht. Es ist also wirklich nicht leicht, die **vom Menschen hervorgerufenen Klimaveränderungen** von den **natürlichen** abzugrenzen. Zum Beispiel sind momentan weniger als 2 % des gesamten Treibhauseffekts vom Menschen verursacht. Deshalb gibt es auch immer wieder Skeptiker, die nicht an eine Mitschuld der Menschen glauben wollen.

▸▸▸ i | **Skepsis mal drei | Seite 106**

Diese Mitschuld kann man aber sehr gut erkennen, wenn man die Entwicklung der Temperaturen und von CO_2 über einen wirklich **langen Zeitraum** betrachtet (Abb. 37.9). Dann sieht man, dass es in den letzten 400.000 Jahren immer wieder große Schwankungen in den Durchschnittstemperaturen gab und dass es auch mal wärmer war als jetzt. Man sieht aber auch, dass diese natürlichen Temperaturwechsel in **tausenden von Jahren** erfolgten, und nicht in wenigen Jahrzehnten. Aber noch wesentlich offensichtlicher ist Folgendes: Die Konzentration von CO_2 schwankte in den letzten 400.000 Jahren zwischen 180 ppm in Eiszeiten und maximal 300 ppm in Warmzeiten. Durch die Industrialisierung ist aber nun das CO_2 auf einen Wert von rund 387 ppm gestiegen (Stand 2010; Abb.37.7). Und es steigt weiter!

Treibhausgas	Kohlenstoffdioxid	Methan	Fluorkohlenwasserstoffe	Ozon	Stickoxid
Kurzbezeichnung	CO_2	CH_4	FCKW	O_3	N_2O
Geschätzter Anteil am Treibhauseffekt	55 %	15 %	5–10 %	7 %	4 %
zusätzlicher Temperatureffekt bei Verdoppelung der Konzentration	2–4 °C	0,3 °C	0,3 °C	0,9 °C	0,4 °C
Quellen	fossile Brennstoffe, Waldrodung	Reisanbau, Rinderhaltung, Mülldeponien, Verbrennung von Biomasse	Treibgase, Kältemittel	indirekt durch CO, NO_x, CH_4	fossile Brennstoffe, Dünger, Bodenkultivierung

Tab. 37.1: Treibhausgase und geschätzter Anteil am Treibhauseffekt.

| Skepsis mal drei |

Immer wieder liest man von „Klimaskeptikern", die die gängigen Ansichten der Forscher in Frage stellen. Aus tausenden von Untersuchungen picken sie ein paar heraus, die ihre Hypothesen stützen und lassen die anderen großzügig unter den Tisch fallen. Man kann diese Skeptiker im Wesentlichen in drei Gruppen teilen:

Die Erwärmungsskeptiker: Diese bestreiten, dass es wärmer wird, gehören aber angesichts der erdrückenden gegenteiligen Belege zu einer aussterbenden Gattung.

Die Ursachenskeptiker: Diese geben zwar zu, dass es wärmer wird, bezweifeln aber, dass der Mensch verantwortlich ist. Sie sagen zum Beispiel, dass das CO_2 aus den Ozeanen freigesetzt wird. Fossiler Kohlenstoff hat aber eine andere Isotopenzusammensetzung (siehe Kap. 3.6, „Big Bang 5"). Man kann daher eindeutig nachweisen, dass das CO_2 in der Luft durch Verbrennung entstanden ist.

Ihr populärstes Argument ist, dass die Verstärkung der Sonnenaktivität und der kosmischen Strahlung für die Erwärmung verantwortlich sind. Es stimmt zwar, dass die Veränderung der Sonnenaktivität in der Vergangenheit das Klima beeinflusst hat. Die starke Erwärmung ab dem 20. Jahrhundert kann man damit aber nicht erklären. Ähnliches gilt auch für die kosmische Strahlung.

Die Folgenskeptiker: Diese schwärmen von scheinbar positiven Folgen der Klimaerwärmung wie der Ausdehnung der Landwirtschaft in höhere Breitengrade, wärmeren Wintern und Palmen am Neusiedlersee. Dabei übersehen sie aber, dass **schnelle Änderungen** des Klimas **immer zu Problemen führen,** weil Ökosystem und Gesellschaft sich nur langsam anpassen können. Zum Beispiel sind starke Niederschläge und steigender Meeresspiegel im Prinzip kein Problem, wohl aber, dass die Infrastruktur nicht darauf eingestellt ist (Abb. 37.8; siehe auch Kap. 37.3).

Abb. 37.8: Durch die zunehmenden Wetterkapriolen wird es in Zukunft vermehrt zu Überschwemmungen kommen.

Als **wissenschaftlich gesichert** gilt heute, dass für diesen Anstieg der Mensch verantwortlich ist, in erster Linie durch die Verbrennung fossiler Stoffe (dadurch entsteht CO_2), in zweiter Linie durch Abholzung von Wäldern (dadurch wird weniger CO_2 abgebaut). Wir alle sind somit Teilnehmer am größten Experiment, das die Menschheit je durchgeführt hat: dem **Klimaexperiment.** Und das mit ungewissem Ausgang!

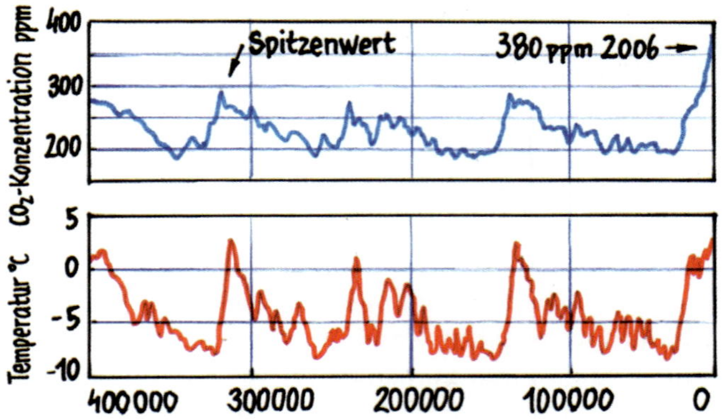

Abb. 37.9: Veränderung der Temperatur und von CO_2 in den letzten 400.000 Jahren! Die Werte sind Rückschlüsse, die man aus Eisbohrungen in der Antarktis gezogen hat.

Zusammenfassung

Seit es die Erde gibt, gibt es auch natürliche Klimaschwankungen, die verschiedenste Ursachen haben. Unumstößlich ist aber, dass sich in den letzten Jahrzehnten die CO_2-Konzentration in der Atmosphäre auf einen Wert erhöht hat, der 25 % über dem Spitzenwert der letzten 400.000 Jahre liegt! Die natürlichen Klimaschwankungen wurden somit von einer künstlich erzeugten Temperatursteigerung von global rund 0,6 °C in den letzten 100 Jahren überlagert.

37.3 Wie wird es weitergehen?

Mögliche Entwicklungen des globalen Klimas

Wie wird sich das Klima in den kommenden Jahren und Jahrzehnten verändern, welche Folgen wird das haben und was kann man dagegen tun?

F9 Welche Auswirkungen wird es haben, dass die globalen Durchschnittstemperaturen ansteigen?

F10 ▸L In einem See schwimmt ein Eisbrocken. Was passiert mit dem Wasserspiegel, wenn dieser schmilzt? Steigt er, sinkt er oder bleibt er gleich? Und würde es etwas ändern, wenn der Eisbrocken auf einem Felsen im See liegt?

F11 Was denkst du, wie viel CO_2 pro Person in Österreich in einem Jahr produziert wird? a) etwa 1 kg, b) 10 kg, c) 100 kg, d) 1000 kg, e) 10.000 kg?

F12 Hast du schon einmal etwas vom Kyoto-Protokoll gehört? Weißt du, was man darunter versteht?

F13 Wenn du mit einem Mikro zu nahe an einen Lautsprecher kommst, dann pfeift es höchst unangenehm. Warum? Und was könnte das mit dem Treibhauseffekt zu tun haben?

Ähnlich wie bei der Wettervorhersage wird auch die Klimaentwicklung mit **Supercomputern** simuliert (Abb. 37.10). Dazu werden die komplexesten und aufwändigsten Computermodelle verwendet, die jemals entwickelt wurden. Die berechnete Zeitspanne beträgt nicht wie beim Wetter eine Woche, sondern Jahrzehnte. Außerdem ist man auf viel Annahmen angewiesen, etwa wie sich der Ausstoß der Treibhausgase entwickeln wird. Daher sprechen Klimatologen lieber von **Klimaszenarien** als von Vorhersagen.

Abb. 37.10: Um das zukünftige Klima zu simulieren, wird die Erde quasi in viele kleine Stücke zerlegt und für jedes die Entwicklung der klimarelevanten Parameter berechnet – ein extremer Rechenaufwand (siehe auch Abb. 38.8, Kap. 38.2)!

Wie sehen diese **Klimaszenarien für das 21. Jahrhundert** aus? Je nachdem, ob man die Entwicklung des CO_2-Ausstoßes optimistisch oder pessimistisch prognostiziert, kann man bis 2100 eine **Temperaturerhöhung von 2 bis 6 °C** über dem Niveau von 1900 abschätzen (siehe Abb. 37.11).

Trotz aller Unwägbarkeiten kann man also eines sicher sagen: Global gesehen wird es wärmer werden! Und das wird wiederum drastische Folgen haben. Die globale Erwärmung schließt nicht aus, dass es an bestimmten Orten auch kälter werden kann, zum Beispiel in Europa, wenn der **Golfstrom** nachlässt (siehe Abb. 19.8, „Big Bang 6").

››› i | Arche Noah |

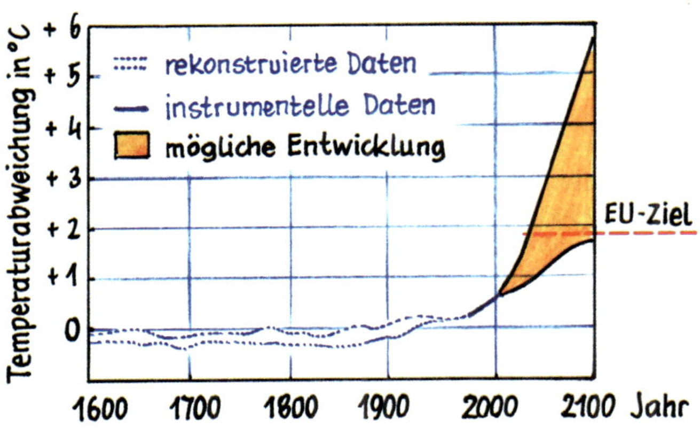

Abb. 37.11: Berechnete Entwicklung der globalen Durchschnittstemperatur bis 2100. Die große Streuung entsteht vor allem durch Unsicherheit in der Entwicklung des CO_2-Ausstoßes.

EU-Ziel ist, die untere Grenze der Schätzung zu erreichen und die Temperaturerhöhung bei 2 °C zu stabilisieren (Abb. 37.11). Um dieses Ziel zu erreichen, muss

i

| Arche Noah |

Das sind die wahrscheinlichen Auswirkungen der Temperaturzunahme im 21. Jahrhundert (F9):

Zunahme der Wetterkapriolen: Stark-Niederschläge und Überflutungen, Dürre-, Hitze-, und Kälteperioden sowie heftige Stürme werden hinsichtlich Stärke, Dauer und Häufigkeit zunehmen.

Verschiebung der Klimazonen: Die Trockenzonen werden sich in Richtung Pole verschieben. Die heute fruchtbaren Kornkammern wie in Südeuropa wird es dann nicht mehr geben.

Bedrohung der Wälder: Eine Temperaturerhöhung um mehrere Grad innerhalb eines Jahrhunderts würde – nachdem bereits der Tropenwald großflächig vernichtet sein wird – auch noch die Bäume in unseren Breiten durch Klimastress und vermehrte Winde bedrohen.

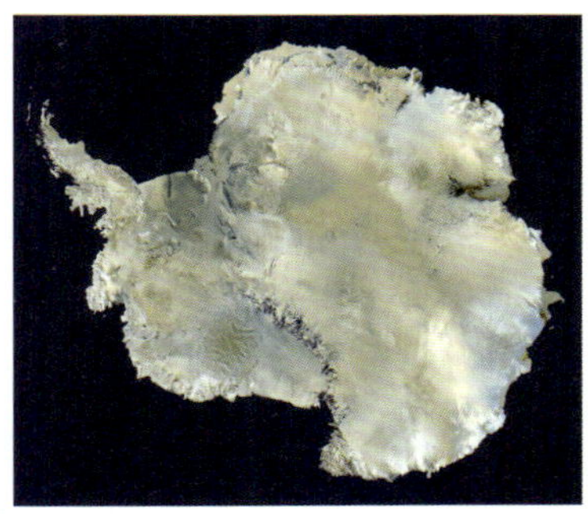

Abb. 37.12: Die Eisschicht in der Antarktis liegt auf dem Festland und hat eine Dicke von etwa 4,5 km!

Abschmelzen des Eises: Die Eismassen werden weiter abschmelzen. Besonders folgenreich ist das beim Festlandeis, etwa in Grönland oder der Antarktis (Abb. 37.12), weil das zu einem Anstieg des Meeresspiegels führt (F10), im schlimmsten Fall um knapp 1 m bis 2100. Vor allem Entwicklungsländer, die über keinen ausreichenden Küstenschutz verfügen, wären davon betroffen.

Positive Feedbackschleife: Die Erwärmung hat zwei Auswirkungen, die wiederum die Erwärmung verstärken: 1) Durch das Abschmelzen der Eismassen wird weniger Licht von der Erdoberfläche reflektiert und mehr absorbiert. 2) Durch die Erwärmung können die Ozeane weniger CO_2 binden und dieses wird vermehrt frei. Der Treibhauseffekt verstärkt sich dadurch selbst. Dasselbe Prinzip liegt bei einem pfeifenden Lautsprecher vor (F13). Das nennt man allgemein eine positive Feedbackschleife.

natürlich etwas geschehen. Erste Ansätze dazu gibt es seit 1997. Leider sind die **Emissionen trotzdem weiter gestiegen,** und wenn sich nichts ändert, dann wird die 2-Grad-Grenze bereits in einigen Jahrzehnten überschritten. Damit das nicht passiert, müsste jedes Land die Emissionen Schritt für Schritt senken, damit sich letztlich ein Wert von 450 ppm einstellen kann. Die Welt profitiert momentan noch davon, dass in extrem bevölkerungsreichen Ländern wie China oder Indien die CO_2-Produktion vergleichsweise niedrig ist (Abb. 37.14).

▸▸▸ i | Kyoto-Protokoll |

| Kyoto-Protokoll |

Im japanischen Kyoto haben sich 1997 etwa 130 Staaten in einem Protokoll verpflichtet, den Ausstoß von Treibhausgasen (Tab. 37.1) zu verringern (F12). Das **Kyoto-Protokoll** gilt als erster Versuch, den anthropogenen Treibhauseffekt zu bremsen. Die einzelnen Länder haben dabei unterschiedliche Vorgaben, die vor allem von ihrer wirtschaftlichen Entwicklung abhängen. Für **Österreich** ist bis 2012 eine **Senkung um 13 %** vorgesehen (im Vergleich mit 1990), global um 5,2 %. Ein Post-Kyoto-Regelung ist bei der UN-Klimakonferenz in Kopenhagen 2009 gescheitert.

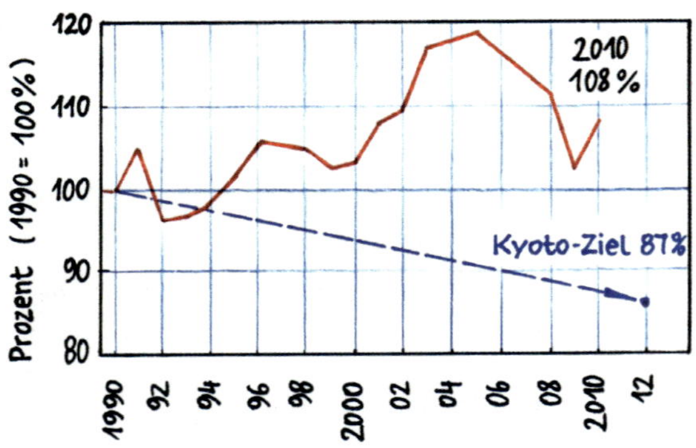

Abb. 37.13: Obwohl sich Österreich zu einer Senkung um 13 % verpflichtet hat, lag der der Ausstoß der Treibhausgase 2010 bei 108 %, also etwa um 20 % zu hoch!

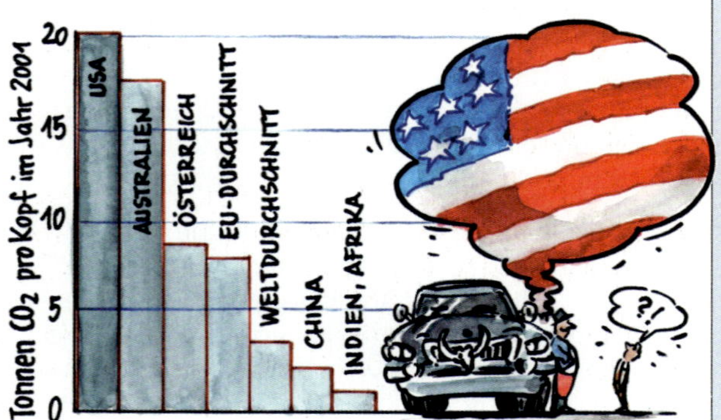

Abb. 37.14: Beispiele für die CO_2-Produktion. Jeder Österreicher produziert im Schnitt fast 10 Tonnen CO_2 pro Jahr (F11)! Unvorstellbar!

Einen großen Teil der Maßnahmen müssen natürlich die **Regierungen** tragen, etwa durch den Ausbau von „Schiene statt Straße" oder die Förderung CO_2-neutraler Energiequellen (siehe Kap. 37.4 bis 6). Einen gewissen Teil kann aber **jeder** dazu beitragen, weil auch Privatverkehr und Heizen in den Wohnungen eine beträchtliche Belastung darstellen (Abb. 37.15 und 16). Bedenke: Du bist der Stau!

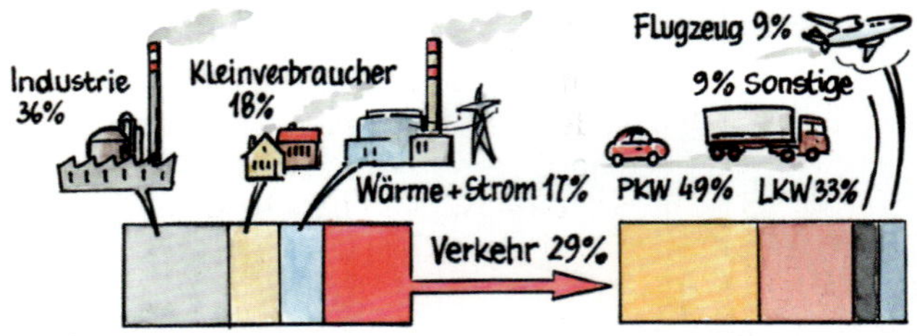

Abb. 37.15: Links: Gesamtanteile an der CO_2-Emission in Österreich (2004). Rechts: Nochmalige Aufschlüsselung der Verursacher im Verkehr. In Summe bedeutet das, dass etwa 15 % des CO_2 vom Privatverkehr produziert werden.

Abb. 37.16: Energieverbrauch in einer Familie. In vielen Wohnungen wird mit Gas geheizt. Durch Sparen beim Heizen können auch Privatpersonen den CO_2-Ausstoß drastisch verringern.

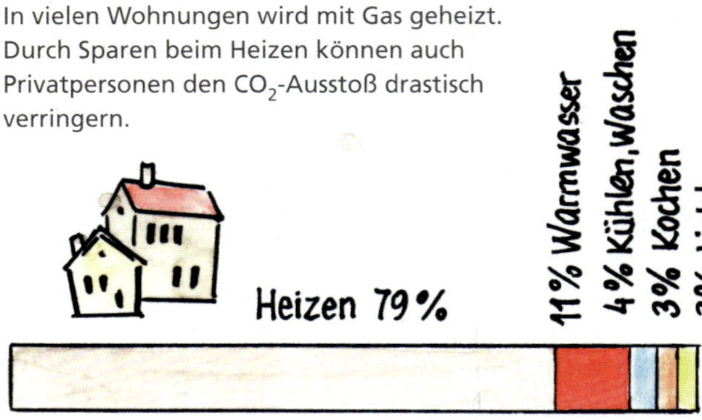

Zusammenfassung

Die Temperatur in diesem Jahrhundert wird auf jeden Fall weiter ansteigen. Wie stark diese Erwärmung sein wird und somit auch die Umweltfolgen, hängt sehr von der Emission der Treibhausgase ab. Deshalb sind alle Länder, aber auch jeder Einzelne gefordert, ökologisch zu denken!

37.4 Beinahe unerschöpflich
Energie aus der Sonne

Es gibt eine beinahe unerschöpfliche Energiequelle, die seit rund 4,6 Milliarden Jahren die Erde versorgt: die Sonne. Wenn wir die Sonnenenergie ausnützen, dann haben wir eine Chance, den Treibhauseffekt in der Zukunft zumindest einzudämmen.

?

F14 Was versteht man unter dem Fotoeffekt? Welche Bedeutung könnte er im Zusammenhang mit Solarenergie haben (Kap. 26.3)? Was versteht man unter einem Halbleiter (Tab. 24.5, „Big Bang 5“, Abb. 28.24)? Was versteht man unter Valenzelektronen (Kap. 27.5)? Was versteht man unter dem Wirkungsgrad (Kap. 9.8, „Big Bang 5“)?

F15 In der Grafik siehst du die Entwicklung des Weltenergiebedarfs ab 1970. Welche wichtigen Aussagen kannst du dazu machen?

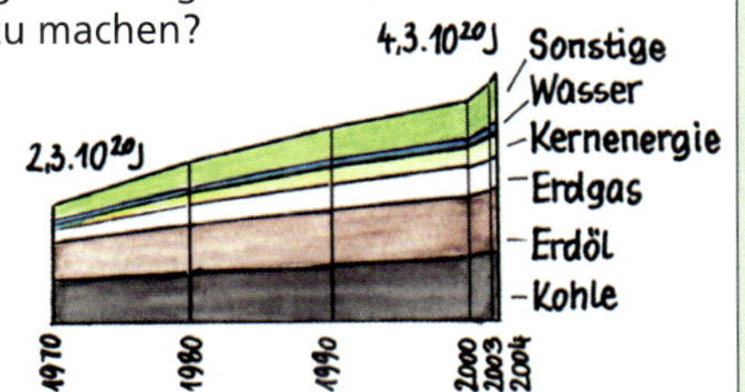

Abb. 37.17: Die Entwicklung des Weltenergiebedarfs seit 1970. (Anm.: Die Angaben variieren je nach Quelle, aber es geht hier ums Prinzip.)

F16 Wie lange, denkst du, muss die Sonne scheinen, damit die auf die Erde gestrahlte Energie (theoretisch) dem Jahresbedarf der gesamten Menschheit entspricht?

F17 Was passiert mit dem Wasser in einem Gartenschlauch, der lange in der Sonne gelegen ist? Wie könnte man diesen Effekt nutzen?

Der **Weltenergiebedarf** hat sich zwischen 1970 und 2004 beinahe verdoppelt und er steigt weiter. Rund 80 % wird momentan aus fossilen Brennstoffen gewonnen (**F15**), und das verstärkt den anthropogenen Treibhauseffekt (siehe Kap. 37.3). Nun gibt es aber eine nahezu unerschöpfliche Energiequelle, die kein CO_2 produziert: die Sonne. Wie viel Energie strahlt sie auf die Erde?

Außerhalb der Erd-Atmosphäre beträgt die Strahlungsleistung der Sonne bei senkrechter Einstrahlung im Mittel 1367 W/m². Das nennt man die Solarkonstante. Der Begriff ist nicht glücklich gewählt, weil eine vernünftige Konstante auch konstant sein sollte. Die Sonnenstrahlung, die die Erdatmosphäre erreicht, schwankt aber, weil sowohl der Abstand zwischen Erde und Sonne als auch die Sonnenaktivität variieren (Abb. 37.18). Deshalb hat man Anfang der 1980er den oben genannten **Durchschnittswert** quasi „verordnet“. Für Überlegungen zum

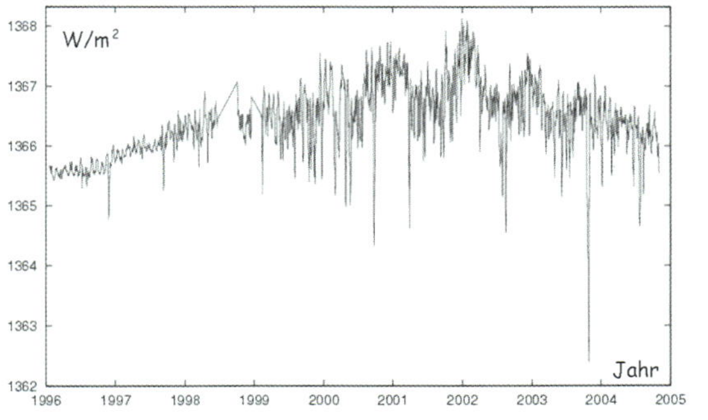

Abb. 37. 18: Strahlungsleistung der Sonne, gemessen mit dem Satelliten SOHO (**So**lar and **H**eliospheric **O**bservatory). Die Schwankungen entstehen durch Änderungen der Entfernung und der Sonnenaktivität.

Strahlungshaushalt ist das sehr sinnvoll, weil man nicht am Spitzenwert interessiert ist, sondern am Mittelwert. Mit diesem kann man recht einfach abschätzen, dass die auf die Erde gestrahlte Sonnenenergie den Weltenergiebedarf um ein Vielfaches übersteigt.

▸▸▸ **i** | **Jahresdosis Sonnenenergie** |

i

| Jahresdosis Sonnenenergie |

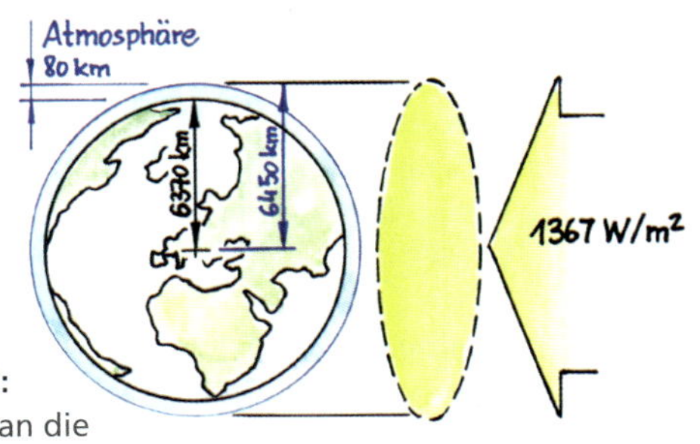

Abb. 37.19: So kann man die Strahlungsenergie der Sonne abschätzen. Die berechnete Kreisfläche ist die 2-dimensionale Projektion der Erde.

Wenn man zum Erdradius (6370 km) noch 80 km Atmosphäre rechnet, dann bestrahlt die Sonne eine **Kreisscheibe** mit einem Radius von 6450 km. Das ergibt eine Fläche von

$r^2\pi = (6{,}45 \cdot 10^6\ \text{m})^2 \cdot \pi = 1{,}31 \cdot 10^{14}\ \text{m}^2$.

Wenn du mit der Solarkonstante multiplizierst, bekommst du die Joule pro Sekunde, die auf die Erde gestrahlt werden:

$1{,}31 \cdot 10^{14}\ \text{m}^2 \cdot 1367\ \text{J/sm}^2 = 1{,}79 \cdot 10^{17}\ \text{J/s}$.

Wenn du mit den Sekunden eines Jahres multiplizierst, dann bekommst du die **Jahresdosis an Sonnenenergie:**

$1{,}79 \cdot 10^{17}\ \text{J/s} \cdot 3{,}16 \cdot 10^7\ \text{s} = 5{,}64 \cdot 10^{24}\ \text{J}$.

Das ist rund 13.000-mal mehr als der Weltenergiebedarf (Abb. 37.17)! Anders gesagt: Die Sonne liefert in 40 Minuten so viel Energie, wie die ganze Erdbevölkerung in einem Jahr benötigt (**F16**)! Natürlich ist das ein **Bruttowert,** der technisch niemals umgesetzt werden kann. Du siehst aber, welches gigantische Energiepotenzial rein prinzipiell in den Sonnenstrahlen steckt.

Solarkonstante, Ausgangswert	1367 W/m^2
Erdatmosphäre verringert den Wert durch Streuung und Absorption (–27 %)	1000 W/m^2
Wolken verringern den Wert (–50 %)	500 W/m^2
Sonne scheint im Schnitt nur 12 Stunden (–50 %)	250 W/m^2
Sonne strahlt nicht senkrecht ein (–50 %)	125 W/m^2
Wirkungsgrad einer Solarzelle (–85 %)	19 W/m^2

Tabelle 37.2: Abschätzung, wie sich die Strahlungsleistung der Sonne auf der Erde verringert und was im Schnitt **in unseren Breiten** am Boden übrig bleibt.

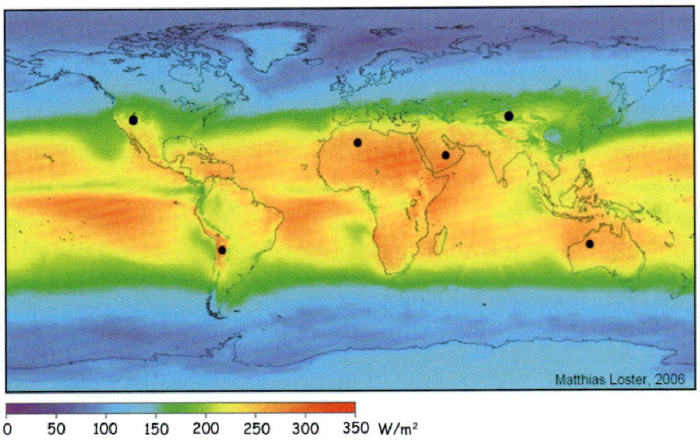

Abb. 37.20: Die Karte zeigt die lokale Sonneneinstrahlung auf der Erdoberfläche (Mittel 1991–93). Zur Deckung des derzeitigen Weltenergiebedarfs durch Solarstrom wären die dunkel gekennzeichneten Flächen ausreichend. Diese entsprechen jeweils knapp der Fläche Österreichs (siehe Abb. 37.27).

Wie viel **Strahlungsleistung** letztlich **am Boden** ankommt, ist von verschiedenen Faktoren abhängig (Tab. 37.2). In Österreich ist es im Schnitt rund 1/10 der Solarkonstante. Aber das ist immer noch jede Menge, nämlich über den Daumen 125 W/m^2. Je näher man dem Äquator kommt, desto steiler strahlt die Sonne ein und desto größer wird die Nettoausbeute (Abb. 37.19).

Solaranlagen	Allgemeiner Ausdruck für Anlagen, die Sonnenenergie in andere Energieformen umwandeln.
thermische Solaranlagen	Wandeln Sonnenenergie in Wärme um. Sie werden oft kurz ebenfalls Solaranlagen genannt, was zu Verwechslungen führen kann.
Sonnenkollektor	Dies sind die Kernstücke von thermischen Solaranlagen. Sie wandeln Sonnenstrahlung in Wärme um.
thermische Solarkraftwerke	Sie wandeln Sonnenenergie zuerst in Wärme um und diese dann in Strom.
Photovoltaik-Anlagen	Diese wandeln Sonnenenergie direkt in Strom um.
Solarzellen	Das sind Halbleiterelemente, die das Sonnenlicht in elektrischen Strom umwandeln. Sie sind Bestandteil von Photovoltaik-Anlagen.

Tab. 37.3: Gebräuchliche Ausdrücke im Zusammenhang mit Sonnenenergie.

Einrichtungen, die Sonnenenergie in eine andere Energieform umwandeln, nennt man generell **Solaranlagen** (Tab. 37.3). Je nachdem, ob Wärme oder Strom erzeugt werden, verwendet man spezielle Bezeichnungen. **Thermische Solaranlagen** etwa wandeln die Sonnenenergie in Wärme um. Oft lässt man aber den Zusatz thermisch weg und nennt sie salopp Solaranlagen, was zu Verwechslungen führen kann.

▸▸▸ i | Sonnenkollektoren |

Diese Anlagen werden zur **Warmwasserbereitung** benutzt, also für Bad und Zentralheizung. Was die Sonne nicht schafft, etwa wegen Schlechtwetters, übernimmt ein konventioneller Heizkessel (siehe Abb. 37.21). Diese Form der umweltschonenden Energiebereitstellung ist

i

| Sonnenkollektoren |

Das Kernstück einer thermischen Solaranlage ist der **Sonnenkollektor** (Abb. 37.21). Dieser besteht im Wesentlichen aus einem schwarzen **Absorber** mit einer integrierten Rohrschlange. Scheint die Sonne, werden der Absorber und somit auch das durchfließende Wasser heiß (Abb. 37.21 a). Es ist genau derselbe Effekt, wie wenn du einen dunklen Gartenschlauch in der Sonne liegen lässt (**F17**), nur eben professioneller. Bei der Erwärmung des Absorbers wird Licht in Infrarotstrahlung umgewandelt. Eine Glasplatte wirft den Großteil davon wieder in den Kollektor zurück (b) und erhöht somit den Wirkungsgrad. Dieser liegt typischer Weise bei 60 bis 75 %. Das ist hoch effizient!

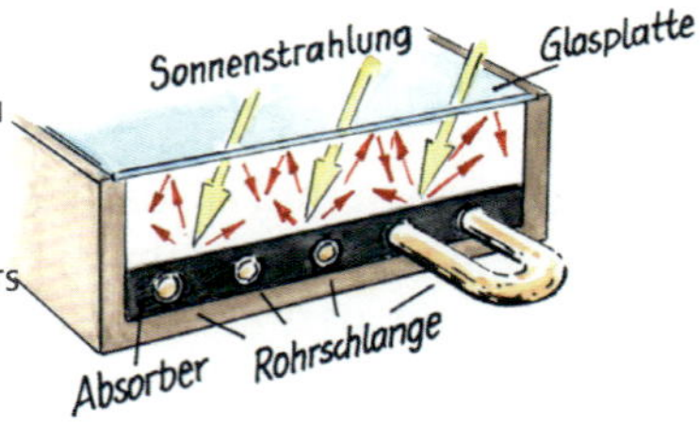

Abb. 37.21: Schematischer Aufbau einer thermischen Solaranlage (a) und eines Sonnenkollektors im Querschnitt (b).

Eine besonders einfache Methode wird beim Beheizen von **Schwimmbecken** benutzt. Dabei verwendet man schwarze Kunststoffschläuche, die zu Matten zusammengefügt sind (also quasi nur einen Absorber). Damit kann man die Wassertemperatur um etwa 5 °C erhöhen – und das völlig gratis!

Abb. 37.22: Prinzip eines Schwimmbadabsorbers.

in Österreich Gott sei Dank inzwischen sehr verbreitet. Ende 2005 waren bereits 3 Millionen m² Kollektoren in Betrieb. Das entspricht einer Fläche von rund 400 Fußballfeldern und erspart den Ausstoß von fast 500.000 Tonnen CO_2!

Heißes Wasser ist eine feine Sache, aber damit kann man keine elektrischen Geräte betreiben. Es gibt aber noch eine zweite grundlegende Technik, die auf der Nutzung der Sonnenenergie beruht, die genau das kann. Man spricht in diesem Fall von **Fotovoltaik-Anlagen.** Dabei nutzt man den Fotoeffekt aus, um mit Hilfe von Halbleitern Strom zu erzeugen.

▸▸▸ i | Solarzelle |

Prozentuell gesehen ist diese Art der Stromgewinnung sowohl in Österreich als auch weltweit verschwindend klein. Der große Vorteil liegt aber darin, dass man mit solchen Anlagen völlig unabhängig vom Netz Strom erzeugen kann. Man spricht dann von **Inselsystemen.** Diese werden etwa bei entlegenen Wohnhäusern, in Schrebergartenhäuser oder Almhütten eingesetzt – und auch an entlegenen Orten außerhalb der Erde (Abb. 37.26). Inselanlagen benötigen Speicher-Akkus, damit auch ohne Sonnenschein die erforderliche Energie zur Verfügung steht.

Abb. 37.26: Der Marsrover Sojourner, der 1997 den roten Planeten erkundete, war mit einer Fotovoltaik-Anlage ausgestattet.

Weil die üblichen, relativ billig herzustellenden Solarzellen momentan einen **Wirkungsgrad** von nur rund 10 % bis 15 % aufweisen, ist diese Art der Stromgewinnung generell ziemlich flächenintensiv. Mit einem Solar-Panel von 1 m² kann man in unseren Breiten im Schnitt nur rund 19 W Leistung erzeugen, und an den günstigsten Orten der Welt 45 W (siehe Abb. 37.20). Trotzdem ist es faszinierend abzuschätzen, wie man rein prinzipiell die ganze Welt mit Hilfe der Sonnenenergie versorgen könnte.

▸▸▸ i | 6-mal die Fläche Österreichs | Seite 112

| Solarzelle |

Solarzellen bestehen hauptsächlich aus **Silicium** (Si). Dieser Halbleiter besitzt vier **Valenzelektronen** (Außenelektronen). Wenn man Silicium mit anderen Stoffen „verunreinigt" (dotiert), die 5 oder 3 Valenzelektronen besitzen, kann man Stoffe mit weniger bzw. mehr freien Elektronen erzeugen. Wichtig: Die Stoffe sind nach wie vor **elektrisch neutral.** Die Bezeichnung n und p bezieht sich auf die relative Anzahl der frei beweglichen Elektronen.

Interessant wird es nun, wenn man n- und p-dotierte Halbleiter in Kontakt bringt (Abb. 37.24). An der **Grenzschicht** kombinieren sich Elektronen und Elektronenlöcher und es entsteht eine Zone (grau), in der sich praktisch keine frei beweglichen Ladungsträger befinden. Durch die Verschiebung der Elektronen erhält der p-Bereich eine negative und der n-Bereich eine positive Raumladung. Das ist die Voraussetzung für das Erzeugen von Solarstrom.

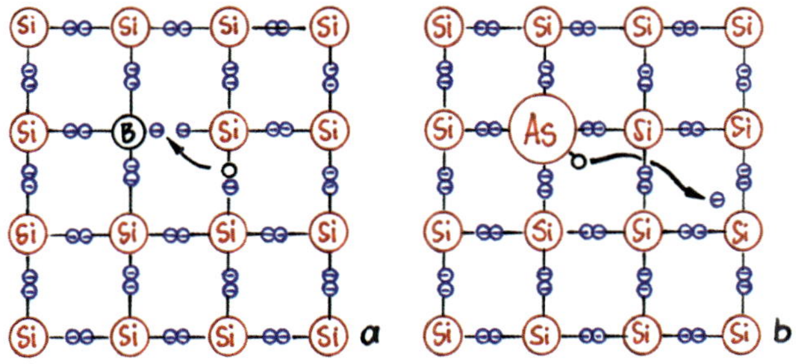

Abb. 37.23: a) Silicium (4 Valenzelektronen) wird mit Bor (3) „verunreinigt". Dadurch erzeugt man ein „Elektronenloch", das man als positive Ladung interpretieren kann. b) Nimmt man Arsen (5 Valenzelektronen), entsteht ein Elektron, das praktisch frei herumschwirren kann.

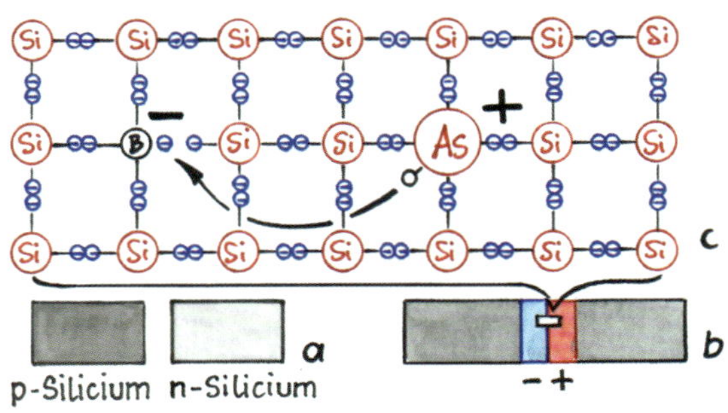

Abb. 37.24: Durch Kontakt von p- und n-dotiertem Silicium (etwas anders dargestellt als oben) entsteht eine geladene Grenzschicht.

Eine **Solarzelle** besteht aus einer dünnen n-dotierten und einer dicken p-dotierten Schicht (Abb. 37.25). Die n-Schicht muss sehr dünn sein (rund 10^{-6} m), damit die Photonen diese durchdringen und in die Grenzschicht gelangen können. Wenn sie dort auf ein Atom treffen, können sie ein Elektron ablösen. Das nennt man den **Fotoeffekt** (siehe Kap. 26.3). Die freigewordenen Elektronen wandern in die positive n-Schicht, die Löcher in die negative p-Schicht. **Sonnenlicht wurde in Solarstrom umgewandelt!**

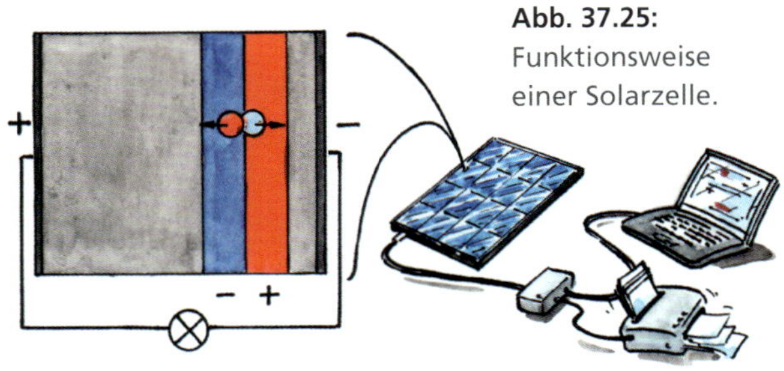

Abb. 37.25: Funktionsweise einer Solarzelle.

| 6-mal die Fläche Österreichs |

Wie groß müsste ein **Solar-Panel** sein, damit man den Energiebedarf der Menschheit decken könnte? Nehmen wir an, dass die Solaranlage an einem günstigen Ort positioniert ist, wo die durchschnittliche Sonneneinstrahlung bei 300 W/m^2 liegt. Bei einem Wirkungsgrad von 10 % liefert dann ein Quadratmeter 30 W, also 30 J/s, und ein Quadratkilometer $3 \cdot 10^7$ J/s. In einem Jahr (= $3{,}16 \cdot 10^7$ s) summiert sich die Energie daher auf $9{,}46 \cdot 10^{14}$ J.

Der **Weltenergiebedarf** lag 2004 bei $4{,}3 \cdot 10^{20}$ J. Um das abzudecken, müsste das Solar-Panel eine Fläche von $4{,}55 \cdot 10^5$ km^2 besitzen. Das entspricht knapp 6-mal der Fläche Österreichs bzw. 6 Kreisen mit einem Radius von 155 km (Abb. 37.27).

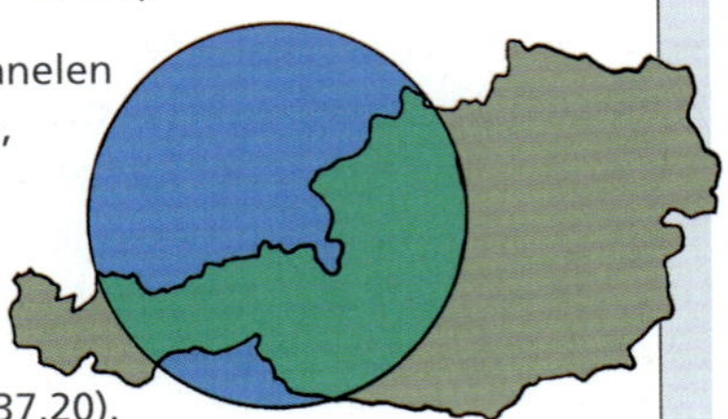

Abb. 37.27: Mit 6 Solarpanelen dieser Größe könnte man, an den richtigen Stellen der Welt ausgelegt, den momentanen Weltenergieverbrauch decken (siehe auch Abb. 37.20).

Zusammenfassung

Die Energie, die die Sonne auf die Erde strahlt, ist mehr als 10.000-mal so groß wie die Energie, die wir Menschen benötigen. Es gibt zwei verbreitete Techniken zur Nutzung. Entweder man wandelt das Sonnenlicht in thermischen Solaranlagen in Wärme um, oder man erzeugt in Photovoltaik-Anlagen Strom.

37.5 Ein Zylinder voller Luft

Windenergie

Neben der Sonne gibt es eine weitere Energiequelle, die keinerlei Schadstoffe produziert: den Wind!

F18 ▸L Welche geschichtlichen Nutzungen der Windenergie fallen dir ein?

F19 Die Windenergie ist eine indirekte Form der Sonnenenergie! Warum? Und wie entstehen Winde eigentlich?

F20 Was meinst du, wie die Leistung eines Windrotors von seiner Fläche abhängt? Und wie hängt sie von der Windgeschwindigkeit ab?

F21 Man kann rein prinzipiell dem Wind niemals mit einem Rotor die gesamte Energie entziehen! Warum?

Winde werden einfach gesagt durch unterschiedlich starke Sonneneinstrahlung verursacht, etwa durch die geografische Breite oder Tag und Nacht. Dadurch entstehen Hoch- und Tiefdruckgebiete, die die Luft zum Fließen bringen. Windenergie ist also eine indirekte Form der Sonnenenergie (**F19**). Die Nutzung des Windes gehört zu den ältesten Formen der Energiegewinnung. Windmühlen etwa gibt es schon seit über 1000 Jahren und sie waren neben den Wassermühlen lange Zeit die einzigen energiebetriebenen Maschinen (Abb. 37.28).

Abb. 37.28: Windmühlen sind die Vorgänger der heutigen Windanlagen. Allerdings wurde dabei natürlich kein Strom erzeugt, sondern meistens Korn gemahlen.

Windenergie ist nichts anderes als die kinetische Energie der Luftmoleküle. Bei einem Windkraftwerk wird ein Teil davon durch den Rotor auf einen Generator übertragen (siehe Kap. 32.1) und somit in elektrische Energie umgewandelt. Dem Wind kann aber nicht die gesamte Energie entnommen werden (**F21**). Warum? Weil sich ja dann die Luft hinter

| Windleistung |

Schätzen wir die Leistung eines Rotors ab (**F20**). In einer bestimmten Zeit strömt eine zylinderförmige Luftmasse durch dessen Querschnittsfläche (Abb. 37.29). Rechnen wir zuerst das **Volumen** des Zylinders aus: $V = As = r^2\pi s$. s ist der Weg, den die Luftmoleküle zurücklegen. Aus $v = s/t$ folgt $s = vt$ und somit $V = r^2\pi vt$.

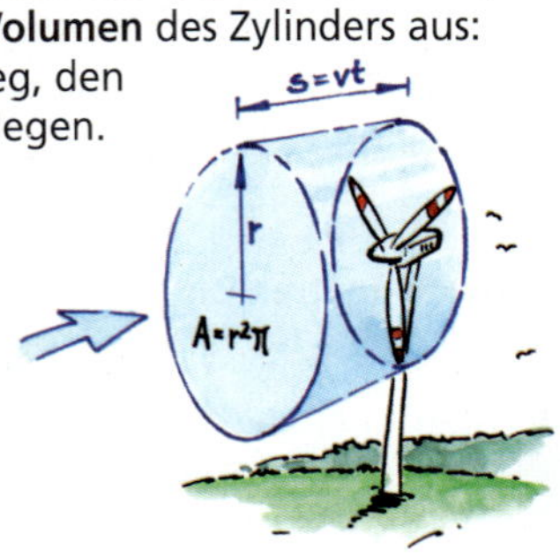

Abb. 37.29: In der Zeit t strömt die Luft dieses Zylinders durch den Rotor.

Welche **Masse** hat die Luft in diesem Zylinder? Aus der Gleichung Dichte (ρ) ist Masse pro Volumen folgt $m = \rho V$. Wenn man nun das Volumen durch den Ausdruck von oben ersetzt, bekommt man $m = \rho r^2\pi vt$. Nun kann man die **kinetische Energie** berechnen:

$$E_k = \frac{mv^2}{2} = \frac{\rho r^2 \pi v t v^2}{2} = \frac{\rho r^2 \pi v^3 t}{2}$$

Leistung ist allgemein Energie pro Zeit. Daraus folgt:

$$P = \frac{E_k}{t} = \frac{\rho r^2 \pi v^3}{2} \sim r^2 v^3$$

Die Leistung eines Rotors ist also proportional zum Quadrat seines Radius: **Doppelter Radius, vierfache Leistung.** Das ist einleuchtend, denn mit der Verdopplung des Radius vervierfacht sich die Fläche. Die Leistung wächst aber mit der dritten Potenz der Windgeschwindigkeit: **Doppelte Windgeschwindigkeit, achtfache Leistung.** Das ist nicht so offensichtlich. Die durchschnittliche Windgeschwindigkeit ist also der bestimmende Faktor bei der technischen Nutzung der Windenergie.

dem Rotor nicht mehr bewegt und somit auch die Luft vor dem Rotor zum Stillstand käme. Man kann berechnen, dass eine Windkraftanlage im idealen Fall knapp 60 % der Windenergie „ernten" kann.

Abb. 37.30: Als Standort für Windkraftwerke eignen sich Bergrücken und Ebenen. Oben: Oberzeiring (Stmk); unten: Bruck an der Leitha (NÖ).

Die **Leistung** eines Windkraftwerkes ist von seiner Rotorgröße, vor allem aber von der durchschnittlichen Windgeschwindigkeit abhängig. Deshalb spielt der Standort eine große Rolle (Abb. 37.30). Ende 2005 wurden in Österreich bereits 2,3 % des Stroms durch Windenergie erzeugt. Das klingt nach nicht viel, aber damit kann man mehr als 450.000 Haushalte mit Strom versorgen.

▸▸▸ i | **Windleistung** |

Zusammenfassung

Windkraftwerke wandeln einen Teil der kinetischen Energie der Luftmoleküle in elektrische Energie um. Die bestimmenden Faktoren dabei sind Rotorgröße und Windgeschwindigkeit.

37.6 Von der Pfanne in den Tank

Energie aus Biomasse

Biomasse ist ein Zukunftstrend, weil auch dabei kein zusätzliches CO_2 entsteht. Warum ist das aber eigentlich so? Bei der Verbrennung entsteht doch immer CO_2!

F22 Du hast sicher schon einmal vom Begriff Biomasse gehört. Was versteht man darunter?

F23 Warum ist das Verbrennen von Biomasse ökologischer als das Verbrennen von fossilen Stoffen? Es wird doch in beiden Fällen CO_2 freigesetzt!

F24 Die Energie aus Biomasse ist eine indirekte Form der Sonnenenergie! Warum?

Biomasse ist ein sehr umfassender Begriff. In Zusammenhang mit Energiegewinnung meint man Pflanzen, etwa Holz, Gras, Raps oder Zuckerrüben, und die Ausscheidungen von Tieren, also zum Beispiel Kuhmist (Abb. 37.31; F22). Diese Energieträger lassen sich durch Verbrennung auf umweltfreundliche Weise in Bewegung, Strom oder Wärme umwandeln. Man spricht von **CO_2-neutralen Prozessen.** Aber warum ist Biomasse umweltverträglicher als fossile Brennstoffe? Es wird doch in beiden Fällen CO_2 frei (F23)!

Der Begriff CO_2-neutral ist nicht glücklich gewählt. Man meint damit gar nicht, dass kein CO_2 frei wird, sondern dass die **CO_2-Bilanz** im längeren Schnitt **ausgeglichen** ist. Beim Verbrennen wird CO_2 frei, beim Wachsen von Pflanzen wird CO_2 gebunden. Wenn in einer bestimmten Zeit genauso viele Pflanzen nachwachsen, wie man verbrannt hat, dann ist die CO_2-Bilanz ausgeglichen. Das nennt man dann CO_2-neutral.

▸▸▸ i | **CO_2-Bilanz** |

Warum ist das Verbrennen fossiler Stoffe nicht CO_2-neutral? Öl, Gas und Kohle sind zwar letztlich auch aus Biomasse entstanden, aber dieser Prozess hat **viele Millionen Jahre** gedauert. Bis zum Beispiel wieder Erdöl „nachwächst", gibt es vielleicht gar keine Menschen mehr. Deshalb produziert dessen Verbrennung einen CO_2-Überschuss.

i

| **CO_2-Bilanz** |

Aus Wasser, Kohlenstoffdioxid und Sonnenenergie erzeugen Pflanzen Glucose und Sauerstoff. Das nennt man **Photosynthese** (siehe auch Kap. 6.1):

$6CO_2 + 6H_2O + \text{Sonnenenergie} \Rightarrow C_6H_{12}O_6 + 6O_2$.

Biomasse ist also gespeicherte Sonnenenergie (F24). Bei ihrer **Verbrennung** läuft diese Reaktion in die Gegenrichtung ab und die vorher gespeicherte Energie wird wieder frei:

$C_6H_{12}O_6 + 6O_2 \Rightarrow 6CO_2 + 6H_2O + \text{Energie}$.

Das freigesetzte CO_2 und Wasser sind wiederum die **Grundbausteine,** um durch Photosynthese neue Pflanzen wachsen zu lassen und so weiter. Wenn für jeden Baum, den du verbrennst, irgendwo einer nachwächst, dann wäre die CO_2-Bilanz der Welt ausgeglichen.

Abb. 37.32: a) Wald wächst und bindet CO_2. b) Das Holz wird verbrannt und liefert Wärme. Dabei wird das CO_2 wieder frei. c) Wenn wieder dieselbe Menge Wald irgendwo nachgewachsen ist, ist die Bilanz neutral.

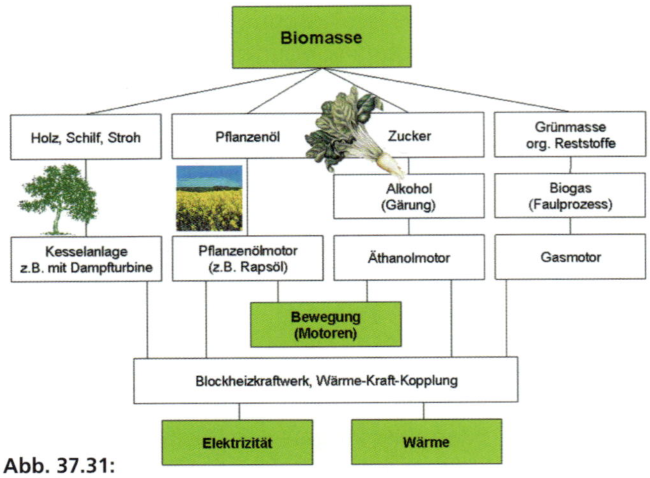

Abb. 37.31:
Beispiele von Biomasse in Zusammenhang mit Energiegewinnung.

i

| Von der Pfanne in den Tank |

Als Rohstoff für **Biodiesel** ist in Europa Raps die geeignete Pflanze, den man übrigens schon jetzt bei vielen Modellen beimischen kann, ohne dass es dem Motor schadet. Bei der Produktion gibt es keine Abfallprodukte, weil alles weiterverwertet werden kann, etwa als Futtermittel. Außerdem werden die Gewässer nicht so belastet. Ein völliger Umstieg auf Biodiesel ist aber leider nicht möglich, weil man Raps auf demselben Feld nur alle 3 bis 5 Jahre anbauen kann. Und selbst wenn man ganz Österreich mit Rapsfeldern überzöge, würde die Produktion bei weitem nicht reichen.

Abb. 37.32: Die Grazer Busse fahren mit Altöl aus der Pfanne.

In Graz produziert man seit 1999 **Biodiesel aus Altöl,** das in Gastronomiebetrieben und Privathaushalten kostenlos gesammelt wird, quasi von der Pfanne in den Tank. Dieser Biodiesel kommt in Bussen der Grazer Verkehrsbetriebe zum Einsatz (Abb. 37.32). Dabei entlastet man zusätzlich noch die Gewässer, in denen ein Teil des Altöls wohl mit ziemlicher Sicherheit landen würde.

Äthanol aus Zuckerrohr gewonnen ist in Brasilien ein immer beliebterer Treibstoffersatz (Abb. 37.33). Er ist halb so teuer wie Benzin und natürlich umweltfreundlich. Es kann allerdings sein, dass sich dadurch eventuell entstehende Monokulturen nicht besonders günstig auf die Umwelt auswirken.

Abb. 37.33: In Brasilien hat man Alkohol im Tank.

Besonders ökologisch ist der Einsatz von Biomasse, wenn diese vor der Verwendung keine oder wenige Produktionsschritte durchlaufen muss. Das ist zum Beispiel bei **Holzfeuerungs-** oder **Biogasanlagen** der Fall. Wenn man aber zum Beispiel aus Pflanzenöl Biodiesel herstellt oder aus Zucker Äthanol – mit beiden Stoffen kann man Motoren betreiben –, dann wird bei der Produktion CO_2 frei und der **gesamte Prozess** ist dann **nicht mehr CO_2-neutral.** Trotzdem: Unter dem Strich ist es immer ökologischer, Biomasse zu verwenden als fossile Brennstoffe.

▸▸▸ i | Von der Pfanne in den Tank |

Zusammenfassung

Biomasse ist weitgehend CO_2-neutral, d. h., dass jedes Jahr so viele Pflanzen nachwachsen, dass das freigesetzte CO_2 im Schnitt wieder aufgenommen wird. Natürlich kann bei der Produktion CO_2 entstehen, aber Biomasse schneidet immer besser ab als fossile Brennstoffe.

a

| Klimaänderung und erneuerbare Energie |

F25 ▸L Manchmal ist bei Angaben von Stoffmengen von ppb die Rede. Was ist damit gemeint?

F26 ▸L Auch auf Venus und Mars gibt es einen natürlichen Treibhauseffekt! Gib mal einen Tipp ab, wie viel Grad dieser ausmacht.

F27 ▸L Wird nicht der 2. HS der Wärmelehre verletzt, wenn ein in der Sonne geparktes Auto innen heißer wird als die Umgebungsluft?

F28 ▸L Warum kann man das Wetter auf eine Woche, das Klima aber auf ein Jahrhundert im Voraus sinnvoll einschätzen?

F29 ▸L Wie ist es möglich, dass die Luft hinter dem Rotor eines Windkraftwerkes langsamer strömt? Es muss doch durch den imaginären Zylinder (Abb. 37.29) immer dieselbe Luftmasse pro Zeit strömen?

F30 Welche Umweltbeeinträchtigungen durch Windkraftanlagen gibt es? Recherchiere zu den Begriffen Vogelschlag, Landschaftsverbrauch, Schattenwurf, Diskoeffekt, Lärmentwicklung und Energierücklaufzeit. Diskutiere in der Gruppe Für und Wider in Bezug auf Windenergie.

F31 ▸L Manchmal wird der Mythos von der CO_2-freien Atomkraft strapaziert. Was ist falsch daran?

F32 ▸L Auf vielen Karten zur Sonneneinstrahlung wird nicht die Strahlungsleistung in W/m^2 angegeben, sondern auf Kilowattstunden pro Quadratmeter und Jahr umgerechnet.
Welcher Zusammenhang besteht hier?

F33 Was versteht man unter dem ökologischen Fußabdruck und wie groß ist deiner?
Verschaffe dir dazu Information aus dem Internet.

38 | CHAOTISCHE SYSTEME

| Prolog |

Wenn man die Ausgangsbedingungen kennt, dann erlauben die Gesetze der Physik unter gewissen Bedingungen einen „Blick in die Zukunft“. Man kann zum Beispiel die Flugbahn eines Fußballs vorausberechnen oder die eines Autos, bevor man einen Stunt probiert (Abb. 38.1). In diesem Fall blickt man ein paar Sekunden in die Zukunft. Es gibt sogar Ereignisse, die man viele Jahre oder sogar Jahrhunderte vorausberechnen kann, etwa Satellitenbahnen oder eine Sonnenfinsternis. Man hat zum Beispiel berechnet, dass am 24. Jänner 3098 eine ringförmige Sonnenfinsternis stattfindet, die 12 Minuten und 5 Sekunden dauert.

Abb. 38.1: Einer der ersten computerberechneten Stunts war ein „Auto-Spiralsprung“ in einem James-Bond-Film der 1970er.

Warum kann man eine Sonnenfinsternis über 1000 Jahre im Voraus berechnen, scheitert aber bei einer Wetterprognose bereits nach wenigen Tagen? Das liegt daran, dass sich manche Ereignisse trotz genauer Kenntnis der Naturgesetze nicht auf lange Sicht voraussagen lassen, weil sie extrem sensibel auf leicht unterschiedliche Ausgangssituationen reagieren. Man spricht dann von **chaotischen Systemen** bzw. vom **Chaos,** und das Wetter ist ein sehr gutes Beispiel dafür.
Der Begriff Chaos wurde eher unglücklich gewählt. Im Alltag bezeichnen wir damit nämlich einen Zustand hoher Unordnung, also ein heilloses Durcheinander, etwa den Verkehr beim Ausfall der Ampeln in der Stoßzeit. Das „physikalische Chaos“ ist nicht ungeordnet, sondern unvorhersagbar. Und verblüffenderweise weist Chaos in den meisten Fällen sogar einen hohen Grad an Ordnung auf.

38.1 Von Zeitreisen und Dämon

Starkes und schwaches Kausalitätsprinzip

> „Es gibt nur eine Konstante, eine Universalität. Es ist die einzige echte Wahrheit: Kausalität. Ursache und Wirkung.“ (Der Merowinger in Matrix Reloaded)

F1 Der Philosoph Pierre de Laplace vertrat 1814 folgende Ansicht: Gäbe es eine Super-Intelligenz (man nannte diese später den Dämon), die alle Naturgesetze kennt und den exakten momentanen Zustand des Universums, könnte diese Intelligenz Zukunft und Vergangenheit exakt berechnen. Ist das tatsächlich möglich oder nicht?

F2 Halte eine Münze wie in Abb. 38.2 und lass sie dann auf den Boden fallen. Wiederhole das Experiment einige Male und versuche dabei, die Münze immer exakt gleich zu halten. Auf welche Seite fällt die Münze? Immer auf dieselbe oder nicht? Wovon hängt das Ergebnis ab?

Abb. 38.2: Auf welche Seite fällt eine senkrecht gehaltene Münze?

F3 Eine bekannte Paradoxie lautet so: Stell dir vor, du reist in die Vergangenheit und verhinderst dort, dass sich deine Eltern kennen lernen. Was würde dann passieren? Und warum ist das paradox?

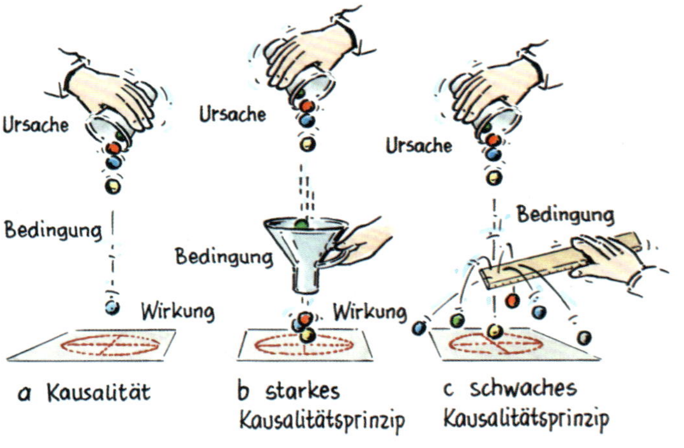

Abb. 38.3: a) Schematische Darstellung einer Kausalkette; b) Gilt das starke Kausalitätsprinzip, dann wirken sich kleine Änderungen der Bedingungen nicht stark aus. Das entspricht den meisten Alltagserfahrungen; c) Gilt das schwache Kausalitätsprinzip, dann wirken sich kleine Änderungen stark aus. Das ist in chaotischen Systemen der Fall.

Es gibt eine universelle Ordnung im Universum: die **Kausalität.** Damit ist gemeint, dass jedes Ereignis von einem früheren Ereignis ausgelöst wird. Dinge passieren also „nicht einfach so“. Man spricht von Ursache und Wirkung – und dass diese durch eine **kausale Kette** miteinander verbunden sind. Ein ganz simples Beispiel: Du neigst eine Kanne (= Ursache) und deshalb rinnt der Tee in eine Tasse (= Wirkung).

In einem „vernünftigen“ Universum wie unserem laufen kausale Ketten unter gleichen Bedingungen exakt gleich ab (Abb. 38.3 a). Deshalb sind wir auch in der Lage, durch theoretische Überlegungen Gleichungen abzuleiten, mit denen wir die **Natur berechnen** können. E ist exakt mc^2 und nicht manchmal ein bisschen mehr oder weniger.

Gleiche Ausgangsbedingungen liefern also immer gleiche Ergebnisse. In der Praxis lassen sich aber gleiche Bedingungen nicht realisieren. Bleiben wir bei der Teekanne. Du kannst diese niemals exakt gleich hoch heben und exakt gleich stark neigen, also auf **unendlich viele Kommastellen** genau. Trotzdem wirst du mit dem Tee in die Tasse treffen, weil sich diese kleinen Änderungen kaum auswirken (Abb. 38.4). Man spricht dann vom **starken Kausalitätsprinzip: Ähnliche Bedingungen führen zu ähnlichen Ergebnissen.** Die Welt, die du gewohnt bist, verhält sich in vielen Fällen so – zumindest kurzfristig.

Abb. 38.4: Kleine Änderungen der Bedingungen führen meistens zu ähnlichen Ergebnissen. Das nennt man das starke Kausalitätsprinzip (siehe auch Abb. 38.3 b).

Es gibt aber Situationen, in denen dieses Prinzip nicht gilt. Dann können minimale Änderungen sehr große Auswirkungen haben. Wenn du zum Beispiel versuchst, eine Münze immer exakt senkrecht fallen zu lassen, wird sie trotzdem im Schnitt vieler Versuche auf beiden Seiten gleich oft landen (F2). Es genügt schon ein Bruchteil eines Bruchteils eines Millimeters, und die Münze fällt auf die andere Seite. In solchen Fällen spricht man allgemein vom **schwachen Kausalitätsprinzip: Ähnliche Bedingungen führen zu stark unterschiedlichen Ergebnissen.**

Dann sind natürlich Vorhersagen über den Ausgang eines Ereignisses so gut wie unmöglich. Das schwache Kausalitätsprinzip ist die Grundlage chaotischer Systeme (siehe Tab. 38.1 und Abb. 38.5). Auf lange Sicht verhalten sich alle Systeme zumindest in gewissen Bereichen chaotisch, also auch das ganze Universum. Chaosforschung ist somit ein Querschnittsthema. Sie spielt eine Rolle beim Wetter, in der Astronomie, aber auch bei Strömungen oder in der Ökologie.

▸▸▸ **i** **| Laplace und sein Dämon |**
▸▸▸ **i** **| Zeitreisen |**

Die Erkenntnis ab etwa **1960,** dass auf Grund kleinster Abweichungen der Ausgangsbedingungen auch scheinbar einfache und überschaubare Systeme langfristig nicht vorhersagbares Verhalten zeigen können (siehe z. B. Kap. 38.2), hat zu einer **neuen Sichtweise** der Physik geführt. In den folgenden Abschnitten geht es um einige prominente Beispiele für chaotische Systeme.

Starkes Kausalitätsprinzip nicht-chaotische Systeme	schwaches Kausalitätsprinzip chaotische Systeme
Kleine Änderungen der Bedingungen führen zu ähnlichen Ergebnissen.	Kleine Änderungen der Bedingungen führen zu sehr unterschiedlichen Ergebnissen.
In beiden Fällen gilt: Unter gleichen Bedingungen würde die kausale Kette gleich ablaufen.	
Beispiele: Eingießen von Tee (Abb. 38.3), Lenken eines Autos, Ball in eine Rinne und Reflexion an ebenen Objekten (Abb. 38.5 oben), Flugbahn eines Balls.	Beispiele: Werfen einer Münze, Flugbahn eines Luftballons, aus dem Luft strömt, Ball auf Treppe und Reflexion an gekrümmten Objekten (Abb. 38.5 unten).

Tab. 38.1: Gegenüberstellung von starkem und schwachem Kausalitätsprinzip.

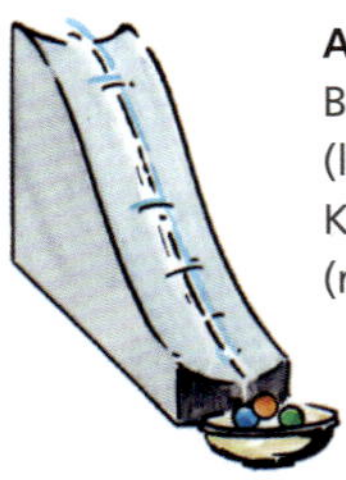

Abb. 38.5: Weitere Beispiele für das starke (links) und das schwache Kausalitätsprinzip (rechts).

i

| Laplace und sein Dämon |

Welche Chance hätte der **Laplacesche Dämon,** um Zukunft und Vergangenheit des Universums zu berechnen (F1)? Ob er dazu in der Lage wäre, würde er außerhalb der Naturgesetze stehen, ist eine Frage für Philosophie und Theologie. Im Rahmen der Naturgesetze hätte er aber keine Chance. Von Seiten der modernen Physik gibt es nämlich drei grundsätzliche Einwände:

1) Nach der **Relativitätstheorie** („Big Bang 8") kann sich Information mit maximal Lichtgeschwindigkeit ausbreiten. Daher gibt es einen „Horizont", über den der Dämon nicht hinausblicken kann, um seine Information zu sammeln.

2) Im Bereich der **Quanten** sind nur Wahrscheinlichkeitsaussagen möglich. Dem Dämon wäre es etwa unmöglich zu sagen, welchen Weg ein Photon durch einen Doppelspalt nimmt (Kap. 26.5). Außerdem verbietet die Unschärferelation, alle Merkmale eines Quants gleichzeitig exakt zu bestimmen (Kap. 26.6).

3) Und schließlich würde das **schwache Kausalitätsprinzip** den Dämon vor eine unlösbare Aufgabe stellen. Denn es ist unmöglich, unendlich genau zu messen (siehe auch Punkt 2). Ohne Chaos könnte der Dämon hoffen, dass sich die dadurch entstehenden Ungenauigkeiten noch in Grenzen halten. Durch das chaotische Verhalten des Universums wirken sich aber winzige Änderungen der Ausgangssituation später einmal sehr drastisch aus.

| Zeitreisen |

Der Gedanke an **Zeitreisen** ist zugegeben sehr faszinierend, und es wundert nicht, dass sie ein beliebtes Science-Fiction-Thema sind. Unter gewissen Umständen scheinen Zeitreisen theoretisch möglich zu sein, allerdings weiß kein Mensch, wie man sich das praktisch vorstellen soll. Meistens spielen bei den Überlegungen **Wurmlöcher** eine Rolle (Abb. 38.6).

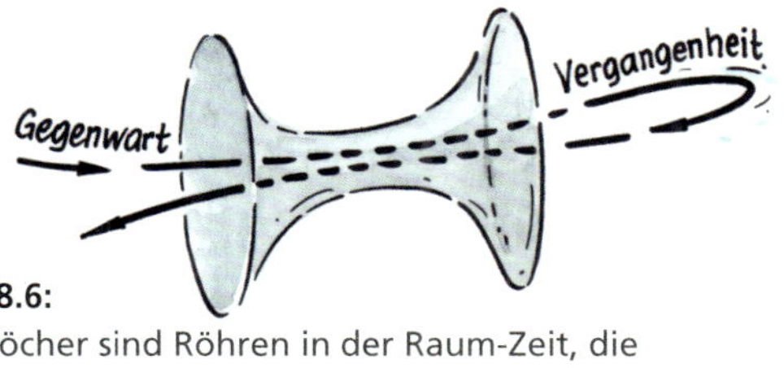

Abb. 38.6: Wurmlöcher sind Röhren in der Raum-Zeit, die verschiedene Regionen und eventuell auch Zeiten des Universums miteinander verbinden (siehe „Big Bang 8").

Nehmen wir an, du reist in die Vergangenheit und verhinderst, dass sich deine Eltern kennen lernen (F3). In einer brutalen Variante bringst du deinen Großvater zur Strecke, bevor er deinen Vater zeugt. Das nennt man die **Großvaterparadoxie.** Was ist daran paradox? Wenn du deinen Großvater umbringst, würdest du gar nicht geboren werden und könntest somit auch nicht in die Vergangenheit reisen und deinen Großvater umbringen. Dadurch würdest du aber doch geboren werden, könntest in der Zeit zurückreisen und so weiter und so fort! Du siehst also: Zeitreisen in die Vergangenheit führen zu **paradoxen Konflikten mit der Kausalität.**

Welche – spekulativen – Auswege gibt es? Eine Möglichkeit wäre, dass du nur dann zurückreisen kannst, wenn du schon in der Vergangenheit dort gewesen bist. Du könntest dann nichts verändern, weil es ja schon so passiert ist. Es könnte auch möglich sein, dass du mit dem Zurückreisen in eine alternative Geschichte in einem Paralleluniversum gerätst (siehe Viele-Welten-Interpretation, Kap. 29.1). Oder, ganz unromantisch: Die Naturgesetze verbieten doch Reisen in die Vergangenheit!

Zusammenfassung

Jede Ursache hat auch eine Wirkung. Das nennt man Kausalität. Im Alltag führen meistens ähnliche Situationen zu ähnlichen Ergebnissen. In chaotischen Systemen führen aber ähnliche Situationen zu völlig anderen Ergebnissen. Daher sind zumindest langfristige Vorhersagen so gut wie unmöglich.

38.2 Der Schmetterlingseffekt

Die Geburt der Chaosforschung

Meteorologen sind immer wieder Zielscheibe von Spott, denn das Wetter will oft nicht so wie vorhergesagt. Die Kritik ist nicht fair, denn die Atmosphäre bildet ein chaotisches System, und auch mit Supergigamegacomputern ist das Wetter nicht länger als auf ein paar Tage im Voraus zu berechnen.

F4 Die Entdeckung, dass sich wesentlich mehr Systeme chaotisch verhalten als gedacht, fiel in die Anfangszeit der Computer. Warum war das kein Zufall?

F5 ▸L Manchmal wird bei der Wetterprognose eine Wahrscheinlichkeit dazugesagt. Warum kann man die Wetterentwicklung als Wahrscheinlichkeit angeben?

F6 Du hast vielleicht schon einmal etwas vom Begriff „Schmetterlingseffekt" gehört (Butterfly-Effekt). Weißt du, was damit gemeint ist?

F7 Was versteht man unter freier Konvektion? Lies nach in Kap. 19.2, „Big Bang 6"!

Chaotische Phänomene sind eigentlich schon seit langem bekannt, etwa das **Dreikörperproblem** (Kap. 38.4) oder **Turbulenzen** (Kap. 38.3). Lange Zeit dachten die Physiker aber, dass es sich dabei bloß um einige Spezialfälle handelt. Die Geburtsstunde einer eigenen Forschungsrichtung, der **Chaosforschung,** lag in den 1960ern, als der Meteorologe Edward Lorenz die chaotische Natur des Wetters entdeckte.

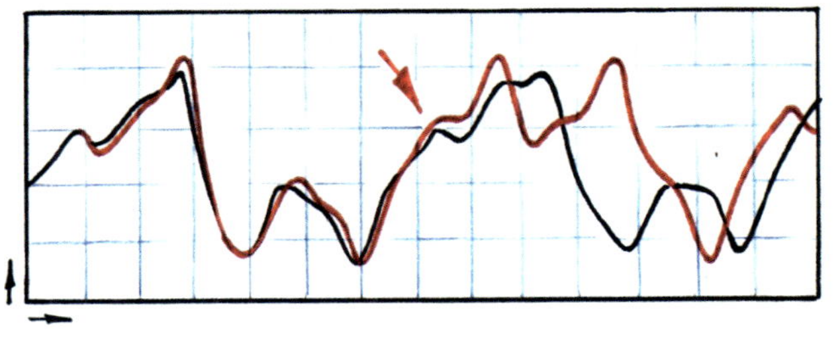

Abb. 38.7: Entwicklung einer Variablen, deren Startwert beim ersten Mal 0,506127 und beim zweiten Mal 0,506 betrug. Die Abweichung betrug also bloß 1:5000! Zu Beginn ist der Verlauf noch sehr ähnlich. Ab dem roten Pfeil ergibt sich aber eine sehr starke Abweichung.

Dabei war diese Entdeckung reiner Zufall. Lorenz hatte auf einem der ersten Großrechner eine einfache **Wettersimulation** erschaffen. Als er den Computer eines Tages eine Sequenz noch einmal durchrechnen ließ, ergab sich aber nach einer Zeit ein völlig anderes Ergebnis (Abb. 38.7). Was war passiert? Beim ersten Mal hatte Lorenz eine Zahl mit 6 Kommastellen aus dem Computer übernommen, beim zweiten Mal gab er aber nur 3 Stellen ein. Eine winzige Änderung in der Ausgangssituation führte also nach einiger Zeit zu einer völlig anderen Entwicklung.

| Freie Konvektion |

Bei der Beschreibung von Strömungen in Flüssigkeiten und Gasen ist **freie Konvektion** ein zentrales Phänomen. Darunter versteht man Teilchenbewegungen, die durch Dichteunterschiede zu Stande kommen, etwa durch unterschiedliche Temperaturen (F7).
Dabei entstehen so genannte **Konvektionszellen** (Abb. 38.9).

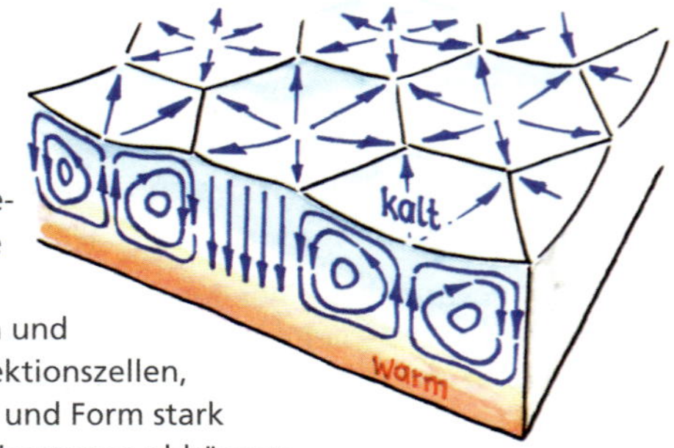

Abb. 38.9: Durch Dichteunterschiede entstehen in Flüssigkeiten und Gasen Konvektionszellen, die in Größe und Form stark von den Bedingungen abhängen.

Konvektion spielt beim Wetter eine zentrale Rolle. An den Wolkenformen kann man oft indirekt die Konvektionszellen erkennen (Abb. 38.10). Diese kann man, in kleinem Rahmen, auch unter künstlichen Bedingungen herstellen (Abb. 38.11). An beiden Fällen sieht man sehr schön den Zusammenhang zwischen Ordnung und Chaos. **Ordnung,** weil die Muster immer eine gewisse Regelmäßigkeit aufweisen. **Chaos,** weil die tatsächlich entstehenden Muster völlig unvorhersagbar sind.

Abb. 38.10: Aus Schichtwolken (links) können durch die Ausbildung von Konvektionszellen kleine Schäfchenwolken (rechts) entstehen, wenn die Wolkenschicht oben kälter ist als unten.

Abb. 38.11: Wenn man eine zähe Flüssigkeit von unten erhitzt, dann entstehen 6-eckige Konvektionszellen wie in Abb. 38.9. Um das Muster besser sehen zu können, wurde hier Aluminiumpulver zugesetzt.

| Wetterprognose |

Um eine **Wetterprognose** erstellen zu können, braucht man ein mathematisches Modell, mit dem man die Veränderung der „Wetterwerte" Temperatur, Druck, Luftfeuchtigkeit und Windgeschwindigkeit berechnen kann. Will man wissen, wie sich ein chaotisches System verhält, muss man Schritt für Schritt rechnen – das Ergebnis eines Schritts ist der Ausgangspunkt für den nächsten. Das nennt man ein **iteratives Verfahren.** Zum Berechnen benötigt man daher Computer. Ein Grund dafür, warum sich die Chaosforschung erst ab den 1960ern entwickelt hat (F4).

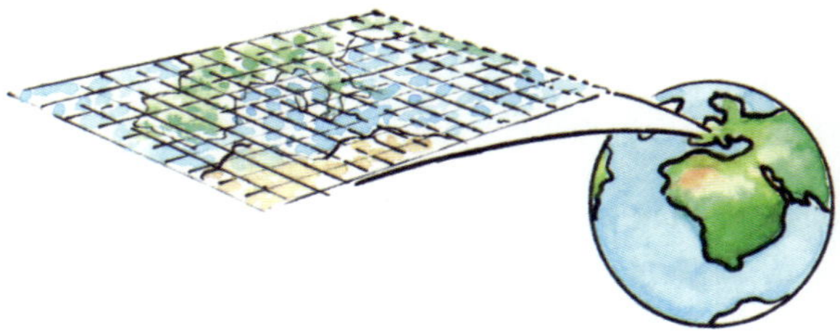

Abb. 38.8: Schematische Darstellung des Modellgitters, das über die Erdoberfläche gelegt wird. Je enger die Maschen, desto genauer die Prognose, desto länger aber auch die Rechenzeit. Die tatsächlichen Gitter sind wesentlich enger als hier dargestellt.

Beim Modell muss man einen Kompromiss zwischen Genauigkeit und Rechendauer finden. Man verwendet **Gittermodelle** (Abb. 38.8), bei denen man pro „Masche" die Durchschnittswerte der Wetterdaten annimmt. So gibt es globale Gittermodelle für die ganze Erde (Maschenweite 60 km) und lokale Modelle, etwa das für Europa (7 km). Die Ausgangsdaten für die Simulation kommen von rund 10.000 Messstellen, die über die ganze Erde verteilt sind.

Lorenz erfand dafür den Begriff **Schmetterlingseffekt.** Damit meinte er, dass der Flügelschlag eines Schmetterlings, also eine minimale Änderung der Ausgangsbedingungen, an einer weit entfernten Stelle der Erde einen Orkan auslösen könnte (F6). Man sollte das allerdings nicht allzu wörtlich nehmen, sondern den Begriff vor allem als Metapher für das schwache Kausalitätsprinzip sehen. Die heutigen **Wettersimulationen,** mit deren Hilfe Prognosen erstellt werden, sind an Komplexität mit der von Lorenz natürlich nicht vergleichbar.

››› i | Wetterprognose |
››› i | Freie Konvektion |

Zusammenfassung

Die Entwicklung des Wetters verhält sich chaotisch: Winzige Änderungen der Ausgangslage können nach einigen Tagen ein völlig unterschiedliches Wetter zur Folge haben. Das macht langfristige Wetterprognosen unmöglich.

38.3 Ordnung im Chaos
Turbulenzen

Eine der großen Herausforderungen der Physik ist nach wie vor das Verständnis von Turbulenzen. Diese verhalten sich chaotisch, und bei der Simulation beißen sich sogar Supercomputer die Zähne aus.

F8 Der Rauch einer Zigarette steigt zunächst geordnet und glatt auf und bildet nach einigen Zentimetern plötzlich Wirbel. Warum?

Abb. 38.12

F9 Wie strömt das Wasser aus einem Hahn, wenn man diesen nur leicht aufdreht? Wie strömt es, wenn man ihn stark aufdreht? Worin liegt der Unterschied?

F10 Was versteht man unter Fluiden? Sieh nach in Kap. 21, „Big Bang 6".

Flüssigkeiten und Gase, also Fluide, können auf zwei Arten strömen. Sehr gut sieht man das am aufsteigenden Rauch einer Zigarette (das ist allerdings kein Grund, extra zum Rauchen anzufangen). Zunächst steigt der Rauch geordnet auf. Man spricht dann von **laminarer,** also geschichteter Strömung. Ab einer bestimmten Höhe wird die Strömung **turbulent,** also verworren, und der Rauch beginnt sich zu kringeln. Wieso (F8)?

Das hat mit der Strömungsgeschwindigkeit zu tun. Bei kleinen Geschwindigkeiten sind Strömungen laminar, ab einer bestimmten **Grenzgeschwindigkeit** turbulent. Der Rauch der Zigarette wird durch seine geringere Dichte nach oben beschleunigt und somit schneller. Ab der Stelle, an der die Grenzgeschwindigkeit überschritten wird, bilden sich Wirbel. Den Unterschied zwischen laminar und turbulent kann man auch sehr schön bei Wasser sehen, das aus einem Hahn strömt (Abb. 38.13).

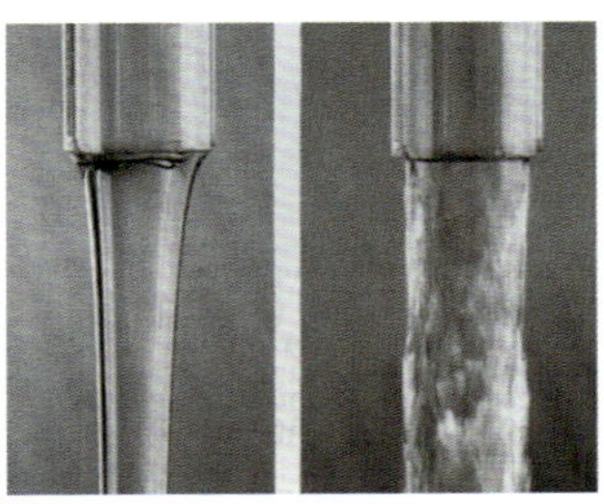

Abb. 38.13: Links: Laminare Strömung bei langsam fließenden Wasser. Rechts: Turbulente Strömung bei schnell fließendem Wasser.

Turbulente Fluide sind immer chaotisch. Man kann dann zwar vorhersagen, dass Wirbel entstehen, aber es ist unmöglich, deren Dynamik **exakt** zu berechnen. Bleiben wir beim Zigarettenrauch. Die großen Wirbel zerfallen in immer kleinere, bis schließlich durch Reibung die Bewegungsenergie völlig in Wärme umgewandelt wird. Die kleinsten Wirbel sind Bruchteile von Millimetern groß, müssen aber trotzdem berücksichtigt werden.

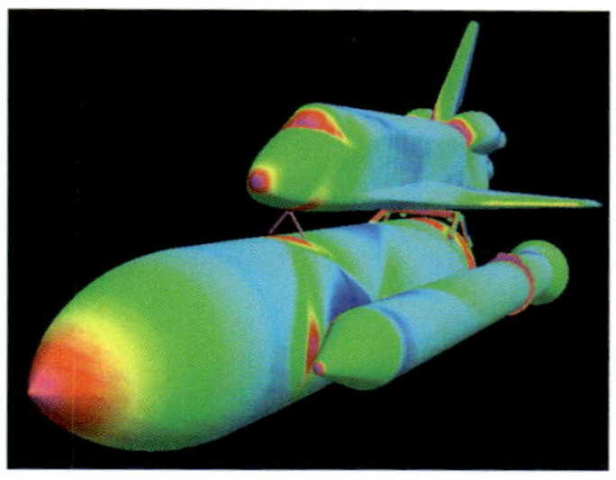

Abb. 38.14: Computersimulation der durchschnittlichen Luftdruckverteilung beim Spaceshuttle in der Startphase. Die Gebiete mit dem höchsten Druck sind rot, die mit dem niedrigsten blau. Die Ergebnisse solcher Simulationen werden zusätzlich immer im Windkanal überprüft.

Selbst mit Supercomputern würde eine **exakte Simulation** von Abb. 38.12 Jahre benötigen – abgesehen davon, dass man die genaue Ausgangssituation ja gar nicht kennt. Würde irgendwo im Zimmer eine Fliege niesen, würde das Muster schon wieder ganz anders aussehen.

Im chaotischen Verhalten von turbulenten Strömungen gibt es trotzdem eine gewisse **Ordnung.** Wenn das nicht so wäre, dann könnte ja ein Flugzeug niemals fliegen. Wenn Physiker die Aerodynamik eines Flugkörpers berechnen, sind sie meistens nicht an den kleinsten Wirbeln interessiert, sondern am durchschnittlichen Strömungsverhalten, und das ist trotz des chaotischen Verhaltens der einzelnen Moleküle vorhersagbar (Abb. 38.14). Es ist ähnlich wie beim Würfeln. Welche Zahl oben liegen wird, kann man auf Grund des chaotischen Verhaltens des Würfels nicht vorhersagen, sehr wohl aber, dass ein 6er im Schnitt jedes sechste Mal gewürfelt wird.

Zusammenfassung

Obwohl sich turbulente Strömungen chaotisch verhalten, kann man das durchschnittliche Strömungsverhalten trotzdem berechnen. Darin liegt die Ordnung im Chaos.

38.4 Sind die Planetenbahnen stabil?
Dreikörperproblem und Chaos

Nach dem Aufkommen der Chaosforschung bekam das Thema Planetenbahnen einen neuen Aspekt: Verhalten sich diese chaotisch oder nicht? Kann man sie auf beliebige Zeit vorausberechnen?

F11 Kann es theoretisch passieren, dass die Erde irgendwann mit dem Mars kollidieren wird?

F12 In Doppelsternsystemen ist die Wahrscheinlichkeit zur Entstehung von Leben extrem gering. Warum?

F13 Die imposanten Saturnringe bestehen aus einzelnen Gesteinsbrocken. Warum weisen sie aber an manchen Stellen Lücken auf (Abb. 38.15)?

Abb. 38.15

Die **Planetenbahnen** beschäftigten die Wissenschaftler seit der Antike. Um 1600 fand Johannes Kepler heraus, dass diese elliptisch sind (siehe Kap. 12, „Big Bang 6“). Wenn man genau ist, dann handelt es sich dabei aber um Idealisierungen, denn nicht nur die Sonne, sondern **jeder Planet** wirkt auf **jeden anderen Planeten** ein. Daher beschreibt also kein einziger eine exakte Ellipse, sondern jeder wobbelt ein wenig auf seiner Bahn herum.

Newton konnte zeigen, wie man mechanische Probleme wie die Bewegung der Planeten als Differentialgleichungen formuliert. Man stellte allerdings bald fest, dass eine analytische Lösung (also mit Hilfe einer Formel) nur dann möglich ist, wenn man nur von zwei Körpern ausgeht, also etwa der Sonne und nur einem Planeten. Sobald man einen zweiten Planeten mit einbezieht, lassen sich die Gleichungen nicht mehr analytisch lösen. Man spricht dann vom **Dreikörperproblem.** Dieses kann man nur numerisch lösen, indem man die Massen gemäß den wirkenden Kräften immer wieder ein kleines Stück verschiebt und dann die Kräfte neu berechnet.

Die Bahnen von zwei umeinander rotierenden Massen sind tatsächlich elliptisch, aber bereits bei drei Körpern können sie völlig unregelmäßig und chaotisch werden. Das konnte bereits um 1900 der große Mathematiker Henry Poincaré zeigen. Simulationen zeigen, dass in **Doppelsternsystemen** kaum stabile Planetenbahnen möglich sind und somit auch kein Leben entstehen kann (Abb. 38.16; **F12**). Wie sieht es aber bei einer großen Zentralmasse wie in unserem Sonnensystem aus? Darüber wird noch heftig diskutiert!

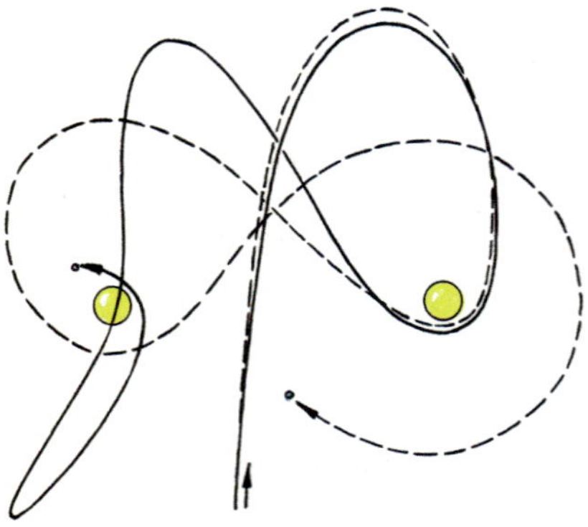

Abb. 38.16: Simulation von Planetenbahnen im Schwerefeld von zwei großen Massen, wie etwa einem Doppelsternsystem. Eine kleine Änderung der Ausgangssituation erzeugt eine völlig andere Bahn.

Berechnungen von Jacques Laskar deuten darauf hin, dass eine Messungenauigkeit der Erdbahn von bloß 15 Metern nach 100 Millionen Jahren zu einer Ungenauigkeit von 100 Prozent für die Bahnparameter führt. Das zeigt, dass sich unser Sonnensystem auf sehr lange Zeit gesehen durchaus **chaotisch** verhalten **kann.** Das heißt nicht zwangsläufig, dass die Planetenbahnen instabil sind und plakativ gesagt Erde und Mars irgendwann zusammenstoßen. Es ist aber auch nicht zu 100 % auszuschließen. Eine mögliche Kollision wird sicher nicht in den nächsten Millionen Jahren stattfinden (**F11**).

▸▸▸ i | Hyperion |

| Hyperion |

Es gibt auch Chaos im Sonnensystem, das sich in kleinem Zeitrahmen zeigt, etwa das Verhalten der Rotationsachse des Saturnmondes **Hyperion** (Abb. 38.17). Das liegt erstens an seiner unregelmäßigen Form und zweitens daran, dass seine Umlaufzeit (21,28 Tage) und die des Saturnmondes **Titan** (15,95 Tage) im Verhältnis 4:3 stehen (rechne nach). Durch dieses Resonanzphänomen ist keine stabile Rotation möglich, weil Hyperion alle 64 Tage besonders stark von Titan beeinflusst wird. Aus ähnlichem Grund gibt es Lücken in den **Saturnringen.** Sie entstehen dort, wo die entsprechenden Umlaufzeiten der Gesteinsbrocken in einem ganzzahligen Verhältnis zur Umlaufsdauer eines großen Saturnmondes stehen (**F13**). Sollte sich doch einmal ein Brocken dorthin verirren, fliegt er nach einiger Zeit wieder raus.

Abb. 38.17: Hyperion hat die Form einer sehr großen Kartoffel. Die Länge der drei Hauptachsen beträgt 328 km, 260 km und 214 km.

Zusammenfassung

Nach dem heutigen Wissensstand verhalten sich auch die Bahnen der Planeten chaotisch, allerdings nur in einem sehr großen Zeitrahmen von einigen 10 Millionen Jahren.

38.5 Ein Universum voller Raupen

Mathematik des Chaos

In diesem Abschnitt lernst du zwei Beispiele für die Mathematik kennen, die hinter chaotischen Systemen steckt.

Abb. 38.18: Die gefräßige Raupe des großen Schwammspinners.

| Bloß eine Raupe mehr |

Die **Populationsgröße einer Tierart** kann sich in bestimmten Fällen chaotisch entwickeln. Ein gutes Beispiel ist der mottenartige Obstschädling Schwammspinner. Aus den gelegten Eiern schlüpfen im Frühjahr Raupen (Abb. 38.18), diese verpuppen sich, werden Schmetterlinge, diese legen Eier und so weiter. Der Zyklus dauert ein Jahr und nur die Eier überstehen den Winter.

Wenn das **Wachstum nicht beeinflusst** wird (genug Nahrung, keine Feinde), dann kann man die Population von Jahr zu Jahr so berechnen: $P_{n+1} = k \cdot P_n$. k ist der Wachstumsfaktor. Ist er <1, stirbt die Population aus. Ist er genau 1, bleibt die Größe immer gleich. Wenn er zum Beispiel 2 ist, dann verdoppelt sich die Population jedes Jahr. Es ist klar, dass das nicht immer so weiter gehen kann. Aus 100 Raupen würden nach 24 Jahren bereits über einer Milliarde und nach 260 Jahren rund 10^{80} Raupen (rechne nach: P_n = Anfangspopulation $\cdot\, k^n$). Das entspricht der Anzahl der Atome im gesamten Universum – absurd!

Der belgische Mathematiker Verhulst entwickelte 1845 eine realistischere Gleichung: $P_{n+1} = k \cdot P_n \cdot (1-P_n)$. Die Angabe der Populationsgröße erfolgt relativ, wobei 1 der größtmögliche Wert ist. Der gegenläufige Term $(1-P_n)$ entspricht dem eingeschränkten Nahrungsangebot bei steigender Raupenzahl. Bereits diese simple Gleichung führt bei starkem Wachstum ins **Chaos** (Abb. 38.19).

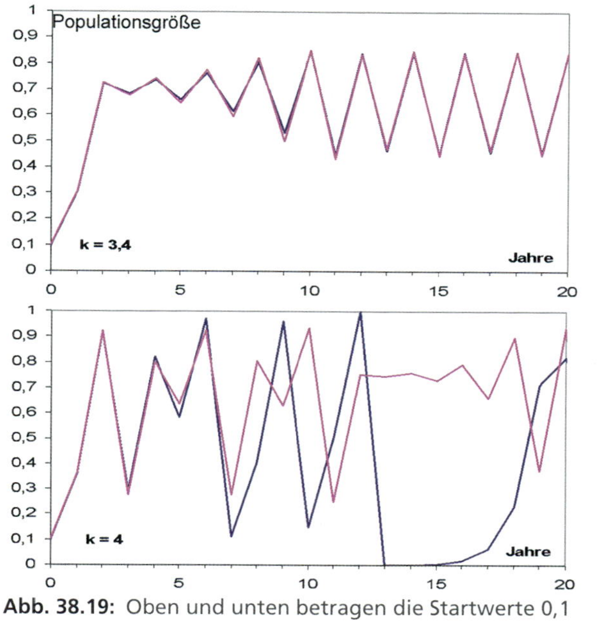

Abb. 38.19: Oben und unten betragen die Startwerte 0,1 und 0,101. Sie liegen nur 1 % auseinander, also zum Beispiel 100 und 101 Raupen. Bei $k = 3{,}4$ sind die Kurven praktisch deckungsgleich, bei $k = 4$ laufen sie nach 6 Jahren völlig auseinander (vergleiche mit Abb. 38.7). Eine einzige Raupe mehr zu Beginn führt dazu, dass die Population nach 13 Jahren fast völlig ausgerottet ist.

| Die Mandelbrotmenge |

Wenn von chaotischen Systemen die Rede ist, dann darf die wunderschöne **Mandelbrotmenge** nicht fehlen, die erstmals 1980 von Benoît Mandelbrot computergrafisch dargestellt und untersucht wurde. Sie ist zwar eher eine mathematische Spielerei, aber nichts zeigt den Zusammenhang zwischen Ordnung und Chaos prachtvoller als sie.

Abb. 38.21: Zoomfahrt in die Mandelbrotmenge. Das zwölfte Bild ist rund 62-millionenfach vergrößert. Egal, wie stark gezoomt, die Struktur ist immer zerklüftet und selbstähnlich.

i | Fortsetzung auf Seite 122 |

| Die Mandelbrotmenge | Fortsetzung von Seite 121 |

Die mathematische Beschreibung klingt etwas nüchtern: Die Mandelbrotmenge ist die **Menge aller komplexen Zahlen c,** für die die Folge komplexer Zahlen c, z_0, z_1, z_2, … mit dem Bildungsgesetz $z_{n+1} := z_n^2 + c$ beschränkt bleibt, das heißt, der Betrag der Folgeglieder wächst nicht über alle Grenzen. c ist der **Startwert.** Die grafische Darstellung erfolgt in der komplexen Ebene. In Abb. 38.20 ist die Mandelbrotmenge schwarz eingezeichnet.

Zur Auffrischung:
Eine komplexe Zahl hat die Form z = a +bi. a ist der **Realteil,** b der **Imaginärteil** der Zahl und es gilt $i^2 = -1$.
Die Addition zweier komplexer Zahlen erfolgt so:

$(a + bi) + (c + di) = (a + c) + (b + d)i.$

Mit sich selbst multipliziert wird eine komplexe Zahl so:

$(a + bi) \cdot (a + bi) = (a^2 - b^2) + (2ab)i.$

In Abb. 38.20 ist die Entwicklung für zwei verschiedene Startwerte eingezeichnet. Bei c = –0,4 + 0,5i konvergiert die Folge der Real- und Imaginärteile. Dieser Startpunkt ist somit Teil der Mandelbrotmenge. Bei c = 0,4 + 0i gibt es keinen endlichen Grenzwert, bereits der fünfte Punkt liegt außerhalb des Bildes. Dieser Startpunkt gehört daher nicht zur Mandelbrotmenge.

Ein Augenschmaus wird es, wenn man zusätzliche Farben verwendet (Abb. 38.21). Man berechnet, nach wie vielen Iterationen der Betrag von Real- oder Imaginärteil z. B. 2 überschreitet und vergibt dafür eine bestimmte Farbe. In den prachtvollen Bildern kann man auch ohne Mathematik Chaos und Ordnung erkennen. Die **Ordnung** ist offensichtlich. Besonders beeindrucken die „kleine Mandelbrotmengen", die bei starken Vergrößerungen auftauchen. Das **Chaos** offenbart sich darin, dass es unvorhersagbar ist, ob ein Punkt des Randes Teil der Mandelbrotmenge ist oder nicht. Man kann es nur ausprobieren. Der horizontale Durchmesser des letzten Bildes beträgt nur mehr $5 \cdot 10^{-8}$. Eine Winzigkeit entscheidet also, ob ein Punkt innerhalb oder außerhalb der Menge liegt – schwaches Kausalitätsprinzip in Reinkultur.

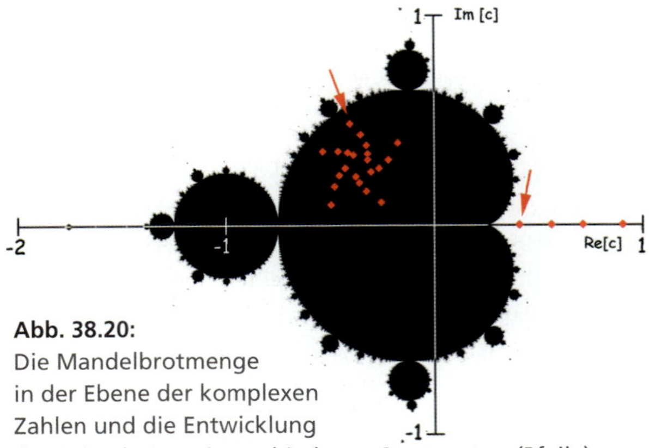

Abb. 38.20: Die Mandelbrotmenge in der Ebene der komplexen Zahlen und die Entwicklung der Folge bei zwei verschiedenen Startwerten (Pfeile).

| Chaotische Systeme |

F14 ▸L Wie wurde der Planet Neptun entdeckt?

F15 ▸L Jedes Ereignis (die Wirkung) wird durch ein anderes Ereignis (die Ursache) ausgelöst. Das heißt aber auch, dass dieses frühere Ereignis durch ein noch früheres Ereignis ausgelöst worden sein muss und so weiter. Wie hat das also alles angefangen?

F16 ▸L Manche Satelliten (etwa SOHO) befinden sich in den sogenannten Lagrange-Punkten. Was versteht man darunter?

F17 Überprüfe mit einem Tabellenkalkulationsprogramm Abb. 38.19 und erstelle weitere Diagramme, indem du P_0 und *k* veränderst.

F18 ▸L Überprüfe mit einem Tabellenkalkulationsprogramm die Entwicklung der Zahlenfolge in Abb. 38.20. Startpunkt: a = –0,4, b = 0,5. Überprüfe weitere Punkte innerhalb und außerhalb der Mandelbrotmenge (siehe Abb. 38.20).

F19 Wenn du mit einer Videokamera einen Bildschirm filmst, auf dem wiederum das Bild der Kamera zu sehen ist (Abb. 38.22), dann kannst du chaotische Bilder erzeugen. Man kann das Chaos immer wieder in Schwung bringen, indem man z. B. kurz mit der Hand ins Bild greift. Wie kommt es zu diesem Chaos? Wovon hängt die Geschwindigkeit der Bild-Oszillationen ab? Führe mehrere Versuche durch und experimentiere mit verschiedenen Ausgangssituationen.

Abb. 38.22: Mit einer Videokamera, die einen Fernseher filmt, die ihre Bilder zeigt, kann man Chaos produzieren.

F20 Baue das Magnetpendel in Abb. 38.23 nach und untersuche dessen chaotisches Verhalten. Filme dazu die Pendelbahn von oben und vergleiche leicht unterschiedliche Ausgangsbedingungen.

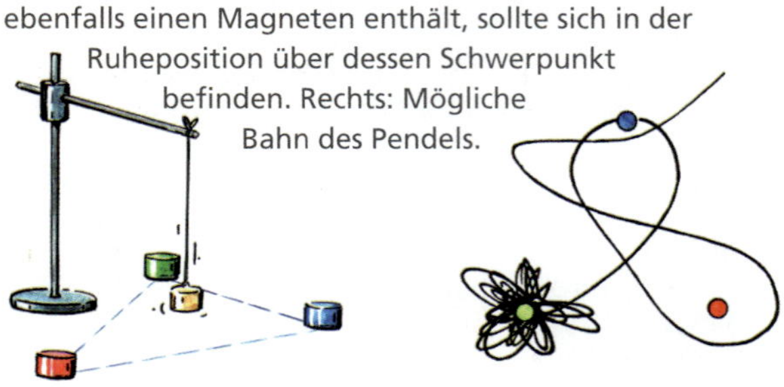

Abb. 38.23: Links: Unterhalb des Pendels befinden sich drei gleich starke Magneten (hier färbig dargestellt) an den Ecken eines gleichseitigen Dreieckes. Das Pendel, das ebenfalls einen Magneten enthält, sollte sich in der Ruheposition über dessen Schwerpunkt befinden. Rechts: Mögliche Bahn des Pendels.

F21 ▸L Welches ist die „irrationalste" Zahl? Suche im Internet! Was könnte die Zahl mit dem Planetensystem zu tun haben?

LÖSUNGEN

26 Welle und Teilchen

F10 Einstein bekam 1921 den Nobelpreis für seine Erklärung des Fotoeffektes.

F13 Rote Lichtphotonen haben über den Daumen nur halb so viel Energie wie blaue (siehe Tab. 26.1). Sie sind daher nicht in der Lage, das Fotopapier chemisch zu verändern und somit zu schwärzen.

F17 Im Grunde ist ein Teilchenbeschleuniger etwas Ähnliches wie ein Elektronenmikroskop. Damit man eine gute „Auflösung" bekommt, braucht man kurze Wellenlängen. Dazu muss man die Teilchen sehr stark beschleunigen und benötigt daher dementsprechend große Teilchenbeschleuniger.

F25 Man kann den Spalt in Gedanken in zwei Teile teilen. Die Strahlen aus den beiden Hälften interferieren dann miteinander. Eine dunkle Stelle findest du am Schirm dort, wo es zu jedem Strahl aus der einen Hälfte einen Strahl aus der anderen Hälfte gibt, der einen Gangunterschied von $\lambda/2$ aufweist. Dann kommt es zur destruktiven Interferenz. Geht man noch weiter nach außen, beträgt der Gangunterschied eine ganze Wellenlänge, was zur konstruktiven Interferenz führt. Man spricht vom 1. Nebenmaximum.

F26 Es gibt viele Erhaltungssätze, die durch die Entstehung von Teilchen aus dem Nichts nicht verletzt werden dürfen. Einer davon ist, dass die Ladung in einem abgeschlossenen System immer konstant sein muss. Wenn ein Elektron (–) und ein Positron (+) entstehen, dann bleibt die Gesamtladung erhalten. Würden aber zum Beispiel zwei Elektronen entstehen, dann würde sich die Nettoladung verändern, und das ist nicht möglich. Aus diesem Grund können immer nur Teilchen-Antiteilchen-Paare entstehen, weil diese entweder elektrisch neutral sind oder gegengleich geladen.

F27 Rechnen wir in Größenordnungen und nehmen für deine Masse etwas hoch gegriffen 10^2 kg an. Die Tür soll eine Breite von 1 m haben, was gleichzeitig auch Δx entspricht. Für die Geschwindigkeitsunschärfe ergibt sich dann

$$v \geq \frac{h}{4\pi m \Delta x} = \frac{6{,}6 \cdot 10^{-34}}{4\pi \cdot 100 \cdot 1}\ \mathrm{m/s} \approx 10^{-38}\ \mathrm{m/s}$$

Diese Geschwindigkeitsunschärfe ist zu vernachlässigen und für dich im Alltag auch nicht bedrohlich.

F28

$$v \geq \frac{h}{4\pi m \Delta x} = \frac{6{,}6 \cdot 10^{-34}}{4\pi \cdot 10^{-30} \cdot 10^{-6}}\ \mathrm{m/s} \approx 50\ \mathrm{m/s}$$

Die Geschwindigkeitsunschärfe nach dem Durchgang durch den Spalt ist 10-mal so groß wie die Geschwindigkeit des Teilchens. Die weitere Bahn ist überhaupt nicht vorherzusagen.

F29 In diesem Fall ergibt die Rechnung eine Unschärfe von etwa $5 \cdot 10^{-5}$ m/s. Das Teilchen fliegt also mehr oder weniger gerade weiter. Allerdings in dem breiten Korridor von 1 m. Auch hier kann man schwer von einer Bahn sprechen (vergleiche mit Aufgabe 28).

F30 Für die Geschwindigkeits-Ort-Unschärfe ergibt sich

$$\Delta v \cdot \Delta x \geq \frac{h}{4\pi m} = 5 \cdot 10^{-38}\ \mathrm{Js} = 2{,}3 \cdot 10^{-19}\ \mathrm{m/s} \cdot 2{,}3 \cdot 10^{-19}\ \mathrm{m}$$

Die Unschärfen für Δv und Δx liegen also zahlenmäßig im Bereich von 10^{-19}. Bei großen Objekten ist die Messgenauigkeit also nicht durch die Unschärferelation begrenzt, sondern nur durch messtechnische Probleme.

F31 Die Energie von Photonen ergibt sich aus $E = hf$ (Kap. 26.3). Aus der Relativitätstheorie ergibt sich für Photonen weiters der Zusammenhang $E = pc$ (dabei ist p der Photonenimpuls). Weiters gilt $c = f \cdot \lambda$. Wenn man diese drei Gleichungen kombiniert, erhält man

$$\lambda = \frac{c}{f} = \frac{E/p}{E/h} = \frac{h}{p}$$

De Broglies kühne aber später bestätigte Hypothese war es, dass der Zusammenhang $\lambda = h/p$ nicht nur für Photonen gilt, sondern auch für Materieteilchen.

F32 Wenn der Beobachtungsschirm relativ weit vom Doppelspalt entfernt ist, ist der Winkel β zum Beobachtungspunkt von beiden Spalten aus derselbe. Man kann dann also mit folgendem Bild arbeiten:

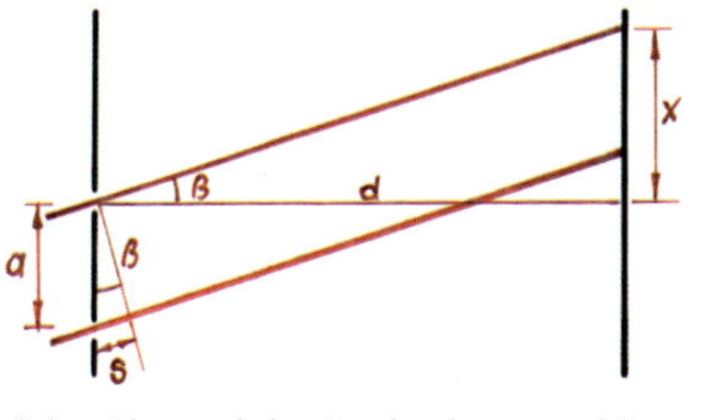

Dabei ist a der Spaltabstand, d der Abstand des Beobachtungsschirms vom Doppelspalt, x die Entfernung des Beobachtungspunktes auf dem Schirm vom Mittelpunkt und s der Gangunterschied der Wellen von den beiden Spalten zum Beobachtungspunkt.

Aus der Abbildung ergibt sich $\sin\beta = s/a$ und $\tan\beta = x/d$. Weil der Schirm sehr weit weg ist, kann man die Annäherung für kleine Winkel anwenden, also $\sin\beta \approx \tan\beta$. Daraus folgt $x \approx (s \cdot d)/a$. Ein Maximum auf dem Schirm findet man gerade dann, wenn der Gangunterschied s der beiden Wellen ein ganzzahliges Vielfaches einer ganzen Wellenlänge ($s = n \cdot \lambda$). Für die Orte der Maxima findet man also

$$x_{\max n} = n \cdot \lambda \cdot \frac{d}{a}$$

Ein Minimum findet sich auf dem Schirm, wenn der Gangunterschied ein ungerades Vielfaches der halben Wellenlänge ist:

$$x_{\min n} = (2n - 1) \cdot \frac{\lambda}{2} \cdot \frac{d}{a}$$

27 Das moderne Atommodell

F18 Natrium: $[Ne]3s^1$, ein Valenzelektron; Chlor: $[Ne]3s^2 3p^5$, 7 Valenzelektronen; Brom: $[Ar]4s^2(3d^{10})4p^5$, 7 Valenzelektronen; Argon: $[Ne]3s^2 3p^6$, 8 Valenzelektronen; Krypton: $[Ar]4s^2(3d^{10})4p^6$, 8 Valenzelektronen.

F19 Die letzte Gruppe ganz rechts im Periodensystem bezeichnet man als Edelgase. Diese sind farb-, geruchlose und atomare Gase, die kaum Verbindungen eingehen. Der Grund hierfür ist, dass die Energieniveaus des Atoms abgeschlossen, d. h. vollständig mit Elektronen aufgefüllt sind. Die vorletzte Gruppe im Periodensystem nennt man Halogene. Diese sind sehr reaktionsfreudig, weil nur noch ein Valenzelektron zur Vollbesetzung der Schale fehlt.

F20 Pro Schale sind maximal $2 \cdot n^2$ Elektronen möglich (n = Hauptquantenzahl). Auf der ersten Schale finden also 2 Elektronen Platz, auf der zweiten 8, usw.

28 Licht als Träger von Energie

F1 Nehmen wir vereinfacht an, dass die ausgesendeten Photonen eine durchschnittliche Frequenz von $5{,}5 \cdot 10^{14}$ Hz haben (siehe Tab. 26.1, S. 9). Nach $E = hf$ haben sie daher eine Energie von etwa $3{,}6 \cdot 10^{-19}$ J. 100 W entsprechen 100 J/s. Für 100 J benötigt man $2{,}7 \cdot 10^{20}$ Photonen. Beachtlich!

F18 Man kann erkennen, ob der Stern ein Magnetfeld hat oder nicht (Zeeman-Effekt, siehe Kap. 27.4), weiters die Temperatur und die Zusammensetzung der Atmosphäre (siehe Kap. 28.2).

F19 Wenn ein Stern sehr heiß ist, dann ist die maximale Strahlungsintensität in den ultravioletten Bereich geschoben. Den Großteil der ausgesendeten Strahlung kannst du gar nicht sehen.

F20 Die Leuchtstoffröhre. Das liegt daran, dass eine Glühbirne 95 % der elektrischen Energie in Wärme umwandelt und nur 5 % in Licht. Bei einer Leuchtstoffröhre werden immerhin rund 20 % in Licht umgewandelt. Bei gleicher Leistung gibt also eine Leuchtstoffröhre wesentlich mehr sichtbares Licht ab als eine Glühbirne.

F21 Beim Zusammenstoß mit den fließenden Elektronen des elektrischen Stroms wird ein Elektron im Orbital vorwiegend in den niedrigsten angeregten Zustand gebracht. Bei Neon ist dieser Zustand nicht metastabil, bei Helium schon. Würde man nur Neongas nehmen, könnte man keine Inversion erzeugen.

F22 Der Vorteil des blauen Lasers ist seine kürzere Wellenlänge. Daher können die Daten wesentlich dichter auf die DVD geschrieben werden. Bis zu 60 Gigabyte Daten soll das blaue Licht auf die DVDs brennen können. Auf eine gängige Duallayer-DVD passen mit rotem Laser rund 8,5 Gigabyte.

F23 Dass sich der Mond durch die Gezeitenreibung jedes Jahr rund 3,8 cm von der Erde entfernt.

F24 Photonen sind Bosonen! Wären sie Fermionen, dann könnte es ja kein Laserlicht geben, denn dieses besteht aus völlig identischen Lichtteilchen, die sich in beliebig großer Zahl an einer bestimmten Stelle befinden können – das können nur Bosonen.

29 Fortgeschrittene Quantenmechanik

F13 Die präzise Steuerung der Sonde im Nanometer-Bereich erfolgt durch einen Piezo-Kristall in Form einer Röhre. Diese Kristalle haben eine ganz besondere Eigenschaft: Wenn man sie staucht, dann kann man Spannung erzeugen (siehe Abb.).

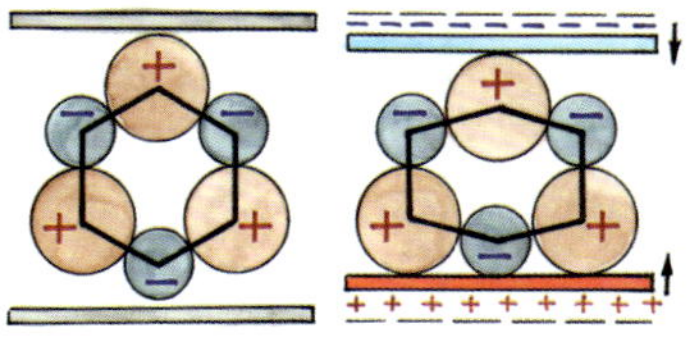

Das wird beim Zündemechanismus mancher Feuerzeuge oder Gasanzünder verwendet.

Umgekehrt kann man die Länge dieses Kristalls verändern, wenn man unterschiedliche Spannungen anlegt. Und genau so funktioniert die Feinststeuerung bei einem Rastertunnelmikroskop.

F14 Der Begriff **Bit** ist eine Wortkreuzung aus **bi**nary digi**t**, das bedeutet übersetzt Binärzahl. Ein Bit kann nur die Werte 1 oder 0 annehmen. Alle Computer arbeiten letztlich nur auf Bit-Basis. Ein Byte besteht zum Beispiel aus 8 Bit und mit diesem kann man bereits 256 Zahlen darstellen (2^8 bzw. 0 bis 255). Unter einem **Qubit** versteht man ein **Quantenbit**. Während ein Bit nur die Werte 0 oder 1 haben kann, kann ein Qubit alle Werte von 0 bis 1 gleichzeitig einnehmen, weil Quanten in Überlagerungszuständen vorkommen können. Qubits sind die Grundlage der Quantencomputer.

F15 Wenn Alice ihre Messung gleich zu Beginn vornimmt und ihr Ergebnis sofort zu Bob funkt, dann jagt die Nachricht quasi dem Photon nach und beide kommen ziemlich gleichzeitig bei Bob an – nach rund 100.000 Jahren.

F16 Ein Mensch hat etwa 10^{28} Atome. Nehmen wir an, dass man zur Beschreibung eines Atoms 1 Kilobyte Daten braucht. Für einen ganzen Menschen bräuchte man daher 10^{28} kB. Das entspricht 10^{25} Megabyte oder 10^{22} Gigabyte. Runden wir auf und sagen, dass auf eine normale DVD 10 GB Daten passen (Stand 2007). Die Datenmenge, um einen Menschen exakt zu beschreiben, beträgt daher 10^{21} oder 1 Trilliarde volle DVDs. Eine DVD hat rund 1 mm Höhe. Wenn man diese DVDs stapelt, dann kommt man auf 10^{18} m oder 100 Lichtjahre (1 LJ = 10^{16} m) weit. Zum nächsten Stern, Proxima Centauri, sind es nur etwa 4 Lichtjahre!

30 Das elektrische Feld

F22 Es kann keine elektrischen Ladungen ohne elektrische Felder geben. Ein geladener Körper kann nur deshalb erkannt werden, weil er ein Feld besitzt. Es wäre, als würde man fragen, ob es Massen ohne Gravitationsfeld geben kann. Auch das ist unmöglich.

F23 Das Wasserstoffatom besteht aus einem Elektron und einem Proton. Diese befinden sich in einem mittleren Abstand von etwa 10^{-10} m. Die elektrische Kraft beträgt daher

$$F = 9 \cdot 10^9 \, \frac{(1{,}6 \cdot 10^{-19})^2}{(10^{-10})^2} \, \mathrm{N} \approx -2 \cdot 10^{-8} \, \mathrm{N}$$

Du könntest also das Elektron mit Leichtigkeit ablösen. Ein typischer Abstand für Protonen im Kern ist $1{,}5 \cdot 10^{-15}$ m. Nehmen wir einen Heliumkern. Die elektrische Kraft zwischen den beiden Protonen beträgt

$$F = 9 \cdot 10^9 \, \frac{(1{,}6 \cdot 10^{-19})^2}{(1{,}5 \cdot 10^{-15})^2} \, \mathrm{N} \approx 100 \, \mathrm{N}$$

Das entspricht der Kraft, mit der 10 kg von der Erde angezogen werden. Es wäre möglich, aber sehr anstrengend, auch nur 2 Protonen mit Daumen und Zeigefinger zusammenzuhalten. Bei Elementen mit mehr Protonen wäre es schlichtweg unmöglich. Wodurch werden die Kerne zusammengehalten? Durch die starke Wechselwirkung, die zwischen allen Kernbausteinen wirkt und die um den Faktor 100 größer ist als die elektrische Abstoßung.

F24 In der Tabelle siehst du die in Batterien (Alkaline 1,5 V) gespeicherten Energien. Die Energie einer D-Batterie reicht aus, um 1 kg auf den Everest zu heben. Beeindruckend!

Ladung/Typ	Energie $E_p = Q \cdot U$	„Hebehöhe" von 1 kg
4000 C/ AAA	6 kJ	600 m
9400 C/ AA	14,1 kJ	1410 m
28000 C/ C	42 kJ	4200 m
59500 C/ D	89,3 kJ	8930 m

F25 Für den Transport einer Ladung ist die Arbeit $W = q \cdot U$ nötig. Durch deren Transport wächst aber der „elektrische Höhenunterschied" zwischen den Platten. Es ist ähnlich wie beim Stapeln von Ziegeln (siehe Abb. a). Für den nächsten Ladungstransport muss mehr Energie aufgewendet werden und so weiter (b). Weil eine Einzelladung (q) im Vergleich zur Gesamtladung (Q) verschwindend klein ist, sind die Rechtecke sehr schmal. Die „Treppenfunktion" kann durch eine Gerade geglättet werden (b), und die Gesamtarbeit entspricht der Fläche des Dreiecks:

$$W_{ges} = \frac{QU}{2} = \frac{CU \cdot U}{2} = \frac{CU^2}{2} = \frac{Q^2}{2C}$$

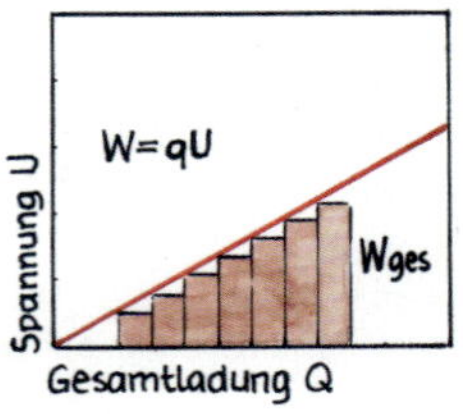

a) Mit jedem Ziegel am Stapel wird die Arbeit für den nächsten größer. b) Die schmalen Rechtecke geben die Arbeit pro verschobene Einzelladung (q) an. Die Dreiecksfläche entspricht der Gesamtarbeit W_{ges}.

F26 Wenn beim Umlegen des Schalters die Ladungen in 5 ms abfließen, ergeben sich für die Stromleistung $P = W/t = 72.000$ W! Damit könnte man ein ganzes Fußballstadion beleuchten – aber eben nur 5 ms lang. Die Spannung an den Elektroden beträgt etwa 2000 V. Es fließen daher $I = P/U = 36$ A durch den Körper.

$$W = \frac{CU^2}{2} \Rightarrow C = \frac{2W}{U^2} = \frac{720}{2000^2} \, \mathrm{J} = 0{,}18 \, \mathrm{mF}$$

31 Elektrische Ströme und Magnetfelder

F16 Zerteilt man einen Magneten, so erhält man nicht einen einzelnen Nord- und Südpol, sondern zwei vollständige Magnete. Das lässt sich mit Hilfe der Elementarmagnete erklären. Ein Magnet ist also immer ein Dipol. 1931 konnte allerdings Paul Dirac auf theoretischem Weg zeigen, dass die elektrischen Ladungen immer ein Vielfaches der Elektronenladung sind, falls es magnetische Monopole gäbe. Außerdem gibt es Überlegungen, dass Monopole kurz nach dem Urknall entstanden sein könnten. Da magnetische Monopole eine sehr hohe Masse besitzen sollten, kann man sie nicht in Teilchenbeschleunigern erzeugen. Man bräuchte dazu etwa 10^{25} eV, aber selbst der LHC liefert nur etwa 10^{13} eV (Infobox Teilchenbeschleuniger, Kap. 31.2). Man könnte also höchsten etwaige vom Urknall übrig gebliebene Monopole feststellen.

F17 Eine Messung der Strahlungswerte bei Apollo 11 hat ergeben, dass die Astronauten auf der gesamten Mission einer Belastung von etwa 6 Millisievert (mSv) ausgesetzt waren. Mit dieser Einheit kann man die energetische Belastung des Organismus bei ionisierender Strahlung angeben, etwa wenn eine Person mit Röntgenapparaten oder radioaktiven Stoffen zu tun hat oder Astronaut ist. Vom Gesetz her ist es erlaubt, dass die Belastung in einzelnen Jahren auch mal 50 mSv betragen darf. Das würde also rund 8 Mondflüge in einem Jahr erlauben. Ein sofortiger Tod würde überhaupt erst bei einer kurzzeitigen Belastung von 80.000 mSv auftreten.

F18 Wie der Name schon sagt, nutzt man bei diesem Herdtyp die Induktion: Unter der Glaskeramik befindet sich eine Induktionsspule, die von einem sehr hochfrequenten Strom durchflossen wird. Das führt aber wiederum zu Wirbelströmen im Boden des Topfes. Der Vorteil bei diesem Herd ist der, dass die Herdplatte nur warm wird, wenn ein Topf auf ihr steht.

F19 Weil sie die Elementarmagnete des unmagnetischen Eisenstücks im Magnetfeld ausrichten. Der Effekt ist mit der elektrischen Polarisation vergleichbar (siehe Kap. 30.1).

F20 Eine Spule hat dann eine Induktivität von 1 H, wenn sie bei der Änderung von 1 A pro Sekunde eine Selbstinduktionsspannung von 1 V erzeugt.

F21 Den Teilchen müssten dazu 10^{25} eV zugeführt werden, das macht also $10^{25} \cdot 1{,}6 \cdot 10^{-19}$ J bzw. $1{,}6 \cdot 10^6$ J. Für $\Delta m = \Delta E/c^2$ ergibt das dann $1{,}8 \cdot 10^{-11}$ kg. Aus $r = (mv)/(BQ)$ folgt ein Radius von $3{,}3 \cdot 10^{15}$ m – das ist rund 1/3 eines Lichtjahres.

F22 Das Bild zeigt den schematischen Aufbau einer Leuchtstoffröhre. Der Starter besteht aus eine Glimmlampe. Darunter versteht man ein gasgefülltes Lämpchen mit zwei Elektroden, das bei hohen Spannungen auf Grund des Gases leitend wird. Das Besondere an dieser

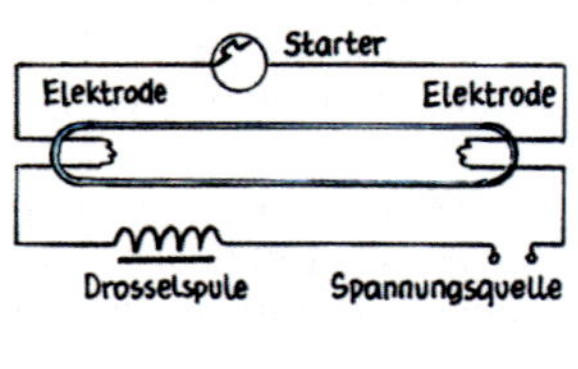

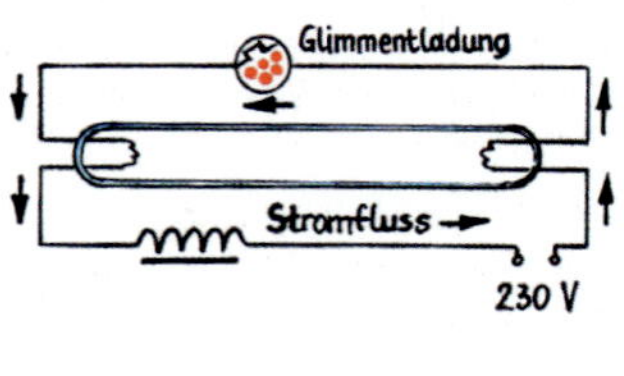

Glimmlampe ist, dass die Elektroden Bimetallstreifen sind. Der Startvorgang läuft so ab: Nach dem Einschalten liegt, da durch die Röhre noch kein Strom fließt, die volle Netzspannung am Starter an und die Glimmlampe zündet (rechts).

Die Bimetallstreifen erwärmen und verbiegt sich, so dass beide Kontakte kurzgeschlossen werden. Nun fließt ein großer Strom durch die Heizwendeln in der Leuchtstoffröhre. Diese beginnen zu glühen und senden Elektronen aus, die das Gas in der Röhre mit Ladungsträgern anreichern (oben links). Die nun fehlende Glimmentladung im Starter lässt das Bimetall abkühlen, wodurch sich der Kontakt wieder öffnet. Dadurch fällt der Strom in der Drosselspule schnell ab, und durch Selbstinduktion entsteht eine kurzzeitig hohe Spannung, die das mit Ladungsträgern angereicherte Gas in der Röhre zündet (rechts).

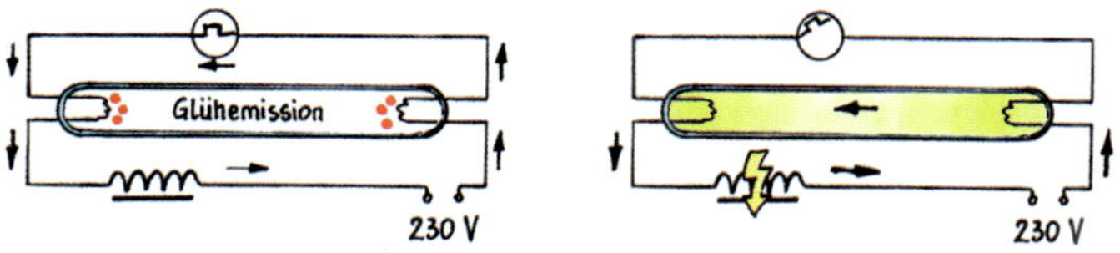

Ein verbreitetes Gerücht ist, dass Leuchtstofflampen beim Einschalten viel Energie verbrauchen würden. Richtig ist, dass kurzzeitig ein Einschaltstrom fließt, der höher als im Betrieb ist. Der Energieinhalt ist jedoch unbedeutend, weil der Startvorgang nur Sekundenbruchteile dauert. Bei Ausschaltdauern unter ca. 10 Minuten wiegt jedoch, dass sich die Lebensdauer verkürzt und zu einem früheren Neukauf führen kann.

32 Grundlagen der Elektrotechnik

F19 Durch den Wechselstrom wird in der Spule die Selbstinduktionsspannung $U_{ind} = -L dI/dt$ induziert. Zur Berechung von R_L gehen wir davon aus, dass diese Spannung der angelegten Spannung $U(t)$ entgegenwirkt. Die angelegte Spannung muss die induzierte kompensieren und steht nicht voll zur Verfügung:

$$U(t) = U_m \sin\omega t = -U_{ind} + I(t)R.$$

Wenn man den Ohm'schen Widerstand vernachlässigt, erhält man $U_m \sin\omega t = -U_{ind} = L dI/dt$. Wie man sich durch Einsetzen in die Gleichung überzeugen kann, folgt daraus für den Strom:

$$I(t) = -(U_m/\omega L) \cos\omega t = -I_m \cos\omega t.$$

Für den induktiven Widerstand ergibt sich daher

$$R_L = U_m/I_m = U_{eff}/I_{eff} = \omega L.$$

Um den kapazitiven Widerstand zu berechnen berücksichtigen wir, dass die von der augenblicklichen Ladung Q des Kondensators hervorgerufene Spannung Q/C gleich der angelegten Spannung $U(t)$ sein muss. Wenn man andere Widerstände vernachlässigt gilt daher $Q/C = U_m \sin\omega t$ oder $Q = CU_m \sin\omega t$. Für den Ladestrom $I(t)$ folgt daraus $I(t) = dQ/dt = \omega C U_m \cos\omega t$. Für den kapazitiven Widerstand ergibt sich dann

$$R_C = U_m/I_m = U_{eff}/I_{eff} = 1/\omega C.$$

Für die Momentanleistung gilt allgemein $P(t) = I(t) \cdot U(t)$. Nun setzen wir Stromstärke und Generatorspannung ein und nehmen an, dass diese eine Phasenverschiebung von φ aufweisen:

$$P(t) = [I_m \sin(\omega t - \varphi) \cdot [U_m \sin\omega t]$$

Dieser Ausdruck lässt sich umformen:

$$P(t) = I_m U_m \sin(\omega t - \varphi) \sin\omega t = ½ I_m U_m [\cos\varphi - \cos(2\omega t - \varphi)].$$

Für den Verbraucher ist der zeitliche Mittelwert P ausschlaggebend, die Wirkleistung. Das $\cos(\omega t - \varphi)$ zwischen –1 und –1 schwankt, ist der Mittelwert über die Zeit null. Für die Wirkleistung P ergibt sich daher

$$P = ½ I_m U_m \cos\varphi = I_{eff} U_{eff} \cos\varphi.$$

F20 Werner von Siemens erkannte, dass der Restmagnetismus des Eisenkerns genügt, um das Aufschaukeln zu starten. Dreht sich dann die Spule in dem schwachen noch vorhandenen Magnetfeld, so entsteht ein kleiner Induktionsstrom, der den Elektromagneten verstärkt und so weiter. Warum ist dieses Aufschaukeln nicht grenzenlos? Das Magnetfeld erreicht eine Sättigung, wenn alle Elementarmagnete des Kerns ausgerichtet sind. Trotz Steigern der Stromstärke wären dann die Wärmeverluste so groß, dass keine weitere Steigerung der Magnetkraft möglich ist.

F21 Der durch den Kurzschluss sehr hohe Strom fließt durch das Magnetfeld. Dabei wird eine Lorentz-Kraft auf ihn ausgeübt. Der springende Punkt: Als Reaktion auf die Ablenkung des Stromes tritt eine Gegenkraft auf (3. Newton'sches Axiom). Die führt zu einem Drehmoment, das den Zylindermagneten in Rotation versetzt. Die Symmetrie der Konstellation wird dadurch nicht verändert, so dass die Bedingungen für eine kontinuierliche Bewegung, die Rotation, erhalten bleiben.

F22 Wird der Universalmotor mit Wechselstrom betrieben, dann ändert sich gleichzeitig die Flussrichtung des Stroms im Elektromagneten und in der Leiterschleife. Dadurch bleibt die Richtung der Lorentz-Kraft gleich. Du kannst das mit der Drei-Finger-Regel überprüfen. Ändere die Richtung von Strom und Magnetfeld, und der Mittelfinger zeigt wieder in dieselbe Richtung.

F23 Der Widerstand der Leitungen ist $R = (\rho l)/A$ (Kap. 24.4, „Big Bang 6") und beträgt daher bei 100 km 10 Ω. Die Leistung von Ybbs-Persenbeug beträgt $2{,}4 \cdot 10^8$ W. Der Leistungsverlust bei 220 kV beträgt daher $P_v = (P^2 \cdot R)/U^2 \approx 1{,}2 \cdot 10^7$ W oder rund 5 %, bei 380 kV nur $4 \cdot 10^6$ W oder 1,7 %. Absolut gesehen verliert man durch die höhere Spannung rund $8 \cdot 10^6$ W weniger, also 8 Millionen Watt! Das entspricht dem Verbrauch von etwa 12.000 Haushalten!

F24 Eine Turbine liefert etwa $3{,}4 \cdot 10^7$ W. Wenn beim Hochtransformieren 2 % verloren gehen, sind das $6{,}8 \cdot 10^5$ W bzw. J/s. Wasser hat eine spezifische Wärmekapazität von 4190 J/kgK (Kap. 18.3, „Big Bang 6"). Um 1 l Wasser von 20 auf 100 °C zu erwärmen, benötigt man daher $3{,}35 \cdot 10^5$ J. Der Trafo wäre ein prima Wasserkocher, weil er das nämlich in rund 0,5 s schafft. Die Wärmeverluste sind also gigantisch. Deshalb müssen Großtrafos sehr gut gekühlt werden. Meistens passiert das durch Öl, weil das gleichzeitig als Isolator wirkt.

F25 230 V und 9,9 A ergeben bei einem Leistungsfaktor von 0,87 1980 W. Die 2 kW sind daher etwas aufgerundet. 2 kW entsprechen 2/0,736 W = 2,71 PS. arccos(0,87) = 29,5 ° und tan(29,5°) = 0,57 = R_L/R. R_L ist also $R \cdot 0{,}57$. $R_{ges} = R_L/R$.

F26 Weil $\cos\varphi = \cos(-\varphi)$

F27 Den MHD-Generator benutzt man, um direkt aus elektrischer Leistung thermische Energie zu erzeugen. MHD ist die Abkürzung für magneto-hydrodynamisch. Ein heißes, teilweises ionisiertes Gas strömt mit hoher Geschwindigkeit quer durch ein Magnetfeld. Die positiven und negativen Ladungsträger werden entgegengesetzt aus dem Gas heraus abgelenkt und Elektroden zugeführt. Durch den Hall Effekt (es ist ähnlich wie in Abb. 31.12) wird senkrecht zur Gasgeschwindigkeit und zum Magnetfeld eine Spannung induziert, die mit Hilfe von Elektroden abgegriffen werden kann.

F28 Der Trenntrafo hat ein Übersetzungsverhältnis von 1:1. Weil aber keiner der beiden Pole der Sekundärspule geerdet ist, kann man gefahrlos einen Pol berühren, weil der Stromkreis trotzdem nicht geschlossen ist. Man darf allerdings nicht gleichzeitig beide Pole berühren.

F29 Niemals an elektrischen Geräten basteln oder sie reinigen, solange sie unter Spannung stehen. Solange kleine Kinder im Haus sind, alle Steckdosen durch eine Kindersicherung sichern. Defekte Elektroinstallationen sofort vom Fachmann reparieren lassen! Beschädigte elektrische Kabel dürfen nicht verwendet werden. Mit Isolierband zu flicken ist unzulässig. Keine am Netz hängenden elektrischen Geräte (Fön, Radio) neben der Badewanne. Niemals in die Nähe von Hochspannungsleitungen begeben, etwa, indem man auf einen Waggon klettert.

Warum ist der elektrische Strom für den Menschen gefährlich? Der Körper steuert seine Funktionen durch sehr schwache elektrische Ströme, welche über die Nerven weitergeleitet werden (siehe Kap. 25, „Big Bang 6"). Wenn nun ein Strom von außen den Körperströmen überlagert wird, kommt es zu Fehlfunktionen der angesteuerten Körperorgane, z. B. zur Verkrampfung der Muskeln oder zum lebensgefährlichen Herzkammerflimmern. Schon bei einem Stromfluss von nur 30 mA während 0,2 Sekunden durch den Körper kommt es zu den genannten Erscheinungen.

33 Grundlagen der elektromagnetischen Wellen

F15 Als Compton-Effekt bezeichnet man einen Streuprozess, bei dem die Wellenlänge der Photonen bei der Streuung an den Elektronen um einen Wert $\Delta\lambda$ vergrößert wird. Das bedeutet, dass die Photonen dabei Energie an die Elektronen abgeben, wodurch die Photonen-Frequenz sinkt. Compton-Streuung tritt immer dann auf, wenn die Energie des Photons mit der Ruheenergie des Elektrons vergleichbar ist, also bei etwa 100 keV bis ca. 10 MeV. Das ist nur Röntgen- oder Gammastrahlung der Fall.

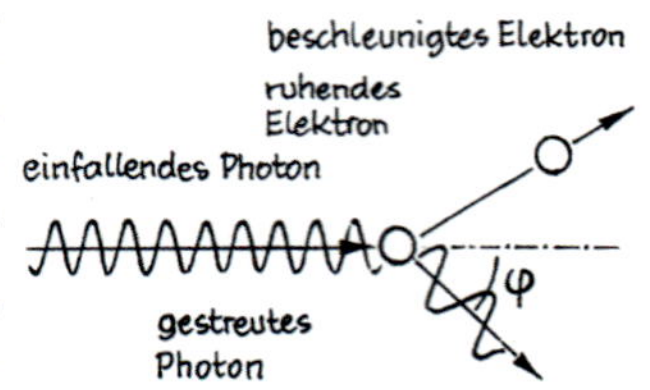

F16 UKW-Sender senden zwischen 87,5 und 108 MHz. Wenn man diese Werte in die Thomson'sche Formel einsetzt und nach *C* auflöst, erhält man $2{,}17 \cdot 10^{-14}$ bis $3{,}31 \cdot 10^{-14}$ F.

F17 Ein Transistor ist ein elektronisches Halbleiterbauelement (Kap. 28.4, 37.4), das zum Schalten und Verstärken von Strömen und Spannungen verwendet wird. Er hat die Schichtfolge npn oder pnp. Der Kollektorstrom ist um ein Vielfaches größer als der Basisstrom. Durch den Kopplungstrafo, dessen zweite Spule gleichzeitig jene des Schwingkreises ist, wird die Basis des Transistors im richtigen Moment mit positiver Spannung versorgt, und kann über den Emitter dem Schwingkreis elektrische Energie zuführen. Die Werte sind hier so gewählt, dass ein hörbarer Ton entsteht. Obwohl diese Anordnung ziemlich komplex ist, macht sie trotzdem nichts anderen, als das System Pendel, Anker und Gewichte in einen Pendeluhr, nämlich zum richtigen Zeitpunkt dem System Energie zuzuführen und somit eine ungedämpfte Schwingung zu erzeugen.

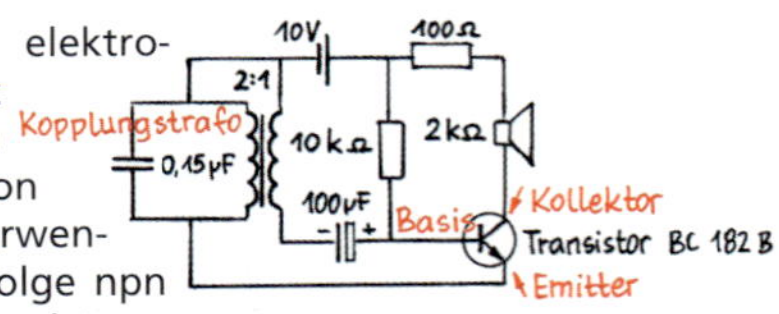

F18 Die Berechnung ergibt $1{,}59 \cdot 10^7$ Hz.

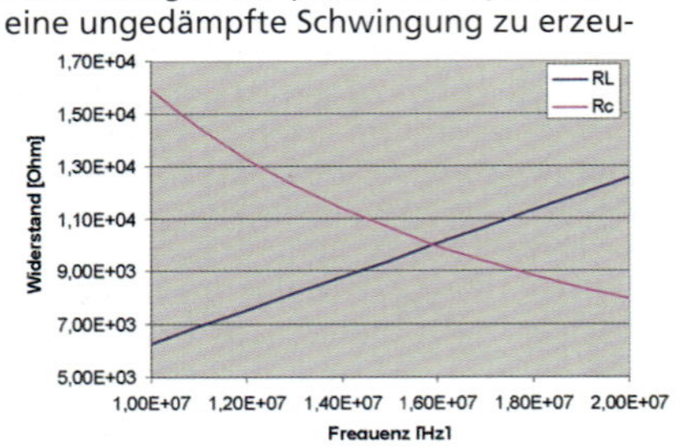

34 Einige Licht-Phänomene

F1

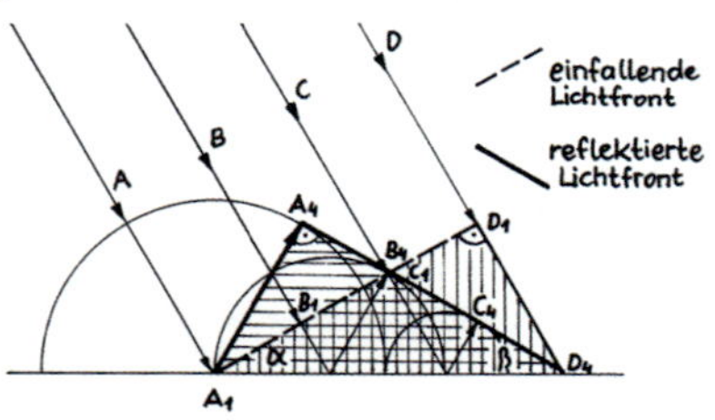

F3 Nimm an, dass eine Wellenfront mit v_1 auf ein anderes Medium trifft, in dem die Geschwindigkeit kleiner ist (v_2). Der linke Strahl ist bereits bei A aufgetroffen und hat im neuen Medium eine Elementarwelle erzeugt (rot). Der rechte Strahl hat gerade die Grenze bei B' erreicht. Seine „Elementarwelle" ist daher noch ein Punkt. Die neue Wellenfront ist die Einhüllende und somit die Tangente von B' an die Elementarwelle.

Jetzt brauchen wir nur noch drei Dinge: 1) Der Weg ist allgemein $v \cdot t$. Deshalb können wir die Wege BB' und AA' durch diesen Ausdruck ersetzen. 2) Aus geometrischen Gründen kann man die Winkel zum Lot auch in den Dreiecken ABB' und AA'B einzeichnen. 3) Der Sinus eines Winkels ist Gegenkathete durch Hypothenuse. Und nun setzen wir ein:

$$\frac{\sin\alpha}{\sin\beta} = \frac{\frac{BB'}{AB'}}{\frac{AA'}{AB'}} = \frac{v_1 t}{v_2 t} = \frac{v_1}{v_2}$$

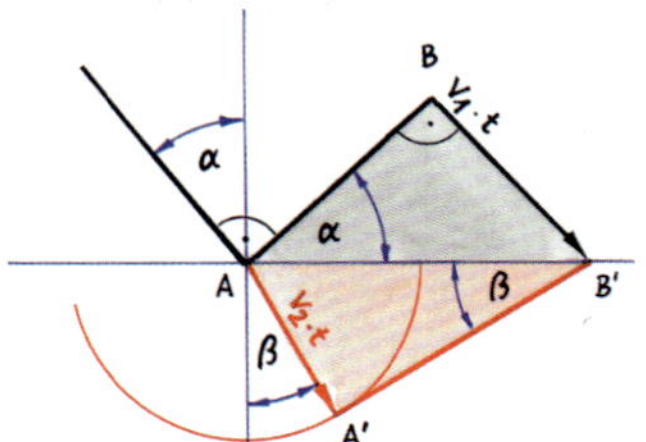

F7 Man kann nur unter einem Öffnungswinkel von rund 98 ° aus dem Wasser sehen (siehe Abb. und **F19**), weil flacher auf das Wasser treffende Strahlen totalreflektiert werden. Weil die Brechung der Strahlen umso stärker ist, je flacher sie auf die Wasseroberfläche treffen, wird die Oberwasserwelt zusammengestaucht.

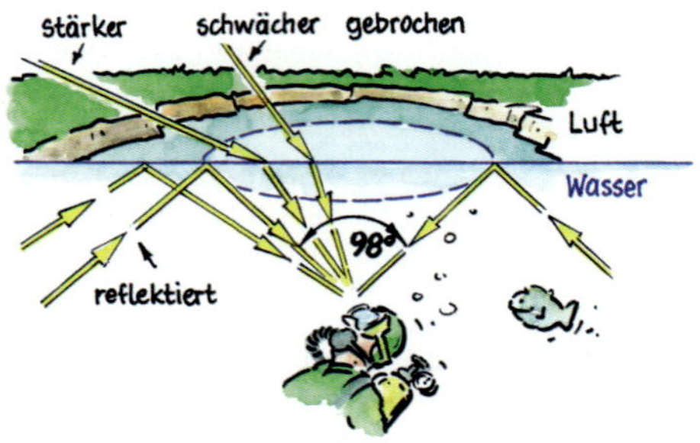

F17 Sichtbares Licht regt in den Atomen und Molekülen des Glases die Elektronen zu Quantensprüngen an. IR bringt aber die Atome als ganzes zum Schwingen. Diese Schwingung bedeutet eine Erwärmung des Glases. Die EM-Welle wird also absorbiert und ihre Energie in Wärme umgewandelt.

F19 $$\frac{\sin\alpha}{\sin 90} = \frac{\sin\alpha}{1} = \frac{c_1}{c_2} \Rightarrow \alpha = \arcsin\left(\frac{c_1}{c_2}\right)$$

Für Wasser und Luft ergibt das 48,8 ° und für Quarzglas und Luft 42,5 ° (siehe auch **F7**).

F21 32 bit Farbtiefe bedeutet, dass jeder Pixel aus einer Binärzahl mit 32 Stellen beschrieben wird. Das macht 2^{32} oder rund 4,3 Milliarden Farbvariationen! Um diese darzustellen, müsste jeder Subpixel $(4{,}3 \cdot 10^9)^{1/3} = 1625$ Intensitätsstufen haben.

35 Energieübertragung durch EM-Wellen

F18 Um eine Röntgenaufnahme zu machen, muss das Objekt zwischen Röntgenquelle und Aufnahmegerät sein. Selbst wenn Superman mit seinen Augen Röntgenstrahlen erzeugen könnte, müsste er dann mit Überlichtgeschwindigkeit auf die andere Seite laufen, damit er sie wieder empfangen kann. Natürlich könnte er die Rückstreutechnik verwende. Dann könnte er zwar angezogene Menschen nackt sehen, aber nicht durch Wände, wie im Film immer dargestellt.

F21 Nein. Das sichtbare Licht der Leuchtstoffröhren ist kein Effekt der Temperaturstrahlung. Gase senden Linienspektren (Kap. 27.1) aus und können daher bei Zimmertemperatur, je nach Gasart, in jeder beliebigen Farbe leuchten.

F22 Wenn du in einem Wasserbecken eine große Welle erzeugst und wartest, dann wird sich diese nach einer gewissen Zeit in immer kleinere Wellen aufteilen. Warum? Weil sich die Energie auf alle Arten von Wellen aufteilt, und von den kleinen Wellen passen viel mehr hinein. Diese Aufteilung der Energie müsste nach klassischer Ansicht auch mit Licht im Inneren eines Hohlkörpers erfolgen. Die klassische Kurve in Abb. 35.5 geht daher bei kurzen Wellenlängen Richtung Unendlich. Es müsste UV entstehen (und dann sogar Röntgen- und Gammastrahlung). Man spricht daher von Ultraviolettkatastrophe. Tatsächlich tritt sie aber nicht auf. Kurzwellige Photonen besitzen eine höhere Energie und daher können zwar beliebig viele kurze Wasserwellen, aber nicht beliebig viele kurze Lichtwellen entstehen können.

F23 Wäre das Universum ein völlig perfekter schwarzer Strahler, wäre es auch völlig homogen. Wäre es völlig homogen, dann hätten aber auch keine Galaxienhaufen entstehen können, denn diese weichen ja augenscheinlich von der Homogenität ab. Die leichten Schwankungen im Schwarzkörperspektrum (Abb. 37.5) sind also quasi die Kondensationskeime zur Entstehung von Strukturen und somit auch des Lebens gewesen.

F24 Die Sonnen sendet ja kein Linienspektrum, sondern eine Mischung aus allen Farben. Das Maximum des Sonnenlichts liegt zwar im grünen Bereich, aber die Mischung aller Farben nehmen wir trotzdem als gelb-weiß war. Aus diesem Grund kann ein schwarzer Strahler für unsere Augen niemals grün sein.

F25 In den Nahrungsmitteln selbst stellte man nur Veränderungen fest, die auch bei anderen Kochmethoden auftreten. Beim Erwärmen von Gemüse hat die Mikrowelle sogar den Vorteil, dass es weniger Flüssigkeit verlieren und durch die kurze Kochzeit mehr Vitamine erhalten bleibt. Die einzige Gefahr sind Salmonellen. Diese werden erst ab etwa 70 °C abgetötet. Beim Auftauen kann es leicht passieren, dass in der Mitte der Speise diese Temperatur nicht überschritten wird.

F26 Die Frequenzveränderung beträgt $\Delta f \approx 2f \cdot (v_{Obj}/c)$. Bei 150 km/h (41,67 m/s) beträgt daher die Frequenzveränderung 555,6 Hz.

36 Informationsübertragung durch EM-Wellen

F10 CDs und DVDs soll man von innen nach außen putzen, damit dabei eventuell entstehende Kratzer quer zu den Daten-Spuren liegen. Wäre der Kratzer genau in Spurrichtung, wird eine längere Datenstrecke unlesbar gemacht und kann trotz Redundanz nicht mehr richtig rekonstruiert werden.

F13 Global System for Mobile Communications, Universal Mobile Telecommunication System, Short Message Service, Multimedia Messaging Service, Wireless Application Protocol

F20 Ja, aber nur selten! Damit ein Gespräch zustande kommen kann, muss der Hauptverbindungsrechner des Netzbetreibers ständig wissen, in welcher Funkzelle sich das Handy gerade befindet. Dazu meldet es sich zunächst beim Einschalten an und meldet sich anschließend in regelmäßigen Abständen. Erfolgen keine nennenswerten Ortsveränderungen, so werden lediglich etwa jede halbe Stunde Impulse von weniger als einer Sekunde ausgesendet. Die Abstände werden kürzer, wenn man sich über größere Entfernungen bewegt und dabei Funkzellen wechselt. Lege ein eingeschaltetes Handy auf ein Radiogerät. Anhand der Geräusche beim Senden kannst du diese Signale überprüfen.

F23 Die Dezimalzahl 123 ist binär dargestellt 01111011. Probe: 1+2+8+16+32+64= 123. Nun verknüpfen wir die zu übertragende Information mit dem Spreizcode:

11111111 XOR 01111011 = 10000100
00000000 XOR 01111011 = 01111011
Probe: 10000100 XOR 01111011 = 11111111
01111011 XOR 01111011 = 00000000

37 Klimaänderung und erneuerbare Energie

F10 Wenn Eis schwimmt und dann schmilzt, dann verändert sich der Wasserspiegel nicht. Wenn aber das Eis irgendwo aufliegt, dann steigt der Wasserspiegel.

F18 Neben Windmühlen waren Segelschiffe eine der wichtigsten Nutzungen der Windenergie.

F25 Damit meint man parts per billion. Das englische „billion" bedeutet Milliarde. 1 ppb ist also 1 Teil pro einer Milliarde.

F26 Am Mars macht der natürliche Treibhauseffekt nur etwa 3 Grad aus und erhöht die Temperatur von −56 auf −53 °C. Die Masse der Marsatmosphäre liegt nur bei 6% der Erde. Auf der Venus hingegen macht der Treibhauseffekt 466 °C aus (von −39 auf +427 °C)! Das liegt daran, dass die Masse der Venusatmosphäre 100-mal so groß ist wie die die der Erde und außerdem zu 98% aus CO_2 besteht.

F27 Nein, die Wärme fließt ja trotzdem von warm nach kalt, nämlich von der Sonnenoberfläche (5500 °C) ins Innere des Autos (maximal 70 bis 80 °C).

F28 Weil man beim Klimaszenario ja nicht die Temperatur für einen bestimmten Ort an einem bestimmten Tag berechnet, sondern die globale Durchschnittstemperatur für ein Jahr, und das ist etwas ganz anderes! Wenn man die Temperatur, die es z. B. in einer Woche in Graz haben soll, prognostiziert, kann man gut und gerne bei einer überraschenden Wetterentwicklung auch einmal um 10 °C danebenliegen. Wenn man aber die globale Jahresdurchschnittstemperatur berechnet, wird man nur Bruchteile eines Grades danebenliegen, weil sich die „Temperaturüberraschungen" die Waage halten.

F29 Die Luft kann nur deshalb abgebremst werden, weil sich auch der „Luft-Zylinder" aufweitet (siehe Abb.). Würde er das nicht tun, könnte sich nach den Strömungsgesetzen auch nicht die Luftgeschwindigkeit verringern.

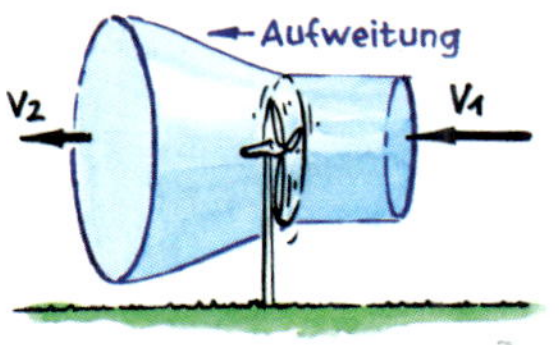

F31 Auch bei der „Atom-Stromproduktion" entsteht CO_2, und zwar deshalb, weil man während der gesamten Produktionskette Uranabbau, Urananreicherung, Brennelemente-Produktion, Transport usw. Energie benötigt. Die CO_2-Emission ist zwar geringer als bei der Stromerzeugung aus fossilen Kraftwerken, jedoch höher als bei erneuerbaren Energieformen wie z. B. Wind.

F32 Die Energie, die im Strom steckt, wird in Kilowattstunden (kWh) angegeben. Darunter versteht man die Energie, die ein Gerät mit der Leistung von einem Kilowatt (1000 W) in einer Stunde umsetzt. Also gilt: 1 kWh = 1000 W · 3600 s = $3{,}6 \cdot 10^6$ J. 3,6 Millionen Joule! Welcher Zusammenhang besteht mit der Strahlungsleistung der Sonne? Nehmen wir an, dass im Jahresschnitt an einem bestimmten Ort eine Strahlungsleistung von 125 W/m² herrscht, also 125 (J/s)/m². Das ergibt in Summe im Jahr $3{,}94 \cdot 10^9$ J/m². Umgerechnet sind das $(3{,}94 \cdot 10^9\ \text{J/m}^2)/(3{,}6 \cdot 10^6) = 1096$ kWh.

38 Chaotische Systeme

F5 Wegen der chaotischen Natur des Wetters kann in vielen Fällen eine leichte Änderung der Ausgangsdaten bei mittel- und langfristigen Vorhersagen zu einer völligen Veränderung der Prognose führen. Daher werden neben dem so genannten Hauptlauf, bei dem die Rechner mit den tatsächlich gemessenen Werten gefüttert werden, weitere Läufe durchgeführt, bei denen mit leicht veränderten Daten gearbeitet wird. Wenn bei 20 Rechenläufen 18-mal Sonne und 2-mal Regen herauskommt, dann beträgt die Wahrscheinlichkeit für Sonnenschein 100 · 18/20 = 90 %.

F14 Die Bahn von Jupiter und Saturn verhielt sich nicht so, wie von den Kepler'schen Gesetzen vorhergesagt. Man berechnetet, dass ein weiterer, noch nicht entdeckter Planet diese Unregelmäßigkeiten verursachen würde und fand diesen auch exakt an der vorausberechneten Stelle.

F15 Tatsächlich erhebt sich die Frage, was die erste aller Ursachen war. Aus heutiger Sicht war das der Urknall. Was davor kam oder ob es überhaupt ein Davor gibt, ist bereits eher eine philosophisch-theologische Diskussion, weil es sich völlig der Überprüfbarkeit entzieht.

F16 Das Dreikörperproblem ist im Allgemeinen analytisch nicht lösbar. Der Mathematiker Lagrange konnte aber zeigen, dass es einige Spezialfälle gibt, in denen es doch lösbar ist. Für zwei umeinander kreisende Körper gibt es 5 Gleichgewichtspunkte – die Lagrangepunkte – in denen sich alle Kräfte auf einen dritten Körper mit verschwindend kleiner Masse aufheben (siehe Abb.). Im Erde-Sonne-System sind L_1 und L_2 beliebte Plätze für Satelliten – und L_3 ein spekulativer (und nicht ernst zu nehmender) Ort für eine Gegenerde. Im Jupiter-Sonne-System befinden sich in L_3 und L_4 Asteroiden (die Trojaner), die auf stabilen Bahnen um die Sonne laufen.

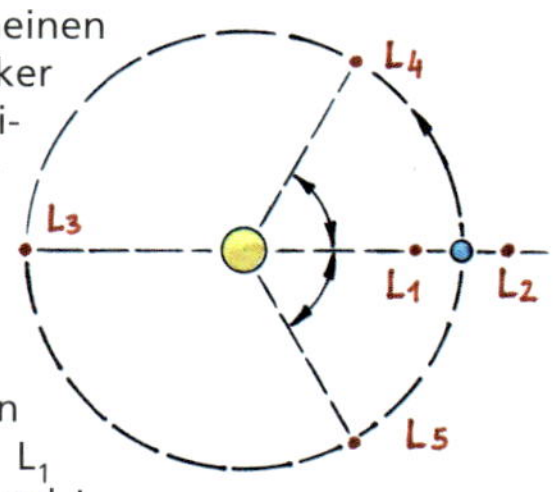

F18

	a	b		a	b
0	−0,40000	0,50000	6	−0,47386	0,18823
1	−0,49000	0,10000	7	−0,21089	0,32161
2	−0,16990	0,40200	8	−0,45896	0,36435
3	−0,53274	0,36340	9	−0,32211	0,16555
4	−0,24825	0,11281	10	−0,32365	0,39335
5	−0,35110	0,44399	11	−0,44997	0,24538

Tabelle für die ersten 11 Folge-Werte und grafische Darstellung der ersten 50 Punkte.

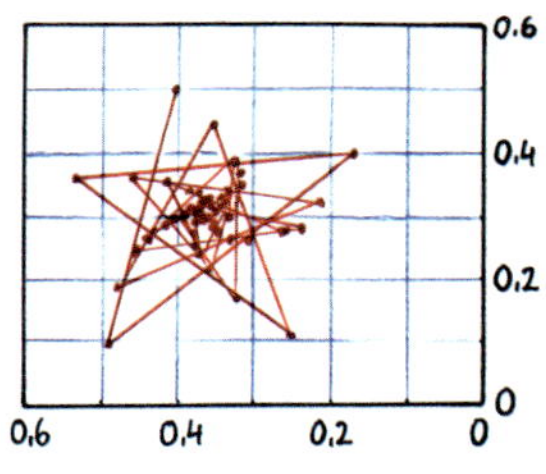

F21 Ist das Verhältnis von Umlaufzeiten rational oder nahe dran, ist ein Planeten-System durch Resonanzeffekte instabil. Umgekehrt sind daher die stabilsten Systeme jene, mit den irrationalsten Umlaufzeiten. Die „irrationalste" Zahl, die sich also am Schlechtesten durch einen Bruch darstellen lässt, ist der so genannte „goldene Schnitt":

$$\Phi = \frac{1+\sqrt{5}}{2} \approx 1{,}618$$

Genau diese Proportionen kommen auch bei den regelmäßigen (Platonischen) Körpern vor. Und mit diesen konnte Kepler die Planetenbahnen gut annähern. Suche im Internet weiter unter „Platonische Körper" und „Mysterium Cosmographicum".